新選明文東洋古典大系

新完譯

蒙 求

下

李民樹 譯

明文堂

〔上〕**사안**(謝安) 어려서부터 풍채가 좋았고 천재란 말을 듣고 자랐던 사안은 40세가 넘도록 벼슬길에 나갈 생각을 하지 않았다. 뒤늦게서야 환온(桓溫)의 부름을 받고 나가서 진왕(秦王) 부견(苻堅)의 대군을 쳐부수는 등 공을 세워 정동대도독(征東大都督)에 이르렀다.(p.43 謝安高潔 참조)

〔下〕**고개지**(顧愷之)**의 그림** 그림에 초절(超絶)이었다는 평을 받은 고개지의 〈여사잠도권(女史箴圖卷)〉의 일부.
(p.296 顧愷丹靑 참조)

〔上左〕 **유비상**(劉備像) 제갈공명(諸葛孔明)을 삼고초려 끝에 맞아 군사(軍師)로 등용하여 촉(蜀)나라를 세우고 제위(帝位)에 올랐다. 무후사(武侯祠)에 있음.

〔上右〕 **제갈공명상**(諸葛孔明像) 선주(先主) 유비는 병사(病死)할 때, 제갈공명에게 후사(後事)를 위촉했다. 무후사에 있음.

〔中〕 **출사표**(出師表) 제갈공명이 후주(後主) 유선(劉禪)에게 위(魏)나라를 치러 나갈 때 올린 것으로서 명문장으로 꼽힌다.

〔下〕 **오장원**(五丈原) 제갈공명은 위나라 장군 사마중달(司馬仲達)과 오장원에서 대진하다가 끝내 진중에서 병사(病死)하고 말았다. 향년 54세.(이상 p.443 諸葛顧廬 참조)

〔上〕 **한비**(韓非) 한비(韓非)는 말더듬이였으나 정치의 요체를 언급한《한비자(韓非子)》10여만 자를 기록했다.
〔中〕 **만리장성**(萬里長城) 진시황제(秦始皇帝) 때 완공한 만리장성은 흉노(匈奴)의 침략을 막기 위한 것이다.
〔下左〕 **진시황제**(秦始皇帝) 한비가 쓴《한비자》를 읽은 진시황제는 한비를 만나는 것이 소원이었다.
〔下右〕 **시황제병마용**(始皇帝兵馬俑) 시황제의 능 근처는 엄청난 병마용 등이 부장되어 있다.(이상 p.659 韓子孤憤 참조)

〔上〕 **유방**(劉邦) 한(漢)나라를 연 고조(高祖 : 재위 기원전 202~기원전 195년).

〔上中〕 **배장대**(拜將臺) 섬서성 한중현(漢中縣) 성남(城南) 소재. 난간석(欄干石)에 '한대장한신배장대(漢大將韓信拜將臺)'라고 새겨져 있는 것처럼 이 땅에서 한군(漢軍)에 참가한 한신이 소하(蕭何)의 추천으로 대장에 임명되었다.

〔下中〕 **한대**(漢臺) 섬서성 한중현 동남쪽에 위치. 기원전 206년 한왕(漢王)이 된 유방이 건설한 궁전의 유적이라고 전해온다.(이상 p.445 韓信升壇 참조)

〔下左〕 **장량묘**(張良廟) 장량은 한왕조(漢王朝) 창업의 공신으로서 유후(留侯)에 봉해졌었다. 섬서성 유패현(留壩縣)에 사당이 있다.(p.742 子房取履 참조)

〔下右〕 **기공묘**(紀公廟) 하남성 정주시(鄭州市) 교외에 위치. 기원전 204년 유방은 항우군(項羽軍)의 포위망을 뚫고 형양(滎陽)을 탈출하는데 이때 유방인양 속이고 전사한 장군이 기신(紀信)이다.(p.564 紀信詐帝 참조)

〔上〕 **신가량**(新嘉量) '시건국원년정월(始建國元年正月)'이란 명(銘)이 새겨진 가량(嘉量 : 기준 量器). 왕망(王莽)이 신(新)나라를 세웠을 때의 것이다. 고궁박물관(故宮博物館) 소장.

〔中〕 **광무제상**(光武帝像) 후한(後漢) 초대 황제. 전한(前漢) 유방(劉邦)의 9대손에 해당한다. 외척 왕망(王莽)이 세운 신(新)나라를 쳐부수고 각지에서 일어났던 반란군들을 진압한 다음 내정(內政)의 충실을 기했다. 보스톤미술관 소장.

〔下〕 **적미**(赤眉)**의 난**(亂) 《주례(周禮)》 등의 법범(法範)을 취했던 왕망(王莽)의 복고적인 정치는 농민을 혼란 속에 빠지도록 했고 호족(豪族)들의 이해(利害)에 반(反)하는 것이었다. 그로 인하여 각지에서 반란이 일어났는데 반란군은 눈썹을 붉게 칠했다 하여 '적미의 난'이라고 한다. 무염(無塩)에서 승리를 거두는 적미군.(이상 p.480 馮異大樹, p.490 劉玄刮席 참조)

〔上左〕 **조조**(曹操) 자(字)는 맹덕(孟德). 죽은 다음에 위(魏)나라 무제(武帝)로 추증되었고 묘호(廟號)는 태조(太祖)이다.(p.472 甘寧奢侈 등 참조)

〔上右〕 **사마의**(司馬懿) 자는 중달(仲達). 그의 손자 사마염(司馬炎)이 진(晉)나라를 세우고 선제(宣帝)로 추증했음.(p.106 晉宣狼顧 등 참조)

〔中〕 **조식**(曹植) 조조(曹操)의 아들이자 위(魏) 문제(文帝) 조비(曹丕)의 아우. 칠보시(七步詩)를 짓는 장면이다.(p.808 陳思七步 참조)

〔下〕 **관도**(官渡) 조조(曹操)는 이 관도에서 원소(袁紹)의 대군을 무찌르고 화북(華北)의 실권자가 되었다.(p.309 王脩輟社 등 참조)

〔上左〕 **도연명**(陶淵明) 연명은 자(字)이고 이름은 잠(潛)이다. 한때 팽택현령(彭澤縣令)을 지냈으나 고향에 돌아와 자연과 벗하며 시를 썼다. 그의 〈귀거래사(歸去來辭)〉는 명문으로 전한다.(p.688 陶潛歸去 참조)

〔上右〕 **사영운**(謝靈運) 시서(詩書)에 빼어났던 그는 반역죄로 몰리어 불행한 죽음을 당했다.(p.461 靈運曲笠 참조)

〔下〕 **여산**(廬山)**과 취석**(醉石) 강서성 구강시(九江市)의 남쪽에 있는 명산인 이 여산 남쪽 마루에 도연명이 명명(命名)한 '취석'이 있다. 그는 이 바위에서 〈귀거래사〉를 읊었다고 한다.(p.688 陶潛歸去 참조)

차 례

하권(下卷)

몽구
蒙求

下

289. 소주결수(蕭朱結綬)

—소육(蕭育)과 주박(朱博)이 벼슬에 오르다

전한(前漢) 소육(蕭育)의 자는 차군(次君)이니 동해(東海) 난릉(蘭陵) 사람이다. 애제(哀帝) 때 광록대부(光祿大夫) 집금오(執金吾)가 되었다. 젊었을 때 진함(陳咸)·주박(朱博)과 벗이 되어 당시 세상에 그 명성이 알려졌다. 지난날에는 왕양(王陽)·공우(貢禹)와 친교를 맺고 있었다. 장안(長安)에서 말하기를, "소주(蕭朱)는 벼슬에 나가고 왕공(王貢)은 벼슬에 나갈 준비를 한다."라고 했으니 이것은 서로가 서로를 천거하여 영화를 누리는 것을 말한 것이다.

原文 **前漢蕭育字次君, 東海蘭陵人. 哀帝時爲光祿大夫執金吾. 少與陳咸·朱博爲友. 著聞當世. 往者有王陽·貢禹. 故長安語曰, 蕭·朱結綬, 王·貢彈冠. 言其相薦達也.**

註解 ㅇ前漢(전한)—《전한서》〈열전〉 48에 있는 이야기임. ㅇ執金吾(집금오)—한(漢)나라 때 대궐문을 지켜 비상사(非常事)를 막는 일을 맡은 벼슬. ㅇ朱博(주박)—한(漢)나라 두릉(杜陵) 사람. 뒤에 애제(哀帝) 때 승상(丞相)에 이르렀다. ㅇ蕭朱(소주)—소육(蕭育)과 주박(朱博)을 말함. ㅇ王貢(왕공)—왕양(王陽)과 공우(貢禹).

290. 왕공탄관(王貢彈冠)

—왕길(王吉)과 공우(貢禹)는 벼슬에 오를 준비를 하다

전한(前漢) 왕길(王吉)의 자는 자양(子陽)이니 낭야(琅邪) 고우

(皐虞) 사람이다. 젊었을 때 학문을 좋아하여 명경과(明經科)에 올랐고 선제(宣帝) 때에 간의대부(諫議大夫)가 되었다. 같은 낭야군의 공우(貢禹)와 친구로 사귀니 세상에서 일컫기를, "왕자양은 벼슬자리에 있고 공공(貢公)은 벼슬에 나갈 준비를 한다."라고 했다. 이는 그들의 출처진퇴가 동일하여 한쪽에서 먼저 벼슬을 하면 한쪽에서는 천거될 것을 예상하고 관(冠)의 먼지를 털며 사관(仕官)을 준비한다는 것이다. 공우의 자는 소옹(少翁)이니 경학(經學)과 깨끗한 행동으로 이름이 나서 벼슬이 어사대부(御史大夫)에 이르렀다.

原文 **前漢王吉字子陽, 琅邪皐虞人. 少好學明經. 宣帝時爲諫大夫. 與同郡貢禹爲友. 世稱王陽在位貢公彈冠. 言其取舍同也. 禹字少翁, 以明經潔行著聞. 仕至御史大夫.**

291. 방통전기(龐統展驥)

—방통(龐統)이 천리마의 다리를 펴다

《촉지(蜀志)》에 보면, 방통(龐統)의 자는 사원(士元)이니 양양(襄陽) 사람이다. 어렸을 때는 순박하고 둔하여 일을 의논하는 자가 없었다. 사마휘(司馬徽)는 사람을 알아보는 감식안(鑑識眼)이 있었는데 방통을 일컫기를, "마땅히 남쪽 고을의 우두머리가 될 것이다."라고 했다. 그의 천거로 점점 나타나서 선주(先主)가 형주(荊州)를 영유했을 때 방통이 종사(從事)로서 뇌양령(耒陽令)이 되었으나 현(縣)의 일이 다스려지지 않아서 벼슬을 그만두었다.

이때 오(吳)나라 장수 노숙(魯肅)이 선주(先主)에게 보낸 글에 말하기를, '사원(士元)은 한 고을이나 다스릴 재주가 아닙니다. 그를 치중(治中)의 별가(別駕)의 책임을 맡게 하면 비로소 마땅히 그 천리마(千里馬)의 다리를 펴게 할 것입니다(그 진가를 발휘할 것입니다)'라고 했다.

제갈량(諸葛亮)도 역시 선주께 그를 천거했으므로 선주는 그를 치중(治中)의 종사(從事)로 썼고 제갈량 다음으로 대우하다가 드디어 제갈량과 동격인 군사중랑장(軍師中郎將)에 임명하였다.

原文 **蜀志, 龐統字士元, 襄陽人. 少時樸鈍, 未有議者. 司馬徽有知人鑒. 稱統當爲南州士之冠冕. 由是漸顯. 先主領荊州, 統以從事守耒陽令. 在縣不治, 免官. 吳將魯肅遺先主書曰, 龐士元非百里才也. 使處治中別駕之任, 始當展其驥足耳. 諸葛亮亦言之於先主. 先主以爲治中從事, 親待亞於亮. 遂並爲軍師中郎將.**

註解 ㅇ蜀志(촉지)－《촉지》 권7에 있는 이야기임. ㅇ司馬徽(사마휘)－한말(漢末)의 영천(潁川) 사람. 자는 덕조(德操). 맑고 아담하며 사람을 잘 알아보았다. 일찍이 제갈량(諸葛亮)과 방통(龐統)을 소열제(昭烈帝)에게 천거했음. ㅇ魯肅(노숙)－삼국시대 오(吳)나라 동성(東城) 사람. 자는 자경(子敬). 재산이 많아 베풀기를 좋아하여 고향사람들의 환심을 샀다. 주유(周瑜)가 그를 손권(孫權)에게 천거하여 중히 썼음. ㅇ治中(치중)－벼슬 이름. 지방장관의 부관(副官). ㅇ別駕(별가)－자사(刺史)를 수행하는 벼슬. ㅇ諸葛亮(제갈량)－삼국시대 촉(蜀)나라의 승상(丞相). 자는 공명(孔明). 융중(隆中)에 은거하고 있을 때 유비(劉備)의 삼고초려(三顧草廬)로 벼슬에 나가서 유비로 하여금 촉(蜀)나라를 건국하게 했다.

292. 구람서란(仇覽棲鸞)

—구람(仇覽)은 난새가 깃드는 곳으로 가다

후한(後漢) 구람(仇覽)의 자는 계지(季智)요 일명(一名) 향(香)이니 진류(陳留) 고성(考城) 사람이다. 포정장(蒲亭長)이 되어 생업(生業)을 권면하고 농사가 끝나면 이내 자제(子弟)들로 하여금 학문에 나가게 했다. 경박하고 놀면서 방자한 자는 모두 농사와 뽕나무 심는 일에 힘쓰게 하되 궁하고 과부로 사는 사람을 구제해주니 1년 만에 크게 교화되었다.

처음 부임했을 때 진원(陳元)이란 자가 있었는데 홀로 그 어머니와 살고 있었다. 그 어머니가 구람에게 와서 고하기를, 진원이 불효하다고 했다. 이에 구람이 친히 진원의 집에 이르러 그 모자(母子)들과 술을 마시면서 인륜(人倫)과 효행(孝行)에 대하여 말하다가 화(禍)와 복(福)으로써 비유하자 진원이 마침내 효자가 되었다.

이에 고을과 읍(邑)에서 속담을 만들어 말하기를, '부모가 어디에 있는가? 우리 뜰에 있네. 불효하는 새 올빼미를 감화시켜, 저를 낳아준 어미에게 밥을 먹이게 했네'라고 했다. 이때 고성현령(考縣縣令) 왕환(王渙)이 엄하고 사납게 다스리더니 구람이 사람을 덕으로 교화시켰단 말을 듣고 주부로 임명하고 이르기를, "주부는 포정장으로 있을 때 진원의 허물을 죄주지 않고 교화시켰다고 하는데, 죄있는 자를 처벌하는 것은 매나 송골매가 참새 따위를 쫓는 것과 같이 해야 한다는 옛사람의 뜻을 어기는 게 아닌가?"라고 했다.

이에 구람은 말하기를, "다스림에는 매가 되는 것이 난새와 봉(鳳)만 못할 것입니다."라고 하니 왕환은 사례하여 보내면서 말하기를, "탱자나무나 가시나무는 난새나 봉황이 깃들어 살 곳이 아니니 백리(百里) 고을이 어찌 큰 어진이의 다스릴 곳이겠는가?"하고 자기 봉급을 나누어 학비로 쓰게 하고 도읍의 대학(大學)에 보내어 공부에 힘쓰도록 했다. 배우는 것이 끝나자 고향마을로 돌아가니 주군(州郡)에서 함께 벼슬하기를 청했으나 병이 있다며 모두 사양했다.

原文 **後漢仇覽字季智, 一名香, 陳留考城人. 爲蒲亭長, 勸人生業. 農畢乃令子弟就學, 剽輕游恣者, 皆役以田桑. 賑卹窮寡, 朞年大化. 初到, 有陳元者, 獨與母居. 而母詣覽告元不孝 覽親到元家. 與其母子飮. 因爲陳人倫孝行, 譬以禍福之言. 元卒成孝子. 鄕邑爲之諺曰, 父母何在, 在我庭. 化我鳲梟哺所生, 時考城令王渙政尙嚴猛. 聞覽以德化人, 署爲主簿. 謂曰, 主簿聞陳元之過, 不罪而化之. 得無少鷹鸇之志邪. 覽曰, 以爲鷹鸇. 不若鸞鳳, 渙謝遣曰, 枳棘非鸞鳳所棲. 百里豈大賢之路. 以奉資, 勉入大學. 學畢歸鄕里. 州郡並請, 皆以疾辭.**

註解 ㅇ後漢(후한)－《후한서》〈열전〉 66 순리전(循吏傳)에 있는 이야기임. ㅇ鳲梟(시효)－불효한 새. ㅇ鷹鸇(응전)－무례(無禮)한 임금을 보는 것을 송골매가 참새를 쫓는 것에 비유한 것임. ㅇ王渙(왕환)－후한(後漢) 광한(廣漢) 사람. 벼슬이 연주자사(兗州刺史)에 올랐다가 뒤에 시어사(侍御史)에 임명됨.

293. 제갈고려(諸葛顧廬)

－제갈량(諸葛亮)의 초가집을 찾다

《촉지(蜀志)》에 보면, 제갈량(諸葛亮)은 선주(先主)를 섬기는 승상(丞相)으로 있었는데 선주가 병이 위독하여 뒷일을 부탁하면서 말하기를, “그대는 재주가 조비(曹丕)보다 10배나 더해서 반드시 능히 나라를 편안히 하고 끝내 큰일을 정할 것이니 만일 내 아들이 도울만하면 돕겠지만 만일 그 재주가 아니거든 그대가 가히 스스로 취하라.”고 하자 제갈량은 울면서 말하기를, “신(臣)이 감히 있는 힘을 다하여 충정(忠貞)의 절개를 본받다가 죽을 것입니다.”라고 했다.

또 후주(後主)에게 이르기를, “너는 승상과 함께 일을 하는데 섬기기를 아비와 같이 하라.”고 하니 이로부터 일의 크고 작은 것 가릴 것 없이 모두 제갈량에게서 결정되었다. 일찍이 소(疏)를 올렸는데 그 대략에 말하기를, ‘신(臣)은 본래 포의(布衣)로 남양(南陽)에서 밭을 갈며 구차하게 어지러운 세상에서 목숨을 온전히 할 뿐 제후(諸侯)에게 현달(顯達)하는 것을 구하지 않사옵더니 선제(先帝)께서 신(臣)을 낮고 비루하다고 여기시지 않고 황공하옵게도 스스로 몸을 굽히시어 세 번이나 신의 초려(草廬) 속으로 찾아오시고 신에게 당시 세상의 일을 물으셨습니다’라고 했다.

뒤에 일찍이 목우유마(木牛流馬)로 양식을 운반하고 무현(武縣)의 오장원(五丈原)에 웅거하여 사마중달(司馬仲達)과 위남(渭南)에서 서로 버틴 지 백여일에 군중(軍中)에서 졸하니 나이 54세요, 시호(諡號)는 충무후(忠武侯)이다. 제갈량은 교묘한 생각에 능하여 연노(連弩)를 줄이고 늘이는 일과, 목우유마 등은 모두 그의 생각에서 나온 것이다. 또 병법(兵法)을 미루어 넓혀서 팔진도(八陳圖)를 만들어 모두 그 요점(要點)을 얻었다고 한다.

原文 **蜀志, 諸葛亮相先主. 先生病篤. 召亮屬以後事, 謂曰, 君才十倍曹丕. 必能安國, 定大事. 若嗣子可輔輔之. 如其不才, 君可自取. 亮涕泣曰, 臣敢竭股肱之力, 效忠貞之節, 繼**

之以死. 又爲詔勅後主曰, 汝與丞相從事, 事之如父. 自是事無巨細, 皆決於亮. 嘗上疏. 其略曰, 臣本布衣, 躬耕於南陽, 苟全性命於亂世, 不求聞達於諸侯. 先帝不以臣卑鄙, 猥自枉屈, 三顧臣於草廬之中, 諮臣以當世之事. 後常以木牛·流馬運粮, 據武功五丈原, 與司馬宣王對於渭南, 相持百餘日, 卒于軍. 年五十四. 謚忠武侯. 亮長於巧思損益, 連弩·木牛·流馬, 皆出其意. 推演兵法作八陳圖. 咸得其要云.

註解 ㅇ蜀志(촉지)－〈열전〉 제15에 있는 이야기임. ㅇ曹丕(조비)－위(魏)나라의 문제(文帝). 조조(曹操)의 장자(長子). 위왕(魏王)의 뒤를 이어 위왕(魏王)이 되고 다시 후한(後漢)의 헌제(獻帝)를 추방한 다음 칭제(稱帝)하고 위(魏)나라를 세웠음. ㅇ後主(후주)－유비(劉備)의 아들 유선(劉禪)을 이름. ㅇ先帝(선제)－유비(劉備)를 가리킴. ㅇ木牛流馬(목우유마)－소나 말 모양으로 된 기계장치를 한 수레. 제갈량(諸葛亮)이 만들어 군량(軍糧)을 운반하는 데 썼다고 함. ㅇ武功(무공)－현(縣)의 이름. ㅇ五丈原(오장원)－지금의 섬서성(陝西省) 미현(郿縣)의 서남지방. 서촉(西蜀)의 제갈공명(諸葛孔明)이 위(魏)나라 사마의(司馬懿)와 대진(對陣)하던 중에 병몰(病歿)한 고전장(古戰場). ㅇ連弩(연노)－쇠로 화살을 만들었는데 그 길이가 8치이며 한번 쏘면 화살 열 개가 모두 나간다. ㅇ八陳圖(팔진도)－팔진(八陳 : 八陣)은 태고시대(太古時代)로부터 있었지만 그 중에서 유명한 것으로는 제갈량(諸葛亮)의 동당(洞當)·중황(中黃)·용등(龍騰)·조상(鳥翔)·연횡(連衡)·악기(握機)·호익(虎翼)·절충(折衝)임.

294. 한신승단(韓信升壇)

－한신(韓信)이 대장(大將)의 단(壇)에 오르다

전한(前漢) 한신(韓信)은 회음(淮陰) 사람인데 집안이 가난하고 착한 행동이 없어서 추천을 받아 관리가 될 수 없었다. 뒤에 항우(項羽)에게 소속되어 낭중(郎中)이 되었으며 자주 계책을 항우에게 말했으나 항우는 이를 쓰지 않아서 도망하여 한(漢)나라로 돌아오니 한왕(漢王)이 그를 치속도위(治粟都尉)를 삼았다. 그러나 한왕은 그를 아직 기이하게 여기지 않으므로, 자주 소하(蕭何)로 더불어 이야기하자 소하는 그를 기이하게 여겼다.

한신은 한왕이 쓰지 않을 것을 헤아리고 곧 도망했더니 소하는 그를 쫓아가서 1~2일만에 한왕께 뵙자 한왕은 꾸짖기를, "모든 장수들이 도망한 것이 열 명이 넘었어도 그대는 좇지 않더니 한신을 쫓아간 것은 거짓이 아닌가?"라고 하니 소하는 말하기를, "여러 장수는 얻기가 쉽사오나 한신은 나라 안 선비 중에 둘도 없는 사람이오니 대왕께서 반드시 천하를 다투시려 하신다면 한신이 아니고서는 가히 더불어 일을 계획할 자가 없습니다."라고 했다.

이에 날을 가려 재계(齋戒)한 다음 단(壇)을 모으고 예를 갖추어 그를 맞아 대장(大將)을 삼으니 여러 장수들이 모두 놀랐다. 뒤에 초왕(楚王)을 삼았는데 하비(下邳)에 도읍을 정하고 반란을 꾀하자 용서하여 회음후(淮陰侯)로 강등했다. 그러나 마침내 여후(呂后)에게 베이는 바가 되었다.

原文 前漢韓信淮陰人. 家貧無行, 不得推擇爲吏. 後屬項羽爲郎中, 數以策干羽. 羽弗用. 亡歸漢. 漢王以爲治粟都尉. 上未之奇. 數與蕭何語. 何奇之. 信度上不用卽亡. 何追之. 居一二日內謁. 上罵曰, 諸將亡以十數. 公無所追. 追信詐也. 何曰, 諸將易得. 至如信國士無雙. 王必欲爭天下, 非信無可與計事者. 於是擇日齋戒, 設壇場具禮, 拜爲大將. 諸軍皆驚. 後封楚王, 都下邳. 謀反. 赦爲淮陰侯. 卒爲呂后所斬.

註解 ㅇ前漢(전한)－《전한서》〈열전〉 4에 있는 이야기임. 《사기(史記)》〈열전〉 32에도 있음. ㅇ項羽(항우)－이름은 적(籍). 우(羽)는 그의 자(字). 진말(秦末)의 하상(下相) 사람으로서 진승(陳勝)과 오광(吳廣)이 거병(擧兵)하자 숙부(叔父) 항량(項梁)과 오중(吳中)에서 군사를 일으켜 진군(秦軍)을 격파(擊破)하고 스스로 서초(西楚)의 패왕(覇王)이라 일컬음. 한고조(漢高祖)와 천하를 다투다가 해하(垓下)에서 패사(敗死)했다. ㅇ蕭何(소하)－한대삼걸(漢代三傑)의 한 사람. 고조(高祖)를 도와 천하를 다스리고 찬후(酇侯)에 봉해짐. ㅇ齋戒(재계)－부정(不淨)을 기(忌)하고 몸을 깨끗하게 함. ㅇ呂后(여후)－한(漢)나라 고조(高祖)의 황후(皇后).

295. 왕부백참(王裒柏慘)

－왕부(王裒)는 잣나무를 더듬으면서 슬퍼하다

《진서(晉書)》에 보면 왕부(王裒)의 자는 위원(偉元)이니 성양(城陽) 영릉(營陵) 사람이다. 어렸을 때 지조를 숭상하는 마음을 세우고 널리 배워서 능한 것이 많았다. 그 아버지 왕의(王儀)가 문제(文帝)의 사마(司馬)가 되었는데 지은 죄 없이 주살(誅殺)을 당하자 왕부는 아버지가 비명(非命)에 죽은 것을 슬퍼하여 일찍이 진(晉)나라 낙양(洛陽) 쪽인 서쪽을 향해서 앉지 않아 조정에 신하 노릇을 하지 않는다는 뜻을 보였다.

그후로 숨어 살면서 사람들을 가르쳤다. 묘소(墓所) 옆에 여막(廬幕)을 짓고 아침저녁으로 항상 묘소에 가서 절하고 꿇어앉아 잣나무를 더듬으면서 슬피 우니 눈물이 흘러 나무를 적셔 나무가 그로 인하여 말라 죽었다. 어머니는 천성적으로 천둥을 무서워했는데 어머니가 죽은 후에 언제나 천둥이 치면 문득 묘소(墓所)로 가서 말하기를, “부(裒)가 여기 있습니다.”라고 했다.

《시경(詩經)》을 읽다가 〈소아(小雅)〉 요아편(蓼莪篇)의 '슬프도다 부모님이시여, 나를 낳으셔서 고생하셨도다(哀哀父母, 生我劬勞)'의 구절에 이르면 일찍이 세 번 거듭 외우고 울지 않는 일이 없었다. 문인(門人)들도 모두 스승의 마음을 헤아리어 요아편(蓼莪篇)은 읽지 않았다. 집이 가난하여 몸소 농사를 지었는데 식구의 수를 따져서 농사를 짓고 몸을 헤아려서 누에를 치는데 혹 돕겠다는 자가 있으면 이를 받아들이지 않았다. 《몽구》 구본(舊本)에 부(裒)자를 포(褒)자로 쓴 것은 잘못이다.

原文 晉書, 王裒字偉元, 城陽營陵人. 少立操尙. 博學多能. 其父儀爲文帝司馬見殺. 裒痛父非命, 未嘗西向而坐. 示不臣朝廷也. 隱居敎授. 廬于墓側, 旦夕常至墓所拜跪. 攀柏悲號, 涕淚著樹, 樹爲之枯. 母性畏雷. 母沒. 每雷輒到墓曰, 裒在此. 及讀詩至哀哀父母, 生我劬勞, 未嘗不三復流涕. 門人受業者, 並廢蓼莪之篇. 家貧躬耕, 計口而田, 度身而蠶. 或有助之者不聽. 舊本裒作褒非.

註解 ㅇ晉書(진서)-《진서》〈열전〉 58 효우전(孝友傳)에 있는 이야기임. ㅇ非命(비명)-천명(天命)이 아닌 불시의 죽음. ㅇ廬(여)-여막(廬幕). 상제가 거처하는 무덤 근처에 마련한 오두막집. ㅇ哀哀父母 生我劬勞(애애부모 생아구로)-슬프다. 부모님께서 나를 낳으시어 고생하셨다. ㅇ蓼莪篇(요아편)-효자가 부모의 봉양을 뜻대로 하지 못하는 것을 슬퍼하여 읊은 《시경(詩經)》에 나오는 시(詩).

296. 민손의단(閔損衣單)

–민손(閔損)이 홑옷을 입다

《몽구(蒙求)》 구주(舊注)에 이르기를, 민손(閔損)의 자는 자건(子騫)이니 일찍이 어머니를 여의었고 아버지는 후처(後妻)를 얻어서 두 아들을 낳았다. 민손은 지극한 효성을 게을리하지 않았으나 계모는 그를 몹시 미워하여 자기가 낳은 아들에게는 무명 솜옷을 입히고 민손에게는 갈대꽃 솜옷을 입혔다. 아버지가 겨울날 민손을 시켜 수레를 부리게 했는데 몹시 추워서 수레의 끈을 놓쳤다. 아버지가 이를 책망하자 민손은 스스로 그 사실을 말하지 않았다.

그러나 아버지는 사실을 살피고 후처를 쫓으려고 하자 민손은 울면서 아버지에게 아뢰기를, "어머니가 있으면 한 아들이 춥지만 어머니가 가면 세 명의 아들이 홑옷을 입습니다."라고 했다. 이에 아버지는 그 말을 옳게 여겨 후처를 내쫓지 않았다. 어머니도 또한 뉘우치고 마음을 고쳐서 세 아들을 고르게 하여 드디어 사랑의 어머니가 되었다.

原文 **舊注云, 閔損字子騫. 早喪母. 父娶後妻, 生二子. 損至孝不怠. 母疾惡之, 所生子以綿絮衣之, 損以蘆花絮. 父冬月令損御車. 體寒失靷. 父責之. 損不自理. 父察知之, 欲遣後母. 損泣啓父曰, 母在一子寒, 母去三子單. 父善之而止. 母亦悔改, 待三子平均, 遂成慈母.**

297. 몽염제필(蒙恬製筆)
-몽염(蒙恬)이 붓을 만들다

《초학기(初學記)》에 이르기를, 《박물지(博物志)》에 몽염(蒙恬)이 붓을 만들었다 하고 또 《상서중후(尙書中侯)》에는 현귀(玄龜)가 그림을 지고 나왔고 주공(周公)이 붓을 쥐고 당시의 글을 시문(時文)에 썼다고 했다. 또 《예기(禮記)》〈곡례편(曲禮篇)〉에는 말하기를, 기록관(記錄官)이 붓을 지참한다고 했으니 이는 진(秦)나라 이전에 이미 붓이 있었다는 말이다.

대개 여러 나라에서는 아직 붓이란 이름을 짓지 못했었는데 진(秦)나라에서만 유독 그 이름을 얻었고 몽염이 다시 종래의 붓에 개선을 가했기 때문에 《설문(說文)》에 말하기를, 초(楚)나라에서는 율(聿)이라 하고 오(吳)나라에서는 불률(不律)이라 하고 연(燕)나라에서는 불(拂)이라 하고 진(秦)나라에서는 필(筆)이라 했다고 했다는 것이다.

《몽구》 구주(舊注)에서는 《박물지(博物志)》를 이끌어 말하기를, '몽염이 진(秦)나라 장수가 되었는데 붓 만드는 것이 이로부터 시작되었다'라고 했다. 오늘날의 《박물지》에는 그런 기록이 없다.

原文 **初學記云, 博物志, 蒙恬造筆. 又尙書中侯, 玄龜負圖出. 周公援筆, 以時文寫之. 曲禮云, 史載筆. 此則秦之前已有筆矣. 蓋諸國或未之名. 而秦獨得其名, 恬更爲之損益耳. 故說文曰, 楚謂之聿吳謂之不律, 燕謂之拂, 秦謂之筆也. 舊注引博物志云, 蒙恬爲秦將, 製筆自此始. 今本無之.**

註解 ○初學記(초학기)-당(唐)나라 서견(徐堅)이 지은 것으로서 모

두 30권. 경사(經史)와 문장의 대요(大要)를 36부로 나누어 유찬(類纂)한 것으로 매우 정요(精要)함. ㅇ周公(주공)－주문왕(周文王)의 아들. 성(姓)은 희(姬). 이름은 단(旦). 형인 무왕(武王)을 도와 은(殷)나라 폭군 주왕(紂王)를 쳐서 이미 무찔렀다. 무왕이 죽고 성왕(成王)이 어리자 주공이 섭정(攝政)하여 관제(官制)와 예법(禮法)과 모든 문물(文物)을 크게 정비함. ㅇ時文(시문)－당시 일반이 많이 쓰던 글. ㅇ曲禮(곡례)－여기에서는 《예기(禮記)》의 편명(篇名). ㅇ說文(설문)－《설문해자(說文解字)》. 후한(後漢)의 허신(許愼)이 지은 자해서(字解書).

298. 채륜조지(蔡倫造紙)

－채륜(蔡倫)이 종이 만드는 방법을 발명했다

후한(後漢)의 환자(宦者) 채륜(蔡倫)의 자는 경중(敬仲)이니 화제(和帝) 때 중상시(中常侍)에 옮겼다가 상방령(尙方令)을 더했다. 비검(秘劒) 및 여러 기계를 만들었는데 어느 것이나 견고하고 정밀하지 않은 것이 없어서 후세(後世)의 본보기가 되었다.

예로부터 글자는 댓조각을 엮어서 그것에 써왔다. 비단에 쓰기도 했는데 이것을 일컬어 종이라고 했다. 그러나 비단은 값이 비싸고 댓조각은 무거워서 모두 사람들에게 불편하기 때문에 채륜이 이에 종이를 만들 뜻을 가졌다. 이에 나무껍질과 삼〔麻〕의 대가리 및 해진 무명과 물고기 그물로 종이를 만들어 위에 아뢰자 황제는 그 능함을 좋게 여겨 이로부터 좇아서 그것을 쓰지 않는 자가 없었다. 그런 까닭에 천하가 모두 채후지(蔡侯紙)라고 했다.

原文 後漢宦者蔡倫字敬仲. 和帝時轉中常侍, 加尙方令. 監作祕劒及諸器械. 莫不精工堅密. 爲後世法. 自古書契多編以竹簡. 其用縑帛者謂之爲紙. 縑貴而簡重. 並不便於人. 倫乃

造意, 用樹膚麻頭及敝布魚網以爲紙, 奏上之. 帝善其能, 自是莫不從用. 故天下咸稱蔡侯紙.

註解 ㅇ後漢(후한)-《후한서》〈열전〉 68에 있는 이야기임. ㅇ宦者(환자)-궁형(宮刑)을 당하고 궁중(宮中)에서 일하는 사람. ㅇ中常侍(중상시)-진(秦)나라에 중상(中常)의 시관(侍官)에 혹 환자(宦者)를 쓰기 시작함. ㅇ蔡侯(채후)-채륜(蔡倫)을 후(侯)에 봉했기 때문에 말한 것임.

299. 공급온포(孔伋縕袍)

-공급(孔伋)은 온포(縕袍)를 안 입다

《설원(說苑)》에 말하기를, 자사(子思 : 孔伋)가 위(衛)나라에 있을 때 솜옷에 거죽이 없었고 20일에 불과 아홉 번밖에 먹지 못했다. 전자방(田子方)이 이 말을 듣고 사람을 시켜 호백구(狐白裘)를 보내면서, 그가 받지 않을 것이 두려워 사람 편에 이르기를, "나는 남에게 물건을 빌려주면 잊어버리며 남에게 물건을 주면 그것은 버린 것으로 생각하지, 은혜를 베풀었다는 생각은 하지 않습니다. 그러니 부담없이 받아주십시오."라고 이르게 했다. 자사는 사양하고 받지 않았다.

이에 전자방은 말하기를, "나는 자식이 있으나 없는 것과 같은데 무슨 까닭으로 받지 않는 것입니까?"라고 하니 자사는 말하기를, "내가 듣자하니 망령되게 주는 것은 물건을 도랑과 골짜기에 버리는 것만 못하다고 했습니다. 내가 비록 가난하지만 차마 이몸을 도랑이 되게 할 수는 없습니다. 그런 까닭에 감히 받지 않은 것입니다."라고 했다.

原文 **說苑曰, 子思居於衛. 縕袍無表. 二旬九食. 田子方聞**

之, 使人遺狐白裘, 恐其不受, 因謂之曰, 吾假人遂忘之. 吾與人如弃之. 子思辭而不受. 子方曰, 我有子無. 何故不受. 子思曰, 伋聞之. 妄與不如遺弃物於溝壑. 伋雖貧, 不忍以身爲溝壑. 是以不敢當.

註解 ㅇ說苑(설원)—한(漢)나라 유향(劉向)이 지은 책. 군도(君道)·신술(臣術) 등 30편으로 분류(分類)하여 명인(名人)들의 일화(逸話)를 열거한 책. 이 이야기는 권4 〈입절편(立節篇)〉에 있음. ㅇ子思(자사)—춘추시대 노(魯)나라의 유가(儒家). 공자(孔子)의 손자. 이름은 급(伋). 자사(子思)는 그의 자. 학문을 증삼(曾參)에게서 배웠고, 《중용(中庸)》을 지었음. ㅇ田子方(전자방)—전국시대 위(魏)나라 문후(文侯)의 스승. 이름은 무택(無擇). ㅇ狐白裘(호백구)—여우의 겨드랑이에 있는 흰 털의 가죽으로 만든 썩 좋은 갖옷.

300. 제준포피(祭遵布被)

—제준(祭遵)이 무명옷을 입다

후한(後漢) 제준(祭遵)의 자는 제손(弟孫)이니 영천(潁川) 영양(潁陽) 사람이다. 어렸을 때 경서(經書)를 좋아하고 집이 부유(富裕)했으나 공손하고 검소했다. 광무제(光武帝)를 좇아 하북(河北)을 평정하고 정로장군(征虜將軍)에 임명되었다. 제준은 사람됨이 청렴하고 절약하며 조심성이 있었다. 자기 몸을 이기고 공사(公事)에 바쳤으며 상으로 받은 것을 사졸(士卒)들에게 모두 주었으므로 집에는 사사로운 재물이 없어 몸에는 가죽 바지에 베옷을 입고 부인은 치마에 선을 두르지 않으니 황제는 이로써 소중히 여겼다.

그가 졸하자 황제는 가엾게 여기고 슬퍼하기를 더욱 심하게 하여 수레를 타고 흰옷을 입고 친히 가서 보고 초상의 예를 이루고 친히 대뢰(大牢)로 제사지냈다. 이미 장사를 지냈는데 수레를 타고 다시 그 무덤에 가보고 부인의 집을 찾아보았다. 그후에 조회를 할 때 황제는 늘 탄식하기를, "어떻게 하면 나라를 근심하고 나라를 위하는 마음이 제정로(祭征虜)와 같을 수 있을까?"라고 했으니 그 생각을 나타내는 것이 이와 같았다.

原文 **後漢祭遵字弟孫, 潁川潁陽人. 少好經書, 家富給而恭儉. 從光武平河北. 拜征虜將軍, 遵爲人廉約小心, 克己奉公, 賞賜盡與士卒. 家無私財, 身衣韋袴布被, 夫人裳不加緣. 帝以是重焉. 及卒愍悼尤甚, 車駕素服臨之, 喪禮成, 親祠以大牢. 旣葬, 車駕復臨其墳, 存見夫人室家. 其後會朝, 帝每嘆曰, 安得憂國奉公如祭征虜乎. 其見思如此.**

註解 ㅇ後漢(후한)－《후한서》〈열전〉 10에 있는 이야기임. ㅇ大牢(대뢰)－소·양·돼지의 세 가지 제수(祭需)를 갖춘 제사.

301. 주공악발(周公握髮)

－주공(周公)이 머리털을 쥐다

《사기(史記)》에 말하기를, 무왕(武王)이 죽고 주공(周公)이 어린 임금 성왕(成王)에게서 정승 노릇을 하는데 그 아들 백금(伯禽)으로 하여금 대신 일을 보게 하여 노(魯)나라에 봉(封)하면서 경계하기를, "나는 문왕(文王)의 아들이요 무왕의 아우요 성왕(成王)의 숙부(叔父)이다. 나는 천하에서 천(賤)하지는 아니할 것이다. 그러나 나는 한번 머리를 감다가도 손님이 왔다면 세 번 머리털을 쥐어짰고 한번 밥 먹다가도 세 번 입에 있는 밥을 뱉어내고 일어나서 선비를 대접하면서 오히려 천하의 어진이를 잃을까 두려워했으니 너는 노나라에 가거던 삼가 제후(諸侯)라며 으스대지 말고 사람들에게 교만히 하지 마라."고 했다.

原文 史記曰, 武王崩, 周公相成王, 而使其子伯禽代就封於魯. 戒之曰, 我文王之子, 武王之弟, 成王之叔父. 我於天下亦不賤矣. 然我一沐三握髮, 一飯三吐哺, 起以待士, 猶恐失天下之賢人. 子之魯, 愼無以國驕人.

註解 ○史記(사기)－《사기》 권3 〈노주공세가(魯周公世家)〉에 있는 이야기임. 《한시외전(韓詩外傳)》에도 보임.

302. 채옹도사(蔡邕倒屣)

－채옹(蔡邕)이 신을 거꾸로 신다

후한(後漢) 채옹(蔡邕)의 자는 백개(伯喈)이니 진류(陳留) 어현(圉縣) 사람이다. 어렸을 때 널리 배우고 문장과 수학(數學)과 천문(天文)을 좋아했으며 음률(音律)을 잡고 한가로이 살면서 옛것을 좋아하고 당시 세상과 사귀지 않았다.

뒤에 중랑장(中郎將)이 되었는데 헌제(獻帝)가 서쪽 장안(長安)으로 도읍을 옮기고 왕찬(王粲)도 따라서 장안으로 옮기자 채옹은 그를 보고 기이하게 여겼다. 이때 채옹은 재주와 학문이 뚜렷이 나타나 조정에서 귀하고 소중하게 여겨 언제나 수레와 말이 거리를 메우고 손님들이 자리에 가득했다. 이때 왕찬이 문에 있다는 말을 듣고 그는 신을 거꾸로 신고 이를 맞았다. 손님들은 찾아온 이가 어떤 사람이기에 이처럼 맞는지 하여 궁금히 여겼다. 왕찬이 이르렀다. 나이는 젊고 약한데 키도 작았으므로 모두가 놀랐다.

채옹은 말하기를, "이는 왕공(王公)의 손자로서 남다른 재주가 있어 내가 따르지 못할 지경이니 우리집 서적과 문장을 모두 마땅히 다 줄 것이다."라고 했다. 왕찬의 증조(曾祖)는 왕공(王龔)이요 조부(祖父)는 왕창(王暢)으로서 모두 삼공(三公)이었다.

原文 **後漢蔡邕字伯喈, 陳留圉人. 少博學, 好辭章·數術·天文, 妙操音律. 閑居翫古, 不交當世. 後爲中郞將. 獻帝西遷, 王粲徙長安. 邕見而奇之. 時邕才學顯著, 貴重朝廷. 常車騎塡巷, 賓客盈坐. 聞粲在門, 倒屣迎之. 粲至, 年旣幼弱, 容狀短小. 一坐盡驚. 邕曰, 此王公之孫, 有異才. 吾不如也. 吾家書籍文章, 盡當與之. 粲曾祖龔, 祖暢, 皆爲三公.**

註解 ○後漢(후한)－《후한서》〈열전〉 50에 있는 이야기임. ○王粲(왕찬)－삼국시대 위(魏)나라 고평(高評) 사람. 널리 배워서 아는 것이 많고 문장이 민첩하고 풍부했다. 처음에 유표(劉表)에게 의지해 있다가 뒤에 위(魏)나라에서 벼슬하여 시중(侍中)에 이르렀다.

303. 왕돈경실(王敦傾室)

－왕돈(王敦)이 집을 기울이다

《진서(晉書)》에 보면, 왕돈(王敦)의 자는 처중(處中)이며 어렸을 때부터 기인(奇人)이란 말을 들었다. 무제(武帝)의 딸 양성공주(襄成公主)에게 장가들어 부마도위(駙馬都尉)에 임명되고 명제(明帝) 초년, 고숙현(姑熟縣)을 도읍에서 진압할 때, 명령없이 스스로 양주목(揚州牧)이 되었고 반역을 꾀하다가 병으로 죽었는데 관(棺)을 쪼개고 그 시체를 매질했다.

처음에 석숭(石崇)이 사치스럽게 온갖 물품을 자랑했다. 변소 가까운 곳에 항상 10여명의 계집종이 서있게 하는데 모두 아름다운 얼굴인데다가 갑전분(甲煎粉)과 침향즙(沈香汁)을 놓아두었다가 변소에 가는 손님이 있으면 모두 새옷으로 갈아입고 변소에서 나오게 했다. 그러나 손님들은 옷 벗는 것을 부끄럽게 여겼는데 왕돈은 버젓이 새옷을 입으면서 얼굴에 부끄러운 빛이 없었다.

이에 모든 계집종들이 말하기를, "이 손님은 반드시 천하의 대적(大賊)이 될 것이다."라고 했다. 또 일찍이 여색(女色)에 탐닉하여 몸이 쇠약해지고 피로해했다. 좌우 사람이 간했으나 왕돈은 말하기를, "여색을 삼가기는 몹시 쉬운 일이다."하고 뒤의 협문을 열고 모든 비첩(婢妾)을 쫓아내니 모두 수십 명인데 당시 사람들이 탄식하고 이상히 여겼다.

原文 晉書, 王敦字處中. 少有奇人之目. 尚武帝女襄成公主, 拜駙馬都尉. 明帝初, 移鎭姑熟, 自領揚州牧. 謀逆病死. 割棺戮尸. 初石崇以奢豪矜物. 厠上常有十餘婢侍列. 皆有用色. 置甲煎粉·沈香汁, 有如厠者, 皆易新衣而出. 客多羞脱衣. 而敦脱故著新. 意色無怍. 群婢曰, 此客必能作賊, 又嘗荒恣於色. 體爲之弊. 左右諫之. 敦曰, 此甚易耳. 乃開後閤, 驅諸婢妾數十人, 並放之. 時人嘆異.

註解 ㅇ晉書(진서)-《진서》〈열전〉68에 있는 이야기임. ㅇ鎭姑熟(진고숙)-고숙은 지명(地名). ㅇ甲煎粉(갑전분)·沈香汁(침향즙)-모두 향수(香水)의 이름.

304. 기첨출기(紀瞻出妓)

—기첨(紀瞻)이 손님들 앞에 애첩을 내놓다

《몽구(蒙求)》 구주(舊注)에 《세설신어(世說新語)》를 인용해서 말하기를, 왕도(王導)가 주의(周顗) 및 여러 조정 선비들과 함께 상서(尙書)인 기첨(紀瞻)의 집에 가서 기녀들의 가무(歌舞)를 구경했다. 기생 중에 기첨의 사랑하는 첩이 있어 능히 새로운 소리를 하는데 주의가 묻는 말에 대답하면서 얼굴에 부끄러운 빛이 없었다. 이에 유사(有司)가 주의의 탐하고 거칠은 것을 아뢰었으나 조서를 내려 이를 용서했다. 구주에는 그렇게 되어 있으나 오늘날의 《세설신어》에는 기재되어 있지 않다.

原文 舊注引世說云, 王導與周顗及諸朝士, 詣尙書紀瞻家觀妓. 瞻有愛妾, 能作新聲. 顗問答之, 顔無怍色. 有司奏顗耽荒. 詔原之. 今本無載.

註解 ㅇ世說(세설)—《세설신어》〈임탄편(任誕篇)〉에 있는 이야기임. ㅇ紀瞻(기첨)—진(晉)나라 말릉(秣陵) 사람. 젊었을 때 바르고 곧은 것으로 이름이 알려짐. 수재(秀才)로 천거되어 원제(元帝) 때 주복(周馥)을 친 공으로 벼슬이 상서우복야(尙書右僕射)에 오름.

305. 폭승지부(暴勝持斧)

—폭승지(暴勝之)가 도끼를 들다

전한(前漢) 폭승지(暴勝之)의 자는 공자(公子)이니 무제(武帝)

말년, 군국(郡國)에 도둑이 무리로 일어나 관민(官民)을 괴롭혔다. 그는 직지사자(直指使者)가 되어 수놓은 옷을 입고 도끼를 들고 도둑을 쫓아 잡고 나라 안을 살펴보며 동쪽으로 바다에 이르자 군사를 일으키되 명령을 좇지 않는 자들을 베니 위엄이 주군(州郡)에 떨쳤다.

原文 **前漢暴勝之字公子. 武帝末, 郡國盜賊群起. 勝之爲直指使者, 衣繡衣持斧, 逐捕盜賊, 督課郡國, 東至海. 以軍興誅不從命者, 威振州郡.**

註解 ㅇ前漢(전한)—《전한서》〈열전〉 41에 있는 이야기임. ㅇ郡國(군국)—봉건(封建)과 군현(郡縣)을 병용(倂用)한 한(漢)나라 제도. 곧 조정의 직할지인 군(郡)과 제후를 봉한 나라.

306. 장강매륜(張綱埋輪)

—장강(張綱)이 수레바퀴를 땅에 묻다

후한(後漢) 장강(張綱)의 자는 문기(文紀)이니 건위(犍爲) 무양(武陽) 사람이다. 어렸을 때부터 경학(經學)에 밝았는데 부름을 받고 어사(御史)가 되었다. 이때 순제(順帝)는 정사를 환관(宦官)들이 하는 대로 내버려두었으므로 식자(識者)들은 마음 속으로 두려워했다. 이에 장강은 감동이 과격하여 개연(慨然)히 탄식해서 말하기를, "더러운 것이 조정에 가득한데도 능히 몸을 바쳐서 국가의 어려움을 바로잡지 못하니 비록 살아 있는 것을 나는 원치 않는다."라고 했다.

한안(漢安) 초년에 조정에서는 여덟 명의 사자(使者)를 보내어 두루 지방의 풍속을 순시하게 했는데 나이 먹은 선비와 이름이 알려진 사람이 많았고 높은 지위를 거친 자들이었다. 그러나 오직 장강은 나이가 젊고 벼슬의 차서가 가장 낮았다. 나머지 사람들은 명령을 받자 각기 시찰해야 할 지방으로 갔다. 그러나 장강은 홀로 그 수레바퀴를 낙양(洛陽)의 도정(都亭)에 묻으면서 말하기를, "승냥이와 이리가 중앙정부의 중요한 지위에 있는데 어찌 지방의 여우와 너구리 따위의 작은 악(惡)을 문제삼겠는가?"라고 했다. 그리고 드디어 대장군(大將軍) 양기(梁冀) 등이 임금을 해치고자 하는 마음 15가지의 일이 있다고 상주(上奏)하니 도읍 안이 놀라고 떨었다.

이때 양기의 누이가 황후(皇后)였으며 여러 양씨가 조정에 가득하여 황제는 말이 곧은 것을 알면서도 차마 쓰지 못했다. 장강은 끝내 광릉태수(廣陵太守)로 마쳤다.

原文 後漢張綱字紀, 犍爲武陽人. 少明經學. 辟爲御史. 時順帝委縱宦官, 有識危心. 綱常感激, 慨然歎曰, 穢惡滿朝. 不能奮身出命, 掃國家之難, 雖生吾不願也. 漢安初, 遣八使徇行風俗. 皆耆儒知名, 多歷顯位. 唯綱年少, 官次最微. 餘人受命之部. 而綱獨埋其車輪於洛陽都亭曰, 豺狼當路, 安問狐貍. 遂奏大將軍梁冀等無君之心十五事. 京師震竦. 時冀妹爲皇后. 諸梁姻族滿朝. 帝雖知言直, 不忍用. 終廣陵太守.

註解 ㅇ後漢(후한)－《후한서》〈열전〉 46에 있는 이야기임. ㅇ慨然(개연)－분개하는 모양. ㅇ八使(팔사)－두교(杜喬)·주거(周擧)·곽준(郭遵)·풍선(馮羨)·낙파(欒巴)·장강(張綱)·주허(周栩)·유반(劉班)을 말함. ㅇ都亭(도정)－군현(郡縣)의 마을이 있는 곳에 지은, 나그네가 휴식하는 옥사(屋舍). ㅇ梁冀(양기)－후한(後漢) 순제(順帝)의 후(后)인 양황후(梁皇后)의 오빠. 처음 하남윤(河南尹)이 되었다가 순제(順帝)·충제(冲帝)가 계속해서 죽자 양기는 질제(質帝)를 세우고 다시 이 질제

를 시해한 다음 환제(桓帝)를 세웠는데 그 뒤에 너무 방자했기 때문에 황제가 그를 체포하게 하자 드디어 자살했다.

307. 영운곡립(靈運曲笠)

-영운(靈運)이 굽은 삿갓을 쓰다

《세설신어(世說新語)》에 말하기를, 사영운(謝靈運)은 자루가 굽은 삿갓을 쓰기 좋아했는데 공은사(孔隱士)가 이르기를, "그대가 마음이 높고 원대하려 한다면 어찌해서 능히 굽은 덮개의 모양을 쓰고 다니는가?"라고 하자 사영운은 대답하기를, "장차 그림자를 두려워하지 않는 자는 능히 마음을 잊지 못하는 것이오."라고 했다.

《남사(南史)》에 보면, 사영운은 진(晉)나라 거기장군(車騎將軍) 사현(謝玄)의 손자이니 배우고 널리 많은 서적을 보아 문장의 아름다움이 안연지(顔延之)와 함께 동진(東晉)에서 으뜸이었다. 강락공(康樂公)에 습봉(襲封)되어 세상에서 사강락(謝康樂)이라 일컬었다. 영가태수(永嘉太守)가 되었는데 고을에 이름있는 산수(山水)가 있었다. 본래 사랑하고 좋아하던 것이어서 마음대로 놀고 즐겼다. 그의 족제(族弟) 사혜련(謝惠連)이 10세에 능히 문장을 지었는데 사영운이 이를 아름답게 여기고 칭찬하여 말했다. "나는 한 편의 문장을 지으려고 할 때마다 혜련을 대하면 가구(佳句)가 쉽게 얻어진다."

일찍이 영가(永嘉) 서당(西堂)에서 시(詩)를 생각하다가, 날이 다 하도록 잠을 이루지 못했는데 갑자기 꿈에 혜련을 만나 즉시 '못에 봄풀이 난다[池塘生春草]'라는 시를 얻고 크게 잘 되었다고 했다. 항상 말하기를, "이 시구(詩句)는 신(神)의 도움이요 내 말이 아니다."라고 했다.

뒤에 시중(侍中)이 되었는데 벼슬을 내놓고는 산을 찾고 고개를 넘어 반드시 깊숙하고 험준한 곳을 찾았다. 높은 곳에 오를 때는 항상 나막신을 신었다. 그후 다시 벼슬하여 임천내사(臨川內史)가 되었다. 그때 반역하려는 뜻이 있다며 광주(廣州)로 옮겨져 주살(誅殺)당했고 그 시체는 저자에 버려졌다. 사영운은 시(詩)와 글씨가 모두 남보다 뛰어났었다. 매양 짓는 글은 손수 스스로 쓰니 송(宋)나라 문제(文帝)는 이보(二寶)라고 일컬었다.

原文 **世說新語, 謝靈運好戴曲柄笠. 孔隱士謂曰, 卿欲希心高遠. 何不能遺曲蓋之貌. 謝答曰, 將不畏影者, 未能忘懷. 南史, 謝靈運晉車騎將軍玄之孫. 學博覽群書, 文章之美與顔延之爲江左第一. 襲封康樂公, 世稱謝康樂. 爲永嘉太守. 郡有名山水. 素所愛好, 肆意遊遨. 族弟惠連十歲能屬文. 靈運嘉賞之云, 每有篇章, 對惠連輒得佳語. 嘗於永嘉西堂思詩, 竟日不就. 忽夢見惠連, 卽得池塘生春草. 大以爲工, 常云, 此語有神助, 非吾語也. 後爲侍中, 免官, 尋山陟嶺, 必造幽峻. 登躡常著木屐. 起爲臨川內史. 有逆志. 徙廣州弃市. 靈運詩書皆兼獨絶, 每文竟手自寫之. 宋文帝稱爲二寶.**

註解 ㅇ世說(세설)-《세설신어》. 책 이름. 모두 30권. 송(宋)나라 유의경(劉義慶)이 지은 것으로서 동한(東漢)으로부터 동진(東晉)에 이르기까지의 사서(辭書)와 쇄어(瑣語)를 기록하고 있다. 이 이야기는 〈언어편(言語篇)〉에 있음. ㅇ孔隱士(공은사)-남조(南朝) 노(魯)나라 사람. 성품이 산수(山水)를 좋아하여 벼슬에 나가지 않고 살다가 상우현(上虞縣) 경계로 도망했는데 집사람들도 그의 있는 곳을 알지 못했다. ㅇ不畏影(불외영)……-《장자(莊子)》에 나오는 말. ㅇ南史(남사)-이십사사(二十四史)의 하나. 당(唐)나라 이연수(李延壽)가 지음. 남조(南朝)의 송(宋)·양(梁)·진(陳) 등 4조(朝) 170년간의 역사. 이 이야기는 〈열전〉 9에 있음. ㅇ顔延之(안연지)-남조(南朝) 송(宋)나라 임기(臨沂) 사

람. 젊었을 때 외롭고 가난했으나 글 읽기를 좋아해서 문장의 아름다움이 당시의 으뜸이며 사영운(謝靈運)과 이름이 가지런했다. ㅇ襲封(습봉)－봉후(封侯)된 것을 이어받음. ㅇ內史(내사)－나라의 법전(法典)을 맡은 벼슬.

308. 임종절건(林宗折巾)

－임종(林宗)의 건(巾)이 부러지다

후한(後漢) 곽태(郭泰)의 자는 임종(林宗)이다. 나라에서 부르는 일이나 선거(選擧)에 응하지 않고 성질이 밝은 것으로 사람들에게 알려졌으며 사류(士類)들을 권장하고 가르치기를 좋아했다. 용모는 키가 크고 잘나서 큰 옷에 넓은 띠를 두르고 두루 군국(郡國)을 주유했다.

일찍이 진(陳)나라와 양(梁)나라 사이에서 길을 가다가 비를 만났는데 두건의 한모퉁이가 기울어졌다. 이에 당시 사람들은 일부러 두건의 한쪽을 부러뜨려서 쓰니 이것을 임종건(林宗巾)이라고 했거니와 그 사모함을 보인 것이 이와 같았다. 어떤 사람이 범방(范滂)에게 묻기를, "임종(林宗)은 어떤 사람이오?"하니 범방은 말하기를, "숨어서 살면서도 친척을 버리지 않소. 성품은 곧아도 풍속을 끊지 않소이다. 천자도 신하로 삼을 수가 없고 제후(諸侯)가 벗으로 삼지 못하오. 그밖의 일은 알지 못하겠소이다."라고 했다.

임종이 비록 사람들를 유별(類別)로 감식(鑑識)하기는 했지만 인륜(人倫)에 비추어 위태로운 말을 하여 의논을 밝히지 않았기 때문에 환관(宦官)이 정치를 마음대로 했어도 능히 그를 상하지 못했고 당사(黨事)가 일어나서 명사(名士)들이 많이 해를 입었지만 오직 임종과 원굉(袁閎)은 면할 수가 있었다.

문을 닫고 글을 가르치니 제자들이 천 명에 이르렀다. 그가 졸하자 사방의 선비 천여 명이 회장(會葬)했으며 뜻을 같이한 자들이 함께 돌을 깎아서 비석을 세웠는데 채옹(蔡邕)이 그 글을 쓰고 노식(盧植)에게 말하기를, "내가 비명(碑銘)을 쓴 것이 많았거니와 모두 참덕(慙德)이 있었지만 오직 곽태는 도(道)만 있고 부끄러운 빛은 없었소."라고 했다. 그가 선비를 권장하고 발탁한 사람은 모두 그 감식(鑑識)에 어긋남이 없이 입신했었던 것이다.

原文 **後漢郭泰字林宗. 辟擧不應. 性明知人. 好獎訓士類. 容貌魁偉, 襃衣博帶, 周游郡國, 嘗於陳梁閒行遇雨, 巾一角墊. 時人乃故折巾一角, 以爲林宗巾. 其見慕如此. 或問范滂曰, 林宗何如人. 滂曰, 隱不違親. 貞不絶俗. 天子不得臣. 諸侯不得友. 不知其他. 林宗雖善人倫, 而不爲危言覈論. 故宦官擅政, 而不能傷. 及黨事起, 名士多被害. 惟林宗·袁閎得免. 閉門教授. 弟子以千數. 及卒, 四方之士千餘人會葬. 同志者共刻石立碑. 蔡邕爲其文. 謂盧植曰, 吾爲碑銘多矣. 皆有慙德. 唯郭有道無愧色耳. 其獎拔士人, 皆如所鑒.**

註解 ㅇ後漢(후한)-《후한서》〈열전〉 58에 있는 이야기임. ㅇ郡國(군국)-봉건(封建)과 군현(郡縣)을 병용(倂用)한 한(漢)나라의 제도. 곧 조정의 직할시인 군과 제후를 봉한 나라. ㅇ范滂(범방)-동한(東漢) 정강(征羌) 사람. 자는 맹박(孟博). 효렴(孝廉)에 뽑혔고 뒤에 영제(靈帝) 때 크게 당인(黨人)을 숙청했는데 급히 범방을 체포하라 했다. 이때 범방은 스스로 옥에 나가서 해를 입었다. ㅇ袁閎(원굉)-후한(後漢) 사람. 아버지 원하(袁賀)가 팽성상(彭城相)이 되었다가 관직(官職)에서 졸(卒)하자 형제가 가서 초상을 치르는데 최질(縗絰)의 몸으로 관(棺)을 부축하고 서리와 이슬을 맞아 모양이 수척하고 수족에서 피가 흐르니 보는 자들이 마음 상하지 않는 자가 없었다. 조정에서 불렀으나 응하지 않고 토실(土室)을 쌓고 문밖에 나가지 않다가 그곳에서 죽었다. ㅇ盧植(노

식)—후한(後漢) 탁현(涿縣) 사람. 성질이 강하고 굳세어 큰 절개가 있고 벼슬이 상서(尙書)에 이르렀다. 동탁(董卓)이 천자를 폐할 것을 도모했으나 노식이 홀로 반대하다가 벼슬을 내놓고 상곡(上谷)에 숨어 살다가 생을 마쳤다. ㅇ慙德(참덕)—덕이 미치지 못하는 것을 부끄러워함.

309. 굴원택반(屈原澤畔)

310. 어부강빈(漁父江濱)

—굴원(屈原)은 못가에서 글을 읊고 어부(漁父)는 강가에 놀다

《사기(史記)》에 보면, 굴원(屈原)의 이름은 평(平)이니 초(楚)나라 왕(王)과 같은 성(姓)이다. 회왕(懷王)의 좌도(左徒)가 되었는데 널리 듣고 기억을 잘했으며 다스려지고 어지러움에 밝고 문장에 익숙하여 왕으로부터 크게 신임을 받고 있었다. 상관대부(上官大夫)들과 같은 반열에 있으면서 사랑을 다투었으나 마음 속으로 그의 능함을 해치는 자가 있어 그를 참소하니 왕이 노하여 굴평을 소원해했다.

그후에 진(秦)나라 소왕(昭王)이 회왕과 모임을 갖고자 하자 굴평이 말하기를, "진(秦)은 범과 이리와 같은 나라이오니 가시지 않는 것만 같지 못하십니다."라고 했다. 그러나 회왕의 어린 아들 자란(子蘭)이 왕을 권하여 가게 해서 왕은 진나라에서 죽었다. 이에 장자(長子) 경양왕(頃襄王)이 왕위에 올랐고 자란을 영윤(令尹)으로 삼았다. 그리고 자란이 상관대부를 시켜 굴원의 과실을 말하자 왕은 노해서 굴원을 강남 땅으로 귀양보냈다.

이에 굴원은 머리를 풀고 강가를 거닐면서 시를 읊으니 얼굴빛은 파리하고 형용은 메말랐다. 이때 한 어부(漁父)가 묻기를, "그대는 삼려대부(三閭大夫)가 아니시오? 무슨 일로 여기에 오셨소?"하자

굴원은 말하기를, "온 세상이 모두 흐린데 나만 홀로 맑고, 모든 사람이 모두 취했는데 나만 홀로 깨어 있어서 이 때문에 내쫓긴 것이오."라고 했다. 어부는 다시 말하기를, "대체로 성인(聖人)은 물건에 막힘이 없이 능히 세상과 함께 변하여 옮기는 것이니 온 세상이 흐리다면 어찌해서 그 흐름을 따라 그 물건을 드날리고, 모든 사람이 모두 취했다면 어찌 그 술지게미를 먹고 묽은 술을 마시지 않고 무슨 까닭으로 아름다운 옥을 품고 스스로 몸을 내쫓긴단 말이오?"라고 했다.

이에 굴원은 말하기를, "내가 들으니 새로 머리를 감은 사람은 반드시 갓의 먼지를 털고 새로 목욕한 사람은 반드시 옷을 흔든다 하였는데 누가 능히 몸의 깨끗한 것으로써 세속의 더러운 것을 받겠는가? 차라리 상강(湘江)의 흐르는 물에 들어가 물고기의 배 속에 장사지낼지언정 어찌 능히 깨끗하게 흰 몸으로 세상의 티끌의 더러운 것을 뒤집어쓴단 말인가?"하고 이에 회사(懷沙)의 부(賦)를 짓고 스스로 멱라(汨羅)에 몸을 던져 죽었다. 그후 백여년만에 가생(賈生)이 장사왕(長沙王)의 태부(太傅)가 되었는데 굴원과 비슷한 처지가 된지라 상수(湘水)를 지나다가 글을 던져 그를 조상했다.

原文 史記, 屈原名平, 楚之同姓, 爲懷王左徒. 博聞强志, 明於治亂, 嫻於辭令. 王甚任之. 上官大夫與之同列, 爭寵而心害其能. 因讒之. 王怒而疏平. 後秦昭王欲與懷王會. 平曰, 秦虎狼之國. 不如無行. 懷王稚子子蘭勸王行. 王死於秦, 長子頃襄王立, 以子蘭爲令尹. 子蘭使上官大夫短原於王. 王怒而遷之. 原至江濱, 被髮行吟澤畔. 顔色憔悴, 形容枯槁. 漁父問曰, 子非三閭大夫歟, 何故至此. 原曰, 擧世混濁而我獨清. 衆人皆醉, 而我獨醒. 是以見放. 漁父曰, 夫聖人不凝滯於物, 而能與世推移, 擧世混濁, 何不隨其流而揚其波. 衆人皆醉, 何不餔其糟啜其醨. 何故懷瑾握瑜, 而自令見放爲. 原曰, 吾聞之. 新沐者必彈冠, 新浴者必振衣. 誰以身之察察, 受物之汶汶者乎. 寧赴湘流而葬乎江魚腹中耳. 又安能以皓皓之白, 而蒙世之塵埃乎. 乃作懷沙之賦, 懷石自投汨羅以死. 後百餘年, 賈生爲長沙王太傅, 過湘水, 投書以弔之.

註解 ㅇ史記(사기)-《사기》〈열전〉 24에 있는 이야기임. ㅇ左徒(좌도)-당시의 직명(職名). ㅇ上官大夫(상관대부)-윗자리의 대부(大夫). ㅇ三閭大夫(삼려대부)-초(楚)나라 왕족(王族)인 소(昭)·굴(屈)·경(景)의 삼씨(三氏)를 맡는 벼슬 이름. 굴원(屈原)이 초(楚)나라 왕과 동성(同姓)이기 때문에 삼려대부가 되었다. ㅇ汨羅(멱라)-강 이름. 근원은 강서성(江西省) 서남쪽 산속에서 나오는데 이것이 멱수(汨水)요 호남성(湖南省) 경계를 지나서 또 나수(羅水)가 있어 이것이 합하여 멱라(汨羅)가 되었음. ㅇ賈生(가생)-가의(賈誼)는 전한(前漢) 문제(文帝) 때 박사(博士)로서 뒤에 장사왕(長沙王)의 태부(太傅)가 되었음. ㅇ長沙王(장사왕)-장사(長沙)는 한(漢)나라 때의 제후국(諸侯國). ㅇ太傅(태부)-천자나 왕을 도와 덕으로 인도하는 삼공(三公)의 하나.

311. 위발소문(魏勃掃門)

-위발(魏勃)이 남의 문을 쓸다

전한(前漢) 위발(魏勃)은 젊었을 때 제(齊)나라 재상 조삼(曹參)을 보고자 했으나 집이 가난해서 스스로 통할 수가 없었다. 이에 항상 홀로 일찍 일어나 제나라 정승의 사인(舍人)의 문앞을 쓸어주었다. 사인은 이를 이상히 여겨 특별히 문지기를 시켜서 물어보게 했더니 위발은 말하기를, "정승을 보고자 했으나 길이 없기로 이에 당신을 위하여 문을 쓸었던 것이오."라고 했다. 그래서 사인이 위발로 하여금 재상 조삼을 만나보게 했더니 조삼은 그를 사인으로 삼았다.

原文 前漢魏勃, 少時欲求見齊相曹參. 家貧無以自通. 乃常獨早掃齊相舍人門外. 舍人怪之. 因特令閽者而問之. 勃曰, 願見相君無因. 故爲子爲掃. 於是舍人見勃曹參, 因以爲舍人.

註解 ㅇ前漢(전한)—《전한서》〈팔고오왕전(八高五王傳)〉〈제도혜왕세가(齊悼惠王世家)〉에 있는 이야기임. ㅇ曹參(조삼)—한(漢)나라의 공신(功臣). 고조(高祖)를 도와 천하를 평정하고 평양후(平陽侯)에 봉해짐. ㅇ舍人(사인)—궁중에서 숙직하며 보살피는 벼슬.

312. 반악망진(潘岳望塵)

—반악(潘岳)이 수레의 티끌을 바라보다

진(晉)나라 반악(潘岳)이 황문시랑(黃門侍郎)이 되었는데 성질이 경솔하고 급하며 세상의 이익을 좇았다. 위위(衛尉)인 석숭(石崇)과 같이 세도가인 가밀(賈謐)을 아첨으로 섬겨서 늘 그가 외출할 때를 기다리다가 문득 둘레의 먼지만 보여도 절을 했다. 이리하여 가밀과 친하고 사이가 좋아지자 이들을 이십사우(二十四友)라고 이름했는데 거기에서 반악이 그 우두머리가 되었다. 가밀이 민회태자(愍懷太子)를 모함하는 글을 짓다가 《진서(晉書)》의 한단(限斷)을 논한 것은 모두 반악의 글이었다.

처음에 반악이 낭야내사(琅邪內史)가 되었을 때 손수(孫秀)는 소사(小史)가 되었다. 이 손수는 교활했으며 그 교활함을 오히려 자랑할 정도였다. 반악은 그 사람됨을 미워하여 자주 매 때리고 욕하니 손수는 항상 분한 마음을 품었다. 한편 조(趙)나라 왕 윤(倫)이 정치를 돕게 되고 손수가 중서령(中書令)이 되었다. 그런데 드디어 반악 및 석숭이 난리를 꾀한다고 무고(誣告)해서 함께 죽음을 당했다. 가밀은 실은 한수(韓壽)의 아들인데 가충(賈充)의 부인 곽괴(郭槐)가 길러서 아들로 삼았더니 가후(賈后)가 음란하고 사납자 가밀이 나랏일에 관여하여 권세가 임금과 같았다.

原文 晉潘岳黃門侍郞. 性輕躁趨世利. 與衛尉石崇等, 諂事賈謐, 每候其出, 與崇輒望塵而拜. 謐與之親善. 號二十四友. 岳爲其首. 謐構愍懷太子之文及晉書限斷, 皆岳之辭也. 初岳爲琅邪內史. 孫秀爲小史給岳, 而狡黠自喜. 岳惡其爲人, 數撻辱之. 秀常銜忿. 及趙王倫輔政, 秀爲中書令. 遂誣岳及石崇謀爲亂, 同被誅. 謐韓壽子, 賈充婦郭槐養爲子. 時賈后淫虐, 謐干預國事, 權侔人主.

註解 ㅇ晉(진)－《진서》〈열전〉 25에 있는 이야기임. ㅇ石崇(석숭)－앞에서 나왔음. ㅇ賈謐(가밀)－진(晉)나라 사람. 한수(韓壽)의 아들이요 가충(賈充)의 외손(外孫)임. 가충이 아들이 없어서 밀(謐)로 후사(後嗣)를 삼았다. ㅇ二十四友(이십사우)－반악(潘岳)·석숭(石崇)·구양건(歐陽建)·육기(陸機)·육운(陸雲)·요징(繆徵)·두빈(杜斌)·지우(摯虞)·제갈전(諸葛詮)·왕수(王粹)·두육(杜育)·추첩(鄒捷)·좌사(左思)·최기(崔基)·유괴(劉瓌)·화욱(和郁)·주회(周恢)·색수(索秀)·진진(陳眕)·곽창(郭暢)·허맹(許猛)·유눌(劉訥)·유여(劉輿)·유곤(劉琨). ㅇ內史(내사)－궁중의 기록을 맡은 벼슬. ㅇ小史(소사)－태사(太史)의 아래 벼슬로서 나라의 기록을 맡았다. ㅇ孫秀(손수)－진(晉)나라 사람. 벼슬이 중서령(中書令)에 이름.

313. 경방추율(京房推律)

—경방(京房)이 음률을 미루어 알다

전한(前漢) 경방(京房)의 자는 군명(君明)이니 동군(東郡) 돈구(頓丘) 사람이다. 《주역(周易)》을 익히고자 하여 양(梁)나라 사람 초연수(焦延壽)를 섬겼는데 초연수가 말하기를, "나의 도(道)를 얻고 몸을 멸(滅)한 자는 경생(京生)이리라."고 했다. 그의 역설(易說)은 재변(災變)에 능하여 60괘(卦)로 나누고 다시 일용(日用)의 일을 두고 바람과 비와 차고 더운 것으로 기후를 삼아 각각 점의 효험이 있었다. 경방은 이것을 터득하고 쓰기를 더욱 정밀하게 했다. 음악의 가락을 좋아하고 음악의 소리를 알았다.

효원제(孝元帝) 때에 효렴(孝廉)으로 뽑혀 낭(郎)이 되었는데 석현(石顯)과 오록충종(五鹿充宗) 등과 사이가 나쁘더니 나가서 위군태수(魏郡太守)가 되었다. 경방은 스스로 운수를 알았는데 대신(大臣)들로부터 모함을 받고 있다는 것을 잘 알고 있었으므로 천자에게서 멀리 떠나는 것을 원치 않았다. 즉 자기가 태수로 나가면 또 중상모략을 당할 것이 걱정되었기 때문이다.

이에 봉서(封書)를 올려 천자에 재이(災異)가 있을 것을 상주(上奏)했다. 이에 석현(石顯)은 경방(京房)이 정치를 비방하여 악한 것은 천자에게 돌리고 제후(諸侯)들을 잘못될 곳으로 인도했다고 고했다. 그래서 마침내 처형되었고 그 시체는 저자에 버려졌다. 경방의 근본 성(姓)은 이(李)인데 음률(音律)에 안맞는다 하여 스스로 정해서 경씨(京氏)로 고쳤다.

原文 前漢京房字君明, 東郡頓丘人. 治易事梁人焦延壽. 壽曰, 得我道以亡身者京生也. 其說長於災變. 分六十卦, 更直日用事, 以風雨寒溫爲候, 各有占驗. 房用之尤精. 好鐘律知音聲. 孝元時以孝廉爲郎. 與石顯·五鹿充宗有隙. 出爲魏郡太守. 房自知數以論議爲大臣所非, 不欲遠離左右. 及爲太守憂懼, 乃上封事言災異. 旣而顯告, 房非謗政治, 歸惡天子詿誤諸侯王. 遂弃市. 房本姓李, 推律自定爲京氏.

註解 ㅇ前漢(전한)－《전한서》〈열전〉 45에 있는 이야기임. ㅇ焦延壽(초연수)－한(漢)나라 양현(梁縣) 사람. 이름은 당(贛), 연수(延壽)는 그의 자. 원제(元帝) 때 삼로(三老)가 되었는데 맹희(孟喜)에게서《주역(周易)》을 배웠다. ㅇ石顯(석현)－한(漢)나라 제남(濟南) 사람. 원제(元帝) 때 중서령(中書令)이 되었는데 황제가 병이 있자 모든 정사가 석현의 손에서 결정되더니 성제(成帝)가 즉위하자 벼슬에서 쫓겨났다. ㅇ封事(봉사)－남에게 누설되지 않도록 밀봉(密封)하여 천자에게 바치는 글.

314. 익봉관성(翼奉觀性)

－익봉(翼奉)은 성품을 보다

전한(前漢) 익봉(翼奉)의 자는 소군(少君)이니 동해(東海) 하비(下邳) 사람이다. 경술(經術)에 밝고 율력(律歷 : 律曆)과 음양(陰陽)의 점(占)을 좋아했다. 원제(元帝)가 즉위하자 그를 불렀다. 그랬더니 봉서(封書)를 올려 말하기를, "다스리는 길의 중요한 임무는 아랫사람들의 간사하고 바른 것을 아는 데에 있습니다."라고 했다.

그는 사람의 간사하고 바른 것을 점치는데 '진시객주사정(辰時客主邪正)'이란 말을 사용했다. 그 대략에 말하기를, "진시객주사정을 육합(六合)과 오행(五行)으로 바꾸면 가히 사람의 성품을 볼 수가 있사옵고 사람의 인정을 알 수 있을 것이옵니다. 사람의 성품을 보는 데는 역(歷), 즉 일시(日時)로 하고, 정(情)을 관찰하는 데는 율(律), 즉 12방위로 하옵니다. 이는 현명하신 군주께서는 마땅히 홀로 하셔야지 남에게 시키시면 아니되나이다."라고 했다.

原文 前漢翼奉字少君, 東海下邳人. 明經術, 好律歷陰陽之占. 元帝卽位, 徵之. 奉上封書曰, 治道要務, 在知下之邪正. 於是有辰時客主邪正之語. 其略曰, 參之六合五行, 則可以見人性知人情. 觀性以歷, 觀情以律. 明主所宜獨用. 官至諫大夫.

註解 ㅇ前漢(전한)―《전한서》〈열전〉 45에 있는 이야기임. ㅇ辰時(진시)―진(辰)은 손[客]이 되고 시(時)는 주인[主]이 된다. ㅇ六合(육합)―사방과 위와 아래.

315. 감녕사치(甘寧奢侈)

―감녕(甘寧)은 사치스러웠다

《오지(吳志)》에 보면 감녕(甘寧)의 자는 흥패(興霸)이니 파군(巴郡) 임강(臨江) 사람이다. 젊었을 때 힘이 있고 호협하게 놀기를 좋아하여 경박한 소년들을 불러모아 두목이 되었다. 손권(孫權)에게 벼슬하였는데 공로가 있어 절충장군(折衝將軍)이 되었다.

《오서(吳書)》에 말하기를 '감녕은 경솔하고 호협해서 사람을 죽이기도 하고 또 망명자를 집에 숨겨주기도 하여 그 이름이 고을 안에 알려졌다. 그가 출입할 때 걸으면 수레와 말을 벌여놓고, 물로 갈 때엔 가벼운 배가 연해있고 시종(侍從)들은 무늬있는 비단옷을 입고 휘장에는 구슬과 옥으로 장식을 했다. 항상 비단으로 배를 맸는데 가다가 혹 이것을 쪼개어 사치스러움을 보였다.

〈강표전(江表傳)〉에 말하기를, 조공(曹公 : 曹操)이 유수(濡須)에 나가 말에게 물을 먹이는데 손권은 무리를 이끌고 응전했다. 이때 손권은 감녕으로 선봉을 삼고 명령하여 밤에 위(魏)나라 군중에 들어가 공격하라고 했다. 감녕은 건장한 사람 백여명을 뽑아서 지름길로 조공(曹公)의 영채 아래에 이르러 보루를 넘어 영채에 들어가 수십 명의 머리를 베자 북군(北軍)들이 놀라니 손권이 말하기를, "맹덕(孟德)에게는 장요(張遼)가 있지만 나에게는 흥패(興覇)가 있으니 족히 대적할 만하다."고 했다.

原文 **吳志, 甘寧字興霸, 巴郡臨江人. 少有氣力, 好游俠, 招合輕薄少年, 爲之渠帥. 仕孫權, 以功拜折衝將軍. 吳書曰, 寧輕俠殺人, 藏舍亡命, 聞於郡中. 其出入, 步則陳車騎, 水則連輕舟, 侍從被文綉, 幃帳以珠玉爲飾, 常以繒錦維舟, 去或割弃, 以示奢也. 江表傳曰, 曹公出濡須, 臨水飮馬. 權率衆應之, 使寧爲前部督, 勑使夜入魏軍. 寧選健兒百餘人, 徑詣曹公營下, 踰壘入營, 斬數十級. 北軍驚駭. 權曰, 孟德有張遼, 孤有興霸. 足相敵也.**

註解 ㅇ吳志(오지)-《오지》〈열전〉 제10에 있는 이야기임. ㅇ江表傳(강표전)-진(晉)나라 우보(虞溥)가 지은 책. 《삼국지(三國志)》의 주(註)에서 인용한 것이 많음. ㅇ曹公(조공)-조조(曹操)를 말함. ㅇ濡須(유수)-강 이름. ㅇ孟德(맹덕)-조조(曹操)의 자.

316. 육개귀성(陸凱貴盛)

-육개(陸凱)는 벼슬이 높고 세력이 강했다

《오지(吳志)》에 의하면 육개(陸凱)의 자는 경풍(敬風)이니 오군

(吳郡) 사람으로서 승상(丞相) 육손(陸遜)의 조카이다. 손호(孫皓) 때 승상(丞相)이 되었다. 《세설신어(世說新語)》에 말하기를, 손호가 육개에게 말하기를, "그대의 일종(一宗)이 조정에 있는 것이 몇 사람인가?"하니 대답하기를, "정승이 2명, 후(侯)가 5명, 장군이 10여 명입니다."라고 했다. 이에 손호가 말하기를, "장하도다."라고 하자, 육개는 말하기를, "임금님이 어질고 신하가 충성된 것은 나라의 장한 것이요, 아비가 사랑하고 자식이 효도하는 것은 한 집안의 장한 것입니다. 지금 정치는 어지럽고 백성은 피곤하여 엎어지고 망할 것을 두려워하는데 신(臣)이 어찌 감히 장하다고 말하겠습니까?"라고 했다.

原文 **吳志, 陸凱字敬風, 吳人. 丞相遜族子, 孫皓時爲丞相. 世說曰, 皓問凱, 卿一宗在朝有幾人. 答曰, 二相五侯, 將軍十餘人. 皓曰, 盛哉. 凱曰, 君賢臣忠 國之盛也. 父慈子孝, 家之盛也. 今政荒民弊, 覇亡是懼. 臣何敢言盛.**

註解 ㅇ吳志(오지)－《오지》〈열전〉16에 있는 이야기임. ㅇ孫皓(손호)－삼국시대 오(吳)나라 손권(孫權)의 손자. 화(和)의 아들. 손휴(孫休)를 계승하였는데 성질이 사납고 교만한데다가 주색을 좋아했음. 진(晉)나라 군사가 내려오자 나가서 항복함.

317. 간목부의(干木富義)

－단간목(段干木)은 의리에 있어 부자였다

《회남자(淮南子)》에 말하기를, 단간목(段干木)이 녹(祿)을 사양하고 집에 있는데 위(魏)나라 문후(文侯)가 그 마을을 지나다가 수레의 가룻대를 잡고 절하자 종이 말하기를, "간목은 포의(布衣)의 선비인데 제후(諸侯)께서 수레의 가룻대를 잡고 절하시는 것은 너무 심하지 않으십니까?"라고 했다.

이에 문후는 말하기를, "단간목은 세력과 이익을 위해 나가지 않고 군자의 도(道)를 품고 궁한 거리에 숨어 살아도 소리와 이름은 천 리에 들리는데 내가 감히 절하지 않겠는가? 단간목은 덕에 빛나고 나는 세력에 빛나며, 단간목은 의리에 부자이고 나는 재물에 부자인데 세력은 덕의 높은 것만 같지 못하고 재물은 의리의 높은 것만 같지 못한 것이니 단간목은 비록 그 몸을 나와 바꾸자해도 하지 않을 것이다."라고 했다.

原文 **淮南子曰, 段干木辭祿而處家. 魏文侯過其閭而軾之. 其僕曰, 干木布衣之士. 君軾其閭, 不已甚乎. 文侯曰, 干木不趍勢利, 懷君子之道, 隱處窮巷, 聲施千里. 寡人敢勿軾乎. 干木光于德, 寡人光于勢. 干木富于義, 寡人富于財. 勢不若德尊. 財不若義高. 干木雖以己易寡人弗爲.**

註解 ㅇ淮南子(회남자)-《회남자》〈수무편(脩務篇)〉에 있는 이야기임. ㅇ段干木(단간목)-전국시대(戰國時代) 때 진(晉)나라 사람으로서 위(魏)나라에 살았음. 도를 지키고 벼슬하지 않았다. ㅇ布衣之士(포의지사)-벼슬하지 않은 사람.

318. 어릉사빙(於陵辭聘)

-어릉(於陵)이 맞으러 온 것을 사양하다

《고열녀전(古列女傳)》에 의하면, 초왕(楚王)이 어릉(於陵)의 자종

(子終)이 어질다는 말을 듣고 정승을 삼으려 하여 사자(使者)로 하여금 금(金) 백일(百鎰)을 가지고 가서 맞아오게 했다. 이에 자종이 들어가서 아내에게 이르기를, "왕(王)이 나를 정승으로 삼으려 하는데, 오늘 정승이 되면 내일은 사마[駟]를 매고 타는 말이 연해 있을 것이며 진수성찬을 먹게 될 것이니 그러면 좋겠소?"라고 했다.

이에 아내는 말하기를, "대저 당신께서는 신발을 삼아서 먹고 살아가니 물건과 함께 생업(生業)이 없는 것이 아닙니다. 좌편에 거문고가 있고 우편에 책이 있으니 즐거움도 또한 그 속에 있는 것이지요. 대체로 사마[駟]를 매어놓고 타는 말이 연해 있다고 하지만 편안한 것은 무릎을 움직일 수 있는 것에 지나지 않는 것이며 진수성찬을 앞에 놓고 먹는 것도 배부르게 하는 것은 고기 한 덩어리에 지나지 않는 것이니 이제 무릎을 움직일 만한 편안함과 한 덩어리 고기의 맛으로서 초(楚)나라의 근심을 품게 하는 것이 옳겠습니까? 어지러운 세상에는 해치는 것이 많은 것이니 저는 당신의 목숨을 보전하지 못할 것이 두렵습니다."라고 했다.

이에 자종은 나가서 사자에게 사례하고 드디어 부부가 함께 도망하여 남의 동산에서 품팔이하며 물을 주는 일로 세월을 보냈다. 《고사전(高士傳)》에 말하기를, 진중자(陳仲子)의 자는 자종(子終)이니 제(齊)나라 사람이다. 어머니와 형을 작별하고 아내와 같이 초(楚)나라로 가서 어릉(於陵)에 살며 스스로 어릉중자(於陵仲子)라고 불렀다.

原文 古列女傳, 楚王聞於陵子終賢, 欲以爲相, 使使者持金百鎰往聘之. 子終入謂妻曰, 王欲以我爲相. 今日爲相, 明日結駟連騎, 食方丈於前. 可乎. 妻曰, 夫子織屨以爲食. 非與物無治也. 左琴右書, 樂亦在其中矣. 夫結駟連騎, 所安不過容膝. 食方丈於前, 所甘不過一肉. 今以容膝之安, 一肉之味, 而懷楚國之憂. 其可乎, 亂世多害. 妾恐先生之不保命也. 於

是子終出謝使者, 遂相與逃, 而爲人灌園. 高士傳曰, 陳仲子字子終, 齊人. 辭母兄將妻適楚, 居於陵, 自號於陵仲子.

註解 ㅇ古列女傳(고열녀전)－《고열녀전》 권2 〈현명편(賢明篇)〉에 있는 이야기임. ㅇ鎰(일)－1일(鎰)은 20냥. ㅇ駟(사)－네 필의 말.

319. 원개전벽(元凱傳癖)
－원개(元凱)가 벽(癖)을 전하다

《진서(晉書)》에 의하면, 두예(杜預)의 자는 원개(元凱)이니 이미 진(晉)나라에서 공을 세운 뒤에 조용하고 일이 없어서 이에 열심히 경적(經籍)을 생각하여 《춘추좌씨전(春秋左氏傳)》과 《춘추좌씨 경전집해(春秋左氏經傳集解)》를 만들고 또 제가(諸家)의 계보(系譜)를 참고하여 《석례(釋例)》라는 것을 만들었다. 또 《맹회도(盟會圖)》와 《춘추장력(春秋長歷)》을 만들어 일가(一家)의 학문을 갖추어 이루었다. 이런 것들은 큰 일거리였으므로 노년이 되어서야 이루었다. 또 《여기찬(女記讚)》을 지으니 당시의 의논하는 자가 이르기를, "두예(杜預)의 문장은 질박하고 직필(直筆)이다."며 세상 사람들은 이를 소중히 여기지 않았다. 오직 비서감(秘書監) 지우(摯虞)가 칭찬해서 말하기를, "좌구명(左丘明)이 본래 《춘추(春秋)》를 위하여 전(傳)을 짓자 좌씨전(左氏傳)이 드디어 스스로 독립되어 세상에 행해졌고, 《석례(釋例)》도 본래 《좌씨전》을 위해 만들어진 것이지만 밝힌 것은 《좌씨전》뿐만이 아닌 다른 책에도 도움이 된다. 그러므로 또한 역시 독립되어 세상에 행해졌다."라고 했다.

이때 왕제(王濟)가 말을 감별할 줄 알고 또 몹시 말을 사랑했다. 또 화교(和嶠)는 자못 재산을 모아 거두었다. 두예가 일찍이 일컫기를, "왕제는 말을 좋아하는 벽(癖)이 있고 화교는 재물을 좋아하는 벽(癖)이 있다고 했다." 무제(武帝)가 이 말을 듣고 이르기를, "그대는 무슨 벽(癖)이 있는가?"하니 대답하기를, "신(臣)은 《좌씨전》의 벽(癖)이 있습니다."라고 했다. 사예교위(司隸校尉)로 마쳤는데 죽은 후 지위를 특진(特進)시키어 정남대장군(征南大將軍)을 증직(贈職)했다. 처음에 두예는 후세(後世)에 이름 남기기를 좋아하여 항상 말하기를, "높은 언덕은 골짜기가 되고 깊은 골짜기는 언덕이 되기까지 이름을 남기고 싶다."라고 했다. 그러므로 두 개의 비석에 글자를 새겨 그 훈적(勳績)을 썼는데 하나는 만산(萬山) 아래에 묻고 하나는 현산(峴山) 위에 세우면서 말하기를, "어찌 이후에 언덕이 골짜기가 되고 골짜기가 언덕이 되어, 골짜기의 비석이 나타나고 언덕의 비석이 묻히지 않을는지 누가 알랴?"고 했다.

原文 **晉書, 杜預字元凱. 旣立功之後, 從容無事. 乃耽思經籍, 爲春秋左氏經傳集解, 又參考衆家譜第, 謂之釋例, 又作盟會圖·春秋長歷, 備成一家之學. 比老乃成. 又撰女記讚. 當時論者謂, 預文義質直. 世人未之重. 唯祕書監摯虞賞之曰, 左丘明本爲春秋作傳. 而左傳遂自孤行. 釋例本爲傳設. 而所發明, 何但左傳. 故亦孤行. 時王濟解相馬, 又甚愛之. 而和嶠頗聚斂. 預嘗稱, 濟有馬癖. 嶠有財癖. 武帝聞之謂曰, 卿有何癖. 對曰, 臣有左傳癖. 終司隸校尉. 位特進, 贈征南大將軍. 初預好爲後世名, 常言高岸爲谷, 深谷爲陵. 刻石爲二碑, 紀其勳績, 一沈萬山之下, 一立峴山之上. 曰, 焉知此後不爲陵谷乎.**

註解 ㅇ晉書(진서)-《진서》〈열전〉4에 있는 이야기임. ㅇ譜第(보제)-세통(世統)의 주서(註序)의 기록. ㅇ比老(비로)-늙은이에 대한 기

록. ○摯虞(지우)－진(晉)나라 장안(長安) 사람. 무제(武帝) 때 태자사인(太子舍人)에 발탁되고 뒤에 태상경(太常卿)이 되었다. 많은 저서가 있었다. ○左丘明(좌구명)－노(魯)나라의 태사(太史)로서 공자의《춘추(春秋)》에 해석을 붙인《춘추좌씨전(春秋左氏傳)》을 지었음. ○春秋(춘추)－공자가 저술한 노(魯)나라의 역사책. ○左傳(좌전)－공자의《춘추(春秋)》를 좌구명(左丘明)이 해설한 책. ○王濟(왕제)－진(晉)나라 사람. 젊었을 때 글재주가 있었으며 용력(勇力)이 남보다 뛰어났다. 무제(武帝)의 딸 상산공주(常山公主)에게 장가들어 늘 황제를 뵈었으나 일찍이 인물을 의논하지 않고 청담(淸談)을 잘했다. ○嶠(교)－화교(和嶠). 진(晉)나라 서평(西平) 사람. 젊어서 풍격(風格)이 있고 영천태수(潁川太守)가 되었는데 정치가 맑고 간단했다. 혜제(惠帝) 때 산기상시(散騎常侍)에 이르렀는데 집이 부자인데도 성질이 지극히 인색해서 두예(杜預)가 그를 전벽(錢癖)이 있다고 했다.

320. 백영초성(伯英草聖)

－백영(伯英)은 초서(草書)의 성인(聖人)이다

후한(後漢) 장지(張芝)의 자는 백영(伯英)이니 돈황(敦煌) 주천(酒泉) 사람이다. 초서(草書)를 잘 썼다.

위항(衛恒)이 말하기를, "장제(章帝) 때 제(齊)나라 정승 두도(杜度)는 글씨를 잘 쓴다는 이름이 났고 그 뒤에 최원(崔瑗)·최식(崔寔)이 있어 또한 모두 잘 쓴다고 일컬어졌다. 두씨(杜氏)는 자육(字肉)을 긋기를 심히 부드럽게 했으나 글자 모양은 다소 가늘었다. 최씨는 필력(筆力)은 좋았으나 글자를 맺는 데는 조금 소홀했다. 그러나 백영은 그들에 비하여 서체(書體)든 필세든 모두 정교했다."라고 했다.

그는 무릇 집의 비단옷에는 반드시 글씨를 썼다가 뒤에 다듬었고, 못에 가서 글씨를 배우니 못의 물이 모두 검어졌다. 붓을 들면 반드시 서도(書道)의 법을 따랐고 바빠서 시간이 없을 때 쓴 초서의 글씨, 그리고 작은 종잇조각에 쓴 글씨도 사람들은 남기지 않고 가져갔다고 한다. 위(魏)나라 때 글씨의 대가(大家)인 위탄(韋誕)은 그를 초성(草聖)이라고 했다.

原文 後漢張芝字伯英, 敦煌酒泉人. 善草書. 衛恆曰, 章帝時, 齊相杜度號善作篇. 後有崔瑗·崔寔, 亦皆稱工. 杜氏殺字甚安, 而書體微瘦. 崔氏甚得筆勢, 而結字小疎. 伯英因而轉精甚巧. 凡家之衣帛, 必書而後練之. 臨池學書池水盡黑. 下筆必爲楷則. 號怱怱不暇草書, 寸紙不見遺. 世尤寶其書. 韋仲將謂之草聖.

註解 ○後漢(후한)－《후한서》〈열전〉 55에 있는 이야기임. 위항(衛恒) 이하는《진서(晉書)》〈열전〉 6에 있음. ○衛恒(위항)－진(晉)나라 안읍(安邑) 사람. 위관(衛瓘)의 아들. 자는 거산(巨山). 초서(草書)와 예서(隸書)를 잘 썼다. 사체서(四體書)에 모두 능했으나 그 중에 초서(草書)가 가장 뛰어났다. ○杜度(두도)－후한(後漢) 사람. 자는 백도(伯度). 초서(草書)에 능했다. 그후로 최원(崔瑗)·최식(崔寔)의 부자(父子)가 계승(繼承)했다. ○崔瑗(최원)·崔寔(최식)－이들 부자(父子)는 모두 두도(杜度)의 뒤를 이어 초서(草書)에 능했다.

321. 풍이대수(馮異大樹)

－풍이(馮異)를 대수장군(大樹將軍)이라고 했다

후한(後漢) 풍이(馮異)의 자는 공손(公孫)이니 영천(潁川) 부성(父城) 사람이다. 글 읽기를 좋아하여《좌씨춘추전(左氏春秋傳)》과 손자병법(孫子兵法)에 능통했다.

한(漢)나라 군사가 일어나자 군(郡)의 연리(掾吏)로서 부성(父城)을 지키고 있었다. 이때 광무제(光武帝)는 아직 미력(微力)하여 사예(司隸)로 있었다. 그가 부성(父城)을 지나게 되자 즉시 문을 열어 맞으니 광무제는 그를 주부(主簿)에 임명했다. 왕랑(王郎)이 난을 일으켰을 때 광무(光武)는 계(薊) 지방의 동남쪽으로부터 달려와 요양(饒陽) 무루정(無蔞亭)에 이르렀는데 날씨가 춥고 무리들이 주리고 피로했다. 이때 풍이가 콩죽을 올리는 것이었다.

그 이튿날 광무는 말하기를, "어제 공손의 콩죽을 얻어서 굶주림과 추위가 모두 풀렸노라."고 했다. 다시 남궁(南宮)에 이르자 큰바람과 비를 만나 광무는 길가의 집으로 들어가 옷을 말리는데 풍이가 보리밥과 토끼고기를 올렸다. 계속해서 호타하(滹沱河)를 건넜는데 돌아오자 그를 편장군(偏將軍)에 임명했다.

그는 사람됨이 겸손하고 자기 자랑을 하지 않아 길을 가다가 여러 장수들과 서로 만나면 문득 수레를 이끌고 길을 피하여 나가고 물러가는 것이 모두 모범이 되었다. 군중(軍中)에서는 그를 잘 갖춰진 사람이라고 했다. 군대가 쉬거나 머무는 곳에서 제장들은 모두 앉아 공훈담을 이야기했는데 그는 홀로 나무 아래에 있었다. 그래서 군중에서 그를 대수장군(大樹將軍)이라고 불렀다. 한단(邯鄲)을 깨고 나자 이에 부서를 정하되 여러 장수를 바꾸어 각각 배치를 했는데 군사들이 모두 말하기를, "원컨대 대수장군 밑에 소속시켜 주옵소서." 라고 하니 광무가 이로써 그를 소중하게 여겼다. 뒤에 양하후(陽夏侯)에 봉하고 정서대장군(征西大將軍)에 임명했으며 진기한 보배와 의복과 돈과 비단을 하사하고 조서를 내려 말하기를, "창졸간에 무루정(無蔞亭)의 콩죽과 호타하(虖沱河)의 보리밥의 두터운 뜻을 오랫동안 갚지 못했노라."고 하니 풍이는 머리를 조아려 사례했다.

原文 後漢馮異字公孫, 潁川父城人. 好讀書, 通左氏春秋·

孫子兵法. 漢兵起, 以郡掾守父城. 光武爲司隸, 道經父城, 卽開門迎. 光武署爲主簿. 及王郎起, 光武自薊東南馳, 至饒陽無蔞亭. 天寒衆飢疲. 異上豆粥. 明旦光武曰, 昨得公孫豆粥, 飢寒俱解. 及至南宮, 遇大風雨, 光武入道傍舍燎衣. 異進麥飯菟肩. 因渡滹沱河, 還拜偏將軍. 爲人謙退不伐. 行與諸將相逢, 輒引車避道. 進止皆有表識. 軍中號爲整齊. 每所止舍, 諸將並坐論功. 異常獨屛樹下. 軍中號曰大樹將軍. 及破邯鄲, 乃更部分諸將, 各有配隷. 軍士皆言, 願屬大樹將軍. 光武以此多之. 後封陽夏侯, 拜征西大將軍. 賜珍寶衣服錢帛. 詔曰, 倉卒無蔞亭豆粥, 滹沱河麥飯, 厚意久不報. 異稽首謝.

註解 ㅇ後漢(후한)－《후한서》〈열전〉 7에 있는 이야기임. ㅇ王郎(왕랑)－이름은 창(昌). 한단(邯鄲)의 점쟁이였는데 한(漢)나라 성제(成帝)의 아들이라고 속이면서 군사를 일으키어 한때 한단을 점거했다가 토벌 당했음.

322. 천추소차(千秋小車)

－천추(千秋)는 조그만 수레를 타고 궁궐을 드나들었다

전한(前漢) 차천추(車千秋)의 본성(本性)은 전씨(田氏)이다. 고침랑(高寢郎)이 되었는데 마침 위(衛)나라 태자(太子)가 강충(江充)의 참소로 죽었다. 그로부터 오래된 후에 무제(武帝)가 자못 태자의 원통함을 알았다. 차천추가 급변(急變)을 올렸는데 송사에 말하기를, '자식이 아비의 군사를 맘대로 부리면 죄가 마땅히 매를 칠 것이나 천자의 아들이 잘못하여 사람을 죽였으면 마땅히 무슨 죄를 주어야 합니까? 더구나 태자님은 강충의 참언에 의해 해를 입었던 것입니다. 신(臣)이 일찍이 꿈속에 백발노인을 보았는데 이 사실을 폐하께 상서하라고 신에게 말했습니다'라고 한다.

무제가 크게 감동하고 깨달아 차천추를 불렀는데 키가 8척이 넘고 몸과 모양이 몹시 곱다. 황제가 보고 기뻐하여 말하기를, "부자(父子) 사이의 일은 사람이 말하기 어려운 것인데 그대가 홀로 그것이 그렇지 않다는 것을 밝혔으니 이는 높은 사당의 신령이 그대로 하여금 짐(朕)에게 가르쳐 준 것이니 그대는 마땅히 짐의 보좌역(輔佐役)이 되어야 할 것이다."하고 세워서 대홍려(大鴻臚)를 삼았다. 그리고 그후 수개월만에 승상(丞相)이 되고 부민후(富民侯)에 봉해졌다.

차천추는 딴 재주는 없고 술학(術學)에 능했고 또 벌열(伐閱 : 門閥)이나 공로가 없고 특별히 한마디 말로 뜻을 깨우쳐서 몇 달만에 재상을 얻고 봉후(封侯)가 되었으니 이는 세상에 일찍이 있던 일이 아니다. 차천추가 늙자 황제는 그를 우대하여 조회에 나갈 때 조그만 수레를 타고 대궐에 들어오도록 했기 때문에 이로 인해 그를 차승상(車丞相)이라고 했다.

原文 **前漢車千秋, 本姓田氏, 爲高寢郎. 會衛太子爲江充所譖敗. 久之武帝頗知太守冤. 千秋上急變訟曰, 子弄父兵, 罪當笞. 天子之子過誤殺人, 當何罪哉. 臣嘗夢見一白頭翁. 教臣言. 上大感寤, 召千秋至前. 千秋長八尺餘, 體貌甚麗. 帝見而説之, 謂曰, 父子之閒人所難言. 公獨明其不然. 此高廟神靈使公教我. 公當爲吾輔佐. 立拜大鴻臚. 數月爲丞相, 封富民侯. 千秋無他材能術學, 又無伐閲功勞, 特以一言寤意, 旬月取宰相封侯. 世未嘗有. 初千秋年老, 上優之, 朝見得乘小車入宮殿中. 故因號曰車丞相.**

註解 ㅇ前漢(전한)-《전한서》〈열전〉 36에 있는 이야기임. ㅇ輔佐(보좌)-도움. ㅇ大鴻臚(대홍려)-외국 손님들을 접대하는 책임을 맡은 벼슬. ㅇ伐閱(벌열)-지체. 가문(家門).

323. 표모진식(漂母進食)

-빨래하는 여인이 밥을 대접하다

전한(前漢) 한신(韓信)은 집이 가난했었다. 일찍이 그는 회음(淮陰) 하향현(下鄕縣)의 남창정장(南昌亭長)에게 얹혀서 밥을 먹는데 정장(亭長)의 아내가 이를 괴로워했다. 그녀는 새벽밥을 이부자리 속에서 먹는데 한신이 갔으나 식사를 갖추어 먹이지 않았다.

이에 한신은 성밑에 가서 낚시질을 하는데 한 빨래하는 노파가 그를 불쌍히 여겨 한신에게 밥을 주었다. 이렇게 수십 일이 지난 뒤 한신이 말하기를, "내 반드시 귀하게 되면 할머니에게 이 은혜를 갚을 것이오."라고 하자 표모(漂母 : 빨래하는 할매)는 말하기를, "대장부(大丈夫)가 능히 스스로 먹지 못하기에 내가 그대를 불쌍히 여겨 밥을 준 것이니 어찌 갚기를 바라겠소."라고 했다.

회음(淮陰)의 소년들이 또한 신을 업신여겨 여럿이 한신을 욕하기를, "너는 덩치가 크고 허리에 칼을 차고 다니며 힘이 센 체하는데 목숨을 버릴 용기가 있으면 나를 찌르고 그렇지 못하겠으면 이 사타구니 밑으로 기어나가라."고 했다. 한신은 한참동안 바라보다가 몸을 구부리고 그의 사타구니 밑으로 기어나가니 저자 사람들이 모두 웃으면서 그가 겁을 낸다고 했다.

그후에 한신이 한고조(漢高祖)를 도와 공을 세우고 초왕(楚王)이 되자 표모(漂母)를 불러 천금(千金)을 주고 하향(下鄕)의 정장(亭長)에게는 불과 돈 백 냥을 주면서 말하기를, "그대는 소인(小人)이야. 나에게 덕을 제대로 베풀지 못했어."라고 했다. 또 자기를 욕보이던 소년을 불러 중위(中尉)를 시키고 여러 장상(將相)들에게 말하기를, "이 사람은 장사(壯士)이다. 바야흐로 나를 욕보일 때 내가 능히 죽지 않은 것은 죽는 것이 명목이 없기 때문에 참고 지금에 이른 것이다."라고 했다.

原文 前漢韓信家貧. 嘗從下鄕縣南昌亭長食. 亭長妻苦之. 迺晨炊蓐食. 食時信往. 不爲具食. 信自絶去. 至城下釣. 有一漂母. 哀之, 飯信數十日. 信曰, 吾必重報母. 母曰, 大丈夫不能自食. 吾哀王孫而進食. 豈望報乎. 淮陰少年又侮信, 衆辱信曰, 能死刺我. 不能出跨下. 信孰視, 俛出跨下. 一市皆笑以爲怯. 及信爲楚王, 召漂母賜千金, 及下鄕亭長錢百. 曰, 公小人. 爲德不竟. 召辱己少年以爲中尉, 告諸將相曰, 此壯士也. 方辱我時, 寧不能死. 死之無名. 故忍而就此.

註解 ㅇ前漢(전한)-《전한서》〈열전〉 4에 있는 이야기임. 《사기(史記)》〈열전〉 32에도 실려 있음. ㅇ亭長(정장)-역정(驛亭)의 장(長). ㅇ漂母(표모)-빨래하는 여인.

324. 손종설과(孫鍾設瓜)

-손종(孫鍾)이 거둔 오이

《유명록(幽冥錄)》에 의하면 손종(孫鍾)이 젊었을 때 집이 가난하여 오이를 심었는데 오이가 익자 세 사람이 와서 그 오이를 달라고 청했다. 손종이 그들을 이끌고 암자 안으로 들어가서 오이와 밥을 대접했는데 그들이 손종에게 이르기를, "그대의 두터운 은혜를 입었으니 이제 그대의 부모님 장사지낼 자리를 보여주리다. 이 자리는 대대로 봉후(封侯)가 나올 자리요, 또한 수대(數代)의 천자(天子)의 자리를 얻을 수 있을 것이오."하고 또 말하기를, "나는 인간의 운명을 관장하는 사명성(司命星)인데 그대는 산을 내려가서 백보(百步)를 내려가기까지는 뒤를 돌아다보지 마시오."라고 하는 것이었다.

손종이 60보(步)쯤 내려와서 돌아다보니 흰 학이 날아가는 것이 보였다. 손종이 드디어 그 어머니를 장사지냈는데 무덤 위에 기운이 있어 하늘에 이어져 있었다. 손종은 뒤에 손견(孫堅)을 낳고 손견은 손권(孫權)을 낳았으며 손권은 손양(孫亮) 및 손화(孫和)와 손휴(孫休)를 낳았고 손화(孫和)가 손호(孫皓)를 낳았는데 손호(孫皓)가 진(晉)나라에 멸한 바되고 강등되어 귀명후(歸命侯)가 되었다.

原文 **幽冥錄, 孫鍾少時家貧. 種瓜. 瓜熟. 有三人, 來乞瓜. 鍾引入菴中, 設瓜及飯. 飯訖謂鍾曰, 蒙君厚惠. 今示子葬地. 欲得世世封侯. 欲爲數代天子. 又曰, 我司命. 君下山百步, 勿反顧. 鍾下六十來步回看, 並爲白鶴飛去. 鍾遂於此葬母. 冢上有氣屬天. 鍾後生堅. 堅生權. 權生亮及和 · 休. 和生皓, 爲晉所滅, 降爲歸命侯.**

註解 ㅇ幽冥錄(유명록)－송(宋)나라 유의경(劉義慶)이 지음. 1권. 오조소설(五朝小說) 제 2권에 실려 있다.

325. 호공적천(壺公謫天)

－항아리 속 사람이 하늘에서 귀양오다

후한(後漢) 여남(汝南)의 비장방(費長房)이 시(市)의 연리(掾吏)

가 되었는데 시중(市中)의 한 늙은이가 약을 팔고 있었다. 그는 항아리를 점두(店頭)에 걸어놓았는데 저자가 파하자 문득 뛰어서 항아리 속으로 들어갔다. 저자 사람은 아무도 보지 못했으나 오직 비장방만은 다락 위에서 이것을 보고 이상히 여겼다.

이에 가서 두 번 절하고 술과 안주를 공손히 바쳤다. 노인은 자기를 신(神)과 같이 여기고 온 것을 알고 이르기를, "그대는 내일 다시 오라."고 했다. 이에 비장방이 이른 아침에 다시 늙은이에게 나가자 늙은이는 함께 항아리 속으로 들어갔다. 둘러보니 옥같은 집이 엄숙하고 좋은데 맛있는 술과 좋은 안주가 그 안에 가득히 넘쳐 있었다. 함께 마시기를 마치고 나오면서 늙은이는 그에게 이 일을 결코 토설하지 않겠다는 약속을 하게 하였다.

그 뒤에 늙은이는 다락 위로 올라가 비장방을 기다리다가 말하기를, "나는 신선인데 과실이 있어 천제(天帝)에게 책망을 받고 하계(下界)에 귀양왔던 것이오. 이제 용서받고 가야겠는데 능히 따라가겠소? 갈 수 없을 게요. 다락 아래에 술이 조금 있으니 그대와 한잔 나누고 작별하리다."라고 한다. 이에 비장방이 사람을 시켜 가져오게 했더니 능히 들지 못했다. 그래서 10명의 사람을 시켜 마주들게 했으나 그래도 오히려 들지 못했다. 늙은이는 이 말을 듣고 다락에서 내려가 손가락 하나로 들어올렸는데 그릇을 보니 한 되들이쯤 되었다. 두 사람이 종일 마셔도 다 마시지 못했다.

原文 後漢汝南費長房, 爲市掾. 市中有老翁賣藥. 懸一壺於肆頭, 及市罷, 輒跳入壺中, 市人莫之見. 唯長房於樓上覩之異焉. 因往再拜奉酒脯. 翁知長房之意其神也. 謂曰, 子明日可更來. 長房旦日復詣翁. 翁俱入壺中. 唯見玉堂嚴麗. 旨酒甘肴, 盈衍其中, 共飮畢出. 翁約不聽與人言之. 後乃就樓上候長房曰, 我神仙之人, 以過見責. 今當去. 能相隨乎. 樓下

有少酒. 與卿爲別. 長房使人取之. 不能勝. 又令十人扛之. 猶不擧. 翁聞笑而下樓. 以一指提上. 視器如一升許. 二人終日飮不盡.

註解 ㅇ後漢(후한)－《후한서》〈열전〉72 방술전(方術傳)에 있는 이야기임.

326. 계훈역가(薊訓歷家)

－계자훈(薊子訓)이 집에 들르다

《신선전(神仙傳)》에 보면 계자훈(薊子訓)은 제(齊)나라 사람이니 효렴(孝廉)으로 천거되어 낭중(郎中)에 제수되고 또 도위(都尉)가 되었으나 사람들이 그에게 바른 도(道)가 있는 것을 알지 못했다. 시골에서는 항상 믿음과 사양하는 것으로 사람을 대했는데 3백여년 동안에 얼굴빛이 늙지 않았다.

일찍이 이웃집 어린애를 안아 보기를 청하여 안아주다가 잘못하여 땅에 떨어뜨려 죽였다. 그 어린애의 집에서는 본래 계자훈을 존경하던 터여서 그대로 어린애를 땅에 묻었다. 그후 20여일만에 계자훈은 외출했다가 돌아와서 안고 간 어린애를 돌려준다. 그 집에서는 이것은 귀신이라고 두려워했으나 계자훈이 이미 간 뒤에 묻었던 것을 파보니 그것은 다만 진흙뿐이었다.

또 백발(白髮)의 여러 노인들이 계자훈과 마주 앉아서 함께 옛날 이야기를 하고 나면 모두 머리털이 도로 검어지는 것이었다. 이에 도읍의 귀인(貴人)들이 모두 마음을 비우고 계자훈을 청해서 보고자 하지 않는 자가 없었다. 그는 일찍이 도읍의 대학에 있은 적이 있는데 그때 알던 서생이 귀인들의 부탁을 받고 그에게 도읍으로 오기를 청했다. 계자훈은 말하기를, "내가 모월모일에 마땅히 갈 것이오."라고 했는데 그날이 되어 계자훈이 아침 먹을 때 떠나서 점심때 도착했으니 반일(半日)도 되지 않아서 천여리(里)를 온 셈이다.

이에 서생을 보고, "누가 나를 보고자 하는가? 그대는 다 말하라. 내가 점심때 마땅히 그들의 집에 가리라."고 했다. 다음날 점심때가 되자 과연 약속한대로 계자훈은 23곳이나 되는 집을 모두 찾아갔다. 여러 귀인들이 기뻐하면서 스스로 각기 이르기를 계자훈은 자기 집에 제일 먼저 왔었다고 한다. 이튿날 서로 만나서 물어보니 각각 계자훈의 의복과 얼굴빛이 하나같이 같으나 말한 것은 주인에 따라 물어본 것이 같지 않으니 원근 사람들이 모두 같지 않았다.

계자훈이 갈 때에는 푸른 나귀를 타고 동쪽 문 언덕 위로 나가서 천천히 가는데 여러 귀인들이 말을 달려 쫓아가도 능히 미치지 못해서 반일(半日)을 가니 서로의 거리가 항상 1리(里)에 미쳤다.

原文 神仙傳, 薊子訓齊人. 擧孝廉, 除郎中, 又爲都尉. 人莫知其有道. 在鄉里常以信讓與人. 三百餘年顏色不老. 曾求抱隣舍嬰兒, 吳墮地死. 兒家素尊子訓. 卽埋之. 二十餘日, 子訓自外來, 抱兒還之. 家恐是鬼. 子訓旣去, 掘視所埋, 但泥而已. 又諸老人髮白者, 子訓與對坐, 共語宿昔, 皆還黑. 京師貴人莫不虛心欲見, 爭請子訓. 比居大學諸生爲請子訓. 子訓曰, 吾某月日當往. 到期, 子訓以食時發, 日中到. 未半日, 行千餘里. 乃見書生問, 誰欲見我. 卿盡語之. 吾日中當往. 到日中, 子訓果往二十三處. 諸貴人喜自謂, 先詣之. 明日相參問, 各言子訓衣服顏色如一. 而所論說, 隨主人所諮不同. 遠近驚異. 子訓去. 乘青騾, 出東門陌上, 徐徐行. 諸貴人走馬逐不能及. 行半日而相去常一里許. 乃止.

註解 ㅇ神仙傳(신선전)－모두 10권. 진(晉)나라 갈홍(葛洪)이 지음. 이 책은 그 제자 등승(騰升)이 신선이 있느냐는 물음에 의해서 지은 것이라 함.

327. 유현괄석(劉玄刮席)

－유현(劉玄)이 자리를 더듬다

후한(後漢) 유현(劉玄)의 자는 성공(聖公)이니 광무제(光武帝)의 족형(族兄)이다. 왕망(王莽)의 말년에 평림(平林)의 진목(陳牧) 등이 무리를 모아 평림병(平林兵)이라 했는데 성공이 가서 진목 등을 좇았다. 평림병이 왕망의 군사를 깨자 성공(聖公)을 경시장군(更始將軍)이라 했는데 무리가 비록 많아도 통일(統一)이 되지 않으므로 드디어 다함께 경시를 세워 천자(天子)를 삼았다.

이에 경시가 황제의 자리에 올라 남면(南面)하고 여러 신하들의 조회를 받았는데 본래 약하고 기운이 없어서 부끄럽고 땀이 흘러 손을 들고 능히 말을 하지 못했다. 처음에 들어가 완성(宛城)에 도읍을 했는데 한(漢)나라 군사가 왕망을 베고 그 머리를 전하여 완성으로 보내어 저자에 매달으니 이에 드디어 북쪽으로 낙양(洛陽)에 도읍했다가 뒤에 장안(長安)으로 옮겼다.

처음에 왕망이 패할 때 오직 미앙궁(未央宮)만이 불타고 나머지 궁관(宮館)은 헐린 것이 없고 관부(官府)와 시리(市里)에서도 옛것을 고치지 않았었다. 이에 경시가 이미 이르러 장락궁(長樂宮)에 거처하면서 앞의 대궐에 올라가자 낭리(郎吏)들이 차례로 뜰안에 벌여섰는데 경시는 수줍어하며 머리를 숙이고 자리를 더듬을 뿐 감히 보지 못했다. 뒤에 적미(赤眉)의 무리가 관(關)에 들어와 죽음을 당했다.

原文 後漢劉玄字聖公, 光武族兄. 王莽末, 平林陳牧等聚衆, 號平林兵. 聖公往從之. 及破莽軍, 號聖公爲更始將軍. 衆雖多無所統一. 遂共立更始爲天子. 更始卽帝位, 南面朝群臣. 素懦弱, 羞愧流汗, 擧手不能言. 初入都宛城. 時漢兵誅王莽, 傳首詣宛, 懸於市, 遂北都洛陽, 後遷長安. 初莽敗, 惟未央宮被焚, 餘宮館無所毁, 官府市里, 不改於舊. 更始旣至, 居長樂宮, 升前殿. 郎吏以次列庭中. 更始羞怍, 俛首刮席, 不敢視. 後赤眉賊入關見殺.

註解 ㅇ後漢(후한)-《후한서》〈열전〉1에 있는 이야기임. ㅇ陳牧(진목)-평림병(平林兵)의 우두머리. ㅇ平林兵(평림병)-진목(陳牧)이 그 우두머리였다. ㅇ未央宮(미앙궁)-한(漢)나라 때의 유명한 궁전(宮殿). ㅇ赤眉(적미)-후한(後漢) 초에 산동(山東)에서 반역을 했던 비도(匪徒)들의 이름.

328. 진혜문마(晉惠聞蟆)

-진(晉)나라 혜제(惠帝)가 두꺼비 소리를 듣다

진(晉)나라 혜제(惠帝)가 처음에 태자(太子)가 되었을 때 조정에서 모두 그가 정사를 감당하지 못할 것으로 생각하고 무제(武帝)도 역시 그를 의심했었다. 일찍이 그로 하여금 상서(尙書)의 일을 판결하게 했는데 능히 대답하지 못하자 가비(賈妃)가 좌우의 사람으로 하여금 준비했다가 대신 대답하게 하여 드디어 무사해졌다.

뒤에 제위(帝位)에 오르게 되자 정치가 여러 아랫사람으로부터 나와서 법도가 크게 무너지고 뇌물이 버젓이 행해졌다. 따라서 세력이 있고 지위가 있는 집에서는 귀한 것으로써 사람들을 업신여겼다.

충성스럽고 어진 사람은 길이 끊어지고 거짓말하고 간사한 자가 뜻을 얻어 이들이 다시 서로 천거하니 천하에서 이것을 일러 호시(互市)라고 했다.

일찍이 화림원(華林園)에 있을 때 두꺼비 소리를 듣고 좌우에게 이르기를, "이 우는 자가 공적(公的)인 것을 위해서인가? 사사로운 일을 위해서인가?"라고 하자 어떤 사람이 대답하기를, "공적인 장소에서 울 때는 공적인 일을 위해서이고, 사유지에서 울 때는 사적인 일을 위해서입니다."라고 했다. 천하가 거칠고 어지러워져서 백성들이 주려 죽자 황제는 말하기를, "어찌하여 곡물 대신 고기로 만든 죽을 먹지 않는가?"라고 했으니 그 어둡고 가려진 것이 모두 이와 같았다.

原文 **晉惠帝初爲太子, 朝廷咸知不堪政事. 武帝亦疑焉. 嘗使決尚書事. 不能對. 賈妃遣左右代對. 遂安. 及居大位, 政出群下, 綱紀大壞, 貨賂公行. 勢位之家, 以貴陵物, 忠賢路絶, 讒邪得志, 更相薦擧. 天下謂之互市. 嘗在華林園, 聞蝦蟆聲, 謂左右曰, 此鳴者爲官乎, 爲私乎. 或對曰, 在官地爲官, 在私地爲私. 及天下荒亂, 百姓餓死, 帝曰, 何不食肉糜. 其蒙蔽皆此類.**

註解 ○晉(진)－《진서》〈본기(本紀)〉 4에 있는 이야기임. ○尙書(상서)－상서성(尙書省)의 장관(長官).

329. 이적일배(伊籍一拜)

－이적(伊籍)의 한번 절

《촉지(蜀志)》에 의하면, 이적(伊籍)의 자는 기백(機伯)이니 산양

(山陽) 사람이다. 촉(蜀)나라 선주(先主)는 그를 좌장군(左將軍)의 종사(從事) 겸 중랑(中郞)으로 오(吳)나라에 사신(使臣)으로 보냈는데 손권(孫權)이 그의 재주와 구변을 듣고는 오히려 말로 꺾으리라 생각했다.

이적이 마침 들어가서 절을 하자 손권은 말하기를, "그대는 언제까지 수고롭게 그 무도(無道)한 임금을 섬기려는가?"라고 했다. 그는 대답하기를, "제가 지금 군명(君命)을 받고 사신으로 와서 한번 절하고 한번 일어나니 족히 수고로울 것이 없습니다."라고 했다. 그 민첩함이 모두 이와 같았으니 손권이 몹시 기이하게 여겼다.

原文 蜀志 伊籍字機伯, 山陽人. 先主以爲左將軍從事·中郞. 遣使吳. 孫權聞其才辯, 欲逆折以辭. 籍適入拜. 權曰, 勞事無道之君乎. 對曰, 一拜一起, 未足爲勞. 機捷類如此. 權甚異之.

註解 ○蜀志(촉지)—《촉지》 8권에 있는 이야기임.

330. 역생장읍(酈生長揖)

—역이기(酈食其)가 길게 읍(揖)만 하다

전한(前漢) 역이기(酈食其)는 진류(陳留) 고양(高陽) 사람이다. 글 읽기를 좋아했는데 집이 가난하고 쇠퇴하여 옷도 없고 밥먹을 생업(生業)이 없어서 마을의 감문(監門)이 되니 고을 안의 어질고 호걸스러운 자들이 감히 부리지 못하고 그를 광생(狂生)이라고 했다.

패공(沛公)이 차츰 땅을 빼앗아 고양(高陽)에 이르자 역이기를 불렀는데 들어가 보니 패공은 바야흐로 침상(寢牀)에 걸터앉아 두 여인으로 하여금 발을 씻기게 하고 있었다. 이에 역이기는 길게 읍(揖)만 하고 절하지 않으면서 말하기를, “그대는 반드시 의병(義兵)을 일으켜 무도(無道)한 진(秦)나라를 멸망시키려고 하는 듯한데 마땅히 걸터앉아서 어른을 보는 것이 아니외다.”라고 했다.

이에 패공은 발 씻던 것을 중단하고 일어나서 옷을 입고 그를 상좌(上座)에 앉히고 그에게 사례했다. 그후 패공은 그의 힘을 빌어 진류를 함락시켰는데 그 공으로 그를 광야군(廣野君)에 봉했다. 또 한신(韓信)은 동쪽으로 제(齊)나라를 칠 때 역이기로 하여금 제왕(齊王) 전광(田廣)을 설득하여 군사를 거두게 했다. 즉 군사를 쓰지 않고 수레에 의지한 채로 제나라 70여개의 성(城)을 항복시켰던 것이다. 그러나 한신의 군사가 이르자 전광은 역이기가 자기 몸을 팔았다 하여 이에 삶아서 죽였다.

原文 前漢酈食其陳留高陽人. 好讀書. 家貧落魄, 無衣食業, 爲里監門. 縣中賢豪不敢役, 謂之狂生. 沛公略地至高陽. 召食其入見. 沛公方踞牀, 使兩女子洗. 食其長揖不拜. 曰, 足下必欲擧義兵誅無道秦, 不宜踞見長者. 於是沛公輟洗起衣, 延上坐謝之. 旣下陳留, 號爲廣野君. 韓信東擊齊, 又使食其說齊王田廣, 罷歷下兵, 憑軾下齊七十餘城. 及信兵至, 廣以爲食其賣己, 迺烹之.

註解 ㅇ前漢(전한)-《전한서》〈열전〉 13에 있는 이야기임. 《사기(史記)》〈열전〉 37에도 있음. ㅇ狂生(광생)-미친 사람.

331. 마안사지(馬安四至)

—마안(馬安)이 네 번이나 구경(九卿)의 자리에 오르다

전한(前漢)의 사마안(司馬安)은 급암(汲黯)의 누이의 아들이다. 젊었을 때 급암과 함께 태자(太子)의 세마(洗馬)가 되었다. 사마안은 법을 집행함에 있어 엄격했고 교묘하게 환관(宦官)과 잘 사귀어 네 번 구경(九卿)에 이르러 하남태수(河南太守)로 벼슬을 마쳤다. 그의 형제들도 그에게 편승했기 때문에 같은 때에 태수에 오른 자가 10명에 이르렀다.

原文 **前漢司馬安汲黯姊子. 少與黯爲太子洗馬. 安文深, 巧善宦. 四至九卿, 終河南太守. 昆弟以安故, 同時至二千石十人.**

註解 ㅇ前漢(전한)—《전한서》〈열전〉 20에 있는 이야기임. ㅇ汲黯(급암)—한대(漢代)의 간신(諫臣). 경제(景帝) 때 태자세마(太子洗馬)가 되고 무제(武帝) 때 동해(東海)의 태수(太守)를 거쳐 구경(九卿)의 반열에 올랐음.

332. 응거삼입(應璩三入)

—응거(應璩)가 세 번이나 대궐에 들어가다

《문장서록(文章敘錄)》에 의하면, 응거(應璩)의 자는 휴련(休璉)이니 여남(汝南) 사람이다. 널리 배우고 글짓기를 좋아했다. 위(魏)나라 명제(明帝) 때 산기상시(散騎常侍)를 거쳤고 제왕(齊王)이 즉위

하자 시중(侍中)이 되었다. 당시 대장군(大將軍)의 장사(長史)인 조상(曹爽)이 정권을 잡자 법도를 어기는 것이 많았다. 응거는 백일시(百一詩)를 지어 그것을 풍자했다.

그 대략에 말했다. '앞에 가는 자가 벼슬에서 떨어져 가니, 어떤 사람이 내 집을 찾았네. 농사짓는 집에 있는 것이 없어서 단술을 잔질하며 마른 고기를 불에 태웠네. 나에게 묻기를 무슨 공로와 덕으로, 세 번이나 승명(承明)에 들어갔는가?'라고 했다. 그 말이 비록 자못 비웃는 말과 같으나 세상의 요점(要點)에 간절하여 당시 세상 사람들이 함께 노래로 불러 전하였다.

原文 文章叙錄, 應璩字休璉, 汝南人. 博學好屬文. 魏明帝世, 歷散騎常侍. 齊王卽位, 遷侍中. 大將軍長史曹爽秉政, 多違法度. 璩爲百一詩以諷焉. 其略曰, 前者墮官去, 有人適我閭, 田家無所有, 酌醴焚枯魚, 問我何功德, 三入承明廬. 其言雖頗諧合, 多切世要. 世共傳之.

註解 ○三入承明廬(삼입승명려)－승명(承明)은 한(漢)나라 때 미앙궁(未央宮) 속에 있는 대궐 이름. 세 번 들어갔다는 것은, 처음에 시랑(侍郎)이 되었고, 다음에 상시(常侍)가 되었고, 또 시중(侍中)이 되었기 때문임.

333. 곽해차교(郭解借交)

－곽해(郭解)가 빌어서 사귀다

전한(前漢) 곽해(郭解)의 자는 옹백(翁伯)이니 하내(河內) 지현(軹縣) 사람이다. 침착하고 용기가 있었으며 술을 마시지 않았다. 젊었을 때 속으로 남을 해칠 마음이 있었고 쉽게 분개했으며 마음에 들지 않으면 사람을 죽이는 일이 심히 많았다. 그런가 하면 신명을 바쳐 친구를 도와주고 대신 원수를 갚아주는가 하면 망명자를 감싸주고 간사한 일을 하고 협박하여 공격하기를 쉬지 않았고 가짜 돈을 만들고 무덤을 도굴하는 등 그 죄를 헤아릴 수 없었다.

그런 고로 그를 붙잡으려 했으나 다행히 하늘의 도움이 있어 포박당하기 직전에 벗어날 수가 있었다. 나이가 들어가면서 그는 회개하고 검소하게 살았으며 원한이 있는 자에게 은덕으로 갚고 남에게 베풀되 보답을 원치 아니했다. 뒤에 식객(食客)이 사람을 죽인 일에 연좌되었는데 곽해는 실상 알지 못했었다. 어사대부(御史大夫) 공손홍(公孫弘)이 의논하기를, "곽해는 포의(布衣)로서 임협(任俠)의 짓을 하며 권리를 행하여 사소한 원망으로 사람을 죽였으니 대역(大逆)의 죄로 다스려야 할 것이다."라고 했다. 이에 드디어 그 일가붙이까지 다 죽였다.

原文 **前漢郭解字翁伯, 河內軹人. 靜悍不飮酒. 少時陰賊感槩, 不快意所殺甚衆. 以軀借交報仇, 臧命作姦, 剽攻不休. 及鑄錢掘冢, 不可勝數. 適有天幸, 窘急常得脫. 長更折節爲儉, 以德報怨, 厚施而薄望. 後坐客殺人. 解實不知. 御史大夫公孫弘議曰, 解布衣爲任俠行權, 以睚眦殺人. 當大逆無道. 遂族解.**

註解 ㅇ前漢(전한)—《전한서》〈열전〉 62에 있는 이야기임. 《사기(史記)》〈열전〉 64에도 있음. ㅇ大逆(대역)—가장 인도(人道)에 거스르는 일. 군부(君父)를 시해(弑害)하는 일과 같은 것.

334. 주가탈급(朱家脫急)

–주가(朱家)가 급한 것을 벗겨 줌

전한(前漢) 주가(朱家)는 노(魯)나라 사람이다. 노나라 사람은 모두 유교(儒教)를 믿는데 주가만큼은 임협(任俠)으로 이름이 알려졌다. 그가 감추어 살리는 호걸스러운 선비가 백 명이 되고 그 나머지 보통 사람은 이루 말할 수 없이 많았다. 그러나 그는 끝내 자기의 능한 것을 자랑하지 않고 그 덕을 입은 일이 있으면 숨기면서 오직 남이 볼까 두려워했다. 사람에게 줄 것이 넉넉하지 못하면 먼저 가난하고 천한 사람으로부터 시작했다.

이리하여 집에 남은 재산이 없어 옷은 아름다운 것을 입지 않고 먹는 것은 두 가지 반찬을 먹지 않았으며 타는 것은 짐을 끄는 소에 지나지 않고 오로지 남의 급한 일에 달려가기를 나의 사사로움보다 더하게 했다. 이미 계포(季布)의 재앙을 구해주었는데 계포가 높고 귀하게 되자 몸이 마치도록 보지 않으니 함곡관(函谷關)으로부터 동쪽에 있는 사람들은 모두 목을 늘여, 그와 사귀기를 원했다.

原文 前漢朱家魯人. 魯人皆以儒教. 而朱家用俠聞. 所藏活豪士以百數. 其餘庸人不可勝言, 然終不伐其能. 歆其德, 諸所嘗施, 惟恐見之. 振人不贍, 先從貧賤始. 家亡餘財, 衣不兼采, 食不重味, 乘不過軥牛. 專趨人之急, 甚於己私. 旣陰脫季布之厄, 及布尊貴, 終身不見. 自關以東, 莫不延頸願交.

註解 ㅇ前漢(전한)–《전한서》〈열전〉 62에 있는 이야기임. ㅇ季布(계포)–초(楚)나라 무장(武將). 항우(項羽) 밑에서 한고조(漢高祖)를 여러 번 고경(苦境)에 몰아넣었다. 항우가 멸망한 뒤에 고조가 그를 특별히

사(赦)하여 낭중(郎中)에 제수함. ㅇ關(관)－함곡관(函谷關). 함곡에 있던 험준하기로 유명한 관문(關門).

335. 우연각기(虞延刻期)

－우연(虞延)이 시기에 맞추었다

후한(後漢) 우연(虞延)의 자는 자대(子大)이니 진류(陳留) 동혼(東昏) 사람이다. 우연이 처음 태어났을 때 그의 집 위에 물건이 있는데 그것은 한 필의 비단과 같았다. 그것이 드디어 하늘로 올라가니 점치는 자가 길(吉)하다고 했다. 그는 자라자 키가 8척 2촌(寸)이요 허리의 둘레가 열아람이요 힘은 능히 솥을 손으로 들어올릴 정도였다.

성질이 도탑고 질박하여 자질구레한 일에 구애받지 않았는데 고향에서는 명예를 얻지 못했다. 왕망(王莽)의 말년에 천하가 크게 어지럽자 우연은 항상 갑옷과 투구를 몸에 걸치고 친족(親族)들을 부축하고 호위하며 침략하는 도적들을 막았다. 그 덕택으로 온전한 자가 아주 많았다.

건무(建武) 초년에 세양령(細陽令)에 제수되었는데 언제나 삼복(三伏)과 납일(臘日)을 당하면 옥에 갇힌 자들을 쉬게 하여 집에 돌려보냈다. 그 사람들은 모두 은혜와 덕에 감동하여 기일에 맞추어 돌아왔다. 죄수 중 집에 가있다가 만약 병에 걸린 자가 있으면 그는 자기 수레에 태워 데리고 왔다. 또 감옥에 돌아와서 죽은 자는 모두 관리에게 부탁하여 문 밖에 묻어주자 백성들이 감격하고 기뻐했다. 영평(永平) 연간에 삼공(三公)이 되었다.

原文 後漢虞延字子大, 陳留東昏人. 延初生, 其上有物. 若一匹練, 遂上昇天. 占者以爲吉. 及長, 長八尺二寸, 要帶十圍, 力能扛鼎. 性敦朴, 不拘小節, 又無鄕曲之譽. 王莽末, 天下大亂. 延常嬰甲胄, 擁衛親族, 扞禦鈔盜, 賴其全者甚衆. 建武初, 除細陽令. 每至歲時伏臘, 輒休遣徒繫歸家. 並感恩德, 應期而還. 有囚於家被病, 自載詣獄. 旣至而死, 率掾·官屬, 殯于門外. 百姓感悅. 永平中爲三公.

註解 ○後漢(후한)－《후한서》〈열전〉 23에 있는 이야기임. ○伏(복)－삼복(三伏). 하지(夏至) 후 셋째 경일(庚日)인 초복(初伏)과 넷째 경일인 중복(中伏)과 입추(立秋) 후 첫째 경일인 말복(末伏). ○臘(납)－납일(臘日). 동지(冬至) 후 제3의 술일(戌日). 우리나라에서는 조선 태조(太祖) 후부터는 동지 후 제3의 미일(未日)로 정했음.

336. 성길수읍(盛吉垂泣)

－성길(盛吉)이 눈물을 흘리다

《회계전록(會稽典錄)》에 의하면, 성길(盛吉)의 자는 군달(君達)이다. 정위(廷尉)에 임명되었는데 성질이 어질고 은혜로운 것이 많아서 불쌍히 여기고 가엾게 여기기에 힘썼다. 겨울날에 죄수(罪囚)가 죽음을 당하게 되자 아내는 촛불을 잡고 성길은 단필(丹筆)을 가지고 서로 마주보며 눈물을 흘렸다.

原文 會稽典錄, 盛吉字君達. 拜廷尉. 性多仁惠, 務在哀矜. 每冬月罪囚當斷, 其妻執燭, 吉持丹筆, 相向垂泣.

註解 ○丹筆(단필)－형벌을 쓰는 빨간색의 붓.

337. 예양탄탄(豫讓呑炭)
—예양(豫讓)이 숯을 삼키다

《사기(史記)》에 보면, 예양(豫讓)은 진(晉)나라 사람이다. 일찍이 범씨(范氏) 중행씨(中行氏)를 섬기다가 지백씨(智伯氏)를 섬기니 지백은 그를 높이고 사랑했다.

조양자(趙襄子)가 한(韓)·위(魏)와 꾀를 합해서 지백을 멸하고 그 땅을 셋으로 나누었다. 조양자는 지백을 원망하여 그 해골에 옻칠을 하여 술마시는 그릇으로 삼았다. 이에 예양은 말하기를, "선비는 나를 인정해 주는 자를 위해서 죽는 것이요, 여자는 나를 기쁘게 해주는 자를 위하여 얼굴을 다듬는다고 했으니 나는 반드시 지백을 위하여 원수를 갚을 것이다."하고 이에 이름과 성(姓)을 바꾸었다. 그리고 일부러 형인(刑人)이 되어 궁중으로 들어가 변소 속에서 몸에 더러운 것을 칠하고 비수(匕首)를 쥐고 조양자를 찌르려고 했다. 조양자는 변소에 가다가 마음이 어쩐지 이상하여 수색해 보니 예양이었다. 그러나 조양자는 의(義)롭게 여겨 그를 석방해 주었다.

그후 예양은 또 몸에 옻칠을 하여 문둥이가 되고 숯을 먹어 반벙어리가 됨으로써 형상을 알지 못하게 만들어 가지고 다리 밑에 엎드려 있었다. 조양자가 다리에 이르자 말이 놀라니 말하기를, "이는 반드시 예양일 것이다."하고 묻기를, "그대가 범씨와 중행씨를 섬겼으며 지백(智伯)이 그들을 멸했는데 그 원수는 갚지 않고 도리어 지백의 신하가 되었고, 지백은 이미 죽었는데 어찌 지백의 원수갚기를 이처럼 집요하게 하는가?"하자 대답하기를, "내가 범씨와 중행씨를 섬길 때는 그 두 사람 모두 나를 보통사람으로 대우해 주었소. 그러한 그들을 지백이 멸했기에 나는 지백의 신하가 될 것이오. 그런데 지백은 나를 나라 안의 뛰어난 선비로서 대우해 주었소. 때문에 나는 그를 위해서 원수를 갚는 것이오."라고 했다.

이에 조양자가 말하기를, "나는 그대가 주인을 생각하는 그 뜻을 높이 사서 그대를 용서했었다. 이번에는 그대가 스스로 계획해서 하라."고 하자 예양은 말하기를, "신(臣)이 진실로 형벌을 받겠사오나 원컨대 그대의 옷을 주시면 그것을 쳐서 이로써 원수 갚는 뜻을 이루겠습니다."라고 했다. 이에 조양자가 옷을 가져다가 주니 예양은 칼을 빼어가지고 세 번 뛰면서 치고 나서 말하기를, "나는 이제 지하에 계신 지백님에게 원수를 갚았노라고 말할 수 있겠소."하고 드디어 칼에 엎드려 죽었다.

原文 史記, 豫讓晉人. 嘗事范·中行氏, 去而事智伯. 智伯尊寵之. 趙襄子與韓·魏合謀滅智伯, 三分其地. 襄子怨智伯, 漆其頭爲飮器. 讓曰, 士爲知己者死, 女爲說己者容. 我必爲智伯報讎. 乃變名姓爲刑人, 入宮塗厠中, 挾匕首, 欲以刺襄子. 襄子如厠心動. 搜之則豫讓也. 襄子義而釋之. 又漆身爲厲, 呑炭爲啞, 使形狀不可知, 伏於橋下. 襄子至橋馬驚. 曰, 此必豫讓. 問曰, 子事范·中行氏, 智伯滅之. 不爲報讎, 而反臣智伯. 智伯已死. 獨何保讎之深. 對曰, 臣事范·中行氏, 衆人遇我. 我故衆人報之. 智伯國士遇我. 我故國士報之. 襄子曰, 寡人赦子亦足矣. 子自爲計. 讓曰, 臣固伏誅. 然願請君之衣而擊之, 以致報讎之意. 襄子持衣與之. 乃拔劒三躍而擊之, 曰, 吾可以下報智伯矣. 遂伏劒而死.

註解 ㅇ史記(사기)－《사기》〈열전〉 26 자객열전(刺客列傳)에 있는 이야기임. ㅇ智伯(지백)－순요(荀搖). 춘추시대 진(晉)나라 육경(六卿)의 한 사람. ㅇ趙襄子(조양자)－춘추시대 진(晉)나라 무휼(無恤)의 시호가 양자(襄子)임. 본래 진(晉)나라 대부(大夫)인데 아버지 앙(鞅)이 태자

(太子)를 폐하고 그를 세웠음. ㅇ刑人(형인)-형벌받은 사람. ㅇ匕首(비수)-날이 날카로운 단도(短刀).

338. 서예촉괴(鉏麑觸槐)

-서예(鉏麑)가 홰나무에 몸을 부딪히다

《좌씨전(左氏傳)》에 말하기를, 진(晉)나라 영공(靈公)은 임금의 도리를 잃은 제후였다. 세금을 많이 받아들이고 그 돈으로 담에 조각을 하는 등 사치를 하다가 또 대(臺) 위에서 지나가는 사람을 탄환으로 쏘면서 탄환 피하는 것을 구경하며 즐겼다. 요리사가 곰의 발바닥을 쪄서 바쳤는데 그것이 익지 않았다 하여 그를 죽이고 그 시체를 삼태기에 담아 수레에 싣고 조정 앞을 지나가게 하였다.

이때 조돈(趙盾)이 정경(正卿)의 자리에 있으면서 자주 간하자 영공은 이것을 근심하여 서예(鉏麑)로 하여금 그를 없애게 했다. 서예가 새벽에 가보자 침문(寢門)이 열렸는데 살펴보니 조돈이 정복(正服)으로 갈아입고 장차 조회에 나가려 하는데 아직 멀리서 앉아 졸고 있다. 이것을 보고 서예는 물러가서 탄식하기를, "조돈이 공경하는 것을 잊지 않는 것은 백성을 걱정하기 때문이요, 백성의 주인을 해치는 것은 충성되지 못한 것이다. 그렇다고 해서 임금의 명령을 어기는 것은 믿음이 없는 것이다. 이 모든 일 가운데 한 가지만 행하여도 죽는 것만 같지 못하다."며 홰나무에 몸을 부딪혀서 죽었다.

原文 **左氏傳曰, 晉靈公不君. 厚斂以彫牆, 從臺上彈人, 而觀其避丸也. 宰夫胹熊蹯不熟殺之, 寘諸畚婦人載過朝. 盾爲正卿. 驟諫. 公患之. 使鉏麑賊之. 晨往, 寢門闢矣. 盛服將朝, 尚早. 坐而假寐. 麑退歎而言曰, 不忘恭敬民之主也. 賊**

民之主不忠. 弃君之命不信. 有一於此, 不如師也. 觸槐而死.

註解 ㅇ左氏傳(좌씨전)-《춘추좌씨전》 선공(宣公) 2년조에 있는 이야기임. ㅇ宰夫(재부)-도살(屠殺)하는 자. ㅇ正卿(정경)-상대부(上大夫) 중에서 뽑혀 정치에 참여하는 사람. ㅇ鉏麑(서예)-역사(力士). 힘이 센 사람.

339. 완부납극(阮孚蠟屐)
340. 조약호재(祖約好財)

-완부(阮孚)는 초나막신을 좋아하고 조약(祖約)은 재물을 좋아하다

《진서(晉書)》에 보면 완부(阮孚)의 자는 요집(遙集)이니 시평태수(始平太守) 완함(阮咸)의 아들이다. 원제(元帝)가 그를 안동참군(安東參軍)으로 삼았는데 흐트러진 머리털로 술만 마시고 나랏일에는 마음을 두지 않았다. 이에 종사중랑(從事中郞)으로 옮겼으나 온종일 술에 취해서 어지럽자 항상 유사(有司)들의 조사하는 바가 되었다. 산기상시(散騎常侍)로 옮겼더니 일찍이 금초(金貂)로 술을 바꾸어서 마셨으므로 다시 유사의 추궁을 받았으나 황제는 이를 용서했다.

처음에 조약(祖約)은 그 성질이 재물을 좋아하고, 완부(阮孚)는 나막신을 좋아했는데 이것은 다 같은 폐단이거니와 그 득실(得失)은 판단할 수가 없다. 어느 때 조약을 찾아온 사람이 있었다. 조약은 마침 재화(財貨)을 계산하고 있었는데 손님이 오자 당황하여 이것을 감추고자 했으나 얼른 감추지 못하고 두 개의 작은 상자에 담아 등 뒤에 밀어두고 몸을 기울여 가리니 뜻이 능히 평탄할 수가

없다.

한편 어떤 사람이 완부를 찾아갔는데 때마침 그는 나막신에 밀랍으로 윤기를 내고 있었다. 완부는 그것을 감추려 하지 않고 태연하게 그 납극(蠟屐)을 보고 탄식하기를, "일생(一生)에 마땅히 몇 켤레의 나막신을 신을 수 있을까?"라고 했다. 얼굴빛이 한가하고 화창했으니 여기에서 두 사람의 태도 중 우열(優劣)이 비로소 분별되었다.

완부는 벼슬이 광주자사(廣州刺史)로 끝났다. 조약(祖約)의 자는 사소(士少)이니 예주자사(豫州刺史) 조적(祖逖)의 아들이다. 소준(蘇峻)이 반란을 일으켜 도읍에서 이겼을 때 거짓 조서로 해서 시중(侍中)이 되었다가 그후 후조(後趙)의 석륵(石勒)에게 죽음을 당했다.

原文 **晉書, 阮孚字遙集, 始平太守咸之子. 元帝以爲安東參軍. 蓬髮飮酒, 不以王務嬰心. 轉從事中郎. 終日酣縱, 常爲有司所按. 遷散騎常侍. 嘗以金貂換酒. 復爲所司彈劾. 帝宥之. 初祖約性好財, 孚性好屐. 同是累, 而未判其得失. 有詣約. 見正料財物. 客至. 屛當不盡. 餘兩小簏. 以着背後, 傾身障之. 意未能平. 或有詣阮. 正見其蠟屐. 因自歎曰, 未知一生當著幾量屐. 神色閑暢. 於是勝負始分. 終廣州刺史. 約字士少, 豫州刺史逖之子. 蘇峻尅京師, 矯詔以爲侍中, 爲石勒所殺.**

註解 ㅇ晉書(진서)—《진서》〈열전〉 19에 있는 이야기임. ㅇ咸(함)—완함(阮咸). 죽림칠현(竹林七賢)의 한 사람. ㅇ金貂(금초)—시중(侍中)이나 중상시(中常侍)가 쓰던 관(冠). 금방울을 달고 매미무늬의 담비꼬리로 장식을 함. ㅇ蠟屐(납극)—밀랍을 발라 매끈매끈하게 만든 나막신.

341. 초평기석(初平起石)

–초평(初平)이 돌을 일으켜 세우다

《신선전(神仙傳)》에 보면, 황초평(黃初平)은 단계(丹谿) 사람이다. 나이 15세에 집에서 양(羊)을 치는데 도사(道士)가 있어 그의 어질고 삼가는 것을 보고 문득 같이 금화산(金華山) 석실(石室) 속에 이르러 40여년이 되었는데 그는 이미 집 생각을 하지 않았다. 이때 그의 형 초기(初起)가 그를 찾았으나 볼 수가 없더니 뒤에 저자에 도사가 있어 점(占)을 잘 친다 하므로 이에 가서 점을 쳤더니 도사가 말하기를, "금화산 속에 양치는 아이가 있는데 그 아이가 그대의 아우가 아닐까?"라고 했다.

초기가 즉시 도사를 따라서 갔고 초평을 찾았다. 형제는 슬퍼하고 기뻐했다. 초기가 말하기를, "양(羊)은 어디 있는가?"라고 하니 초평은 말하기를, "저기 가까이 산 동쪽에 있습니다."라고 한다. 그런데 초기가 가보았으나 양은 하나도 보이지 않고 다만 보이는 것은 흰 돌이 무수할 뿐이다. 돌아와서 말하기를, "양이 없더라."고 하자 초평은 말하기를, "양은 있습니다. 다만 형이 스스로 보지 못할 뿐이요."하고는 문득 이에 같이 가서 초평이 말하기를, "쯧쯧! 양아 일어나거라."하자 이에 흰 돌이 모두 일어나더니 양의 떼 수만 마리를 이룬다.

이에 초기가 말하기를, "내 아우가 모든 것을 신기롭게 통달했구나. 나도 배울 수 없겠느냐?"라고 하자 초평은 말하기를, "오직 도(道)를 좋아해야 얻을 수 있습니다."라고 한다. 이에 초기는 문득 아내와 자식을 버리고 초평과 머물러 있으면서 함께 송진과 복령(茯苓)을 먹어 5천 일만에 능히 앉으면 그 모습이 있고 서면 그 모습이 없어지는 술(術), 그리고 햇빛 속에서도 그림자가 보이지 아니하는 술(術)을 터득했다.

뒤에 고향으로 돌아가니 여러 친척들 모두가 죽어 거의 없어졌다. 이에 가서 그 방법으로 남백봉(南伯逢)을 가르쳤다. 초평은 자(字)를 고쳐서 적송자(赤松子)라 하고 초기는 자를 고쳐서 노반(魯班)이라 했는데 그 뒤에 전해가면서 이 약을 먹고 신선이 된 자가 수십 명이나 되었다.

原文 神仙傳, 黄初平丹谿人. 年十五家使牧羊. 有道士, 見其良謹, 便將至金華山石室中. 四十餘年不復念家. 其兄初起索之不得見. 後見市有道士善卜, 乃就占之. 道士曰, 金華山中有牧羊兒. 是卿弟, 非邪. 初起卽隨道士尋見. 兄弟悲喜. 問羊何在. 初平曰, 近在山東. 初起往視了不見羊. 但見白石無數. 還曰, 無羊. 初平曰, 羊在耳. 但兄自不見. 便乃俱往, 初平言叱·叱羊起. 於是白石皆起, 成羊數萬頭. 初起曰, 我弟得神通如此. 吾可學否. 初平曰, 唯好道便得. 初起便弃妻子, 留就初平, 共服松脂·茯苓. 至五千日, 能坐在立亡, 日中無影. 有童子之色. 後還鄉. 諸親死亡略盡. 乃去以方教授南伯逢. 初平改字爲赤松子, 初起改字爲魯班. 其後傳服此藥, 得仙者數十人.

註解 ㅇ神仙傳(신선전)－진(晉)나라 갈홍(葛洪) 찬(撰). 선인(仙人) 84명의 전기를 싣고 있다. ㅇ道士(도사)－여기에서는 신선의 술법을 닦는 사람. ㅇ松脂(송지)－송진(松津). ㅇ茯苓(복령)－소나무 뿌리에 생기는 약의 일종. ㅇ方(방)－방법(方法). 송진(松津)과 복령(茯苓)을 먹는 방법.

342. 좌자척배(左慈擲杯)

–좌자(左慈)가 술잔을 던지다

《신선전(神仙傳)》에 보면 좌자(左慈)의 자는 원방(元放)이니 여강(廬江) 사람이다. 젊었을 때부터 오경(五經)에 밝았고 또 성기(星氣)의 술(術)에 통했다. 한(漢)나라의 복이 장차 다할 것을 보고 탄식하기를, "이처럼 쇠망하는 운수를 당해서는 벼슬이 높은 자는 위태롭고 재주가 많은 자는 죽는 것이니 당대(當代)의 영화는 족히 탐할 것이 아니다."하고 이에 도술(道術)을 배웠는데 더욱 육갑(六甲)에 밝아 능히 귀신을 부리고, 앉아서 술과 안주를 마음대로 조달하는 등 이상한 술(術)을 부렸다.

그는 천주산(天柱山) 속에서 정교하게 생각하다가 석실(石室) 속에서 《구단금액경(九丹金液經)》을 얻어 능히 만 가지로 변했다. 조조(曹操)가 듣고 그를 불러서 한 석실 속에 가두고 곡식을 전혀 주지 않으면서 두 되의 물만 주고 있다가 1년만에 내놓았는데 얼굴빛이 전과 같았다. 조조가 도(道)를 배우려고 하자 좌자는 말하기를, "도를 배우려면 마땅히 맑고 깨끗하고 아무것도 하는 일이 없어야 합니다."라고 하니 조조는 노하여 그를 죽일 계획으로 술자리를 마련했다. 좌자가 태연하게 술잔을 나누어서 마시자고 청했다. 이때 날씨가 차서 술을 데워서 마시는데 술이 아직 데워지지 않았다. 좌자가 비녀를 뽑아 잔 속의 술을 휘젓자 술은 곧 중간이 끊어져서 양쪽으로 이분(二分)되었다. 좌자가 그 절반을 마시고 조조에게 주었다. 조조는 독주(毒酒)가 아닐까 걱정되어 주저하는데 좌자는 나머지도 자기가 마시겠다 하고 다 마시고 나자 그 술잔을 기둥나무에 던졌다. 술잔이 문득 기둥나무에 걸려서 그 움직이는 것이 마치 새가 날면서 구부렸다 올렸다 하는 모양이었다. 또 떨어질 듯하다가 떨어지지 않으니 좌중 사람들이 모두 눈을 모아 술잔을 보는데 이미 좌자는 어디로 갔는지 보이지 않았다.

조조가 일찍이 손님들을 모아놓고 여러 사람들을 돌아보면서 말하기를, "보배스러운 음식이 모두 갖추어졌으나 없는 것은 오강(吳江)의 노어(鱸魚)뿐이구려."라고 하자 좌자는 구리대야를 달라 하여 물을 담고 대나무로 낚시질을 하더니 금방 노어 한 마리를 낚아 올렸다. 조조가 말하기를 "이 좌석에는 여러 사람이 있은즉 한 마리로는 안되겠소."라고 하자, 그는 다시 낚시에 미끼를 꿰어 대야에 넣고 또 낚아올렸는데 하나같이 3척(尺) 이상의 것들이었다. 조조는 이것을 회쳐서 먹는데 양념으로 먹을 촉(蜀) 땅의 생강이 없는 것이 유감이라고 했다. 좌자는 말하기를, "그것은 쉽게 얻을 수 있소이다."하니 조조는 가까이에서 가져올까 두려워하여 이내 말하기를, "내가 먼저 촉 땅에 사람을 보내서 비단을 사두었는데 그대가 가거든 가히 두 끝을 더 가져오겠는가?"라고 했는데 말하는 동안에 즉시 생강을 가지고 돌아왔고 뒤에 비단을 가져왔다. 조조가 비단 사온 사연을 알아보자 비단 판 사람의 말이 좌자의 말과 부절(符節)이 맞는 것처럼 똑같았다.

原文 神仙傳, 左慈字元放, 廬江人. 少明五經, 兼通星氣. 見漢祚將盡, 乃歎曰, 値此衰運, 官高者危, 才高者死. 當代榮華不足貪也. 乃學道術, 尤明六甲, 能役鬼神, 坐致行厨. 精思於天柱山中, 得石室九丹金液經, 能變萬端. 曹操聞而召之, 閉一室中斷穀食, 日與二升水, 朞年出之, 顔色如故. 操欲學道. 左慈曰, 學徒當清淨無爲. 操怒謀殺之, 爲設酒. 慈乞分杯飮酒. 時天寒, 溫酒尚未熱. 慈拔簪, 以畫杯酒卽中斷, 分爲兩向. 慈飮其半, 送與操. 操未卽飮. 慈乞自飮. 飮畢, 以杯擲屋棟, 杯便懸著棟, 動搖似鳥飛之俯仰之狀, 欲落下落.

一坐矚目視杯, 已失慈所在. 操嘗會賓. 顧衆曰, 珍羞俱備. 所少吳江鱸魚耳. 慈求銅盤貯水, 以竹竿釣, 須臾引鱸出. 操曰, 一魚不周坐席. 慈更餌釣沈之, 復引出. 皆三尺餘. 操鱠之. 恨無蜀薑. 慈曰, 易得. 操恐近取之, 因曰, 吾前遣人到蜀買錦. 可報令增二端. 誤頃卽得薑還, 使報命. 後返驗問增錦之狀, 若符契也.

註解 ㅇ神仙傳(신선전)－앞의 항 참조. ㅇ六甲(육갑)－천간(天干)과 지지(地支)를 차례로 맞춘 것. ㅇ星氣(성기)－천문학(天文學). ㅇ道術(도술)－도가(道家)의 방술(方術).

343. 무릉도원(武陵桃源)

－무릉(武陵)의 복숭아꽃의 근원

도잠(陶潛)의 〈도화원기(桃花源記)〉에 말하기를, 진(晉)나라 태원(太元) 연중에 무릉(武陵) 사람이 물고기를 잡으려고 강물을 따라 가다가 길의 가깝고 먼 것을 잊어버렸는데 갑자기 복사꽃 언덕을 만났다. 언덕을 끼고 수백 보(步) 사이에 다른 나무는 아무것도 없고 향기로운 꽃이 곱고 아름다운데 떨어지는 꽃잎이 어지럽다. 어부는 이상히 여기며 다시 앞으로 나아가는데 그 숲이 다하더니 물 근원에 한 산이 있고, 그 사이에 조그만 구멍이 있는데 어렴풋이 한 줄기 빛이 보인다.

이에 문득 배를 버리고 그 구멍을 따라 들어갔다. 처음에는 몹시 비좁아서 겨우 사람이 다닐 만하더니 다시 수십 보를 가자 환하게 열리면서 밝아졌다. 그리고 집들이 뚜렷하고 좋은 밭과 아름다운 못과 뽕나무·대나무 따위가 즐비하였다. 밭 사이의 길이 서로 통해

있고 닭과 개의 우는 소리가 서로 들리고 그 가운데로 씨뿌리고 농사짓는 남녀가 있는데 옷입은 것이 모두 외계(外界)의 사람과 같았다. 누런 머리털을 늘어뜨린 머리로 태연히 스스로 즐기다가 어인(漁人)을 보고 크게 놀라 어디서 왔느냐고 묻는다.

이에 사실대로 모두 대답하자 그들은 문득 이 어부를 맞아 집으로 돌아가 술자리를 마련하고 닭을 잡고 밥을 지으니 마을 사람들이 모두 와서 묻는다. 그들은 스스로 말하기를, "먼저 대(代)에 진(秦)나라의 난리를 피하여 처자(妻子)와 고을 사람들을 거느리고, 이 끊어진 경계에 와서 다시 나가지 않고 있기 때문에 드디어 밖의 사람과는 거리가 생기게 되었다."하고, 묻기를 "지금은 어느 세상이오?"라고 했다. 이에 한(漢)나라가 있는 것도 모르니 위(魏)나라와 진(晉)나라는 말할 것도 없었다. 이에 이 사람이 갖추어 말하니 듣고 모두 탄식하고 놀랐다. 남은 사람들도 각각 다시 불러가지고 그 집에 가서 모두 술과 먹을 것을 내어 수일을 묵다가 작별하고 돌아갔다. 이미 그곳에서 나오자 매어 두었던 배를 타고 왔던 길을 되돌아가는데 곳곳에 표시를 해두었다. 그리고 관소(官所)에까지 돌아와 태수(太守)를 보고 이야기하자 태수는 곧 사람을 보내어 전에 표시해 두었다는 곳을 찾았으나 끝내 희미하여 다시 길을 찾지 못했다.

原文 **陶潛桃花源記云, 晉太元中, 武陵人捕魚緣溪行, 忘路遠近. 忽逢桃花林. 夾岸數百步, 中無雜樹, 芳華鮮美, 落英繽紛. 漁人甚異之, 復前行, 欲窮其林. 林盡水源得一山. 山有小口, 髣髴若有光. 便捨船從口入. 初極狹纔通人. 復行數十步, 豁然開朗. 土地平曠, 屋舍儼然, 有良田美池桑竹之屬. 阡陌交通, 雞犬相聞, 其中往來種作. 男女衣著悉如外人, 黃髮垂髫, 怡然自樂. 見漁人大驚, 問所從來. 具答之. 便邀還家, 爲設酒, 殺雞作食. 村中咸來問訊. 自云先世避秦亂, 率**

妻子邑人, 來此絶境, 不復出, 遂與外人閒隔. 問今是何世. 乃不知有漢. 無論魏晉. 此人爲具言. 聞皆歎惋. 餘人各復延至其家, 皆出酒食. 停數日辭去. 旣出得其船, 便據向路, 處處誌之, 及郡詣太守說. 太守卽遣人隨往. 尋向所誌, 遂迷不復得路.

註解 ㅇ陶潛(도잠)－동진(東晉)의 자연시인(自然詩人). 심양(潯陽) 사람. 자는 연명(淵明). 팽택(彭澤)의 영(令)이 되었으나 80여일만에 〈귀거래사(歸去來辭)〉를 읊고 벼슬을 떠나 전원(田園)의 생활을 즐겼음. 《도연명전집(陶淵明全集)》 권5에 있는 이야기임.

344. 유완천태(劉阮天台)

－유신(劉晨)과 완조(阮肇)가 천태산(天台山)으로 들어가다

〈속제해기(續齊諧記)〉에 보면, 한(漢)나라 명제(明帝)의 영평(永平) 연중에 염현(剡縣)에 유신(劉晨)과 완조(阮肇)가 있었는데 천태산(天台山)에 들어가 약을 캐다가 길을 잃고 양식도 떨어졌다. 산머리를 바라보니 봉숭아가 있으므로 함께 따서 먹었더니 다소 몸이 든든한 것 같았다. 산에서 내려와 시냇물을 마시고 손과 발을 씻고 나서 바라보니 순무와 그 잎이 떠내려오는 것이었다. 산을 따라서 다시 나오니 다음으로 물이 흘러나오고 한 그릇의 호마반(胡麻飯) 부스러기가 있었다.

이에 두 사람은 서로 이르기를, 이곳에 있다가 간 사람이 멀리 있지 않다 하고 그 물을 지나 1리(里)쯤 가다가 또 한 산을 지나니 큰 시내가 나오는데 두 여인이 있었고 용모가 몹시 묘해서 세상에 다시

없는 인물이다. 그들은 유(劉)·완(阮) 두 사람을 불러 성명(姓名)을 물어 마치 전부터 아는 사이와 같이 한다. 여인들은 기꺼이 묻기를, "낭군(郎君)들은 오기가 어찌 이다지도 늦으시었소?"하고 인하여 그들을 맞아 집으로 갔는데 대청과 집과 복식(服飾)이 정결하면서 화려했다. 동쪽과 서쪽에 각각 침상이 있고 휘장에는 칠보(七寶)의 영락(瓔珞)이 설치되었는데 세상에 있는 것이 아니었다. 좌우에서 모시는 사람은 푸른 옷을 입고 단정한데 남자는 하나도 없었다.

조금 있다가 호마반(胡麻飯)에 산양포(山羊脯)가 나오는데 아주 맛이 있었다. 또 감주(甘酒)를 내왔고 수십 명의 선녀(仙女)들이 복숭아 세 개와 다섯 개를 가지고 와서 "서랑(婿郎)들이 오신 것을 축하합니다."라고 하더니 각각 악기(樂器)를 내어 노래와 가락으로 음악을 이룬다. 이윽고 해가 저물어가자 선녀들은 각각 돌아가고 유(劉)·완(阮) 두 사람은 여인의 집에 가서 머물러 자면서 부부(夫婦)의 도를 행하고 15일동안 머물다가 돌아오는데 여인들이 말하기를, "여기에 온 것은 모두 전생의 인연이 부른 바입니다. 선녀를 얻어 교접(交接)했으니 세상 풍속에 무엇이 즐거울 것이 있겠습니까?"라고 한다.

그래서 또 반 년을 살았는데 하늘 기운이 화창하여 항상 3월이나 2월과 같아 백 가지 새들은 슬피 울어 슬픈 생각이 돌아갈 마음이 간절하다. 이때 여인이 말하기를, "전생의 죄가 없어지지 않아서 그대들로 하여금 이와 같이 되게 하였소이다."하고 다시 여러 선녀들을 불러 함께 노래를 지어 불렀다. 그리고 유(劉)·완(阮)을 보내기를, "이로부터 산 동쪽 동구(洞口)로 가면 멀지 않아 큰 길에 이를 것이오."라고 했는데 그 말을 따르니 과연 집으로 돌아갈 수가 있었다.

그러나 고향집에는 아는 사람이 하나도 없었다. 고향 마을에서 괴이히 여겨 이에 징험하여 그들의 7대(代)의 자손을 찾았다. 전해 들으니 위의 조상이 산으로 들어가 나오지 않았는데 어디에 있는지 알

수가 없었다고 한다. 이들 두 사람은 이미 친속(親屬)이 없고 살 곳도 없어서 문득 선녀의 집으로 돌아가고자 하며 살길을 찾았으나 알 길이 없었다. 대강(大康) 8년에 이르러 두 사람이 있는 곳조차 알 수 없게 되었다.

原文 續齊諧記, 漢明帝永平中, 剡縣有劉晨·阮肇. 入天台山採藥, 迷失道路. 粮盡. 望山頭有桃. 共取食之, 如覺少健. 下山得澗水, 飲之並澡洗. 望見蔓菁菜葉. 從山復出. 次有一杯流出. 中有胡麻飯屑. 二人相謂曰, 去人不遠. 因過水行一里, 又度一山出大溪. 見二女. 顏容絶妙, 世未有. 便喚劉·阮姓名, 如有舊. 喜問郎等來何晚. 因邀過家. 廳館服飾精華. 東西各有床. 帳帷設七寶瓔珞, 非世所有. 左右直, 悉青衣端正, 都無男子. 須臾下胡麻飯·山羊脯. 甚美. 又設甘酒. 有數十客. 將三五桃至云, 來慶女壻. 各出樂器, 歌調作樂. 日向暮, 仙女各還去. 劉·阮就所邀女家止宿, 行夫婦之道. 留十五日求還. 女曰, 來此皆是宿福所招. 得與仙女交接, 流俗何所樂. 遂住半年. 天氣和適, 常如三二月, 百鳥哀鳴. 悲思求歸甚切. 女曰, 罪根未滅. 使君等如此. 更喚諸仙女, 共作歌吹, 送劉·阮. 從此山東洞口去. 不遠至大道. 隨其言. 果得還家鄉. 並無相識. 鄉里怪異. 乃驗得七代子孫. 傳聞上祖入山不出, 不知何在. 旣無親屬, 栖泊無所. 却欲還女家, 尋山路不獲. 至大康八年, 失二人所在.

註解 ○續齊諧記(속제해기)－양(梁)나라 오균(吳均) 찬(撰). ○七寶瓔珞(칠보영락)－일곱 가지 보석과 구슬로 된 귀걸이. ○胡麻飯(호마반)－깨로 지은 밥. ○住半年(주반년)－이곳의 반 년은 인간의 3백 년이 된다고 함.

345. 왕검추차(王儉墜車)
346. 저연낙수(褚淵落水)

–왕검(王儉)은 수레에서 떨어지고 저연(褚淵)은 물에 떨어지다

《남사(南史)》에 보면, 제(齊)나라 사도(司徒) 저연(褚淵)의 자는 언회(彦回)이다. 상주자사(湘州刺史) 왕승건(王僧虔)을 전송하기 위하여 나갔을 때 잔도(棧道)가 무너져서 물에 떨어지니 역시 전송나왔던 복야(僕射) 왕검(王儉)이 깜짝 놀라 수레에서 뛰어내리자 사초종(謝超宗)이 손뼉을 치고 웃으면서 말하기를, "물에 떨어진 삼공(三公)이요, 수레에서 떨어진 복야(僕射)로다."라고 했다.

언회가 물에서 나오니 젖은 옷이 흩어져 어지러운데 사초종은 먼저 왕승건의 배에 있다가 소리를 높여 말하기를, "하늘의 도(道)가 있으니 하늘이 용납하지 않을 것이요, 땅의 도(道)가 있으니 땅도 받지 않을 것이며, 하백(河伯)에게 주려 해도 하백도 받지 않을 것이네."라고 했다. 이에 언회는 크게 노하여 말하기를, "한미한 선비가 거만하군!"하니 사초종이 말하기를, "능히 원(袁)·유(劉)를 팔아서 부귀(富貴)를 얻지 못했으니 어찌 한미한 선비를 면하겠는가?"라고 했다.

왕검(王儉)의 자는 중보(仲寶)이다. 조부 왕담수(王曇首)와 아버지 왕승작(王僧綽)은 모두 시중(侍中)이 되었는데 검소했다. 왕검은 어렸을 때부터 학문에 독실했다.

단양윤(丹陽尹) 원찬(袁粲)이 그를 보고 말하기를, "재상의 가문의 향나무와 잣나무와 예장(豫章)나무이다. 그 나무는 비록 어리지만 이미 동량(棟梁)의 기상이 있다. 이 아이는 사람의 집과 나라의 일을 맡아서 할 인물이 될 것이다."라고 하더니 벼슬이 중서감(中書

監)에 이르렀다. 좋아하는 것이나 욕심이 적고 오직 나라 다스리는 것으로 일을 삼았다. 젊어서부터 재상의 뜻이 있어 시(詩)를 지어 말하기를, "직설(稷契)은 우하(虞夏)를 바르게 했고 이려(伊呂)는 상주(尙周)를 도왔네."라고 했다. 《몽구》 구본(舊本)에 왕검의 검(儉)자를 상(常)자로 쓴 것은 잘못이다.

저연(褚淵)은 나이 10여세 때에 아버지가 아끼던 소가 우물에 떨어지자 이것을 살리려고 시끄러운데 그는 발을 내리고 보지 않았다. 또 문하생(門下生) 한 사람이 저연의 옷을 훔치는 것을 저연이 보고 이르기를, "부디 비밀히 감추어 사람이 알지 못하게 하라."고 하니 문하생은 부끄러워서 가버렸다.

송(宋)나라 명제(明帝)는 그를 이부상서(吏部尙書)로 옮겼는데 어떤 사람이 벼슬을 구하면서 소매 속에 감추고 있던 떡덩어리처럼 둥근 금덩어리 하나를 보이면서 말하기를, "아무도 아는 사람이 없습니다."라고 하자 저연은 말하기를, "그대는 스스로의 힘으로 벼슬을 얻어야 하오. 이 따위 물건의 힘을 빌릴 것이 아니야. 만일 굳이 나에게 준다면 반드시 위에 아뢸 것이오."라고 하자 그 사람은 두려워하여 금을 거두어 가지고 가버렸다.

뒤에 상서령(尙書令)이 되었는데 두 마음을 품어 제(齊)나라 고제(高帝)를 섬겼다. 고제가 자리에 서자 자리를 옮겨 중서감(中書監)이 되었다. 세상에서는 명예와 절개로써 충고했다. 이에 백성들이 말하기를, "불쌍하구나 석두성(石頭城)이여! 차라리 원찬(袁粲)을 위해서 죽을지언정, 언회(彥回)를 위하여 살지 않으리."라고 했다. 원찬은 사도(司徒)가 되어 상서령(尙書令) 유언절(劉彥節)과 함께 고제(高帝)를 제거하려는 두 마음을 가졌다가 그 일로 죽었다.

原文 南史，齊司徒褚淵字彥回. 因送湘州刺史王僧虔. 閣道壞落水. 僕射王儉驚跳下車. 謝超宗抵掌笑曰，落水三公，墜車僕射. 彦回出水, 霑濕狼藉. 超宗先在僧虔舫. 抗聲曰, 有天道焉, 天所不容. 有地道焉, 地所不受. 投畀河伯, 河伯不受. 彦回大怒曰, 寒士不遜. 超宗曰, 不能賣袁·劉得富貴. 焉免寒士. 儉字仲寶, 祖曇首, 父僧綽, 俱爲侍中. 儉幼篤學. 丹陽尹袁粲見之曰, 宰相之門, 栝柏豫章, 雖小已有棟梁氣矣. 終當任人家國事. 仕至中書監. 寡嗜欲, 惟以經國爲事. 少有宰相志. 賦詩云, 稷·契正虞·夏, 伊·呂翼商·周. 舊本儉作常誤也. 淵年十餘時, 父有牛墮井. 營救喧擾. 淵下簾不視. 有門生盜其衣. 淵見謂曰, 可密藏之. 無令人知. 門生慙而去. 宋明帝遷吏部尚書. 有人求官. 密袖一餅金, 出示之曰, 人無所知. 淵曰, 卿自應得官. 無假此物. 若見與, 必相啓. 此人懼收金而去. 後爲尚書令, 歸心齊高帝. 帝立進位中書監. 世以名節譏之. 百姓語曰, 可憐石頭城, 寧爲袁粲死, 不作彦回生. 粲爲司徒, 與尚書令劉彦節貳於高帝, 死其事.

註解 ㅇ南史(남사)-《남사》〈열전〉 18에 있는 이야기임. ㅇ閣道(각도)-잔도(棧道). 산골짜기에 높이 건너질러 놓은 다리. ㅇ僕射(복야)-상서성(尙書省)의 장관(長官). ㅇ河伯(하백)-수신(水神). ㅇ豫章(예장)-이름있는 큰나무. ㅇ棟梁(동량)-국가의 중신(重臣). ㅇ稷契(직설)-순(舜)임금·우(禹)임금의 중요한 신하. ㅇ虞夏(우하)-순(舜)임금과 우(禹)임금. ㅇ伊呂(이려)-은(殷)나라의 명상(名相) 이윤(伊尹)과 주(周)나라의 명상 여상(呂商), 여상은 태공망(太公望). ㅇ石頭城(석두성)-왕찬(王粲)의 부자(父子)가 모두 여기에서 죽었다.

347. 계륜금장(季輪錦障)

—계륜(季輪)의 비단 장막

《진서(晉書)》에 보면, 석숭(石崇)의 자는 계륜(季倫)이니 아버지 석포(石苞)가 벼슬이 사도(司徒)에 이르렀다. 그는 임종(臨終) 때 재물을 나누어 여러 아들에게 주는데 유독 석숭에게는 주지 않았다. 이에 그 어머니가 이것을 말하자 석포는 말하기를, "이 아이는 비록 다른 아이보다 적어도 뒤에 스스로 얻을 것이다."라고 했다. 과연 후에 형주자사(荊州刺史)가 되었는데 멀리 사자(使者)로 가는 사람이라든가 장사치들을 위협하여 부자를 이루었거니와 그 부(富)를 계산할 수 없었다.

뒤에 위위(衛尉)에 임명되었는데 재산이 풍부하게 쌓이고 집이 몹시 넓고 화려하여 뒤에 있는 처첩의 방이 백 개가 넘었다. 그의 처첩들은 모두 수놓은 비단 옷을 걸치고 금과 비취의 귀고리를 장식했다. 음악소리는 당시의 뽑힌 것들이며 주방의 음식은 바다와 육지의 보배로운 것을 다했다. 귀척(貴戚)인 왕개(王愷)·양수(羊琇)의 무리와 함께 분수에 넘치는 사치스러움을 서로 자랑했다. 왕개는 엿으로 가마를 채우고 석숭은 초로 땔나무를 대신했다. 또 왕개는 자줏빛 실로 짠 비단으로 보장(步障) 40리(里)를 쳤는데 석숭은 비단 보장(步障) 50리를 쳐서 여기에 대항했다. 또 석숭은 집에 후추를 칠했는데 왕개는 적석지(赤石脂)를 칠했다.

무제(武帝)가 어느 때 왕개에게 산호수(珊瑚樹)를 하사했는데 높이가 2척쯤 되었다. 작은 가지와 큰 가지가 무성하여 세상에 비교하기가 드문 바인데 왕개는 이로써 석숭에게 보이자 석숭은 철여의(鐵如意)로써 쳐서 부수니 왕개는 목소리와 얼굴빛이 바야흐로 사나워졌다. 이에 석숭은 말하기를, "그까짓 것으로 한탄할 것이 없소. 이

제 당신에게 그 이상의 것으로 갚으리라."하고 좌우에 명하여 산호수를 모두 가져오게 했는데 높이가 3·4척이 되는 것이 6·7그루나 되었다. 가지와 줄기가 시속 물건보다 월등하게 뛰어나고 광채가 해에 비쳐서 왕개의 것과 비교할 만한 것이 심히 많으니 왕개는 멍하니 스스로 뜻을 잃었다.

原文 晉書, 石崇字季倫. 父苞位至司徒. 臨終分財物與諸子. 獨不及崇. 其母以爲言. 苞曰, 此兒雖小. 後自能得. 爲荊州刺史, 劫遠使商客致富不貲. 後拜衛尉. 財産豊積, 室宇宏麗, 後房百數. 皆曳紈綉, 珥金翠, 絲竹盡當時之選, 庖膳窮水陸之珍, 與貴戚王愷·羊琇之徒以奢靡相尙. 愷以飴澳釜, 崇以蠟代薪. 愷作紫絲布步障四十里. 崇作錦步障五十里, 以敵之. 崇塗屋以椒, 愷用赤石脂. 武帝每助愷. 嘗以珊瑚樹賜之. 高二尺許, 枝柯扶疏, 世所罕比. 愷以示崇. 崇以鐵如意擊碎. 愷聲色方厲. 崇曰, 不足多恨. 今還卿. 乃命左右, 悉取珊瑚樹. 有高三四尺者六七株. 條幹絶俗, 光彩耀日, 如愷比者甚衆. 愷恍然自失.

註解 ㅇ晉書(진서)-《진서》〈열전〉 3에 있는 이야기임. ㅇ臨終(임종)-죽음에 다다름. ㅇ貴戚(귀척)-귀한 사람의 친척. 귀족외척(貴族外戚). ㅇ步障(보장)-대나무를 세워서 친 장막. ㅇ珊瑚樹(산호수)-나뭇가지 모양으로 된 산호(珊瑚). 산호는 산호충(珊瑚蟲)의 골격이 모여 나뭇가지 모양을 이룬 것. 대개 장식용으로 쓰인다. ㅇ鐵如意(철여의)-쇠로 만든 여의(如意). 여의는 대개 도사(道士)가 가지고 있던 몽둥이.

348. 춘신주리(春申珠履)

—춘신군(春申君)은 구슬로 꾸민 신을 신다

《사기(史記)》에 보면 초(楚)나라 고열왕(考烈王)이 황헐(黃歇)로 정승을 삼아 춘신군(春申君)에 봉했다. 이때 제(齊)나라에는 맹상군(孟嘗君)이 있고 조(趙)나라에는 평원군(平原君)이 있고, 위(魏)나라에는 신릉군(信陵君)이 있어 바야흐로 앞다투며 선비에게 몸을 낮추고 빈객(賓客)을 불러모아 이로써 서로 다투어 빼앗았다. 조(趙)나라 평원군(平原君)이 사람을 춘신군에게 보내자 춘신군은 상사(上舍)에 집을 정해주었다. 조(趙)나라는 초나라에게 자랑하고자 하여 대모(瑇瑁 : 玳瑁)로 칼을 만들고 방에는 구슬과 옥으로 장식하고서 춘신군에게 손님이 되어주기를 청했다. 춘신군은 3천여 명의 상객(上客)이 모두 구슬로 꾸민 신을 신고 이로써 조나라 사신을 보니 조나라 사신은 크게 부끄러워했다.

原文 **史記, 楚考烈王以黃歇爲相. 封春申君. 是時齊有孟嘗君. 趙有平原君, 魏有信陵君. 方爭下士, 招致賓客, 以相傾奪. 趙平原君使人於春申君. 春申君舍之於上舍. 趙使欲夸楚, 爲瑇瑁簪, 刀劍室以珠玉飾之, 請命春申君客. 春申君客三千餘人. 其上客皆躡珠履, 以見趙使. 趙使大慙.**

註解 ㅇ史記(사기)—《사기》〈열전〉·18에 있는 이야기임. ㅇ春申君(춘신군)—전국시대 초(楚)나라 황헐(黃歇)의 봉호(封號). 식객(食客) 3천명을 두었다고 함. ㅇ孟嘗君(맹상군)—전국시대 제(齊)나라 전영(田嬰)의 아들. 설(薛) 땅을 봉토(封土)로 삼아 맹상군이 되었음. 어진이를 초빙하여 식객(食客)이 3천여명에 이르렀음. ㅇ平原君(평원군)—조(趙)나라 무령왕(武靈王)의 아들. 평원(平原)에 봉군(封君)되었는데 문객(門

客)을 좋아하여 문하(門下)에 항상 식객(食客)이 수천 명씩 있었다 함.
ㅇ瑇瑁(대모)—열대지방 바다거북의 등 껍질로 만든 장식용 재료의 하나.

349. 진후출배(甄后出拜)
350. 유정평시(劉楨平視)

—진후(甄后)는 나가서 절하고 유정(劉楨)은 바르게 보다

《위지(魏志)》에 보면, 문소진황후(文昭甄皇后)는 한(漢)나라 태보(太保) 진감(甄邯)의 자손인데 원소(袁紹)가 중자(中子) 원희(袁熙)의 아내로 받아들였다. 원희가 나가서 유주자사(幽州刺史)가 되었더니 후(后)는 거기에 머물러서 시어머니를 보양했는데 기주(冀州)가 평정되자 문제(文帝)가 업(鄴)에서 황후(皇后)로 맞았다.

《위략(魏略)》에는 말하기를, 업성(鄴城)이 깨지자 원소의 아내 유부인(劉夫人)과 황후(皇后)가 함께 방에 앉았었다. 문제(文帝)가 원소의 집에 들어가 원소의 아내와 황후를 발견했다. 황후가 두려워하여 머리를 시어머니 무릎에 파묻자 원소의 아내는 두 손으로 그녀를 감싸주었다. 이에 문제가 이르기를, "유부인이 무어라 했기에 이와 같이 하시오?"하고 신부(新婦)로 하여금 머리를 들게 하니 시어머니는 이에 황후를 받들어 우러러보게 했다. 이에 문제가 나가서 보니 얼굴빛이 범상치 않아 칭송하고 탄식하니 문제의 아버지 조조(曹操), 즉 태조(太祖)가 그의 말을 듣고 드디어 맞아서 장가들게 했다.

《전략(典略)》에 말하기를, 태자가 일찍이 여러 문학(文學)들을 청하여 술이 얼근해서 앉아 즐기다가 부인 진씨(甄氏)에게 명하여 나와서 인사하라고 하자 좌중 사람들이 모두 엎드렸으나 유정(劉楨)만이 홀로 태연하게 보았다. 태조가 이 말을 듣고 이에 유정을 체포하

여 사형(死刑)에 처하려고 했다가 감하여 도형(徒刑)에 처했다.

原文 魏志, 文昭甄皇后, 漢太保甄邯後. 袁紹爲中子熙納之. 熙出爲幽州. 后留養姑. 及冀州平, 文帝納后於鄴. 魏略曰, 鄴城破, 紹妻及后共坐室堂上. 文帝入紹舍, 見紹妻及后. 后怖以頭伏姑膝上. 紹妻兩手自搏. 文帝謂曰, 劉夫人云何如此. 令新婦擧頭. 姑乃捧后令仰. 文帝就視, 見其顔色非凡, 稱歎之. 太祖聞其意, 遂爲迎取. 典略曰, 太子嘗請諸文學. 酒酣坐歡, 命夫人甄氏出拜. 坐中衆人皆咸伏. 而劉楨獨平視. 太祖聞之, 乃收楨, 減死輸作.

註解 ㅇ魏志(위지)－《위지》 권5 〈후비전(后妃傳)〉에 있는 이야기임. ㅇ魏略(위략)－위(魏)나라의 간략한 역사. ㅇ鄴城(업성)－원소(袁紹)가 있던 곳. ㅇ文學(문학)－한대(漢代)에 박사(博士)를 도와 교수(教授)를 맡은 벼슬.

351. 호빈쟁저(胡嬪爭樗)
352. 진무상지(晉武傷指)

－진무제(晉武帝)는 총희 호귀빈(胡貴嬪)과 저포(樗蒲)놀이를 하다가 손가락을 다쳤다

《진서(晉書)》에 보면, 호귀빈(胡貴嬪)의 이름은 방(芳)이니 아버지 호분(胡奮)은 집안이 대대로 장수의 가문(家門)이어서 진군대장군(鎭軍大將軍)이 되었다. 이때 무제(武帝)는 양가(良家)의 여인들을 많이 골라서 내직(內職)에 보충시키고 스스로 그 아름다운 자를 가려서 빨간 비단으로 팔뚝을 매게 했는데 방(芳)은 이미 여기에 뽑

혔다. 이에 대궐로 데려가자 슬피 울었다. 좌우가 이를 중지시키면서 말하기를, "폐하께서 그 소리를 듣습니다."라고 했다.

이에 방(芳)은 말하기를, "죽는 것도 두렵지 않은데 어찌 폐하가 두렵겠는가?"라고 했다. 이에 귀빈(貴嬪)으로 임명했다. 이때 황제에게는 총희(寵姬)가 많았다. 오(吳)나라를 평정한 뒤에는 다시 손호(孫皓)의 궁인(宮人) 수천 명을 맞아 후궁(後宮)이 거의 만 명이요, 그 중에 사랑하는 자도 몹시 많아서 갈 곳을 알지 못했다. 항상 양(羊)이 끄는 수레를 타는데 양이 마음대로 가게 내버려두고 그 양이 머무는 곳에서 주연을 베푼 다음 잠자기로 하였다. 그러자 궁녀들은 앞다투어 양이 좋아하는 대나무 잎을 따서 문에 꽂아놓고 소금물로 땅을 쓸어 황제의 수레를 끌어들이고자 했다.

그러나 방(芳)은 황제의 사랑을 입어 그 사랑을 독차지하고 있어서 황제를 모시는 옷과 장식이 황후(皇后)의 다음으로 아름다웠다. 황제가 일찍이 그와 함께 저포(樗蒲)놀이를 하는데 실수를 하여 드디어 황제의 손가락에 상처를 입혔다. 이에 황제는 노하여 말하기를, "그대는 진실로 장수의 후손이로구나."하니 대답하기를, "북으로 공손(公孫)을 치고 서쪽으로 제갈(諸葛)을 막았으니 장수의 후손이 아니고 무엇이겠습니까?"라고 했다. 황제는 부끄러운 빛이 있었다. 방(芳)이 무안공주(武安公主)를 낳았다.

原文 晉書, 胡貴嬪名芳, 父奮家世將門. 爲鎭軍大將軍. 武帝多簡良家女, 以充內職, 自擇其美者, 以絳紗, 繫臂. 芳旣入選, 下殿號泣. 左右止之曰, 陛下聞聲. 芳曰, 死且不畏. 何畏陛下. 拜爲貴嬪. 時帝多內寵. 平吳後, 復納孫皓宮人數千, 掖庭殆將萬人. 而並寵者甚衆, 莫知所適. 常乘羊車, 恣其所之, 至便宴寢. 宮人乃取竹葉插户, 以鹽汁洒地而引帝車. 然芳蒙幸, 殆有專房之寵. 侍御服飾亞于皇后. 帝嘗與之樗蒲.

爭失, 遂傷上指. 帝怒曰, 此固將種也. 對曰, 北伐公孫, 西距諸葛. 非將種而何. 帝有慙色. 芳生武安公主也.

註解 ㅇ晉書(진서)－《진서》 권31 〈후비전(后妃傳)〉에 있는 이야기임. ㅇ鹽汁洒地(염즙쇄지)－양(羊)은 소금물을 좋아한다. ㅇ樗蒲(저포)－쌍륙. 포(蒲)의 열매로 주사위를 만들어 노는 노름.

353. 석경수마(石慶數馬)

－석경(石慶)은 두어 필의 말이라 했다

전한(前漢) 석분(石奮)은 조(趙)나라 사람인데 효문제(孝文帝) 때 벼슬이 태중대부(太中大夫)에 이르렀다. 문학(文學)의 재능은 없어도 공손하고 삼가하기가 그에 비교할 사람이 없었다. 장자(長子)는 석건(石建)이요 다음은 석갑(石甲)이요 다음은 석을(石乙)이요 다음은 석경(石慶)인데 모두 효도와 삼가는 것에 길들여 행해서 벼슬이 태수(太守)에 이르렀다.

이에 경제(景帝)가 말하기를, "석분이여! 그대와 네 아들이 모두 2천석(石)이니 신하로서 높고 사랑받는 것이 지극하다."고 하였다. 이에 그의 가문의 녹을 합치면 1만 석이 되므로 사람들은 석분을 가리켜 만석군(萬石君)이라고 했다. 석경은 무제(武帝) 때 태복(太僕)이 되어 황제의 말을 어거하고 나가는데 황제가 묻기를, "수레를 끄는 말이 몇인가?"하자 천자가 타는 수레를 끄는 말은 여섯 마리로 정해있건만 신중을 기하기 위해 석경은 채찍을 들고 말을 한 마리씩 헤아리다가 손을 들고는 말하기를, "여섯 마리입니다."라고 했다. 석경은 형제들 가운데 일을 척척 잘 처리한다는 말을 들었는데 신중하기가 오히려 이와 같았다. 뒤에 승상이 되었다.

原文 前漢石奮趙人. 孝文時, 官至大中大夫. 無文學, 恭謹無與比. 長子建, 次甲, 次乙, 次慶, 皆以馴行孝謹, 官至二千石. 景帝曰, 石君及四子皆二千石. 人臣尊寵, 迺擧集其門. 凡號奮爲萬石君. 慶武帝時爲太僕. 御出. 上問車中幾馬. 慶以策數馬畢, 擧手曰, 六馬. 慶於兄弟最爲簡易矣. 然猶如此. 後爲丞相.

註解 ㅇ前漢(전한)－《전한서》〈열전〉 16에 있는 이야기임. 《사기(史記)》〈열전〉 43 만석군전(萬石君傳)에도 있음. ㅇ甲(갑), 乙(을)－역사에 그 이름을 일컬어 갑(甲)과 을(乙)로 적었으나 이것은 그 이름이 아니다. ㅇ萬石君(만석군)－받는 녹(祿)이 부자(父子) 5명을 합하면 만석이 되기 때문에 석분(石奮)을 만석군(萬石君)이라고 했다.

354. 공광온수(孔光溫樹)

－공광(孔光)은 집에서는 궁중의 온수(溫樹) 이야기도 하지 않았다

전한(前漢) 공광(孔光)의 자는 자하(子夏)이니 공자(孔子)의 14세손(世孫)이다. 경학(經學)에 특별히 밝아서 고제(高第)로 상서(尙書)가 되었다가 복야(僕射) 상서령(尙書令)이 되었다. 모든 추기(樞機)를 맡은 지 10여년에 이르렀다. 천자에게 의견서를 상주(上奏)할 일이 있으면 그 초고(草藁 : 草稿)는 반드시 없애어 남기지 아니했다. 신하로서 천자를 이용했다는 대죄(大罪)로 생각했기 때문이다.

또 혹 천거할 일이 있으면 오직 남들이 들어서 아는 것이 두려워했다. 휴일(休日)에 집에서 형제·처자들과 한가히 이야기할 때도 끝내 조정의 정사에 관한 일은 말하지 않았다. 어떤 사람이 공광에

게 묻기를, "대궐 안 온실에 있는 나무는 모두 무슨 나무인가?"라고 물었으나 공광은 묵묵히 대답하지 않고 딴 말로 대답했으니 그 누설하지 않는 것이 이와 같았다.

애제(哀帝)가 즉위하자 승상에 임명했다. 그후 왕망(王莽)의 권세가 성하여 재형(宰衡)이라 일컫자 공광은 굳이 벼슬을 사양했다. 이때 태후(太后)가 조서를 내려 말하기를, "나라가 장차 일어나려면 스승을 높이고 선생님을 소중히 여기는 것인데 어찌 태사(太師)로 하여금 조회에 참석치 않도록 한단 말이냐?"하고 10일에 한번씩 좋은 반찬을 내리고 또 영수장(靈壽杖)을 하사했다.

공광은 어사대부(御史大夫)와 승상이 된 것이 각각 두 번이요 한번씩 대사도(大司徒)·태부(太傅)·태사(太師)가 되었는데 성제(成帝)·애제·평제(平帝) 등 3세(世)에 걸쳐 공보(公輔)의 자리에 있었다.

原文 **前漢孔光字子夏, 孔子十四世孫. 經學尤明. 以高第爲尚書, 轉僕射尚書令. 凡典樞機十餘年. 有所言輒削草藁. 以爲章主之過, 以奸忠直, 人臣大罪. 有所薦擧, 惟恐人之聞知. 沐日歸休, 兄弟妻子燕語, 終不及朝省政事. 或問光, 溫室省中樹皆何木也. 光默不應, 答以他語. 其不泄如是. 哀帝立, 拜丞相. 及王莽權盛稱宰衡, 光固辭位. 太后詔曰, 國之將興, 尊師而重傳. 其令太師毋朝, 十日一賜餐, 賜靈壽杖. 光凡爲御史大夫·丞相各再. 一爲大司徒·太傅·太師, 歷三世居公輔位.**

註解 ㅇ前漢(전한)-《전한서》〈열전〉 51에 있는 이야기임. ㅇ孔子(공자)-유가(儒家)의 교조(敎祖)로서 춘추시대 노(魯)나라 사람. 이름은 구(丘), 자는 중니(仲尼). 노(魯)나라에서 사구(司寇) 벼슬을 하다가 사

직하고 여러 나라를 두루 다니면서 도(道)를 행하려 하였으나 쓰이지 않아 노나라로 돌아와서 시(詩)·서(書)·예(禮)·악(樂)·역(易)·춘추(春秋) 등 육경(六經)을 산술(刪述)했다. ㅇ樞機(추기)－국가의 중요한 정무(政務). ㅇ溫室(온실)－장락궁(長樂宮) 속에 온실원(溫室園)이 있었음. ㅇ宰衡(재형)－재상을 높여서 부르는 이름. ㅇ太后(태후)－황제(皇帝)의 적모(嫡母). ㅇ靈壽杖(영수장)－영수(靈壽)는 나무 이름. 대나무와 같고 가지와 마디가 있다. ㅇ公輔(공보)－삼공(三公)과 보상(輔相).

355. 적탕은조(翟湯隱操)

－적탕(翟湯)의 숨은 지조

《진서(晉書)》에 보면, 적탕(翟湯)의 자는 도심(道深)이니 심양(尋陽) 사람이다. 독실하게 행동하고 순수하고 소박하며 청렴하고 깨끗하여 세상일을 달갑지 않게 여겨 스스로 농사지어서 먹었다.

영가(永嘉) 말년에 도둑이 연이어 창궐했는데 적탕의 명성과 덕이 있다는 말을 듣고 모두 감히 범하지 않으니 고향의 이웃이 그의 힘을 입었다. 조정에서 불러도 나가지 않았다. 아들 적장(翟莊)의 자는 조휴(祖休)이니 적탕의 지조를 따라 딴 사람들과 사귀지 않고 오직 사냥과 낚시로 일을 삼았다.

그러나 자란 다음에는 낚시는 했지만 사냥을 하지 않자 어떤 사람이 묻기를, "물고기 잡는 것과 사냥은 마찬가지로 사는 것을 해치는 것인데 어찌하여 그 한 가지만을 버리는가?"라고 하자 적장은 말하기를, "사냥은 인간이 조수(鳥獸)를 노리는 것이요, 낚시는 물고기가 목숨을 바치는 것이오. 능히 일시에 그만둘 수가 없기에 먼저 그 심한 것을 절제하는 것이오. 또 먹이를 탐내어 낚시를 삼키게 하는 것이 어찌 내 뜻이겠소?"라고 하니 당시에 이치를 아는 말이라고 했다. 만년(晩年)에는 다시 낚시질도 하지 않고 부르는 명령에도 나가지 않았다. 아들 적교(翟矯)도 역시 높은 지조가 있어 여러 번 부르는 명령을 사양했다. 적교의 아들 적법사(翟法賜)는 효무제(孝武帝) 때 산기랑(散騎郎)으로 불렀으나 나가지 않아 대대로 숨은 행실이 있었다.

原文 晉書, 翟湯字道深, 尋陽人. 篤行純素, 廉潔不屑世事. 耕而後食. 永嘉末, 寇害相繼, 聞湯名德, 皆不敢犯. 鄕隣賴之. 辟召不至. 子莊字祖休, 遵湯之操, 不交人物. 惟以弋釣爲事. 及長不復獵. 或問漁獵同是害生. 何止去其一. 莊曰, 獵自我. 釣自物. 未能頓盡. 故先節其甚者. 且夫貪餌呑鉤. 豈我哉. 時以爲知言. 晩節亦不復釣. 徵命不就. 子矯亦有高操. 屢辭辟命. 矯子法賜, 孝武時以散騎郎徵不至. 世有隱行云.

註解 ㅇ晉書(진서)－《진서》〈열전〉 64 은일전(隱逸傳)에 있는 이야기임.

356. 허순승구(許詢勝具)

－허순(許詢)은 이기는 제구가 있었다

《몽구》 구주(舊注)에 《세설신어(世說新語)》를 인용해서 말하기를, 허순(許詢)의 자는 현도(玄度)인데 산과 못에서 놀기를 좋아했다고 한다. 몸이 높은 데에 오르기에 편하게 생겨서, 당시 사람들이 말하기를, "허순은 비단 명승지를 사랑하는 마음이 있을 뿐만 아니라, 편하게 오르는 기구가 있다."라고 했다.

허순은 어두운 굴 속에 숨어 있으면서 사방 제후(諸侯)들이 보내는 것을 받았다.

이에 어떤 사람이 허숭에게 이르기를, "일찍이 기산(箕山) 사람〔許由〕이라고 들었는데 그렇지 않은 것 같다."고 하자 허숭은 말하기를, "광주리 속의 뇌물은 하찮은 것이 천하를 얻는 보배보다 가벼울 것이다."라고 했다. 오늘날 《세설신어》에는 이런 내용이 없다.

原文 **舊注引世說云, 許詢字玄度, 好遊山澤, 而體便登陟. 時人曰, 許非徒有勝情, 有濟勝之具. 詢隱永興幽穴, 每致四方諸侯之遺. 或謂許曰, 嘗聞箕山人似不爾耳. 許曰, 筐篚苞苴, 固當輕於天下之寶. 今本無載.**

註解 ㅇ世說(세설)－《세설신어(世說新語)》〈서일편(棲逸篇)〉에 있는 말로써 제승지구(濟勝之具)까지가 《세설신어》에 있는 대목임. ㅇ箕山人(기산인)－허유(許由)가 기산(箕山)에 숨어있었기 때문에 허유와 같이 청백한 사람이라는 말이다.

357. 우전골계(優旃滑稽)
－우전(優旃)의 우스갯말

《사기(史記)》에 보면, 우전(優旃)은 진(秦)나라의 배우로서 난장이다. 웃기는 말을 잘했으나 큰 도리에 맞았다. 진나라 시황(始皇) 때 주연을 베풀고 술을 마시는데 비가 내려서 폐순랑(陛楯郞)들이 모두 물에 젖게 되자, 우전은 이를 불쌍히 여겨 이르기를, "그대들은 쉬고 싶은가? 쉬고 싶거던 내가 그대들을 부를 때 '예!'하고 대답하시오."라고 했다.

이윽고 난간에 나와서 크게 부르기를, "폐순랑(陛楯郞)들아!"하니 폐순랑들은 일제히 "예."하고 대답했다. 이에 우전이 말하기를, "그대들은 비록 키는 크지만 무엇이 유익한고. 다행한 것은 비 속에서 서있을 뿐이로다. 나는 비록 키가 작아도 전각 안에서 쉬고 있잖은가."라고 했다.

이에 시황(始皇)은 그들로 하여금 절반씩 서로 교대하게 했다. 일찍이 시황이 원유(苑囿)를 열고자 하자 우전은 말하기를, "좋습니다. 그 안에 많은 새와 짐승을 놓아두었다가 도적들이 동쪽에서 오거던 사슴들로 하여금 막도록 하면 족할 것입니다."라고 하니 시황은 이로 인해서 중지했다. 이세(二世)가 즉위하자 또 그 성(城)에 옻칠을 하려고 했다. 우전은 말하기를, "아름답습니다. 옻칠한 성(城)이 높고 높아서 도적이 와도 능히 오르지 못할 것입니다. 꼭 이루시려면 옻칠을 하는 것은 쉽습니다. 그러나 음실(蔭室)을 이루기가 어려울 것입니다."라고 하자 이세(二世)는 웃고 중지시켰다.

原文 史記, 優旃秦倡侏儒. 善爲笑言. 然合於大道. 秦始皇時, 置酒而天雨. 陛楯者皆沾寒. 旃哀之謂曰, 汝欲休乎. 我卽呼女, 汝應曰諾. 有頃臨檻, 大呼曰, 陛楯郞. 郞曰諾. 優旃曰, 汝雖長何益. 幸雨立. 我雖短也, 幸休居. 於是始皇使得半相代. 嘗欲大苑囿. 旃曰, 善. 多縱禽獸於其中, 寇從東方來, 令麋鹿觸之足矣. 始皇以故輟止. 二世立. 又欲漆其城. 旃曰, 佳哉漆城蕩蕩. 寇來不能上. 卽欲就之, 易爲漆耳. 顧難爲蔭室. 二世笑而止.

註解 ㅇ史記(사기)－《사기》〈열전〉 66 골계열전(滑稽列傳)에 있는 이야기임. ㅇ陛楯郞(폐순랑)－진(秦)나라 때 방패를 들고 대궐 뜰에 벌여 섰던 벼슬아치. ㅇ苑囿(원유)－금수를 기르는 동산. ㅇ蔭室(음실)－옻은 음실(蔭室)에 들어가야 건조된다.

358. 낙하역수(落下歷數)

-낙하(落下)가 달력의 수를 세다

전한(前漢)의 방사(方士) 당도(唐都)는 하늘의 이십팔수(二十八宿)를 사방으로 나누고 그 거리를 측량하고 일월성진의 운행을 정했다. 그 일에는 파군(巴郡)의 낙하굉(落下閎)이 큰 힘을 빌어주었다. 당도는 천부(天部)를 나누기만 했을 뿐 낙하굉이 운산(運算)하여 종래에 사용하던 전욱력(顓頊曆)을 고쳐 태초력(太初曆)을 만들었다. 말하기를, 율용(律容)이 1약(龠)이요, 적(積)이 81촌(寸)이요, 즉(則)이 1일(日)의 나뉨이니 장(長)으로 더불어 서로 마친다.

율(律)은 길이가 9촌(寸)이고 1백 71분(分)이 끝내 회복되는 것이니 세 번 거듭하여 갑자(甲子)를 얻는다. 대체로 율(律)은 음양(陰陽)이 9와 6이니 효상(爻象)이 좇아 나오는 바이다. 까닭에 황종(黃鐘)의 기원(紀元)의 기운을 율(律)이라 하는 것이니 이것이 율법(律法)이며 여기에서 법을 취하지 않는 것이 없다. 찬(贊)하여 말하기를, "역수(歷數)의 대가(大家)는 당도(唐都)와 낙하굉이다."라고 했다.

原文 **前漢方士唐都分天部, 巴郡落下閎與焉. 都分天部而閎運筭轉歷. 其法以律起歷. 曰, 律容一龠. 積八十一寸, 則一日之分也. 與長相終. 律長九寸, 百七十一分而終復. 三復而得甲子. 夫律陰陽九六, 爻象所從出也. 故黃鐘紀元氣. 之謂律. 律法也. 莫不取法焉. 贊曰, 歷數則唐都落下閎.**

註解 ㅇ前漢(전한)-《전한서》〈율력지(律曆志)〉에 있는 이야기임. ㅇ爻象(효상)-육효(六爻). 역(易)의 괘(卦)를 이룬 숫자. ㅇ黃鍾(황종)-12율(律)의 하나인 양률(陽律). ㅇ歷數(역수)-달력의 숫자.

359. 만용자면(曼容自免)

—만용(曼容)이 스스로 벼슬을 내놓다

전한(前漢) 병단(邴丹)의 자는 만용(曼容)이니 낭야(琅邪) 사람이다. 뜻이 크고 스스로 몸을 닦았다. 벼슬을 하는데 육백석(六百石)에 지나는 것을 즐기지 않아 문득 스스로 벼슬을 내놓고 갔다.

原文 **前漢邴丹字曼容, 琅邪人. 養志自修. 爲官不肯過六百石. 輒自免去.**

註解 ㅇ前漢(전한)—《전한서》〈열전〉 42에 있는 이야기임.

360. 자평필취(子平畢娶)

—자평(子平)이 아들 딸의 혼인을 마치다

후한(後漢) 상장(向長)의 자는 자평(子平)이니 하내(河內) 조가현(朝歌縣) 사람이다. 숨어 살면서 벼슬하지 않았는데 성질이 중화(中和)를 숭상하고 《노자(老子)》와 《주역(周易)》에 능통했다. 가난해서 먹을 것이 없었는데 마음씨 착한 자들이 번갈아가며 먹을 것을 보내주었다. 그는 이것을 먹을 만큼만 받고 그 남는 것은 돌려보냈다.

《주역(周易)》을 읽다가 손익괘(損益卦)에 이르러 탄식하기를, "나는 이미 부자가 가난한 것만 못하고 귀한 것이 천한 것만 못하다는 것은 알지만 다만 죽는 것이 사는 것과 어떠한 지는 알지 못한다." 라고 했다. 건무(建武) 연중에 아들과 딸의 장가들고 시집보내는 일이 끝나자 집안 일을 끊고 서로 관계하지 말자고 말한 다음 드디어 마음대로 오악(五嶽)의 명산(名山)에 놀았는데 그가 죽은 곳은 알

수가 없다.

原文 **後漢向長字子平, 河內朝歌人. 隱居不仕. 性尙中和, 好通老易. 貧無資食, 好事者更饋焉. 受之, 取足而反其餘. 讀易至損益卦歎曰, 吾已知富不如貧, 貴不如賤. 但未知死何如生耳. 建武中男女娶嫁旣畢, 敕斷家事, 勿相關, 遂肆意遊五嶽名山, 不知所終.**

註解 ㅇ後漢(후한)-《후한서》〈열전〉 73 일민전(逸民傳)에 있는 이야기임. ㅇ中和(중화)-치우치지 않고 과불급(過不及)이 없음. ㅇ損益卦(손익괘)-위에 있어서는 위를 덜어 더욱 아래로 내려가고, 아래에 있어서는 아래를 덜어 더욱 위로 가게 해야만 허물이 없다는 괘(卦)이다. ㅇ五嶽(오악)-동쪽에 태산(泰山), 남쪽에 형산(衡山), 서쪽에 화산(華山), 북쪽에 항산(恒山), 중앙에 숭산(嵩山)임.

361. 사광청이(師曠淸耳)

-사광(師曠)의 귀가 맑았다

《여씨춘추(呂氏春秋)》에 말하기를, 진(晉)나라 평공(平公)이 큰 종을 부어 만들고 악인(樂人)으로 하여금 듣게 했더니 모두 음률(音律)에 맞는다고 했다. 이에 사광(師曠)은 말하기를, "음률(音律)에 맞지 않사오니 청컨대 다시 부어 만들게 하시옵소서."라고 했다. 평공은 말하기를, "다른 악인들이 모두 음률에 맞는다고 하지 않았는가?"라고 하니 다시 사광은 말하기를, "후세(後世)에 음률을 아는 자가 있으면 장차 음률에 맞지 않는 것을 알 것이오니 신(臣)은 그윽히 임금을 위하여 부끄러워하나이다."라고 했다. 그후 사연(師涓)에 이르러 과연 종이 음률이 맞지 않는다는 것을 알았다. 사광이 종을 다시 만들라고 했던 것은 사연과 같은 후세의 지음자(知音者)에게 비난당하는 것을 두려워했기 때문이다.

原文 呂氏春秋曰, 晉平公鑄爲大鐘, 使工聽之. 皆以爲調. 師曠曰, 不調. 請更鑄之. 平公曰, 工皆以爲調矣. 師曠曰, 後世有知音者, 將知不調. 臣竊爲君恥之. 至師涓果知鐘之不調. 是師曠善調鐘, 以爲後之知音也.

註解 ㅇ呂氏春秋(여씨춘추)－진(秦)나라 여불위(呂不韋)가 찬(撰)했다고 하는 잡서(雜書). ㅇ師曠(사광)－춘추시대의 진(晉)나라 음악가(音樂家)로서 소리를 잘 분별했다.

362. 이루명목(離婁明目)

－이루(離婁)는 눈이 밝았다

《신자(愼子)》에 말하기를, 이주(離朱)의 밝은 눈은 터럭 끝을 백보(百步) 밖에서 관찰할 수 있었다고 한다. 그러나 물속에서는 1척(尺)만 들어가도 얕고 깊은 것을 볼 수가 없었다. 이는 그의 눈이 밝지 않아서가 아니라 물속이라고 하는 상태가 보기 어렵게 하기 때문이다.

原文 愼子曰, 離朱之明, 察毫末於百步之外, 下水尺, 不能見淺深. 非目不明. 其勢難覩也.

註解 ㅇ愼子(신자)－전국시대의 신도(愼到)가 찬(撰)한 책. ㅇ離朱(이주)－이루(離婁)를 말함. 황제(黃帝) 때 사람으로 눈이 몹시 밝았다고 함.

363. 중문조경(仲文照鏡)

—중문(仲文)이 거울에 비쳐보다

《진서(晉書)》에 보면, 은중문(殷仲文)은 진군(陳郡) 사람으로서 상서(尙書)로 옮겨졌는데 본래 명망(名望)이 있어 스스로 이르기를 반드시 조정의 정사를 맡을 것이라고 했다. 또 사곤(謝琨)의 무리와 같은 자들로서 지난날 그가 가볍게 여기던 자도 다같이 모두 어깨를 가지런히하여 같은 지위에 있었다. 그런 가운데서 그는 생각한대로 뜻을 얻지 못하여 언제나 불평불만을 가지고 있었다.

그런 때에 갑자기 낙양태수(洛陽太守)로 옮겨지자 뜻이 더욱 불편해지더니 뒤에 모반(謀反)하다가 주살(誅殺)을 당했다. 은중문은 이때 거울에 비쳐도 그 얼굴을 보지 못하더니 수일만에 화를 당했다.

原文 **晉書, 殷仲文陳郡人. 轉尚書. 素有名望. 自謂必當朝政. 又謝琨之徒, 疇昔所輕者, 並皆比肩. 常快快不得志. 忽遷洛陽太守. 意彌不平. 後謀反伏誅. 仲文時照鏡不見其面. 數日而遇禍.**

註解 ㅇ晉書(진서)—《진서》〈열전〉69에 있는 이야기임.

364. 임강절축(臨江折軸)

—임강(臨江)의 수레 굴대가 부러지다

전한(前漢) 임강(臨江)의 민왕영(閔王榮)은 경제(景帝)의 아들로서 태자(太子)로 세워졌다가 4년만에 폐해서 임강왕(臨江王)이 되었다. 그리고 3년, 이번에는 사당의 담 안팎의 땅을 이상하게 남겨놓고 궁(宮)을 지었다는 혐의를 받게 되었다. 황제가 그를 부르자 그는 강릉(江陵) 북문(北門)에서 제사를 지내고 이미 수레에 오르자 굴대가 부러져 수레가 못쓰게 되었다.

이에 강릉의 부로(父老)들이 눈물을 흘리면서 은근히 말하기를, "우리 왕은 돌아오지 않을 것이다."라고 했다. 민왕 영은 도착하여 중위부(中尉府)에 나가서 죄상(罪狀)의 물음에 대답하지 않으면 안 되었다. 중위(中尉)가 문부를 보고 왕을 심하게 책망하여 묻자 왕은 두려워하며 스스로 죽었다. 남전(藍田)에 장사지냈는데, 제비 수만 마리가 흙을 물어다가 무덤 위에 덮었다. 백성들이 그를 불쌍히 여겼다.

原文 **前漢臨江閔王榮, 景帝子. 立爲太子. 廢爲臨江王. 三歲坐侵廟壖地爲宮. 上徵榮. 榮行, 祖於江陵北門. 旣上車, 軸折車廢. 江陵父老流涕竊言曰, 吾王不反矣. 榮至, 詣中尉府對簿. 中尉郅都簿責訊王. 王恐自殺. 葬藍田. 燕數萬銜土置冢上. 百姓憐之.**

註解 ㅇ前漢(전한)－《전한서》〈열전〉 23에 있는 이야기임. ㅇ壖地(연지)－바깥 담의 안쪽과 안담 바깥쪽의 노는 땅.

365. 난파손주(欒巴噀酒)

－난파(欒巴)가 술을 뿜다

《신선전(神仙傳)》에 보면, 난파(欒巴)는 촉군(蜀郡) 사람이다. 한제(漢帝)가 불러서 상서(尙書)를 삼았다. 정월 초하루 백관들의 큰 모임에 난파가 홀로 뒤에 이르렀는데 자못 술취한 빛이 있었다. 그는 또 술을 마시고 서남쪽을 바라보며 술을 뿜었다. 이에 유사(有司)는 난파가 크게 공손치 못하다고 아뢰었다. 황제가 난파에게 물으니 난파는 대답하기를, "신(臣)의 고향 마을에서는 신이 능히 귀신을 물리치고 병을 다스린다 하여 신을 위해서 사당을 세웠는데 오늘 아침에 모두 사당에 들어가서 제사 음식을 바친다기에 이로 인해서 늦었습니다. 신은 또 마침 본현(本縣) 성도시(成都市)에서 잘못하다가 불을 냈다고 하기에 술을 뿜어 비를 내리게 하여 불을 껐습니다."라고 하니 조서를 내려 죄를 용서해 주는 한편 즉시 사자(使者)를 보내어 가서 그 말이 맞는지 알아보라고 했더니 회답하기를, 이른 아침에 불이 났는데 밥 먹을 때 큰 비가 동북쪽으로부터 와서 불이 이내 꺼졌으며 그 비에는 모두 술기운이 있었다고 했다.

그뒤에 1일이 지나 큰 바람이 불고 안개가 크게 일어 난파의 있는 곳을 잃었는데 찾아 물었더니 그날 성도(成都)로 돌아가서 친척들과 작별하고 하늘로 올라갔다고 했다. 난파의 자는 숙원(叔元)이니 《후한서(後漢書)》에 나온다.

原文 **神仙傳, 欒巴蜀郡人. 漢帝召爲尙書. 正朝大會, 巴獨後到, 頗有醉色. 又飮酒, 望西南噀之. 有司奏, 巴大不敬. 詔問巴. 巴對曰, 臣鄕里以臣能治鬼護病, 爲臣立廟. 今旦耆老皆入廟致饗. 是以來遲. 適臣本縣成都市失火. 臣噀酒爲雨, 以滅火災, 詔原罪, 卽遣使往驗其言. 答云, 正旦失火. 食時有大雨, 從東北來, 火乃息. 雨皆酒氣. 後一日大風天霧暗, 失巴所在. 尋問之, 其日還成都, 與親戚別去而昇天矣. 巴字叔元. 見後漢書.**

註解 ㅇ正朝(정조)－정월 초하룻날 아침. ㅇ耆老(기로)－60세를 기

(耆), 70세를 노(老)라고 한다. ○後漢書(후한서)－손주(噀酒), 즉 술을 뿜어내는 기사는 《후한서》에 기록되어 있지 않다.

366. 언사무목(偃師舞木)

－언사(偃師)가 나무를 춤추게 함

《열자(列子)》에 말하기를, 주(周)나라 목왕(穆王)이 서쪽으로 순수(巡狩)했다. 길에서 공인(工人)을 바치는데 그 이름을 언사(偃師)라고 했다. 왕이 묻기를, "그대는 무슨 기능이 있는가?"하고 묻자 그는 말하기를, "신(臣)이 만든 것이 있사오니 원컨대 왕께서는 이 것을 보시옵소서."라고 했다.

이튿날 그는 왕을 알현했다. 왕은 "그대와 함께 온 자가 몇 사람인가?"하자 그는 대답하기를, "이것이 어제 신이 아뢴 바 있는 신이 만든 것이온데 배우의 흉내를 냅니다."라고 했다. 왕이 가져오게 하여 보니 걸어가고 올려다보고 내려다보는 것이 바로 사람과 같이 교묘했다. 그 턱을 끄덕이면 노래가 음률(音律)에 맞고 그 손을 들면 춤이 가락에 응한다. 이처럼 천번 변하고 만번 변하여 뜻대로 행해진다.

왕은 이것이 실지의 사람이라 하여 데리고 있는 미인(美人)들과 왕을 모시는 여관(女官)들과 함께 보는데 재주가 장차 끝나려 하자 배우는 그 눈으로 눈짓하여 왕의 좌우의 시첩(侍妾)을 부르는 것이었다. 이에 왕이 노하여 언사를 베려고 하자 언사는 그 자리에 서서 배우를 쪼개어 왕(王)에게 보였다. 그것은 모두 나무를 쪼개고 이어서 만들고 옻칠을 하여 희고 검게 단청(丹靑)해서 만든 것이었다.

原文 **列子曰, 周穆王西巡狩. 道有獻工人. 名偃師. 王問曰,**

若有何能. 曰, 臣有所造. 願王觀之. 越日謁見王. 王曰, 若與偕來者何人邪. 對曰, 臣之所造能倡者. 王視之, 趣步俯仰信人也. 巧夫, 領其頤, 則歌合律, 捧其手, 則舞應節, 千變萬化, 唯意所適. 王以爲實人也, 與盛姬內御並觀之. 技將終, 倡者瞬其目而招王之左右侍妾. 王怒欲誅偃師. 偃師立剖散倡者, 以示王. 皆傳會革木, 膠漆白黑丹靑之所爲.

註解 ㅇ列子(열자)－열어구(列御寇)가 지은 책. 열어구는 전국시대 정(鄭)나라 사람으로 그의 학문은 황로(黃老)를 기본으로 했다. ㅇ巡狩(순수)－천자(天子)가 제후(諸侯)의 나라를 시찰함. ㅇ倡者(창자)－배우(俳優). 연극이나 영화 등에서 극중(劇中)의 인물로 연기하는 사람. ㅇ丹靑(단청)－빨간 빛과 푸른 빛을 위시하여 그밖의 여러 가지 빛을 칠함.

367. 덕윤용서(德潤傭書)

－덕윤(德潤)이 글씨 품팔이를 하다

《오지(吳志)》에 보면 감택(闞澤)의 자는 덕윤(德潤)이니 회계(會稽) 사람이다. 집이 대대로 농부(農夫)이더니 감택에 이르러 학문을 좋아했으나 집이 가난하여 재산이 없으므로 항상 사람에게 품팔이 글씨를 써주고 그것으로 종이와 붓을 사서 썼다. 그러나 쓰던 것이 이미 끝나면 외우고 읽어서 또한 두루 통했다. 또 스승을 따라서 의논하고 강의(講義)하여 여러 가지 서적을 연구해 보되 겸해서 역수(歷數)에도 능통하니 이로 인해서 이름이 나타나 손권(孫權)에게 벼슬하여 중서령(中書令)·시중(侍中)과 태자태부(太子太傅)가 되었다. 이에 매일 아침마다 경전(經典)을 크게 의논하고 의심나는 것은 문득 사람을 찾아 물으니 유학(儒學)으로써 부지런히 애썼다 하여 도향후(都鄕侯)에 봉해졌다.

原文 吳志, 闞澤字德潤, 會稽人. 家世農夫. 至澤好學, 居貧無資. 常爲人傭書, 以供紙筆. 所寫旣畢, 誦讀亦遍. 追師論講. 究覽群籍, 兼通歷數. 由是顯名. 仕孫權爲中書令·侍中·太子太傅. 每朝大議, 經典所疑, 輒諮訪之. 以儒學勤勞, 封都鄕侯.

註解 ㅇ吳志(오지)－《오지》 권8에 있는 이야기임.

368. 군평매복(君平賣卜)

－군평(君平)이 점을 치다

전한(前漢) 엄준(嚴遵)의 자는 군평(君平)이니 촉군(蜀郡) 사람이다. 자기 몸을 바르게 닦고 스스로 덕을 보존하되 분수를 지키어 신분에 맞는 옷이 아니면 입지 않고 상응하는 음식이 아니면 먹지 않았다. 성도시(成都市)에 나가서 점을 치는데 생각하기를 점치는 것은 천한 직업이니 가히 무리에게 은혜롭게 하리라고 생각했다. 사람이 사악(邪惡)하고 바르지 않은 것으로 점을 치면 시귀(蓍龜)에 의해서 이해(利害)를 말하고, 또 남의 자식에게는 효도를 다하도록 말하고, 남의 아우된 사람에게는 순종의 도(道)를 말하고, 남의 신하인 사람에게는 충성으로 섬기도록 말하여 각각 그 형편에 따라서 착한 일로 말해 주었다.

이렇게 날마다 겨우 몇 사람을 보았는데도 돈 백문(百文)을 얻어서 족히 스스로 먹을 만하면 문을 닫고 발을 내리고서《노자(老子)》를 가지고 널리 보아 통하지 않는 것이 없었다. 이에 노장(老

莊)의 가르침에 의해서 책 10여만언(十餘萬言)을 저술했다. 양웅(揚雄)도 젊었을 때 좇아 놀아서 배웠는데 이윽고 도읍에 올라와 벼슬하여 자주 조정을 위해서 일했는데 높은 지위에 있는 어진 자들이 군평의 덕을 칭찬했다. 나이 90이 넘어 삶을 마쳤다.

原文 前漢嚴遵字君平, 蜀郡人. 脩身自保, 非其服弗服, 非其食弗食. 卜筮於成都市. 以爲卜筮者賤業. 而可以惠衆. 人有邪惡非正之問, 則依蓍龜爲言利害. 與人子言依於孝, 與人弟言依於順, 與人臣言依於忠, 各因勢道之以善. 裁日閱數人, 得百錢足自養, 則閉肆下簾而授老子. 博覽亡不通. 依老莊之指著書十餘萬言. 揚雄少時從游學. 已而仕京師, 數爲朝廷在位賢者稱君平德. 年九十餘終.

註解 ㅇ前漢(전한)—《전한서》〈열전〉 42 왕공양공포전(王貢兩龔鮑傳) 서(序)에 있는 이야기임. ㅇ蓍龜(시귀)—점칠 때 쓰는 시초(蓍草)와 거북. ㅇ揚雄(양웅)—한(漢)나라 사람. 자는 자운(子雲). 문장으로 세상에 이름이 났다. 《태현경(太玄經)》을 지었다.

369. 숙보옥윤(叔寶玉潤)

—숙보(叔寶)는 옥같이 부드러웠다

《진서(晉書)》에 보면 위개(衛玠)의 자는 숙보(叔寶)이니 5세 때에 이미 풍신(風神)이 빼어나고 활발했다. 조부(祖父) 위관(衛瓘)이 말하기를, "이 아이는 무리와 다른 것이 있으나 내 나이가 늙은 것을 생각하면 그 성장하는 것을 보지 못할 것이다."라고 했다. 위개의 외숙(外叔)인 표기장군(驃騎將軍) 왕제(王濟)는 영특하고 시원하여 풍채있는 모양이 있었는데 언제나 위개를 보고 문득 탄식하기를, "구슬과 옥이 곁에 있으니 내 신상의 더러운 것을 깨닫게 한다."라고 했고 또 일찍이 사람들에게 말하기를, "위개와 같이 놀면 완연히 밝은 구슬이 곁에 있어 환하게 사람에게 비치는 것과 같다."라고 했다. 위개의 장인 악광(樂廣)은 천하에 그 이름이 높았다. 그래서 세상 사람들이 말하기를, "장인(丈人)은 얼음과 같이 맑고 사위는 옥과 같이 윤택하다."고 했다.

原文 **晉書, 衛玠字叔寶. 五歲風神秀發. 祖父瓘曰, 此兒有異於衆. 顧吾年老, 不見其成長耳. 玠舅驃騎將軍王濟儁爽有風姿. 每見玠輒歎曰, 珠玉在側, 覺我形穢. 又嘗語人曰, 與玠同遊, 宛若明珠之在側, 朗然照人. 玠妻父樂廣有海内重名. 議者以爲婦公氷清, 女壻玉潤.**

註解 ㅇ晉書(진서)－《진서》〈열전〉 6에 있는 이야기임. ㅇ風神(풍신)－풍채와 정신. ㅇ樂廣(악광)－다음에 나옴.

370. 언보빙청(彦輔氷清)

－언보(彦輔)는 얼음과 같이 맑았다

진(晉)나라 악광(樂廣)의 자는 언보(彦輔)이니 나이 8세에 하후현(夏侯玄)이 그를 보고 그 아버지에게 이르기를, "광(廣)은 정신과 모습이 맑고 빼나서 마땅히 명사(名士)가 될 것이니 가히 학문을 오로지 하여 반드시 그대의 문호(門戶)를 일으키도록 하시오."라고 했다.

위관(衛瓘)도 그를 보고 기이하게 여겨 여러 아들들에게 명하여 찾아보게 하고 말하기를, "이 사람의 수경(水鏡)과 같은 인품을 보면 옥과 같이 맑아서 마치 구름과 안개가 걷혀지고 푸른 하늘을 보는 것과 같다."고 했다. 왕연(王衍)은 스스로 말하기를, "사람과 함께 이야기하는 것이 몹시 간단했으나 악광을 보게 되면 문득 자기의 번거로운 것을 깨닫게 된다."라고 했다. 그 아는 자들이 아름답다고 탄식하는 바가 이와 같았다.

原文 **晉樂廣字彥輔. 年八歲, 夏侯玄見之, 謂其父曰, 廣神姿朗徹, 當爲名士. 可令專學. 必能興卿門戶. 衛瓘見而奇之, 命諸子造焉, 曰, 此人之水鏡. 見之瑩然若披雲霧而覩青天也. 王衍自言與人語甚簡. 及見廣, 便覺己之煩. 其爲識者歎美如此.**

註解 ○晉(진)－《진서》〈열전〉 13에 있는 이야기임. 《세설신어(世說新語)》〈상예편(賞譽篇)〉에도 있음.

371. 위후발진(衛后髮鬒)

－위후(衛后)는 머리털이 아름다웠다

장형(張衡)의 《서경부(西京賦)》에 말하기를, '위후(衛后)는 아름다운 머리털로 일어났고, 비연(飛燕)은 몸이 가벼운 것으로 사랑을 받았네'라고 했다. 위후는 전한(前漢) 효무제(孝武帝)의 황후(皇后)이다. 자는 자부(子夫)이니 그 생가(生家)의 성은 위씨(衛氏)라고 했다. 평양후읍(平陽侯邑)의 출신으로서 처음에는 평양공주(平陽公主)의 가희(歌姬)가 되었다. 무제(武帝)가 패수(覇水) 위에서 불제(祓祭)를 지내고 돌아오던 중 공주를 찾아 술을 마시는데 공주가 가희를 불러 주흥을 돋우었다. 황제는 여러 가희 중에서 홀로 자부(子

夫)를 좋아했다. 황제가 일어나서 옷을 갈아입자 자부는 모시고 옷을 입혔는데 수레 속에서 총애(寵愛)를 얻었다.

이에 공주는 자부를 보내어 대궐로 들어가게 했다. 자부가 수레에 오르자 공주는 그 등을 어루만지면서 "기운을 내요. 몸을 소중히 하고요. 식사도 듬뿍 들고요, 만약 귀한 자리에 오르거든 이곳에 있었던 일을 잊지 말구요."라고 했다. 뒤에 아들 거(據)를 낳자 드디어 세워서 황후(皇后)를 삼고 아들은 태자(太子)가 되었는데 무고(巫蠱)의 일이 일어났다. 강충(江充)이 간사한 일을 해서 태자(太子)와 황후(皇后)가 같이 강충을 죽이고자 했으나 태자의 군사가 패하여 태자는 도망했고 황후는 자살했다.

原文 **張衡西京賦曰, 衛后興於鬒髮, 飛燕寵於體輕. 衛后前漢孝武帝皇后也. 字子夫, 其家號曰衛氏, 出平陽侯邑. 初爲平陽公主謳者. 武帝祓霸上, 還過主. 旣飮謳者進. 帝獨說子夫. 帝起更衣. 子夫侍尙衣, 幹中得幸. 主因奏子夫, 送入宮. 子夫上車, 主拊其背曰, 行矣. 强飯勉之. 卽貴願無相忘. 後生男據, 遂立爲皇后. 而男爲太子. 遭巫蠱事起, 江充爲姦, 太子與后共誅充, 太子敗亡, 后自殺.**

註解 ○飛燕(비연)－전한(前漢) 효성제(孝成帝)의 후(后)인 조황후(趙皇后)의 호(號). 그 몸이 가볍고 노래에 능한 것으로 이름이 났다. ○謳者(구자)－임금을 위해서 노래를 불러주는 사람. ○祓(불)－신(神)에게 빌어 재액을 제거하는 제사. ○巫蠱(무고)－무술(巫術)로 남을 고혹(蠱惑)시킴. ○江充(강충)－한(漢)나라 한단(邯鄲) 사람. 태자(太子) 거(據)와 틈이 있었는데 마침 황제가 민자 충(充)은 무고(巫蠱)의 옥사(獄事)를 일으켰다. 태자(太子)는 조서를 거짓 만들어 충(充)을 베었다.

372. 비연체경(飛燕體輕)
—비연(飛燕)은 몸이 가벼웠다

전한(前漢)의 비연(飛燕)은 효성제(孝成帝)의 후(后) 조황후(趙皇后)이다. 본래 장안(長安)의 궁인(宮人)이었는데 처음 낳았을 때 부모가 거두지 않았는데도 3일동안 죽지 않으므로 드디어 거둬 길렀다. 장성하자 효성제의 누나인 양아공주(陽阿公主)의 집에 부쳐져서 노래와 춤을 배웠는데 제비가 나는 것 같다 하여 이름을 비연(飛燕)이라고 했다.

효성제가 일찍이 미행(微行)으로 대궐을 나서서 양아공주의 풍류놀이하는 것을 보고 기뻐하여 대궐로 불러들여 크게 사랑했는데 그의 여동생 합덕(合德)도 또 들어와 모두 첩여(倢伃)가 되니 귀(貴)하기가 후궁(後宮)에서 따를 자가 없었다.

뒤에 세워서 황후를 삼았는데 사랑이 조금 못해지자 동생이 몹시 사랑을 받아 소의(昭儀)가 되었다. 비연 자매는 모두 총애를 받은지 10여년에 모두 아들이 없었는데 황제가 갑자기 붕(崩)하자 백성들이 죄를 소의에게 돌리어 소의는 자살해 버렸다. 애제(哀帝)가 자리에 서자 황후를 높이어 황태후(皇太后)를 삼았다.

《서경잡기(西京雜記)》에 말하기를, 비연이 황후가 되자 그 여동생은 소양전(昭陽殿)에 있었는데 황후는 몸이 가볍고 허리가 약해서 행보를 잘하여 나가고 물러가는 데 버들가지와 같았으나 소의는 능히 미치지 못했다. 다만 약한 뼈에 풍부한 살로서 더욱 웃음의 말을 잘하여 두 사람이 모두 얼굴빛이 붉은 옥과 같아 당시의 제1의 미인이었다고 했다.

原文 前漢飛燕, 孝成帝趙皇后也. 本長安宮人. 初生, 父母

不擧, 三日不死. 遂收養之. 及壯屬陽阿主家學歌舞. 號曰飛燕. 帝嘗微行出, 過主. 作樂, 見而說之, 召入宮, 大幸. 女弟復入, 俱爲倢伃. 貴傾後宮. 立爲皇后. 後寵少衰, 而弟絶幸, 爲昭儀. 姊弟顓寵十餘年. 皆無子. 及帝暴崩, 民閒歸罪昭儀. 昭儀自殺. 哀帝立, 尊后爲皇太后. 西京雜記曰, 飛燕爲皇后, 女弟在昭陽殿. 后體輕腰弱, 善行步進退, 昭儀不能及. 但弱骨豊肌, 尤工笑語. 二人並色如紅玉, 爲當時第一.

註解 ㅇ陽阿(양아)－효성제(孝成帝)의 누나인 양아공주(陽阿公主). ㅇ倢伃(첩여)－한(漢)나라 무제(武帝) 때 있던 여관(女官)을 말함. ㅇ昭儀(소의)－한(漢)나라 원제(元帝) 때 처음으로 둔 여관(女官)의 이름. ㅇ西京雜記(서경잡기)－전한(前漢)의 잡사(雜事)를 기록한 책. 모두 6권으로서 한(漢)나라 유흠(劉歆) 또는 진(晉)나라 갈홍(葛洪)이 저술한 것이라고 함.

373. 현석침면(玄石沈湎)

－현석(玄石)이 술에 빠지다

《박물지(博物志)》에 말하기를, 옛날에 유현석(劉玄石)이 중산국(中山國)의 술집에서 술을 샀다. 술집에서는 천일주(千日酒)를 주었는데 마시는 법에 대해서 말해주는 것을 잊었다. 그는 돌아가서 집에 이르렀는데 술에 취해있는 것을 집사람도 알지 못한 사이에 그는 죽었고 임시로 장사지냈다.

한편 술집에서는 천일(千日)이 된 것을 계산해보고 이에 유현석이 지난날 술에 취했다가 깨어났을 것으로 생각하고 가보았더니 말하기를, 유현석은 죽은 지 3년이나 되었고 이미 장사지냈다고 한다.

이에 관(棺)을 열자 취했던 것이 비로소 깨었다. 속담에 말하기를, '유현석이 술을 마셔, 한번 취하자 천일이 지났다'고 했다.

原文 **博物志曰, 昔劉玄石於中山酒家酤酒, 酒家與千日酒, 忘言其節度, 歸至家當醉. 而家人不知, 以爲死也. 權葬之. 酒家許千日滿, 及憶玄石前日酤酒醉向醒耳. 往視之. 云, 玄石之死三年已葬. 於是開棺, 醉始醒. 俗云, 玄石飮酒, 一醉千日.**

註解 ○沈湎(침면)－술에 잠기다. 침익(沈溺)과 같음.

374. 유령해성(劉伶解醒)

－유령(劉伶)이 숙취를 풀다

《진서(晉書)》에 보면 유령(劉伶)의 자는 백륜(伯倫)이니 패국(沛國) 사람이다. 뜻대로 하고 마음대로 놀아 항상 우주(宇宙)를 작게 여기고 만물(萬物)은 가지런하다는 마음을 가졌다. 언제나 사슴이 끄는 수레에 타고는 한 병의 술을 지참하되 사람을 시켜 삽을 가지고 따르게 하면서 이르기를, "내가 죽거든 묻어 달라."고 했으니 그의 마음이 이와 같았다.

일찍이 몹시 목말라서 아내에게 술을 달라고 요구하자 아내는 술을 버리고 그릇을 깨뜨리더니 울면서 간하기를, "당신의 술마시는 것이 너무 심하시오. 이것은 양생(養生)의 도리가 아니니 마땅히 술을 끊으십시오."라고 하자, 유령은 말하기를, "좋소. 그러나 내가 능히 혼자서 스스로 금할 수는 없는 일이니 마땅히 귀신에게 빌고 스스로 맹서할 것인즉 술과 고기를 갖추어 주시오."라고 했다. 아내는 그 말을 좇았다. 이에 유령이 무릎을 꿇고 빌기를, "하늘이 유령을 낳아 술로 이름을 지었으니, 한번 마시면 한 곡(斛)이요 5두(斗)면 해장하는 것이니, 부인의 말을 삼가 들을 일이 아니다."하고는 이에 술을 마시고 고기를 먹어 몸을 가누지 못하도록 다시 취했다.

일찍이 시속 사람과 서로 다투게 되었는데 그 사람이 소매를 걷어붙이고 주먹을 쥐고 왔다. 이에 유령은 서서히 말하기를, "닭갈비같은 이 몸이 족히 높은 분의 주먹을 편안케 할 수가 없을 것이오."하자 그 사람은 웃고 중지했다. 유령은 결코 문장을 잘 짓는 것에 마음을 두지 않았으나 〈주덕송(酒德頌)〉 한 편(篇)을 저술했다. 일찍이 그는 건위참군(建威參軍)이 되었고 태시(太始) 초년에 대책(對策 : 과거 보는 것)에서 노장(老莊)에 근거하여 무위화(無爲化)의 사상을 주장하는 답안을 써냈다. 당시의 같은 무리들이 모두 높은 과거에 뽑혔으나 유령은 홀로 쓸모 없다 하여 쓰임을 받지 못했다. 그 후 집에 돌아가 마침내 수(壽)를 다하고 삶을 마쳤다.

原文 晉書, 劉伶字伯倫, 沛國人. 放情肆志. 當以細宇宙齊萬物爲心. 常乘鹿車, 攜一壺酒, 使人荷鍤隨之, 謂曰, 死便埋我. 其遺形骸如此. 嘗渴甚. 求酒於妻. 妻捐酒毁器, 涕泣諫曰, 君飮酒太過. 非攝生之道. 宜斷之, 伶曰, 善. 吾不能自禁. 當祝鬼神自誓. 可具酒肉. 妻從之. 伶跪祝曰, 天生劉伶, 以酒爲名. 一飮一斛, 五斗解酲. 婦人之言, 愼不可聽. 仍引酒銜肉, 頹然復醉. 嘗醉與俗人相忤. 其人攘袂奮拳而往. 伶徐曰, 雞肋不足以安尊拳. 其人笑而止. 伶未嘗厝意文翰. 著酒德頌一篇. 嘗爲建威參軍. 太始初對策, 盛言無爲之化. 時輩皆高第得調, 伶獨以無用罷, 竟以壽終.

註解 ㅇ晉書(진서)－《진서》〈열전〉 19에 있는 이야기임. 《세설신어(世

說新語)》〈임탄편(任誕篇)〉에도 보임. ㅇ一斛(일곡)－10두(斗)를 말함. ㅇ酒德頌(주덕송)－진(晉)나라 유령(劉伶)이 지은 글로서 주로 술의 공덕(功德)에 대해서 말했다.

375. 조승사벽(趙勝謝躄)

－조승(趙勝)이 앉은뱅이에게 사과했다

《사기(史記)》에 보면 평원군(平原君) 조승(趙勝)은 조(趙)나라의 서공자(庶公子)이다. 빈객(賓客)을 좋아하여 모여든 빈객이 수천 명이었다. 조나라 혜문왕(惠文王) 및 효성왕(孝成王) 때 정승을 지냈는데 세 번 정승을 내놓았고 세 번 다시 그 자리에 올랐다. 그의 집다락이 민가(民家)와 마주 있었는데 앉은뱅이가 있어 절룩거리면서 물을 길으니 조승의 첩이 다락 위에서 이것을 보고 크게 웃었다. 이튿날 앉은뱅이가 문에 이르러 청하기를, “선비가 천리(千里)를 멀다 하지 않고 온 것은 군(君)께서 능히 선비를 귀하게 여기고 첩을 천하게 여긴다고 해서였습니다. 그런데 신(臣)이 불행하여 앉은뱅이의 병이 있는데 군(君)의 후궁(後宮)이 신을 보고 웃었사오니 신은 원컨대 신을 보고 웃은 자의 머리를 얻기를 원합니다.”라고 하자 조승은 대답하기를, “좋소.”했으나 끝내 그 첩을 죽이지 않고 있었다.

그런 지 1년이 넘자 빈객들이 차츰 돌아가는 자가 절반이 넘었다. 조승이 이것을 괴이히 여기자 빈객이 말하기를, “군(君)께서 앉은뱅이를 비웃은 자를 죽이지 않은 것은 여색(女色)을 사랑하고 선비는 천하게 여기는 것이라 하여 빈객들이 돌아가는 것입니다.”라고 하니 조승은 이에 웃은 자의 머리를 베었다. 그리고 스스로 앉은뱅이의 문에 찾아가서 사과하니 이로부터 빈객들이 다시 오기 시작했다.

原文 史記, 平原君趙勝, 趙之諸公子. 喜賓客, 賓客至者數千人. 相趙惠文王及孝成王. 三去相, 三復位. 家樓臨民家. 有躄者, 槃散行汲. 美人居樓上, 見大笑之. 明日躄者至門, 請曰, 士之不遠千里而來者, 以君能貴士而賤妾. 臣不幸有罷癃之病. 而君之後宮笑臣. 願得笑臣者頭. 勝笑應曰, 諾. 終不殺. 歲餘賓客稍稍引去者過半. 勝怪之. 客曰, 以君不殺笑躄者, 以爲愛色而賤士. 卽去耳. 勝乃斬笑者頭, 自造躄者門謝焉. 後乃復來.

註解 ㅇ史記(사기)－《사기》〈열전〉 16에 있는 이야기임. ㅇ公子(공자)－귀족(貴族)의 자제(子弟). ㅇ後宮(후궁)－후비(後妃).

376. 초장절영(楚莊絶纓)

－초(楚)나라 장왕(莊王)이 갓끈을 떼라고 했다

《설원(說苑)》에 말하기를, 초(楚)나라 장왕(莊王)이 여러 신하들에게 술을 내렸다. 해가 저물어 주연이 무르익었을 때 돌연 촛불이 꺼졌는데 미인(美人 : 왕의 후궁)의 옷을 이끄는 자가 있자 미인은 그의 갓끈을 잡아당겨 끊고 왕에게 고했다. “어서 불을 켜게 하시고 갓끈 끊긴 자를 조사하소서. 그가 소첩의 소매를 잡아당기더이다.”라고 했다. 왕이 말하기를, “과인이 모두에게 술을 하사하여 취해서 예법을 잃게 한 것임이야. 어찌 부인의 절개만 나타내게 하고 선비를 욕보일 수 있겠는가?”라고 했다.

그리고 좌우에게 명하기를, “오늘 과인과 술을 마시는데 갓끈을 끊지 않은 자는 즐겁게 놀 수가 없을 것이오.”라고 하니 백여 명의 여러 신하가 모두 그 갓끈을 끊고 불을 켜고서 마음껏 즐기다가 헤어졌다. 그 뒤에 진(晉)나라가 초(楚)나라와 싸우는데 한 신하가 있어 항상 앞에 있는데 5합(合)에 머리 다섯을 베어서 문득 싸움에 이겼으며 마침내 진나라 군사를 물리쳤다. 장왕이 괴이히 여겨 물으니 그는 곧 그날 밤에 갓끈을 끊긴 자였으며 왕에게 보답한 것이었다.

原文 **說苑曰, 楚莊王賜群臣酒. 日暮酒酣, 燈燭滅. 有引美人之衣者. 美人援絶其冠纓告王, 趣火來上, 視絶纓者. 王曰, 賜人酒, 使醉失禮. 奈何欲顯婦人之節, 而辱士乎. 乃命左右曰, 今日與寡人飮, 不絶冠纓者不懽. 群臣百餘人. 皆絶去其冠纓而上火, 盡懽而罷. 後晉與楚戰. 有一臣常在前. 五合五獲首, 却敵, 卒勝晉人. 莊王怪問, 乃夜絶纓者顯報王也.**

註解 ㅇ說苑(설원)－한(漢)나라 유향(劉向)이 찬(撰)함. 권6에 이 이야기가 있음. ㅇ五合(오합)－합(合)은 싸움에서 장수끼리 서로 칼을 맞대는 것을 말함.

377. 오래다력(惡來多力)
378. 비렴선주(飛廉善走)

－오래(惡來)는 힘이 많고, 비렴(飛廉)은 달리기를 잘했다

《사기(史記)》에 말하기를, 비렴(飛廉)이 오래(惡來)를 낳았는데, 오래는 힘이 있고 비렴은 달리기를 잘했다고 한다. 부자가 재주와 힘으로 은(殷)나라 주왕(紂王)을 섬기는데 오래는 제후(諸侯)들을 헐뜯고 참소하기를 잘했다. 무왕(武王)이 주왕을 칠 때 오래도 함께 죽였다. 이때 비렴은 주왕을 위하여 북쪽 지방에서 석곽(石槨)을 만

들었다.

《안자춘추(晏子春秋)》에 말하기를, 오래는 손으로 범과 외뿔소를 찢어 죽였다. 황보밀(皇甫謐)의 설을 인용하여 말하기를 북쪽 지방에 석곽(石槨)을 만들었다고 했다.

原文 **史記, 飛廉生惡來. 惡來有力, 飛廉善走. 父子俱以材力事紂, 惡來善毁讒諸侯. 武王伐紂. 幷殺惡來. 是時飛廉爲紂石北方. 晏子春秋曰, 惡來手裂虎兕. 皇甫謐曰, 作石槨於北方.**

註解 ㅇ史記(사기)－《사기》 권5 〈은본기(殷本起)〉에 있는 이야기임. ㅇ石槨(석곽)－돌로 만든 곽(槨). 곽은 관(棺) 밖에 씌우는 덧관. ㅇ晏子春秋(안자춘추)－제(齊)나라 안영(晏嬰)의 언행(言行)을 기록한 책. 작자 미상.

379. 조맹자면(趙孟疵面)

－조맹(趙孟)은 얼굴에 흉터가 있었다

《몽구》 구주(舊注)에 말하기를, 진(晉)나라 조맹(趙孟)의 자는 장서(長舒)이니 상서령사(尙書令史)가 되었는데 청담(淸談)을 잘했다. 그의 얼굴에 흉터가 있었으므로 당시 사람들이 말하기를, "모든 일이 해결되지 않거든 흉터 있는 얼굴에게 물어보라."고 했다.

原文 **舊注云, 晉趙孟字長舒. 爲尙書令史, 善淸談. 面有疵點. 時人曰, 諸事不決問疵面.**

註解 ㅇ尙書令史(상서령사)－상서령(尙書令)과 같음.

380. 전병천구(田駢天口)

—전병(田駢)은 하늘의 입이다

《칠략(七略)》에 말하기를, 전병(田駢)은 제(齊)나라 사람이니 담론(談論)을 좋아해서 당시에 부르기를, '천구병(天口駢)'이라고 했다. 이것은 그 입에서 나오는 논의는 넓고 끝이 없기가 하늘과 같다는 뜻이었다.

原文 **七略曰, 田駢齊人. 好談論, 時號曰天口駢. 言其口如天不可窮也.**

註解 ㅇ七略(칠략)—서적(書籍) 해제서(解題書)의 이름. 한(漢)나라 유흠(劉歆) 찬(撰).

381. 장빙이굴(張憑理窟)

—장빙(張憑)은 도리가 모여있는 굴이었다

《진서(晉書)》에 보면 장빙(張憑)의 자는 장종(長宗)이니 오군(吳郡) 사람이다. 의지(意志)와 기개(氣槪)가 있어서 고향 사람들의 칭찬을 받았다. 효렴(孝廉)으로 천거되었는데, 그는 재능을 믿고 당시의 뛰어난 사람들과 교제할 것이라고 했다. 처음에 유담(劉惔)에게 가서 사귀기를 청했다. 이에 고향 사람들과 같이 천거된 자들이 다 함께 그를 비웃었다. 이미 그가 이르자 유담은 아랫자리에 앉혔는데 정신과 뜻이 어울리지 않았다. 이에 장빙이 스스로 말을 하려 해도 기회가 없더니 마침내 왕몽(王濛)이 유담의 청담(淸談)에 참여했는데 말이 통하지 않는 곳이 있으면 장빙이 말석(末席)에서 판단하여 말하는데 뜻이 깊고 원대(遠大)해서 묻는 자와 대답하는 자 사이에 통하지 않는 생각을 족히 통하도록 하니 한자리에 있던 사람들이 모두 놀랐다.

이에 유담은 얼른 그를 상좌(上座)에 맞으니 청담이 종일 계속되었다. 거기에서 머물러 자게 하고 아침에 이르러서 보냈다. 장빙은 이미 배에 돌아와 있었는데 잠시 후 유담은 전교(傳敎)를 보내서 장효렴(張孝廉)의 배를 찾아 불러오게 하고 수레에 같이 탔다. 드디어 이 일을 간문제(簡文帝)에게 말하자 제(帝)는 그를 불러서 같이 이야기해보고 탄식하기를 "장빙(張憑)은 말이 느려도 이치에 맞는 굴(窟)이다."라고 했다. 벼슬이 어사중승(御史中丞)에 이르렀다.

原文 晉書, 張憑字長宗, 吳郡人. 有志氣. 爲鄕閭所稱. 擧孝廉, 負其才, 自謂必參時彦. 初欲詣劉惔. 鄕里及同擧者共笑之. 旣至. 惔處之下坐, 神意不接. 憑欲自發而無端. 會王濛就惔淸言. 有所不通, 憑於末坐判之. 言旨深遠, 足暢彼我之懷. 一坐皆驚. 惔延之上坐, 淸言彌日, 留宿至旦遣之. 憑旣還船. 須臾惔遣傳教覓張孝廉船, 召與同載, 遂言之於簡文帝. 帝召與語, 歎曰, 張憑勃窣爲理窟. 官至御史中丞.

註解 ㅇ晉書(진서)-《진서》〈열전〉45에 있는 이야기임.

382. 배위담수(裵頠談藪)

-배위(裵頠)는 말의 숲과 같다

《진서(晉書)》에 보면 배위(裵頠)의 자는 일민(逸民)이니 사공(司

空) 배수(裵秀)의 아들이다. 마음이 넓고 밝으면서 고원(高遠)한 지식이 있었으며 널리 배우고 옛것을 상고하여 젊어서부터 이름이 알려졌다. 중승(中丞) 주필(周弼)이 보고 감탄하기를, "배위는 박식하며 무기고(武器庫)의 무기를 가지고 종횡으로 싸우는 지식이 다하는 일이 없다. 실로 당대의 걸물(傑物)이다"라고 했다.

악광(樂廣)도 어느 때 그와 청담(淸談)을 하는데 이치로써 복종시키려고 했으나 그가 하는 말이 풍부하고 박식하여 악광은 웃으면서 말하지 않으니 당시 사람들이 그를 말의 숲이라고 했다. 여러 번 벼슬이 옮겨져서 좌복야(左僕射)가 되었다가 조왕(趙王) 윤(倫)의 해친 바 되었다.

原文 **晉書, 裴頠字逸民. 司空秀之子. 弘雅有遠識. 博學稽古. 少知名. 中丞周弼見而歎曰, 頠若武庫兵縱橫, 一時之傑也. 樂廣嘗與頠清言, 欲以理服之. 而頠辭語豊博. 廣笑而不言. 時人謂頠爲言談之林藪. 累遷左僕射, 爲趙王倫所害.**

註解 ㅇ晉書(진서)－《진서》〈열전〉 5 배수전(裵秀傳)에 있는 이야기임.

383. 중선독보(仲宣獨步)

－중선(仲宣)은 홀로 걷다

《위지(魏之)》에 보면 왕찬(王粲)의 자는 중선(仲宣)이니 산양(山陽) 고평(高平) 사람이다. 황문시랑(黃門侍郎)에 임명되었으나 서경(西京)이 소란하여 나가지 않고 이에 형주(荊州)로 가서 유표(劉表)에게 의지했다. 유표는 왕찬의 풍채가 보잘것없고 몸이 약하다 하여 태조(太祖 : 曹操)에게 돌려보냈다. 태조는 그를 여러 번 시중(侍中)

에 임명했다.

조식(曹植)이 양수(楊脩)에게 주는 글에 말하기를 '지금 세상에서 시문(詩文)의 작자를 대략 말하자면, 지난날 중선(仲宣)은 형주(荊州)에서 홀고 걷고 있고, 공장(孔璋)은 기주(冀州)에서 명성(名聲)을 떨치고 있다. 위장(偉長)은 청주(靑州)에서 이름을 드날리고, 공간(公幹)은 바닷가에서 문장을 드날리고 있으며, 덕련(德璉)은 위(魏)에서 출세(出世)했다. 그대는 도읍에 있으면서 높이 보고 있으니 마땅히 이때를 당하여 사람마다 스스로 이르기를 영사(靈蛇)의 구슬을 쥐었다 하고, 각자 스스로 이르기를 형산(荊山)의 옥을 알았다고 하오'라고 했다.

공장(孔璋)은 진림(陳琳)의 자이고 위장(偉長)은 서간(徐幹)의 자이며 공간(公幹)은 유정(劉楨)의 자이고 덕련(德璉)은 응탕(應瑒)의 자이다.

原文 魏志, 王粲字仲宣, 山陽高平人. 除黃門侍郎, 以西京擾亂不就. 乃之荊州, 依劉表. 表以粲貌寢而體弱, 進退不甚重也. 歸太祖, 累拜侍中. 曹植與楊脩書曰, 今世作者可略而言. 惜仲宣獨步於漢南, 孔璋鷹揚於河朔, 偉長擅名於靑土, 公幹振藻於海隅, 德璉發迹於大魏, 足下高視於上京. 當此之時, 人人自謂握靈蛇之珠, 家家自謂抱荊山之玉也. 孔璋陳琳字, 偉長徐幹字, 公幹劉楨字, 德璉應瑒字也.

註解 ㅇ魏志(위지)－《위지》〈열전〉 21에 있는 이야기임. ㅇ劉表(유표)－동한(東漢) 사람. 자는 경승(景升). 헌제(獻帝) 때 형주자사(荊州刺史)가 되었음. ㅇ曹植(조식)－위(魏)나라 문제(文帝) 조비(曹丕)의 아우. 시문(詩文)에 뛰어나고 칠보시(七步詩)로 유명했다. ㅇ偉長(위장)－서간(徐幹)의 자. ㅇ德璉(덕련)－응탕(應瑒)의 자. ㅇ靈蛇(영사)－수후

(隋侯)가 큰 뱀의 다친 것을 보고 약을 발라주었더니 뒤에 뱀이 구슬을 물어다가 은혜를 갚았다고 해서 이른 말. ㅇ荊山之玉(형산지옥)－형산(荊山)의 옥은 변화(卞和)의 옥이라고도 하여 이름있는 옥임.

384. 자건팔두(子建八斗)

－자건(子建)의 문재(文才)는 세상 문재의 10분지 8

《위지(魏志)》에 보면, 진사왕(陳思王)인, 조식(曹植)의 자는 자건(子建)이니 나이 10여세에 시론(詩論)과 사부(辭賦) 수십 만언(萬言)을 외우고 글을 잘 지었다. 태조(太祖)가 일찍이 그 글을 보고 말하기를 "네가 사람을 시켜서 썼느냐?"라고 하니 조식은 말하기를, "말에서 나오면 의논이 되고 붓을 들면 문장을 이루는데 어찌해서 사람을 시키겠습니까?"라고 했다.

이때 동작대(銅爵臺)가 새로 이루어져서 태조가 여러 아들을 데리고 대(臺)에 올라, 각각 부(賦)를 지으려고 하자 조식이 붓을 들고 금방 써냈는데 볼 만했으니 태조가 몹시 이상히 여겼다. 항상 나가 보면 태조가 어려운 문제를 물어도 응하여 대답하니 특별히 사랑을 받았다. 문제(文帝)가 즉위하자 여러 번 진왕(陳王)에 봉했는데 《몽구》 구주(舊注)에는 사영운(謝靈運)의 말을 인용해서 말하기를 '천하의 재주가 모두 한 석(石)이 있다면 자건은 그 가운데 홀로 8두(斗)를 얻었고 나는 1두를 얻었으며 옛날로부터 지금에 이르기까지 1두를 썼다'라고 했으니 기이한 재주의 넓고 민첩한 것이 어찌 이를 이을 자가 있으랴?

原文 **魏志, 陳思王曹植字子建. 年十歲餘, 誦讀詩論及辭賦數十萬言, 善屬文. 太祖嘗視其文曰, 汝倩人邪. 植曰, 言出爲論, 下筆成章. 奈何倩人. 時銅爵臺新成. 太祖悉將諸子登**

臺, 使各爲賦. 植援筆立成. 可觀. 太祖甚異之. 每進見難問, 應聲而對. 特見寵愛. 文帝卽位, 累封陳王. 舊注引謝靈運云, 天下才共有一石. 子建獨得八斗, 我得一斗. 自古及今同用一斗. 奇才博敏, 安有繼之.

註解 ㅇ魏志(위지)－《위지》〈열전〉 19에 있는 이야기임. ㅇ銅爵臺(동작대)－위(魏)나라의 조조(曹操)가 업(鄴) 땅에 쌓은 대(臺)의 이름. 구리로 만든 봉황새를 옥상(屋上)에 안치(安置)했음. 동작대(銅雀臺)라고도 함. ㅇ謝靈運(사영운)－송(宋)나라의 시인(詩人). 진(晉)나라 사현(謝玄)의 손자로서 강락공(康樂公)의 작위(爵位)를 이어받아 사강락(謝康樂)이라고 불림. 그의 청신(淸新)한 시풍(詩風)은 후대에 큰 영향을 끼쳤음.

385. 광한구거(廣漢鉤距)

－광한(廣漢)은 비늘이 있는 낚시와 같다

전한(前漢) 조광한(趙廣漢)의 자는 자도(子都)이니 탁군(涿郡) 여오(蠡吾) 사람이다. 경조윤(京兆尹)으로 옮겨졌는데 위엄과 이름이 세상에 널리 들렸다. 그는 비밀한 일이나 숨겨놓은 일을 들추어내는 것이 신(神)과 같았다. 정치가 밝아서 관리와 백성들이 칭송하는 것을 입으로 형용할 수가 없었다. 한(漢)나라가 일어나면서부터 경조(京兆)를 다스린 자가 능히 이에 미칠 사람이 없었다.

사람됨이 강력(强力)하고 천성(天性)이 관리의 직책에 성실하고 더욱이 구거(鉤距)라는 방법으로 사건의 진상을 파악했다. 구거라는 것은 가령 말을 사려면 먼저 개 값을 물어보고 이미 양(羊)값을 물어보았으면 또 소의 값을 물어본 뒤에 말을 사는 일에 착수하여 그 값을 흥정하면 말의 귀하고 천한 것을 알아서 그 정당한 값을 잃지 않는다는 방법인 것이다.

오직 조광한은 지극히 정밀한 두뇌의 소유자로서 능히 이것을 했지만 딴 사람의 본받는 자가 능히 미치지 못했다.

이 때문에 고을 안의 도적들이나 마을에서 신분이 낮은 깡패의 두목과 그 소굴, 그리고 관리가 뇌물을 받는 일, 그밖의 소소한 범죄에 이르기까지 그는 모두 알고 있었다. 그후 승상인 위상(魏相)의 가정에 사건을 상주(上奏)하여 탄핵했는데 실상을 잃었다 해서 선제(宣帝)가 이를 미워하여 조광한을 정위(廷尉)의 옥에 가두었다. 또 죄없는 자의 죄를 따진 일에 연좌되었다 하여 그 죄상을 물었다. 이에 관리와 백성들이 대궐을 지키면서 소리내어 우는 자가 수만 명에 달했고 혹은 대신 죽기를 원하기도 했으나 마침내 연좌되어 요참(腰斬)의 형벌을 당하니 백성들이 이 일을 애석하게 생각하여 지금에 이르기까지 노래한다.

原文 **前漢趙廣漢字子都, 涿郡蠡吾人也. 遷京兆尹, 威名流聞. 其發奸摘伏如神. 政淸, 吏民稱之不容口. 自漢興治京兆者, 莫能及. 爲人强力, 天性精於吏職. 尤善爲鉤距, 以得事情. 鉤距者, 設欲知馬賈, 則先問狗, 已問羊, 又問牛, 然後及馬, 參伍其賈, 以類相準, 則知馬之貴賤, 不失實矣. 唯廣漢至精能行之. 它人效者莫能及. 郡中盜賊, 閭里輕俠, 其根株窟穴所在, 及吏受取請求, 銖兩之姦, 皆知之. 後上書告丞相魏相事失實. 宣帝惡之. 下廣漢廷尉獄. 又坐賊殺不辜數罪. 吏民守闕號泣者數萬人. 或願代死. 竟坐要斬. 百姓追思, 歌之至今.**

註解 ㅇ前漢(전한)-《전한서》〈열전〉 46에 있는 이야기임. ㅇ鉤距(구거)-며느리발톱이 있는 낚싯바늘. 이것을 삼키면 입속으로 쉽게 들어가

지만 뱉으려고 하면 걸린다. 그러므로 도망칠 수 없도록 하여 범인을 색출해 놓고 숨겨진 사정을 캐내는 것을 가리킴. ㅇ窟穴(굴혈)－악인들의 근거지, 즉 소굴. ㅇ要斬(요참)－요참(腰斬).

386. 홍양심계(弘羊心計)

－홍양(弘羊)이 마음의 계산을 잘하다

전한(前漢)의 상홍양(桑弘羊)은 낙양(雒陽) 장사꾼의 아들이었다. 그는 마음의 계산, 즉 암산을 잘했으므로 무제(武帝) 때 나이 13세로 시중(侍中)이 되었다. 대농승(大農丞)인 동곽함양(東郭咸陽)·공근(孔僅) 등 세 사람이 함께 재정상 이덕(利德)의 일을 의논하고 분석하는 데 미세한 점에까지 이르렀었다. 그후 어사대부(御史大夫)에 임명되었는데 소제(昭帝) 때 반역을 꾀하다가 베임을 당했다.

原文 **前漢桑弘羊雒陽賈人子. 武帝時, 以心計用事. 年十三爲侍中. 與大農丞東郭咸陽·孔僅三人者, 言利事析秋毫. 拜御史大夫. 昭帝時, 謀反伏誅.**

註解 ㅇ前漢(전한)－《전한서》〈식화지(食貨志)〉 하(下)에 있는 이야기임. ㅇ秋毫(추호)－아주 세미(細微)함을 말함.

387. 위청배막(衛青拜幕)

－위청(衛青)이 막중(幕中)에서 임명되다

전한(前漢) 위청(衛青)의 자는 중경(仲卿)이며 그 아버지 정계(鄭季)는 하동(河東) 평양(平陽) 사람이다. 현리(縣吏)로서 후(侯)의 집에 드나들며 일을 했었는데 평양후(平陽侯) 조수(曹壽)가 무제(武帝)의 누이 양신장공주(陽信長公主)에게 장가들었다. 정계는 주인집의 하녀인 위온(衛媼)과 간통해서 위청을 낳았다. 위청에게는 같은 어머니가 낳은 형 위장군(衛長君)과 누이 자부(子夫)가 있었다. 자부(子夫)는 평양공주(平陽公主)의 집에서 총애를 얻었다. 무제가 위청의 성(姓)을 위씨(衛氏)로 정해주고 궁중의 급사(給事)로 두었다가 뒤에 거기장군(車騎將軍)에 임명했는데 흉노(匈奴)를 쳐서 그 공으로 장평후(長平侯)에 봉해졌다.

원삭(元朔) 연중에 3만의 기병(騎兵)을 거느리고 고궐(高闕)을 나와 흉노의 우현왕(右賢王)을 쫓아서 우현왕의 부장(副將) 10여명과 무리의 남녀 1만 5천여명, 그리고 가축 수백 만을 포획하고 군사를 이끌며 돌아와 변방에 이르렀다. 천자(天子)가 사자(使者)를 시켜 대장군(大將軍)의 인수(印綬)를 가지고 군중에 이르러 위청을 대장군(大將軍)에 임명케 하고 여러 장수들은 모두 군사를 데리고 위청에게 소속되게 하고 기호(旗號)를 세우고 돌아오게 했다.

〈이광전(李廣傳)〉의 주(注)에는 위청이 흉노를 쳐서 대사막(大沙漠)을 넘어 크게 이기자 황제가 그를 막중부(幕中府)에서 대장군에 임명했기 때문에 막부(幕府)라고 했노라고 했다.

原文 前漢衛青字仲卿. 其父鄭季, 河東平陽人. 以縣吏給事侯家. 平陽侯曹壽尚武帝姊陽信長公主. 季與主家僮衛媼通生青. 青有同母兄衛長君及姊子夫. 子夫自平陽公主家得幸武帝. 故青冒姓衛氏. 給事建章, 後拜車騎將軍, 擊匈奴, 以功封長平侯. 元朔中將三萬騎出高闕, 追匈奴右賢王, 得右賢裨王十餘人, 衆男女萬五千餘人, 畜數十百萬, 引兵還至塞. 天子使使者持大將軍印, 卽軍中拜青爲大將軍. 諸將皆以兵屬, 立號而歸. 李廣傳注, 衛青征匈奴, 絶大漠大克獲. 帝就拜大

將軍於幕中府. 故曰幕府.

註解 ㅇ前漢(전한)－《전한서》〈열전〉 25에 있는 이야기임. 《사기(史記)》〈열전〉 51에도 있음. ㅇ高闕(고궐)－산(山) 이름. ㅇ大漠(대막)－대사막(大沙漠). 사막은 모래알만 깔려 있고 풀이 나지 않는 넓은 펄. ㅇ幕府(막부)－장군이 집무하는 곳.

388. 거병사제(去病辭第)

－거병(去病)이 저택을 사양하다

전한(前漢) 곽거병(霍去病)은 대장군(大將軍) 위청(衛青)의 누나인 소아(少兒)의 아들이다. 그 아버지 곽중유(霍仲孺)가 먼저 소아(少兒)와 사통(私通)하여 곽거병을 낳았는데 위황후(衛皇后)가 높아지자 곽거병은 황후(皇后)의 언니의 아들이라 해서 나이 18세에 시중(侍中)이 되어 대장군(大將軍)을 좇아 흉노(匈奴)를 쳤다. 그 공으로 관군후(冠軍侯) 표기장군(驃騎將軍)에 봉해졌다가 뒤에 대사마(大司馬)의 지위에 올랐는데 거병(去病)은 녹봉(祿俸)을 모두 위청 등에게 주었다.

곽거병은 사람됨이 말이 적고 누설하지 않으며 담기(膽氣)가 있어 용감히 앞으로 나갔다. 이에 황제는 일찍이 손오(孫吳)의 병법을 가르치고자 했으나 그는 대답하기를, "생각하기에 방략(方略)이 어떻겠습니까? 옛 병법(兵法)을 배우는 데에는 이르지 않을 것입니다."라고 했다. 황제는 또 집을 지어 놓고 그로 하여금 보게 했더니 그는 대답하기를, "흉노를 멸하지 않고서는 집을 마련하지 않을 것입니다."라고 하니 황제가 더욱 소중히 여기고 사랑했다.

原文 前漢霍去病, 大將軍衛青姊少兒子也. 其父霍仲孺先與少兒通生去病. 及衛皇后尊, 去病以后姊子, 年十八爲侍中. 從大將軍征匈奴, 以功封冠軍侯, 驃騎將軍. 後置大司馬位. 去病秩祿皆與青等. 去病爲人少言不泄. 有氣敢往. 上嘗欲敎之吳孫兵法. 對曰, 顧方略何如耳. 不至學古兵法. 上爲治第令視之. 對曰, 匈奴不滅, 無以家爲也. 上益重愛之.

註解 ㅇ前漢(전한)－《전한서》〈열전〉 25에 있는 이야기임. ㅇ吳孫(오손)－오기(吳起)와 손무(孫武). 모두 춘추시대(春秋時代)의 병법(兵法)의 대가(大家). ㅇ方略(방략)－방책(方策)의 꾀. 여기서는 전쟁이란 그 장소와 그 상황에 따라 계획을 세워야 한다는 뜻으로 쓴 것임.

389. 역기매우(酈寄賣友)

－역기(酈寄)가 친구를 팔다.

전한(前漢) 역기(酈寄)의 자는 황(況)이고 고양(高陽) 사람이다. 승상(丞相) 역상(酈商)의 아들로서 여태후(呂太后)의 오빠인 여록(呂祿)과 가까웠다. 고후(高后 : 呂太后)가 붕(崩)하자 대신(大臣)들이 여러 여씨(呂氏)를 베려고 하는데 여록이 장군(將軍)이 되어 북군(北軍)에 주둔하고 있어 태위(太尉) 주발(周勃)이 들어갈 수가 없었다.

이에 사람을 시켜 역상을 위협하되 아들 역기를 시켜 여록을 속이게 하자 여록은 그 말을 믿고 함께 북군에서 나가 놀으니 주발이 이에 들어가서 북군에 의지할 수가 있어 드디어 여러 여씨(呂氏)를 베자 천하에서 일컫기를 역기는 친구를 팔았다고 평했다.

原文 前漢酈寄字況, 高陽人. 丞相商之子. 與呂祿善. 及高后崩, 大臣欲誅諸呂. 呂祿爲將軍, 軍於北軍. 太尉周勃不得入. 乃使人劫商, 令寄紿祿. 祿信之, 與出游. 勃乃得入據北軍. 遂誅諸呂. 天下稱酈寄賣友.

註解 ㅇ前漢(전한)-《전한서》〈열전〉 11에 있는 이야기임. ㅇ高后(고후)-여기에서는 한(漢)나라 고조(高祖)의 후(后)인 여후(呂后)를 말함. ㅇ呂祿(여록)-한(漢)나라 사람. 고후(高后) 때 조왕(趙王)에 봉해지고 상장군(上將軍)이 되어 북군(北軍)에 주둔하고 있었는데 고후가 붕(崩)한 뒤 주발(周勃) 등에게 베임을 당했다. ㅇ北軍(북군)-한(漢)나라가 천하를 평정하자 도읍에 남북군(南北軍)의 주둔이 있었다. ㅇ紿祿(태록)-여록(呂祿)을 달래기를 그대는 급하지 않은 군사를 여기에 주둔시키고 있을 것이 아니라 대장군의 인(印)을 떼어서 군사를 태위(太尉)에게 소속시키고 대신(大臣)들과 맹약(盟約)하여 나라를 편안케 하면 베개를 높이 하고 천 리에 왕노릇을 할 것이라고 달래자 여록은 그 말을 믿었다.

390. 기신사제(紀信詐帝)

-기신(紀信)이 황제를 속이다

전한(前漢) 기신(紀信)이 장군(將軍)이 되었을 때 항우(項羽)가 형양(滎陽)에서 한왕(漢王)을 포위했다. 이때 기신이 말하기를, "일이 급하게 되었습니다. 신(臣)이 청컨대 초(楚)나라를 속일 것이오니 가히 틈을 타서 빠져나가십시오."라고 했다.

그리고 밤에 여인들 2천여 명을 동쪽 문으로 내보내니 초나라에서는 4면으로 이를 공격했는데 기신은 왕의 수레를 타고 있었는데 황색 지붕과 좌편에 천자의 기를 세우고 말하기를, "식량이 떨어진 한왕(漢王)이 초(楚)나라에 항복한다."라고 하자 초나라에서는 모두 만세를 부르며 성의 동쪽으로 가서 한나라 군사가 항복하는 것을 구경하려고 했다. 이때 한왕은 수십 기(騎)와 함께 서쪽 문으로 나가서 도망했다. 한편 항우는 기신을 보고 묻기를 "한왕은 어디에 있느냐?"고 하니 기신은 말하기를 "이미 나갔습니다."라고 했다. 항우는 기신을 불에 태워 죽였다.

原文 **前漢紀信爲將軍. 項羽圍漢王滎陽. 信曰, 事急矣. 臣請誑楚, 可以閒出. 於是夜出女子東門二千餘人. 楚因四面擊之. 信乃乘王車, 黃屋左纛. 曰, 食盡漢王降楚. 楚皆呼萬歲, 之城東觀. 以故漢王得與數十騎出西門遁. 羽見信, 問漢王安在. 曰, 已出去矣. 羽燒殺信.**

註解 ㅇ前漢(전한)－《전한서》〈고제본기(高帝本紀)〉에 있는 이야기임.

391. 제숙불치(濟叔不癡)

－왕제(王濟)의 숙부는 어리석지 않다

《진서(晉書)》에 보면, 왕담(王湛)의 자는 처충(處冲)이니 젊었을 때 아는 도량이 있고 이마가 넓고 코가 크고 말이 적었다. 처음에 숨은 덕이 있었으나 사람들이 능히 알지 못하여 형제와 종족(宗族)들도 모두 그를 어리석다고 했다. 그러나 그의 아버지 왕창(王昶)만은 홀로 달랐다.

그는 문을 닫고 고독한 것을 지키고 당시 세상과 사귀지 않으면서 깊고 소박하게 지냈지만 간명하고 맑으면서 도량이 순탄하여 공보(公輔)의 희망이 있었다. 그러나 형의 아들 왕제(王濟)는 그를 가볍게 여겼다. 일찍이 왕담을 찾았는데 책상 머리에 《주역(周易)》이 있는 것을 보고 묻기를, "숙부(叔父)께서는 이것을 무엇에 쓰시나요?" 하니 왕담은 말하기를, "마음속이 좋지 않을 때 혹 다시 보는 것이다."라고 했다.

왕제가 《주역》의 강의를 청하자 이에 깊은 이치를 쪼개어 헤치는데 미묘(微妙)하여 기이한 풍치가 있어서 모두 왕제가 아직 듣지 못하던 바였다. 왕제는 숙부를 다시 보았다. 무제(武帝)도 역시 왕담을 어리석게 여겨 항상 왕제를 보면 문득 비웃기를, "그대의 집 어리석은 아재비는 죽지 않았는가?"라고 했는데 왕제는 항상 대답할 말이 없었다. 그런데 이때에 이르러 또 묻자, 왕제는 말하기를, "신의 아재비는 자못 어리석지 않습니다."하고는 계속해서 그의 아름다운 점을 말하자 황제는 말하기를 "누구에게 비교할 만한가?"라고 했다. 왕제는 말하기를 "산도(山濤)보다는 아래이고 위서(魏舒)보다는 위입니다."라고 했다. 왕담은 벼슬이 여남내사(汝南內史)에 이르렀다.

原文 晉書, 王湛字處沖. 少有識度. 龍顙大鼻, 少言語. 初有隱德. 人莫能知. 兄弟宗族, 皆以爲癡. 其父昶獨異焉. 闔門守靜, 不交當世. 沖素簡淡, 器量隤然, 有公輔之望. 兄子濟輕之. 嘗詣湛, 見床頭有周易, 問曰, 叔父何用此爲. 湛曰, 體中不佳時, 脫復看耳. 濟請言之. 因剖析玄理. 微妙有奇趣. 皆濟所未聞. 武帝亦以湛爲癡, 每見濟, 輒嘲之曰, 卿家癡叔死未. 濟常無以答. 及是又問, 濟曰, 臣叔殊不癡, 因稱其美, 帝曰, 誰比. 濟曰, 山濤以下魏舒以上. 仕至汝南內史.

註解 ㅇ晉書(진서)－《진서》〈열전〉 45에 있는 이야기임. 《세설신어(世說新語)》〈상예편(賞譽篇)〉에도 있음. ㅇ公輔(공보)－삼공(三公)과 재상. ㅇ山濤(산도)－죽림칠현(竹林七賢)의 한 사람. 동진(東晉)의 고사

(高士)로서 벼슬은 이부상서(吏部尙書)에 이르렀으며 청렴결백하고 인물(人物)을 관찰(觀察)하는 데 뛰어났음. ㅇ魏舒(위서)－진(晉)나라 임성(任城) 사람. 무제(武帝) 때 사도(司徒)가 되어 위품(威品)과 덕망(德望)이 있었음.

392. 주형무혜(周兄無慧)

－주자(周子)의 형이 슬기롭지 못했다

《좌씨전(左氏傳)》에 말하기를, 진(晉)나라 난서(欒書)와 중행언(中行偃)이 순앵(荀罃)·사방(士魴)으로 하여금 여공(厲公)의 아들인 주자(周子)를 도읍으로 맞아다가 여공의 후계자로 세웠으니 이가 도공(悼公)이다. 주자에게 형이 있는데 슬기롭지 못하여 숙맥(菽麥), 즉 콩과 보리도 분별하지 못하기 때문에 세우지 못했다. 두예(杜預)가 말하기를 "숙(菽)은 콩인데 콩과 보리는 모양이 달라서 분별하기가 쉽다. 그런데 주자의 형은 그것을 구별하지 못했으니 어리석은 자란 증거이다."라고 했다. 불혜(不慧)란 오늘날의 세상에서 이르는 백치(白癡)이다.

原文 **左氏傳曰, 晉欒書·中行偃使荀罃·士魴逆周子于京師而立之. 是爲悼公. 周子有兄. 而不慧不辨菽麥. 故不可立. 杜預曰, 菽大豆. 豆麥殊形易別. 故以爲癡者之候. 不慧蓋世所謂白癡.**

註解 ㅇ左氏傳(좌씨전)－《춘추좌씨전(春秋左氏傳)》 성공(成公) 18년조에 있는 이야기임. ㅇ菽麥(숙맥)－콩과 보리. ㅇ杜預(두예)－서진(西晉)의 정치가. 오(吳)나라를 치는 데 크게 공을 세웠음. ㅇ白癡(백치)－천치.

393. 우경담등(虞卿擔簦)

—우경(虞卿)이 자루있는 우산을 메다

《사기(史記)》에 보면 우경(虞卿)은 유세(遊說)하는 선비이다. 짚신을 신고 자루가 있는 우산을 멘 채 조(趙)나라 성왕(成王)에게 유세했는데 한번 보자 황금(黃金) 백일(百鎰)과 백벽(白璧) 한 쌍을 하사하고 두 번 보자 조나라의 상경(上卿)을 삼았다. 까닭에 그를 우경이라고 불렀다.

原文 **史記, 虞卿游說之士. 躡蹻擔簦, 說趙孝成王. 一見賜黃金百鎰, 白壁一雙, 再見爲趙上卿. 故號爲虞卿.**

註解 ㅇ史記(사기)—《사기》〈열전〉 18에 있는 이야기임. ㅇ游說(유세)—사방으로 돌아다니면서 자기 의견을 설명하여 채택해 주기를 바라는 것. ㅇ鎰(일)—1일(鎰)은 20냥 또는 30냥이라고 함. ㅇ上卿(상경)—가운데 고위(高位)의 경(卿).

394. 소장부급(蘇章負笈)

—소장(蘇章)이 책 궤를 지다

전한(前漢) 소장(蘇章)의 자는 유경(游卿)이니 북해(北海) 사람이다. 벼슬을 버리고 왕망(王莽)에게 벼슬하지 않았다. 구주(舊注)에 말하기를 소장이 책 궤를 지고 스승을 사모하여 천 리를 멀다 하지 않고 가서 배웠다고 한다.

原文 **前漢蘇章字游卿, 北海人. 去官不仕於王莽. 舊注曰,**

章負笈追師, 不遠千里.

註解 ㅇ前漢(전한)－《전한서》에 이런 기록은 없다. 다만 〈소장전(蘇章傳)〉이 《후한서(後漢書)》 〈열전〉 61에 있는데 책 궤를 졌다는 기록은 없다.

395. 남풍척잉(南風擲孕)

－남풍(南風)은 잉태한 첩의 배를 극(戟)으로 내리쳤다

진(晉)나라 혜제(惠帝)의 후(后)인 가황후(賈皇后)의 이름은 남풍(南風)이니 아버지 가충(賈充)은 지위가 삼공(三公)이다. 처음에 무제(武帝)가 자기 태자(太子 : 후의 惠帝)를 위해서 위관(衛瓘)의 딸을 얻으려 하며 말하기를, "위공(衛公)의 딸은 다섯 가지 좋은 점이 있고 가공(賈公)의 딸은 다섯 가지 좋지 않은 점이 있다. 위공의 집안은 씨가 어질고 아들이 많으며 아름답고 키가 크고 희지만 가공의 집안은 씨가 질투하고 아들이 적으며 추하고 키가 작고 검다."라고 했다.

그러나 원황후(元皇后)가 굳이 청하자 순의(荀顗)·순욱(荀勖)이 모두 가충의 딸이 아름답다 하여 이에 약혼을 하고 남풍을 태자비로 맞아들였다. 그러나 남풍은 질투와 시기가 있고 권모와 거짓이 많아서 태자는 두려워했다. 태자의 첩들도 그녀 때문에 사랑받는 자가 드물었다. 성질이 몹시 사나워서 일찍이 손수 두어 사람을 죽이기도 하고 혹은 애밴 첩에게 창을 던지어 아이가 칼날에 맞아 땅에 떨어지기도 했다.

무제가 이 말을 듣고 노해서 장차 폐하려 했으나 순욱 등이 구원

해서 폐하지는 않았다. 그를 세워 황후(皇后)를 삼자 드디어 거칠고 음란하고 방자하고 천하를 마음대로 제어하며 위엄으로 안팎을 복종시켰다. 처음에 양준(楊駿) 및 여남왕(汝南王) 양(亮), 그리고 태보(太保) 위관(衛瓘), 또 초왕(楚王) 위(瑋) 등을 베었는데 모두 시기에 의하여 마음대로 결단하니 천하가 모두 원망했다. 그녀가 태자 휼(遹)을 폐하기에 이르러 조왕(趙王) 윤(倫) 등 백관들이 격노했고 이로 인하여 황후를 폐할 것을 도모하자 황후는 두려워하여 드디어 태자를 독살(毒殺)하여 무리들의 바라는 바를 끊었다. 이에 조왕 윤(倫)은 군사를 거느리고 궁(宮)에 들어가 황후를 폐하는 한편 거짓 조서를 내리고 독이 든 금설주(金屑酒)를 가지고 가서 죽음을 내렸다.

原文 **晉惠帝賈皇后, 名南風. 父充位三公. 初武帝欲爲太子取衛瓘女. 曰, 衛公女有五可. 賈公女有五不可. 衛家種賢而多子, 美而長白. 賈家種妬而少子, 醜而短黑. 元后固請. 荀顗·荀勖並稱充女之美, 乃定婚. 南風妬忌多權詐. 太子畏惑之. 嬪御罕有進幸者. 性酷虐, 嘗手殺數人, 或以戟擲孕妾, 子隨刃墮地. 武帝聞之, 怒將廢之. 荀勖等救得不廢. 及立爲皇后, 遂荒淫放恣, 專制天下, 威服內外, 初誅楊駿及汝南王亮·太保衛瓘·楚王瑋等, 皆臨機專斷. 天下咸怨. 及太子廢, 趙王倫等, 因衆怒謀廢后. 后懼遂害太子, 以絶衆望. 倫乃率兵, 入宮廢之, 矯詔齎金屑酒賜死.**

註解 ㅇ晉(진)－《진서》〈후비열전(后妃列傳)〉1에 있는 이야기임. ㅇ充(충)－가충(賈充). 진(晉)나라의 명신. 양릉(襄陵) 사람. 딸 남풍(南風)이 제왕(帝王)의 비(妃)가 됨. ㅇ元后(원후)－무제(武帝)의 황후(皇后) 양씨(楊氏). ㅇ荀顗(순의)－진(晉)나라 사람. 순욱(荀彧)의 아들. 벼슬

이 시중(侍中)에 이르고 뒤에 상서복야(尙書僕射)에 임명됨. ㅇ荀勖(순욱)-진(晉)나라 사람. 위(魏)나라에 벼슬하여 시중(侍中)에 이르고 진(晉)나라에 들어가 제북군공(濟北郡公)에 이르렀다. ㅇ金屑酒(금설주)-금가루를 탄 술.

396. 상수착섭(商受斮涉)

-상왕(商王)이 물 긷는 정강이를 자름

《서경(書經)》 태서(泰誓)에 말하기를 상왕(商王) 수(受)는 아침에 물을 긷는 사람의 정강이를 자르고 어진 사람의 심장(心腸)을 갈랐다.

原文 **書泰誓曰, 商王受斮朝涉之脛, 剖賢人之心.**

註解 ㅇ書(서)-《서경(書經)》. ㅇ泰誓(태서)-무왕(武王)이 주(紂)를 치기에 앞서 여러 제후(諸侯)들에게 고한 글. ㅇ商王受(상왕수)-은(殷)나라 주왕(紂王)의 이름이 수(受). ㅇ剖賢人之心(부현인지심)-주왕(紂王)의 숙부인 비간(比干)이 충성스러운 마음으로 간하자 주왕은 노해서 말하기를 "내가 들으니 어진 사람의 심장에는 일곱 개의 구멍이 있다더라."하고 배를 가르고 보았다.

397. 광덕종교(廣德從橋)

-광덕(廣德)이 다리로 건너기를 권하다

전한(前漢) 설광덕(薛廣德)의 자는 장경(長卿)이니 패군(沛郡) 상현(相縣) 사람이다. 노시(魯詩)로써 교수(敎授)가 되었는데 어사대부(御史大夫) 소망지(蕭望之)가 설광덕의 행동을 천거하며 본조

(本朝)에 있는 것이 마땅하다고 하여 박사(博士)가 되었고 석거각(石渠閣)에서 강론했다. 뒤이어 어사대부(御史大夫)에 임명되었다.

사람됨이 온아(溫雅)하고 마음이 넓고 여유가 있었다. 삼공(三公)에 이르러 곧게 말하고 천자에게 과실이 있으면 간(諫)하며 다투었다. 원제(元帝)가 종묘(宗廟)에 주제(酎祭)를 올리려고 편문(便門)을 나가서 누선(樓船)으로 거둥하려 하자 설광덕은 원제가 타고 있는 수레를 가로막으며 관(冠)을 벗고 머리를 조아리면서 말하기를, "마땅히 다리를 좇아 가시옵소서. 폐하께서 신(臣)의 말을 듣지 않으시면 신은 스스로 목을 베어 피로 수레바퀴를 더럽힐 것이오니 폐하께서는 결재(潔齋)를 결(缺)하신 것이 되실 것인즉 사당에 들어가시지 못하실 것입니다."라고 했다.

원제가 기뻐하지 않자 광록대부(光祿大夫) 장맹(張猛)이 말하기를 "신(臣)이 듣자오니 임금이 성스러우시면 신하가 곧다고 했습니다. 배를 타는 것은 위태하고 다리로 나가는 것은 안전한 것입니다. 성주(聖主)는 위태로운 것은 타지 않는 것이오니 어사대부의 말을 들으셔야 합니다."라고 했다.

이에 황제는 말하기를 "사람을 깨우치는 것이 마땅히 이러해야 하는 것이 아니겠느냐?"라 하고 이에 다리를 좇아서 갔다. 설광덕이 뒤에 늙어서 사직하기를 청하자 황금(黃金) 60근을 안거(安車)에 실어서 사마(駟馬)와 함께 그 자손들에게 전했다.

原文 **前漢薛廣德字長卿, 沛郡相人. 以魯詩教授. 御史大夫蕭望之薦廣德經行宜充本朝. 爲博士, 論石渠. 後拜御史大夫. 爲人溫雅, 有醞藉. 及爲三公, 直言諫爭. 元帝酎祭宗廟, 出便門, 欲御樓船. 廣德當乘輿車, 免冠頓首曰, 宜從橋. 陛下不聽臣, 臣自刎, 以血汙車輪. 陛下不得入廟矣. 上不說. 光祿大夫張猛曰, 臣聞主聖臣直. 乘船危, 就橋安. 聖主不乘危.**

御史大夫言可聽. 上曰, 曉人不當如是邪. 乃從橋. 後乞骸骨, 賜安車駟馬黃金六十斤. 懸其安車傳子孫.

註解 ㅇ前漢(전한)-《전한서》〈열전〉 41에 있는 이야기임. ㅇ魯詩(노시)-노(魯)나라 신공(申公)의 손에 의해 전해진 《시경(詩經)》. 삼가시(三家詩)의 하나. ㅇ蕭望之(소망지)-한(漢)나라 난릉(蘭陵) 사람. 선제(宣帝) 때 벼슬이 태자태부(太子太傅)에 이르렀다. ㅇ石渠(석거)-석거각. 한(漢)나라 때 황실(皇室)의 도서각(圖書閣). ㅇ酎祭(주제)-전국 술을 종묘에 올리는 제사. ㅇ便門(편문)-장안성(長安城) 남면(南面) 서쪽 머리의 첫째 문. ㅇ張猛(장맹)-후위(後魏) 남양(南陽) 사람. 집이 가난한데 어머니를 지극한 효성으로 섬겼다. 노군태수(魯郡太守)로 나갔는데 고을 사람이 송덕비(頌德碑)를 세웠다. ㅇ安車(안거)-노인·부녀자들이 편안하게 탈 수 있는 수레.

398. 군장거렵(君章拒獵)

-군장(君章)이 사냥을 막다

후한(後漢) 질운(郅惲)의 자는 군장(君章)이니 여남(汝南) 평서(平西) 사람이다. 천문(天文)과 역수(曆數)에 밝았다. 왕망(王莽) 때에 도적들이 떼로 일어났는데 질운이 장안(長安)에 이르러 글을 올리자 왕망은 크게 노하여 잡아다가 옥에 가두었고 대역(大逆)으로 다스리고자 했다. 그런데 질운이 올린 글은 경서(經書)와 참위서(讖緯書)에 근거한 이론이므로 그를 죽이면 보복이 있을까 두려워서 금방 처형하지는 못했다. 그래서 근신(近臣)으로 하여금 위협하게 하되 질운이 전부터 정신이상이 있어서 무슨 말을 썼는지 모르겠으니 용서해 달라고 말하게 하라고 했다. 이에 질운은 두 눈을 부릅뜨고 꾸짖기를, "말하는 바는 모두 천문(天文)과 성인(聖人)의 뜻으로 미친 사람이 능히 할 말이 아니다."라며 자기 뜻을 굽히면서까지 출옥할 생각이 없음을 분명히 했다. 마침내 용서하여 내보내니 이에 남쪽 창오(蒼梧)로 달아났다. 광무제(光武帝)가 등극한 후인 건무(建武) 연중에 낙양성 동성(東城)의 문후(門候)가 되었다.

황제가 일찍이 밖에 나가서 사냥하다가 밤에 돌아오는데 질운이 문을 막고 열지 않았다. 임금의 조서(詔書)도 받지 않으니 황제는 이에 동쪽 중문(中門)으로 좇아서 들어갔다. 이튿날, 질운은 글을 올려 간하기를, "옛날 문왕(文王)은 사냥으로 노는 일을 즐기지 않았고 오직 만백성을 근심했는데 폐하께서는 멀리 산림(山林)에서 사냥하시어 밤에도 낮에도 계속하시오니 사직(社稷)과 종묘(宗廟)의 일을 어찌하시렵니까?"라고 했다. 글이 올려지자 무명 백 필을 하사했다. 이런 식으로 계속 간했기 때문에 동중문(東中門)의 문후(門候)로 좌천되고 참봉위(參封尉) 후에 장사태수(長沙太守)로 옮겨졌다.

原文 後漢郅惲字君章, 汝南平西人. 明天文歷數. 王莽時, 寇賊群發. 惲至長安上書. 莽大怒, 收繫詔獄, 劾以大逆. 猶以惲據經讖, 難卽害之, 使近臣脅, 令自告狂病不覺所言. 惲乃瞋目詈曰, 所陳皆天文聖意. 非狂人所能道, 會赦出. 乃南遁蒼梧. 建武中爲上東城門候. 帝嘗出獵夜還. 惲拒關不開. 不受詔. 帝乃廻從東中門入. 明日惲上書諫曰, 昔文王不敢槃于游田. 以萬民惟憂. 而陛下遠獵山林, 夜以繼日. 其如社稷宗廟何. 書奏, 賜布百匹. 貶東中門候, 爲參封尉, 再遷長沙太守.

註解 ㅇ後漢(후한)－《후한서》〈열전〉 19에 있는 이야기임. ㅇ經讖(경참)－참(讖)은 참위(讖緯). 미래(未來)의 일을 맞히는 예언서. ㅇ蒼梧(창오)－구의(九疑)라고도 하는데 순(舜)임금이 붕(崩)한 곳.

399. 응봉오행(應奉五行)

—응봉(應奉)이 한 번에 다섯 줄을 모두 읽다

후한(後漢) 응봉(應奉)의 자는 세숙(世叔)이니 여남(汝南) 남돈(南頓) 사람이다. 젊었을 때 총명하고 기억력이 발군이더니 자라자 모든 경험한 일을 속으로 기억하지 않는 것이 없었다. 글을 읽으면 다섯 줄을 한 번에 모두 읽었다. 고을의 결조사(決曹史)가 되어 42현(縣)을 다니며 수도(囚徒) 수백에서 수천 명에 관한 모든 사항을 기록해 가지고 왔다. 태수(太守)가 이것을 묻자 응봉은 입으로 죄수(罪囚)의 성명과 죄에 걸린 상황의 가볍고 무거운 것을 말하는데 하나도 빠뜨린 것이 없자 당시 사람들이 기이하게 여겼다.

벼슬이 사예교위(司隷校尉)에 이르렀는데 사승(謝承)이《후한서(後漢書)》에 쓰기를 응봉이 나이 20세일 때 일찍이 팽성상(彭城相) 원하(袁賀)에게 갔었는데 원하는 이때 공교롭게도 외출중이었고 수레를 만드는 목공이 문을 닫고 수레를 만들고 있었다. 그 목공은 그 때 안에서 문을 반쯤 연 채 얼굴을 반쯤 내밀었었다. 그후 수십 년이 되었는데 길에서 수레 만들던 목공을 만나자 알아보고 그와 이야기를 나누었다고 했다.

原文 **後漢應奉字世叔, 汝南南頓人. 少聽明. 自爲童兒及長, 凡所經履, 莫不暗記. 讀書五行並下. 爲郡決曹史, 行部四十二縣, 錄囚徒數百千人. 及還, 太守問之. 奉口説罪繫姓名, 坐狀輕重, 無遺脫. 時人奇之. 官至司隷校尉. 謝承書曰, 奉年二十時, 嘗詣彭城相袁賀. 賀時出行. 閉門造車. 匠於內開扇, 出半面視奉. 奉去後數十年, 於路見車匠, 識而問之.**

註解 ㅇ後漢(후한)-《후한서》〈열전〉 38에 있는 이야기임. ㅇ決曹史(결조사)-고을의 형법(刑法)을 맡은 관리. ㅇ謝承(사승)-오(吳)나라 산음(山陰) 사람. 널리 배우고 흡족하게 들어서 일찍이 알고 본 것은 몸을 마치도록 잊지 않았다.

400. 안세삼협(安世三篋)

-안세(安世)의 세 상자의 책

전한(前漢) 장안세(張安世)의 자는 자유(子孺)이다. 젊었을 때 아버지 장탕(張湯)을 이어 낭(郎)이 되었다. 글씨를 잘 쓴다고 해서 상서(尙書)의 급사(給事)가 되었는데 정력(精力)을 직책에만 쓰고 휴가에도 일찍이 밖에 나가지 않았다.

무제(武帝)가 하동(河東)에 거둥할 때 일찍이 책 세 상자를 잃었는데 조서를 내려 물었으나 능히 아는 사람이 없었고 오직 장안세만이 그것을 기억하고 있어서 능히 써서 바칠 수 있었다. 뒤에 그 분실했던 책들을 사서 그 책들과 서로 비교해보니 빠지고 잃은 것이 없자 황제는 그 재주를 기이히 여겨 발탁해서 상서령(尙書令)을 삼았다.

소제(昭帝)가 즉위하자 우장군(右將軍) 광록훈(光祿勳)을 삼고 부평후(富平侯)에 봉했다. 무제를 섬긴 지 30여년에 이르렀는데 오직 충신(忠信)으로 섬겼으며 삼가고 두텁게 정사에 부지런히 애써서 밤낮으로 게으르지 않았다. 선제(宣帝) 때에 대사마(大司馬) 거기장군(車騎將軍)이 되었다. 장안세는 공후(公侯)가 되어 식읍(食邑) 만호(萬戶)를 가지는 신분이 되었어도, 자기는 값싼 검고 두꺼운 옷을 입었으며 부인은 스스로 길쌈을 했고 가동(家僮) 7백 명이 모두 익힌 기술로 일을 하여 작은 것도 낭비하지 않고 축적했다. 이로써 능히 그 재산을 늘려 곽광(霍光)보다 부자가 되었다.

原文 前漢張安世字子孺. 少以父湯任爲郎. 用善書, 給事尚書. 精力於職, 休沐未嘗出. 武帝幸河東, 嘗亡書三篋. 詔問, 莫能知. 唯安世識之, 具作其事. 後購求得書, 以相校, 無所遺失. 上奇其材, 擢爲尚書令. 昭帝立, 爲右將軍·光祿勳, 封富平侯. 事武帝三十餘年. 忠信謹厚, 勤勞政事, 夙夜不怠. 宣帝時, 爲大司馬·車騎將軍. 安世爲公侯, 食邑萬户, 身衣弋綈, 夫人自紡績. 家僮七百人, 皆有手技作事. 内治産業, 累積纖微. 是以能殖其貨, 富於霍光.

註解 ㅇ前漢(전한)-《전한서》〈열전〉 29에 있는 이야기임. ㅇ食邑(식읍)-공신(功臣)에게 논공행상(論功行賞)으로 주는 영지(領地). 그 조세를 받아먹게 함. ㅇ家僮(가동)-집에서 부리는 종. ㅇ霍光(곽광)-전한(前漢) 사람. 무제(武帝)의 유조(遺詔)를 받들어 소제(昭帝)를 도왔고 뒤에는 선제(宣帝)를 세워 기린각(麒麟閣) 공신(功臣)의 으뜸으로 꼽힘.

401. 상여제주(相如題柱)

-상여(相如)가 기둥에 글을 쓰다

전한(前漢) 사마상여(司馬相如)의 자는 장경(長卿)이니 촉군(蜀郡) 성도(成都) 사람이다. 젊었을 때 글 읽기를 좋아하고 격검(擊劍)을 배웠다. 어렸을 때는 견자(犬子)라고 했더니 이미 글을 배우자 인상여(藺相如)의 사람됨을 사모하여 자를 상여(相如)로 고쳤다. 재물을 주고 낭(郎)이 되었고 경제(景帝)를 섬겨 무기상시(武騎常侍)가 되었는데 그가 좋아하는 것이 아니어서 병으로 사퇴했다.

집이 가난해서 스스로 생업(生業)을 이루지 못하다가 탁문군(卓文君)이 집을 나와 그에게 왔으므로 함께 달아났다가 뒤에 탁왕손

(卓王孫)이 재산을 나누어 주어 부자가 되었다.

얼마후 무제(武帝)가 불러서 낭(郞)이 되었다. 그때 공작(邛筰)의 군장(君長)인 남이(南夷)가 한(漢)나라와 통하여 상으로 내린 것이 많았다는 말을 듣고 자기도 한나라에 칭신(稱臣)하겠으니 관리를 파견해 주고 남이(南夷)와 같은 대우를 해달라고 청했다. 이에 사마상여를 중랑장(中郞將)에 임명하여 깃대를 세우고 사신으로 보냈더니 파촉(巴蜀)의 관리의 폐백을 받아 이것을 서남이(西南夷)에게 주었다.

사마상여가 촉(蜀)에 이르자 태수(太守) 이하 사람들이 교외(郊外)까지 마중나왔고 현령(縣令)은 활과 화살을 지고 길을 인도했다. 촉 땅의 사람들은 이를 영화롭게 여기니 이에 탁왕손과 고향 임공(臨邛) 사람들은 모두 문 아래에서 소와 술을 바치며 이로써 즐거움을 나누었다. 이때 탁왕손은 탄식하여 스스로 딸이 장경 사마상여에게 시집간 것이 늦었다고 했다.

사마상여가 대략 서남이(西南夷)의 공작(邛筰)·염방(冉駹)·사유(斯楡)의 임금을 정하자 그들은 모두 신하가 되기를 청하여 변관(邊關)은 더욱 열리고 넓어졌다. 구주(舊注)에 말하기를, 촉성(蜀城) 북쪽 7리에 승선교(昇仙橋)가 있거니와 사마상여가 그 기둥에 쓰기를, '대장부(大丈夫)가 사마(駟馬)가 끄는 수레를 타지 않고서는 다시 이 다리를 지나지 않겠노라'고 했는데 과연 그의 말이 이루어졌다고 했다.

原文 前漢司馬相如字長卿, 蜀郡成都人也. 少好讀書, 學擊劍. 名犬子. 旣學, 慕藺相如之爲人, 更名相如. 以訾爲郞, 事景帝, 爲武騎常侍. 非其好也. 病免. 家貧無以自業. 及卓文君從奔, 後卓王孫分與財物爲富人. 久之武帝召以爲郞. 邛筰君長聞南夷與漢通, 得賞賜多, 願爲内臣妾, 請吏比南夷. 拜相如中郞將, 建節往使, 因巴蜀吏幣物, 以賂西南夷. 至蜀,

太守以下郊迎, 縣令負弩矢先驅. 蜀人以爲寵. 於是卓王孫臨邛諸公, 皆因門下獻牛酒以交驩. 王孫喟嘆自以得使女尚長卿晩. 相如略定西南夷. 邛筰 · 冉駹 · 斯楡之君, 皆請爲臣妾, 除邊關. 邊關益斥. 舊注云, 蜀城北七里有昇仙橋. 相如題其柱曰, 大丈夫不乘駟馬車, 不得過此橋.

註解 ㅇ前漢(전한)－《전한서》〈열전〉 27에 있는 이야기임. 《사기(史記)》〈열전〉 57에도 있음. ㅇ藺相如(인상여)－전국시대 때 조(趙)나라 사람. 화씨벽(和氏璧)으로 인한 고사(故事)가 있음. ㅇ卓文君(탁문군)－한(漢)나라 촉군(蜀郡) 임공(臨邛)의 부호(富豪) 탁왕손(卓王孫)의 딸. 과부가 되어 집에 있는데 사마상여(司馬相如)와 그녀의 집에서 만난다. 사마상여의 거문고 소리에 반하여 그의 아내가 되었음. ㅇ卓王孫(탁왕손)－탁문군(卓文君)의 아버지. 부호(富豪). ㅇ邛筰(공작)－공(邛)과 작(筰). 모두 서남이(西南夷)의 이름. ㅇ君長(군장)－두목. ㅇ冉駹(염방) · 斯楡(사유)－모두 오랑캐의 이름. ㅇ駟馬(사마)－네 필의 말.

402. 종군기수(終軍棄繻)

－종군(終軍)이 명주 조각을 버리다

전한(前漢) 종군(終軍)의 자는 자운(子雲)이니 제남(濟南) 사람이다. 젊었을 때 학문을 좋아하여 변론과 박식(博識)으로 능히 글을 지어 고을 안에 알려졌다. 18세에 무제(武帝)가 뽑아서 박사(博士)를 삼았는데 걸어서 관문(關門)을 들어갈 때 관문의 관리가 종군에게 명주 조각을 준다. 종군이 이것으로 무엇을 하느냐고 묻자 관리는 말하기를, "이것은 돌아갈 때의 증표입니다. 그때에 맞추어보되 맞으면 통과시키는 것이지요."라고 했다. 이에 종군이 말하기를, "장부(丈夫)가 일단 장안(長安)에 유학하는 이상 출세하여 고관이 될 것인즉 돌아올 때의 증표 따위는 필요없소."하고 명주 조각을 버리고 갔다. 그는 뒤에 알자(謁者)가 되어 사신으로 고을을 돌았다. 깃대를 세우고 동쪽으로 관문을 나가는데 관리(關吏)가 알아보고 말하기를, "이 사자(使者)가 전에 명주 조각을 버리던 사람이다."라고 했다.

뒤에 간대부(諫大夫)에 발탁되어 남월(南越)에 사신으로 가는데 스스로 긴 갓끈을 청하여서 "반드시 남월왕(南越王)을 끌어다가 대궐 아래에 바치겠습니다."라고 했다. 종군이 가서 남월왕을 달래기를 "왕께서는 청컨대 온 나라를 들어 한(漢)나라의 속국(屬國)이 되옵소서."하자 그 정승 여가(呂嘉)가 속국이 되려 하지 않고 군사를 일으키어 그 왕을 쳐서 죽였다. 한(漢)나라 사자(使者)들도 모두 죽고 종군도 역시 죽으니 이때 나이 20여세였다. 까닭에 세상에서 그를 "종동(終童)이다."라고 했다.

原文 **前漢終軍字子雲, 濟南人. 少好學, 以辨博能屬文, 聞於郡中. 年十八, 武帝選爲博士. 步入關. 關吏與軍繻. 軍問以此何爲. 吏曰, 爲復傳. 還當合符. 軍曰, 丈夫西遊. 終不復傳還. 棄繻而去. 及爲謁者, 使行郡國, 建節東出關. 關吏識之曰, 此使者迺前棄繻生也. 後擢諫大夫, 使南越. 自請願受長纓, 必羈南越王而致之闕下. 軍往說越王. 越請擧國內屬. 其相呂嘉不欲內屬. 發兵攻殺其王. 及漢使者皆死. 軍死時年二十餘. 故世謂之終童.**

註解 ㅇ前漢(전한)-《전한서》〈열전〉 34에 있는 이야기임. ㅇ合符(합부)-부신(符信), 즉 목편(木片), 또는 죽편(竹片)에 글을 쓰고 증인(證印)을 찍은 후에 두 쪽으로 쪼개어 각각 가지고 있다가 후일에 서로 맞추어 증거로 삼는 것. ㅇ謁者(알자)-여기에서는 사방에 사신으로 가는 일. ㅇ終童(종동)-종씨(終氏)의 어린애.

403. 손신고석(孫晨藁席)

—손신(孫晨)이 짚자리를 깔다

《삼보결록(三輔決錄)》에 의하면, 손신(孫晨)의 자는 원공(元公)이니 집이 가난하여 자리를 짜는 것으로 업(業)을 삼았다. 《시경(詩經)》과 《서경(書經)》에 밝아 경조공조(京兆功曹)가 되었는데 겨울에 이불이 없어서 짚 한 묶음을 밤에 깔고 누웠다가 아침에 걷었다.

原文 **曰三輔決錄, 孫晨字元公. 家貧織席爲業. 明詩書. 爲京兆功曹. 冬月無被, 有藁一束. 暮臥朝收.**

註解 ㅇ三輔決錄(삼보결록)—한무제(漢武帝) 때 세 구역으로 나눈 장안(長安) 부근의 땅에 대하여 기록해 놓은 것. ㅇ功曹(공조)—군(郡)의 속리(屬吏)인 녹사(錄事).

404. 원헌상추(原憲桑樞)

—원헌(原憲)은 뽕나무로 지도리를 만들다

《장자(莊子)》에 말하기를 원헌(原憲)이 노(魯)나라에 사는데 사방이 한 길밖에 되지 않는 방에 지붕에서는 풀이 나고 쑥대를 엮어서 만든 문도 완전하지 못하고 뽕나무로 지도리[樞]를 만들었다. 또 깨진 항아리로 들창을 낸 두 방을 거친 털옷으로 막아놓았다. 위에서는 새고 아래는 습한데 바르게 앉아서 노래를 하는 것이었다.

여기에 자공(子貢)이 살진 말을 타고 찾아왔다. 그는 감색(紺色) 속옷에 흰 비단 겉옷을 입고 왔는데 큰 수레가 마당에 들어갈 수 없으므로 가서 원헌을 보니 원헌은 화목피(華木皮)로 만든 관(冠)에 짚신을 신고 명아주지팡이를 짚고 문에 나온다. 자공은 말하기를, "아아! 선생은 무슨 병이 있으시오?"하니 원헌은 말하기를, "재물이 없는 것을 가난하다고 하고, 배우고서도 능히 행하지 못하는 것을 병들었다고 하는 것이니 지금 나는 가난하기는 해도 병든 것은 아니오."라고 했다. 자공은 물러가면서 부끄러운 빛이 있었다.

原文 **莊子曰, 原憲居魯. 環堵之室, 茨以生草, 蓬户不完, 桑以爲樞. 而甕牖二室, 褐以爲塞. 上漏下濕, 匡坐而弦. 子貢乘大馬, 中紺而表素, 軒東不容巷. 往見憲. 憲華冠縱履, 杖藜而應門. 子貢曰, 噫先生何病. 憲曰, 無財謂之貧, 學而不能行, 謂之病. 今憲貧也, 非病也. 子貢逡巡有慚色.**

註解 ㅇ莊子(장자)-《장자》〈양왕편(讓王篇)〉에 있는 이야기임. ㅇ原憲(원헌)-공자(孔子)의 제자. 자는 자사(子思). 적빈(赤貧)했으나 의지가 견고하여 이를 감내하면서 깊이 도(道)를 닦았다. ㅇ子貢(자공)-공자의 제자. 성명은 단목사(端木賜). 자공(子貢)은 그의 자(字). 구재(口才)가 있고 화식(貨殖)에 능하여 누천금(累千金)을 모았다.

405. 단목사금(端木辭金)

-단목사(端木賜)가 돈을 사양하다

《공자가어(孔子家語)》에 보면 단목사(端木賜)의 자는 자공(子貢)이다. 노(魯)나라 법에는 사람이 제후(諸侯)에게 신첩(臣妾) 노릇을 한 자를 돈을 내고 보통사람으로 환원시키는 경우 모두 그 돈을 국가의 관청에서 받게 되어 있었다. 그러나 자공은 부자였으므로 자기 돈을 내고 관청의 돈은 사양하고 받지 않았다.

공자(孔子)가 이 말을 듣고 말하기를, "단목사가 잘못했다. 대체로 성인(聖人)이 일을 하는 데는 가히 나쁜 풍속을 좋은 방향으로 바꾸어서 가르치고 인도하여 가히 백성들에게 베풀 것이요, 홀로 맞는 행동만을 한 것이 아니다. 지금 노나라는 부자인 사람은 적고 가난한 사람은 많은데 사람을 용서하고 돈을 받는 것을 청렴하지 않다고 한다면 어떻게 서로 용서하겠는가? 이제부터 노나라 사람은 다시 제후들에게 용서받지 못할 것이로다."라고 했다.

原文 **家語, 端木賜字子貢. 魯國之法, 贖人臣妾于諸侯者, 皆取金於府. 子貢贖之, 辭而不取金. 孔子聞之曰, 賜失之矣. 夫聖人擧事, 可以移風易俗. 而敎導可以施於百姓. 非獨適身之行也. 今魯國富者寡, 而貧者衆. 贖人受金則爲不廉, 何以相贖乎. 自今以後, 魯人不復贖人於諸侯.**

註解 ㅇ家語(가어)－《공자가어(孔子家語)》〈치사편(致思篇)〉에 있는 이야기임. 공자의 언행(言行)·일사(逸事) 및 그의 문인(門人)들과의 문답을 수록한 책. ㅇ府(부)－노(魯)나라 임금의 곳집. ㅇ賜(사)－자공(子貢)의 이름.

406. 종리위주(鍾離委珠)

－종리의(鍾離意)가 구슬을 땅에 버리다

후한(後漢) 종리의(鍾離意)의 자는 자아(子阿)이니 회계(會稽) 산음(山陰) 사람이다. 현종(顯宗)이 불러서 상서(尙書)를 삼았더니 교지태수(交阯太守) 장회(張恢)가 천금(千金)을 뇌물로 받은 일로 벌을 받게 되었다. 종리의는 조사한 다음 재물의 문서를 대사농(大司農)에게 바쳤다. 황제는 조서를 내려 여러 신하들에게 하사했는데 종리의는 구슬을 얻게 되었다. 그는 이것을 땅에 던지며 절하고 받지 않았다. 이에 황제가 괴이하게 여겨 물었더니 대답하기를 "공자(孔子)는 도천(盜泉)의 물에서 목마른 것을 참았고 증삼(曾參)은 승모(勝母)의 마을에서 수레를 돌렸으니 이것은 그 이름을 미워한 것입니다. 하오니 이것은 뇌물로 받았던 재물이므로 감히 절하고 받지는 않는 것입니다."라고 했다.

이에 황제는 탄식하기를, "맑도다. 상서(尙書)의 말이여……."하고 다시 창고의 돈 30만 냥을 종리의에게 하사하고 복야(僕射)로 옮겼는데 그후 조정에서 나서 노(魯)나라 정승이 되었다. 이에 백성들의 이익을 사랑하는 것으로 교화하니 노나라 사람들이 풍부한 부자가 되었다. 졸(卒)할 때 유언(遺言)을 글로 올려, '태평성대에는 백성들을 급히 교화시키기가 어렵사오니 마땅히 조금 시간을 너그럽게 하시옵소서'라고 하자 황제는 그 뜻에 마음 아프게 감동하여 돈 20만 냥을 하사했다.

原文 **後漢鍾離意字子阿, 會稽山陰人. 顯宗徵爲尙書. 時交阯太守張恢坐贓千金伏法, 以資物簿入大司農. 詔賜群臣, 意得珠璣. 委地而不拜賜. 帝怪問. 對曰, 孔子忍渴於盜泉之水, 曾參回車於勝母之閭, 惡其名也. 此贓穢之寶誠不敢拜. 帝歎曰, 淸乎尙書之言. 及更以庫錢三十萬賜意. 轉僕射, 出爲魯相. 以愛利爲化. 人多殷富. 卒遺言上書陳, 昇平之世, 難以急化. 宜少寬暇. 帝感傷其意, 詔賜錢二十萬.**

註解 ㅇ後漢(후한)－《후한서》〈열전〉 31에 있는 이야기임. ㅇ盜泉(도천)－산동성(山東省)에 있던 샘의 이름. 이름이 나쁘므로 불의(不義)의 뜻으로 쓰임. ㅇ曾參(증삼)－공자(孔子)의 제자. 증자(曾子)로 불림. 자는 자여(子輿). 효행으로 유명함. ㅇ勝母(승모)－고을 이름.

407. 계찰괘검(季札挂劒)

–계찰(季札)이 칼을 걸어두다

《사기(史記)》에 보면, 오(吳)나라 계찰(季札)은 오왕(吳王) 수몽(壽夢)의 막내아들이다. 처음에 북쪽으로 사신으로 가다가 서(徐)나라에 들렀더니 서나라 군주가 계찰의 칼을 보고 좋아하면서도 입으로는 감히 말하지 못했다. 계찰은 마음속으로 그 뜻을 알아차리고 칼을 주려고 했지만 상국(上國) 사신으로 가야 했으므로 주지 않고 그곳을 떠났다. 사신의 임무를 마치고 돌아오는 길에 서나라에 들렀는데 서나라 군주는 이미 죽고 없었다. 이에 그 보검(寶劒)을 풀어 그의 무덤 곁의 나무에 걸어놓고 갔다.

이에 따르는 자가 말하기를, "서나라 군주는 이미 죽었는데 이제 누구에게 주려는 것입니까?"라고 하니 계찰은 말하기를 "그렇지 않다. 지난번 내 마음에 이미 허락했는데 어찌 죽었다고 해서 내 마음을 어긴단 말이냐?"라고 했다.

뒤에 계찰은 연릉(延陵)에 봉해졌기 때문에 연릉계자(延陵季子)라고 한다. 《신서(新序)》에 말하기를, 서나라 사람들이 그를 아름답게 여겨 노래하기를 "연릉계자(延陵季子)는 마음속의 약속을 잊지 않았기 때문에 천금의 칼을 풀어서 무덤의 언덕에 걸었네."라고 했다.

原文 史記, 吳季札吳王壽夢季子也. 初使北過徐君. 徐君好季札劒, 口弗敢言. 季札心知之, 爲使上國未獻. 還至徐, 徐君已死. 乃解其寶劒, 懸徐君冢樹而去. 從者曰, 徐君已死. 尚誰予乎. 季子曰, 不然. 始吾心已許之. 豈以死倍吾心哉. 札封於延陵. 故號延陵季子. 新序曰, 徐人嘉而歌之曰, 延陵季子兮不忘故, 脫千金之劒兮帶丘墓.

註解 ㅇ史記(사기)−《사기》〈오태백세가(吳太伯世家)〉에 있는 이야기임. ㅇ上國(상국)−종주국(宗主國)을 일컫는 말. 여기서는 진(晉)나라임. ㅇ新序(신서)−《신서》 권 7 〈절사편(節士篇)〉에 있음.

408. 서치치추(徐穉置芻)

−서치(徐穉)가 날꼴을 놓아두다

후한(後漢) 서치(徐穉)의 자는 유자(孺子)이니 예장(豫章) 남창(南昌) 사람이다. 집이 가난하여 항상 스스로 농사지어 자기 힘으로 얻은 것이 아니면 먹지 않았다. 공손하고 검소하며 의리가 있고 사양해서, 그가 사는 마을 사람들은 그의 덕에 모두 복종했다.

조정에서 여러번 불러도 나가지 않더니 환제(桓帝) 때 진번(陳蕃)과 호광(胡廣)이 소(疏)를 올려 그를 천거했다. 조정에서는 예를 갖추어 불렀는데 그래도 나가지 않았다. 일찍이 태위(太尉) 황경(黃瓊)이 불렀었는데 역시 나가지 않았다. 황경이 죽자 이에 그 집에 가서 닭과 술을 차려놓고 약소하게 제사를 지내고 가면서 성명을 알리지 않았다.

이때 모였던 자들 중에 곽임종(郭林宗) 등이 이 말을 듣고 서치인가 의심하여 설득력이 있는 모용(茅容)을 보내서 따라가게 했더니 서치와 함께 농사에 대한 말을 하다가 작별할 때가 되어 그는 모용에게 이르기를, "나 대신 곽임종에게 고해 주오. 큰 나무가 장차 쓰러지려고 할 때는 하나의 노끈으로 버틸 수가 없는 법이오. 어찌해서 금하여 한가로이 편안하게 있지 못하는 거요라고 전해 주구려."라고 했다.

곽임종이 그 어머니 초상을 당하자 가서 조상하고 날꼴 한 묶음을 집앞에 놓고 갔다. 여러 사람들이 괴이하게 여겼으나 그 까닭을 알지 못하는데 곽임종이 말하기를, "이는 틀림없이 남주(南州)의 고사(高士) 서유자(徐孺子)일 것이오. 《시경(詩經)》에 말하지 않았습니까? 날꼴[生芻] 한 묶음은 보잘것없는 것이지만 옥과 같다고요. 내 결백을 칭찬해 준 것이지요. 그러나 나는 덕이 없어 이 말을 받을 수가 없소."라고 했다.

原文 後漢徐穉字孺子, 豫章南昌人. 家貧常自耕稼, 非其力不食. 恭儉義讓, 所居服其德. 屢辟擧不就. 桓帝時, 陳蕃·胡廣上疏薦之. 備禮徵不至. 嘗爲太尉黃瓊所辟. 瓊卒. 乃往設雞酒薄祭, 哭畢而去, 不告姓名. 時會者郭林宗等聞之, 疑其穉也, 遣茅容追及之. 共言稼穡之事. 臨訣謂容曰, 爲我謝林宗. 大樹將顚, 非一繩所維. 何爲栖栖不遑寧處. 及林宗有母憂, 往弔之, 置生芻一束於廬前而去. 衆怪不知其故. 林宗曰, 此必南州高士徐孺子也. 詩不云乎. 生芻一束, 其人如玉. 吾無德以堪之.

註解 ㅇ後漢(후한)－《후한서》〈열전〉 43에 있는 이야기임. ㅇ陳蕃(진번)－후한(後漢) 말년의 정치가. 진번하탑(陳蕃下榻)의 고사(故事)로 유명함. ㅇ胡廣(호광)－후한(後漢) 사람. 벼슬이 사도(司徒)에 이르렀다. ㅇ茅容(모용)－능히 말을 하는 자. ㅇ林宗(임종)－후한(後漢) 곽태(郭泰)의 자. 일찍이 길을 가다가 비를 만나 두건의 한쪽 머리를 접자 당시 사람들이 그것을 본받는다며 모두 두건의 한쪽을 꺾었다.

409. 주운절함(朱雲折檻)

－주운(朱雲)이 난간을 부러뜨리다

전한(前漢) 주운(朱雲)의 자는 유(游)이니 노현(魯縣) 사람이다. 용모가 몹시 웅장하고 용력(勇力)이 있기로 알려졌다. 뜻이 크고 기개가 있는데다가 큰 절개를 좋아하여 당시 세상에서 이를 높게 여겼다. 방정과(方正科)에 천거되어 괴리영(槐里令)이 되었으나 금고(禁錮)에 연좌되었다.

성제(成帝) 때 장우(張禹)가 황제의 스승으로서 특진(特進)하여 몹시 존중을 받게 되었다. 주운은 이 일을 마땅치 않게 여기어 글을 올려 알현하기를 청해서 입궐하니 공경(公卿)들이 앞에 있었다. 이에 주운이 말하기를, "지금 조정의 대신(大臣)들이 위로는 임금을 돕지 못하고 아래로는 백성에게 유익하게 하지 못하며 오직 녹(祿)만 타먹고 있는 처지이오니 신(臣)은 원컨대 상방(尙方) 영신(佞臣) 한 사람을 베고 이로써 그 나머지를 밝게 하겠습니다."라고 했다. 이에 황제가 묻기를 그것이 누구냐고 하자 대답하기를, "안창후(安昌侯) 장우(張禹)입니다."라고 했다.

황제는 크게 노하여 말하기를, "조그만 신하가 아래에 있어 윗사람을 헐뜯고 조정에 사부(師傅)를 욕했으니 그 죄는 죽어도 용서할 수가 없다."하자 어사(御史)가 주운을 끌어내렸다. 주운이 대궐의 난간을 휘어잡자 난간이 부러졌다. 그는 소리치기를, "신(臣)은 죽음을 당하더라도 지하에 내려가 그 충신인 관용봉(關龍逢)과 비간(比干)을 만나 함께 놀았으면 만족하겠습니다. 그러나 폐하의 조정이 어찌될 것인지가 걱정스럽습니다."라고 했는데 어사가 드디어 주운을 데리고 갔다.

이에 좌장군(左將軍) 신경기(辛慶忌)가 주운의 언행에 감동하여 관(冠)을 벗고 인수(印綬)를 풀더니 대궐 아래에 내려가 머리를 땅바닥에 두드리면서 말하기를, "주운은 본래 너무 고지식하기로 세상에 알려졌습니다. 그 말이 옳았다면 별 일이 아닙니다. 또 옳지 않다 하더라도 광직(狂直)의 말이라면 용서해 줄 일입니다. 이에 신(臣)은 감히 죽기로써 그의 사죄(死罪)에 반대하는 바입니다."라고 했다. 신경기 머리에서는 피가 흐르니 황제의 노기가 풀렸다.

그 뒤에 주운이 망가뜨린 난간을 고치려고 하자 황제는 말하기를, "바꾸지 말라."하고 그것을 모아두어 이로써 곧은 신하의 정성을 후세에 나타냈다. 주운은 이로부터 다시 벼슬하지 않았다.

原文 前漢朱雲字游, 魯人也. 容貌甚壯, 以勇力聞. 好倜儻大節, 當世高之. 擧方正, 爲槐里令, 坐廢錮. 成帝時, 張禹以帝師位特進, 甚尊重. 雲上書求見. 公卿在前. 雲曰, 今朝廷大臣, 上不能匡主, 下亡以益民, 皆尸位素餐. 臣願賜尙方斬馬劒, 斷佞臣一人, 以厲其與, 上問, 誰也. 對曰, 安昌侯張禹. 上大怒曰, 小臣居下訕上, 廷辱師傅. 罪死不赦. 御史將雲下. 雲攀殿檻, 檻折. 呼曰, 臣得下從龍逄·比干遊於地下足矣. 未知聖朝何如耳. 御史遂將雲去. 於是左將軍辛慶忌免冠, 解印綬, 叩頭殿下曰, 此臣素著狂直於世. 使其言是, 不可誅. 其言非固當容之. 臣敢以死爭 慶忌叩頭流血. 上意解, 然後得已. 及後當治檻, 上曰, 勿易. 因而輯之, 以旌直臣. 雲自是不復仕.

註解 ㅇ前漢(전한)－《전한서》〈열전〉 37에 있는 이야기임. ㅇ尙方(상방)－중한 물건을 보관해 두는 창고. ㅇ龍逄(용봉)－하(夏)나라 걸왕(桀王)의 신하 관용봉(關龍逄)으로서 임금에게 간하다 죽은 충신. ㅇ比干(비간)－은(殷)나라 주왕(紂王)에게 간하다가 죽은 충신. ㅇ辛慶忌(신경기)－한(漢)나라 적도(狄道) 사람. 성제(成帝) 때 좌장군(左將軍). 주운(朱雲)이 장우(張禹)의 일로 사죄(死罪)에 처하게 되자 신경기는 관을 벗고 인수(印綬)를 풀고 머리를 부딪쳐 피를 흘려 주운을 구제했다.

410. 신도단앙(申屠斷鞅)

—신도(申屠)가 말의 가슴걸이를 끊다

후한(後漢) 신도강(申屠剛)의 자는 거경(巨卿)이니 부풍(扶風)

무릉(茂陵) 사람이다. 승상(丞相) 신도가(申屠嘉)의 7세손(七世孫)으로서 강한 성질에 바르고 곧아서 항상 사유(史鰌)와 급암(汲黯)의 사람됨을 사모했다. 평제(平帝) 때 현량방정과(賢良方正科)에 천거되어 시험 답안을 써서 바쳤다. 그것은 정도(正道)를 논한 것으로서 왕망(王莽)으로서는 거북한 것이었다. 그래서 왕망(王莽)은 원후(元后)로 하여금 조서를 내리게 하여 그를 파면시켰고 그는 고향으로 돌아갔다.

건무(建武) 7년에 부름을 받아 시어사(侍御史)에 임명되었다가 상서령(尙書令)에 옮겨졌다. 광무(光武)가 일찍이 나가서 노는데 신도강은 농촉(隴蜀)이 아직 평정되지 않았으니 잔치하고 편안히 놀 때가 아니라며 간했다. 그러나 받아들여지지 않자 드디어 수레의 바퀴굄에 머리를 박고 수레를 정지시키니 황제도 드디어 중지했다. 그러나 그후에도 자주 간해서 임금의 뜻을 잃었다. 조정에서 축출당하여 평음령(平陰令)이 되었다가 다시 태중대부(大中大夫)에 임명되었다. 구주(舊注)에 말하기를, 그가 칼로 말의 가슴걸이를 끊었다고 했는데 그 기사의 출처는 불명(不明)이다. 또 신도강(申屠剛)의 강(剛)자를 강(綱)으로 적고 있는데 이것은 다른 사람을 뜻하는 것이 아니다.

原文 **後漢申屠剛字巨卿, 扶風茂陵人. 丞相嘉七世孫. 剛性方直, 常慕史鰌·汲黯之爲人. 平帝時, 擧賢良方正對策. 王莽令元后下詔罷歸. 建武七年, 徵拜侍御史, 遷尙書令. 光武嘗欲出游. 剛以隴蜀未平. 不宜宴安逸豫. 諫不見聽, 遂以頭軔乘輿輪, 帝遂爲止. 以數切諫失旨, 出爲平陰令, 復拜大中大夫. 舊注云, 以刀斷馬鞅. 未詳所出. 剛轉作綱.**

註解 ㅇ後漢(후한)—《후한서》〈열전〉19에 있는 이야기임. ㅇ史鰌(사

유)－춘추시대 때 위(衛)나라 대부(大夫). 자는 자어(子魚). 또한 사어(史魚)라고도 한다. 영공(靈公)이 거백옥(蘧伯玉)을 쓰지 않고 미자하(彌子瑕)를 쓰자 자어가 자꾸 간했으나 듣지 않았는데 병으로 장차 죽게 되자 그 아들에게 명하기를, "내가 살아서 임금을 바로잡지 못했으니 죽어서 예를 이룰 수가 없다."하여 시체를 창 밑에 감추어 두었다. 영공이 가서 조상하다가 괴상히 여겨 물었더니 그 아들이 사실대로 고했다. 이에 영공은 나의 잘못이라 하고 이에 거백옥을 올려 쓰고 미자하를 물러가게 했다. ㅇ汲黯(급암)－한대(漢代)의 간신(諫臣). 무제(武帝) 때 동해태수(東海太守)를 거쳐 구경(九卿)의 반열에 올랐음. 성질이 엄격하고 직간(直諫)을 잘하여 무제(武帝)로부터 사직(社稷)의 신하란 평을 들었음.

411. 위개양차(衛玠羊車)

－위개(衛玠)가 양의 수레를 타다

《진서(晉書)》에 보면, 위개(衛玠)가 총각으로 양(羊)이 끄는 수레를 타고 저자에 들어가자 보는 자들은 그를 옥인(玉人)이라 하여 구경하는 자가 도읍을 메웠다. 태자세마(太子洗馬)에 임명되었더니 천하가 어지럽다고 해서 집을 떠나 남쪽으로 가다가 예장(豫章)에 이르렀다.

이때 왕돈(王敦)이 예장에 주둔하고 있었는데 장사(長史) 사곤(謝鯤)은 위개의 인물 됨됨이를 익히 알고 있던 터라 서로 기뻐하여 이야기한 지 여러 날이 되었다. 이에 왕돈이 사곤에게 이르기를, "옛날에 왕보사(王輔嗣)는 금같은 소리를 조정에서 토하더니 이제 이 젊은이는 옥같은 소리를 강 동쪽에서 떨치도다. 이와 같이 은미한 말의 실머리가 끊어졌다가 다시 이어지도다. 뜻밖에도 영가(永嘉) 말년에 다시 정시(正始)의 소리를 듣게 되니 어찌 평숙(平叔)이 살아있었으면 마땅히 다시 절도(絶倒)했을 것이로다."라고 했다.

위개는 일찍이 만약 어떤 사람이 자기에게 미치지 못하는 점이 있으면 가히 정으로 용서할 것이요, 뜻이 아닌 것으로 서로 관계하고 가히 이치로써 보낼 것이라고 했다. 그런 까닭에 몸이 마치도록 기뻐하고 화내는 빛을 나타내지 않았다. 위개는 왕돈이 호화롭고 쾌활한 것은 좋지만 사람과 사귀려 하지 않고 사람들의 위에 있기를 좋아하니 충신(忠臣)이 아닐 것이라며 이를 두려워했다. 그래서 도읍인 건업(建鄴 : 建業)으로 가려고 했다. 도읍 사람들이 그의 용모에 대한 소식을 듣고 보고자 하는 자가 담같이 늘어섰다. 이에 그가 급사(急死)했으므로 당시 사람들은 여러 사람의 구경거리가 되었기 때문이라고 했다. 즉 보이는 것에 지쳐서 죽었다고 했다.

原文 晉書, 衛玠總角乘羊車入市. 見者以爲玉人. 觀者傾都. 拜太子洗馬. 以天下亂移家, 南行, 至豫章. 時王敦鎭豫章. 長史謝鯤雅重玠. 相見欣然. 言論彌日. 敦謂鯤曰, 昔王輔嗣吐金聲於中朝. 此子復玉振於江表. 微言之緖絶而復續. 不意永嘉之末, 復聞正始之音. 何平叔若在, 當復絶倒. 玠嘗以人有不及, 可以情恕. 非意相干, 可以理遣. 故終身不見喜慍色. 玠以敦豪爽不群, 好居物上. 恐非忠臣. 求向建鄴. 京師人士聞其姿容, 觀者如堵. 會卒. 時謂被看殺.

註解 ㅇ晉書(진서)－《진서》〈열전〉 6에 있는 이야기임. ㅇ玉人(옥인)－옥(玉)과 같은 사람. ㅇ王敦(왕돈)－진(晉)나라 임기(臨沂) 사람. 무제(武帝)의 딸 양성공주(襄城公主)에게 장가들어 부마도위(駙馬都尉)가 되고 뒤에 종형(從兄) 왕도(王導)와 함께 두도(杜弢)의 난을 평정하고 정남대장군(征南大將軍)이 되었음. 시중(侍中)에 오르자 조정의 일을 마음대로 처리하더니 뒤에 찬역(簒逆)을 도모하다가 명제(明帝)가 군사를 일으켜 쳤는데 마침내 병으로 죽었다. ㅇ謝鯤(사곤)－진(晉)나라 양

하(陽夏) 사람. 《노자(老子)》를 좋아하고 노래에 능했으며 거문고를 잘 탔다. 대장군(大將軍) 왕돈(王敦)이 불러서 장사(長史)를 삼았으나 왕돈이 신하 노릇을 제대로 하지 않으려는 것을 알고 정사에는 간여치 않았다. 뒤에 예장태수(豫章太守)가 되어 맑은 정치를 펴니 백성들이 사랑했다. ㅇ正始(정시)－위(魏)의 정시(正始) 연중에 죽림칠현(竹林七賢)이 있었으므로 여기에서는 칠현(七賢)의 유풍(遺風)을 말함. ㅇ絶倒(절도)－대단히 감탄함. ㅇ鄴(업)－위(魏)나라 서울.

412. 왕공학창(王恭鶴氅)

－왕공(王恭)이 학창구(鶴氅裘)를 입다

《진서(晉書)》에 보면, 왕공(王恭)의 자는 효백(孝伯)이니 태원(太原) 진양(晉陽) 사람이다. 젊었을 때 아름다운 명예가 있었고 맑은 지조가 다른 사람들보다 뛰어났다. 재주가 높이 빛나는 것을 스스로 믿고 재보(宰輔)에 오르려는 포부를 가지고 있었다. 좌저작랑(佐著作郎)이 되었는데 탄식하기를, "벼슬하여 재상이 되지 못한다면 재주와 뜻을 어찌 족히 부리겠는가?"라고 했다.

여러 번 벼슬이 옮겨져 안북장군(安北將軍)으로 옮겼다가 회계왕(會稽王) 도자(道子)에게 해를 입은 바가 되었다. 왕공은 모습과 거동이 아름다워 사람들이 많이 사랑하고 기뻐하여 혹 지목해서 말하기를, "씻은 듯한 봄달의 버들과 같다."고 했다. 일찍이 학창구(鶴氅裘)를 입고 눈을 밟고 가는데 맹창(孟昶)이 엿보고 말하기를, "이는 참으로 신선 속의 사람이다."라고 했다. 왕공은 성질이 넓지 않고 기회(機會)에 어두웠는데 더욱이 불법(佛法)을 믿어서 형벌에 임해서도 오히려 불경(佛經)을 외우고 있었다.

原文 晉書, 王恭字孝伯, 太原晉陽人. 少有美譽. 淸操過人.

自負才地高華, 有宰輔之望. 爲佐著作郞. 歎曰, 仕宦不爲宰相, 才志何足以騁. 累遷安北將軍, 爲會稽王道子所害. 恭美姿儀, 人多愛悅. 或目之云, 濯濯如春月柳. 嘗被鶴氅裘, 涉雪而行. 孟昶窺見曰, 此眞神仙中人也. 恭爲性不弘, 闇於機會. 尤信佛法, 臨刑猶誦佛經.

註解 ㅇ晉書(진서)－《진서》〈열전〉 54에 있는 이야기임. ㅇ宰輔(재보)－재상. ㅇ鶴氅裘(학창구)－학의 털로 만든 갖옷. ㅇ孟昶(맹창)－진(晉)나라 안구(安丘) 사람. 환현(桓玄)이 일찍이 맹창을 추중(推重)하더니 유유(劉裕)가 장차 건의(建議)하려 하자 맹창과 합모(合謀)하여 환현을 쳐서 벼슬이 상서우복야(尙書右僕射)에 이르렀으나 죄가 두려워서 자살했음.

413. 관중수마(管仲隨馬)

－관중(管仲)이 말을 따르다

《한비자(韓非子)》에 말하기를, 관중(管仲)과 습붕(隰朋)이 환공(桓公)을 좇아 고죽(孤竹)을 치기 위하여 봄에 갔다가 겨울에 돌아오는데 그만 길을 잃었다. 이에 관중이 말하기를, "늙은 말의 지혜를 써볼 일입니다."하고 이에 늙은 말을 놓아두고 따라갔다. 드디어 왔던 길을 찾아갈 수 있었다. 또 어느 때 산속으로 들어갔더니 물이 없었다. 이때 습붕이 말하기를, "개미는 겨울에는 산의 양지에 있고 여름에는 산의 음지에 있는 것이니 개미가 있는 땅을 사방 한 치만 파면 8척 정도의 물이 가득히 있을 것이오."하여 이에 땅을 파서 드디어 물을 얻었다.

관중과 습붕의 지혜로도 그 알지 못하는 것에 이르면 늙은 말과 개미를 스승으로 하는 것도 어렵지 않게 여겼는데 지금 사람들은 그 어리석은 마음으로써 성인(聖人)의 지혜를 스승으로 삼을 줄 모르니 또한 지나치지 않은가?

原文 **韓非子曰, 管仲·隰朋從於桓公而伐孤竹. 春往冬返, 迷惑失道. 管仲曰, 老馬之智可用也. 乃放老馬而隨之, 遂得道. 行山中無水. 濕朋曰, 蟻冬居山之陽, 夏居山之陰. 蟻壤一寸而仞有水. 乃掘地, 遂得水. 以管仲·隰朋之智, 至其所不知, 不難師於老馬與蟻. 今人不知以其愚心師聖人之智, 不亦過乎.**

註解 ○韓非子(한비자)—《한비자》〈설림편(說林篇)〉에 있는 이야기임. ○管仲(관중)—춘추시대 제(齊)나라의 현상(賢相). 이름은 이오(夷吾). 중(仲)은 그의 자. 환공(桓公)을 섬겨 정승이 되어 부국강병(富國强兵)에 힘써 환공을 오패(五覇)의 으뜸이 되게 하였음. ○隰朋(습붕)—춘추시대 때 제(齊)나라 사람. 대부(大夫)로서 관중(管仲)을 도와 환공(桓公)의 패업(覇業)을 이룩했음. ○孤竹(고죽)—상(商 : 殷)나라 때의 제후(諸侯)의 나라. 신농씨(神農氏)의 자손이 세웠다 하며 백이(伯夷)와 숙제(叔齊)는 그 임금의 아들임.

414. 창서칭상(倉舒稱象)

—창서(倉舒)가 코끼리를 저울질하다

《위지(魏志)》에 보면, 등애왕(鄧哀王) 조충(曹沖)의 자는 창서(倉舒)이니 무제(武帝)의 아들이다. 젊었을 때 총명하고 자세하면서 재주가 뛰어났는데 5, 6세 때에 성인(成人)의 지혜가 있는 것 같았다.

이때 손권(孫權)이 일찍이 큰 코끼리를 보냈는데 태조(太祖)가 그 근량(斤量)을 알고자 하여 여러 신하들에게 물었으나 아무도 능히 그 이치를 밝혀내지 못했다. 이에 조충이 말하기를, "코끼리를 큰 배 위에 싣고 배가 잠기는 물의 눈금을 새겨놓고, 이번에는 코끼리 대신 다른 물건을 달아서 배에 싣되 먼젓번의 눈금에 달한 경우를 비교해 보면 무게를 알 수 있을 것입니다."라고 했다. 태조는 기뻐하여 즉시 시행했다.

이때 군국(軍國)에 일이 많아서 형벌을 행함이 엄중했다. 그런 와중에서 죄가 정해지고 사형에 처해질 자라 하더라도 조충이 불러서 재심(再審)한 결과 무죄로 용서되는 자가 전후에 수십 명이었다. 태조가 자주 여러 신하들에게 이를 칭찬하며 그를 후계자로 세울 뜻이 있었는데 마침 졸(卒)했다.

原文 魏志, 鄧哀王沖字倉舒, 武帝子. 少聰察岐嶷, 五六歲有若成人之智. 時孫權曾致拒象. 太祖欲知其斤重, 訪之群下, 莫能出其理. 沖曰, 置象大船之上, 而刻其水痕所至, 稱物以載之, 則校其可知矣. 太祖大悅, 卽施行焉. 時軍國多事, 用刑嚴重. 凡應罪戮, 而爲沖徵所辨理, 賴以濟宥者, 前後數十. 太祖數對群臣稱述, 有欲傳後意, 會卒.

註解 ㅇ魏志(위지) - 《위지》 권20에 있는 이야기임. ㅇ鄧哀王(등애왕) - 등후(鄧侯). 애왕은 시호임.

415. 정란각목(丁蘭刻木)

-정란(丁蘭)이 나무를 깎다

《효자전(孝子傳)》에 보면, 정란(丁蘭)은 어머니 섬기기를 효성으로 하더니 어머니가 죽자 나무를 새겨 어머니를 만들어놓고 살아있을 때와 마찬가지로 섬겼다. 어느 때 정란의 아내가 잘못하여 어머니의 얼굴을 태우자 이때를 맞추어 머리털이 빠지고 피부가 갈라진 것처럼 피가 흘렀다.

原文 **孝子傳, 丁蘭事母孝. 母亡. 刻木爲母事之. 蘭婦誤, 以火燒母面. 應時髮落如割.**

註解 ㅇ孝子傳(효자전)－고주(古注) 《몽구》도 《효자전》을 출전(出典)으로 삼고 있고, 서주본(徐注本)도 거의 같다. 단 '출효자전(出孝子傳)'이란 작은 글씨가 글 말미에 적혀 있을 뿐이다.

416. 백유읍장(伯瑜泣杖)

－백유(伯瑜)는 어머니의 매에 울다

《설원(說苑)》에 말하기를, 백유(伯瑜)가 잘못이 있어서 그 어머니가 매로 때리는데 백유가 울자, 어머니가 말하기를, "다른 날에는 매를 때려도 울지 않았는데 오늘 우는 것은 무슨 까닭이냐?"라고 하자 백유는 대답하기를, "다른 날에 죄를 지어 매를 때리신 때는 항상 아팠는데 오늘은 어머니의 힘이 능히 아프게 하지 못하시기 때문에 그로 인해서 웁니다."라고 했다. 《십이국사(十二國史)》에서는 백유의 유(瑜)를 유(兪)라고 적었다.

原文 **說苑曰, 伯瑜有過. 其母笞之. 泣. 母曰, 他日笞未嘗泣. 今泣何也. 對曰, 他日得罪笞, 常痛. 今母之力不能痛. 是以泣. 十二國史, 瑜作兪.**

註解 ㅇ說苑(설원)－《설원》 권3 〈건목편(建木篇)〉에 있는 이야기임.

417. 진규호상(陳逵豪爽)
－진규(陳逵)는 호탕하고 시원했다

《세설신어(世說新語)》〈호상편(豪爽篇)〉에 보면, 진(晉)나라 진규(陳逵)의 자는 임도(林道)이니 진도(晉都) 건업(建業) 서쪽 언덕에 살고 있었다. 도읍의 여러 사람들이 함께 청하여 우저(牛渚)에 이르렀다. 당시 진규가 이치에 맞게 말을 잘하므로 여러 사람들은 함께 말로 진규를 꺾으려고 했다. 이때 진규는 태연하게 여의(如意)를 턱에 버티고 계롱산(鷄籠山)을 바라보면서 탄식하기를, "옛날 손백부(孫伯符)는 빼어난 재주를 가지고 있으면서도 지업(志業)을 이루지 못했으니 실로 아쉬운 일이었지."라고 하니 이에 온 좌중이 말을 하지 못했다. 백부(伯符)는 손책(孫策)의 자(字)이다.

原文 **世說豪爽篇, 晉陳逵字林道, 住西岸. 都下諸人, 共邀至牛渚. 陳善言理. 諸人欲共言折陳. 陳以如意拄頰, 望鷄籠山歎曰, 昔孫伯符志業不遂. 於是竟坐不得談. 伯符孫策字也.**

註解 ㅇ如意(여의)－옛날에 도사(道士)가 음덕(陰德)이 있는 한 가난한 선비에게 준 물건인데 이것을 흔들면 바라는 물건이 뜻대로 나왔다고 함. ㅇ鷄籠山(계롱산)－계명산(鷄鳴山). 남경(南京) 서북쪽에 있음. ㅇ志業(지업)－뜻하는 사업. ㅇ孫策(손책)－후한말(後漢末)의 무장(武將). 오(吳)나라 손권(孫權)의 형. 그의 아버지 손견(孫堅)의 사후(死後)에 여병(餘兵)을 몰아 각처에서 백전백승(百戰百勝)을 거두어 마침내 강동(江東) 땅을 평정했음.

418. 전방간오(田方簡傲)

―전자방(田子方)은 간명하고 거만했다

《사기(史記)》에 보면, 위(魏)나라 문후(文侯)가 중산국(中山國)을 평정하고 그 아들 자격(子擊)으로 하여금 지키게 했다. 자격이 입국(入國)하려는데 문후의 스승 전자방(田子方)을 조가(朝歌)에서 만났다. 자격은 수레에서 내려 인사를 했으나 전자방은 예를 갖추지 않았다. 이에 자격이 묻기를, "부귀(富貴)한 자가 사람에게 교만해도 되는 것입니까? 빈천(貧賤)한 자가 사람에게 교만해도 되는 것입니까?"라고 했다.

이에 전자방이 말하기를, "역시 빈천한 자가 사람에게 교만한 것이지요. 대체로 제후(諸侯)가 사람에게 교만하면 그 나라를 잃고 대부(大夫)로서 사람에게 교만하면 그 집을 잃는 것이라오. 하지만 빈천한 자는 잃을 것이 없소. 그런즉 행하는 것이 맞지 않고 말하는 것이 쓰이지 않으면 그곳을 떠나 초(楚)나라나 월(越)나라로 가되 마치 짚신을 벗을 것같이 여길 것이니 어찌 부귀한 자와 같게 여기겠소이까?"라고 했다. 자격은 기쁘게 여기지 않고 갔다.

原文 **史記, 魏文伐中山, 使子擊守之. 子擊逢文侯之師田子方於朝歌, 引車避下謁. 子方不爲禮. 子擊因問曰, 富貴者驕人乎. 且貧賤者驕人乎. 子方曰, 亦貧賤者驕人耳. 夫諸侯而驕人則失其國. 大夫而驕人則失其家. 貧賤者行不合. 言不用. 則去之楚越. 若脫躧然. 奈何其同之哉. 子擊不懌而去.**

註解 ㅇ史記(사기)―《사기》〈위세가(魏世家)〉에 있는 이야기임. ㅇ田子方(전자방)―이름은 무택(無擇). 전국시대 위(魏)나라 사람. 문제(文

帝)가 스승으로 삼았다. ㅇ朝歌(조가)－한(漢)나라에서 설치한 하남성(河南省) 준현(濬縣) 서쪽에 있는 지명(地名).

419. 황향방주(黃向訪主)

－황향(黃向)은 금주머니를 주인을 찾아 돌려주었다

《몽구》 구주(舊注)에 말하기를, 후한(後漢) 황향(黃向)은 예장(豫章) 사람이다. 일찍이 길을 가다가 금주머니를 주웠는데 즉시 주인을 찾아 돌려주었다.

原文 **舊注云, 後漢黃向豫章人也. 嘗行於路拾得金囊. 乃訪主還之.**

註解 ㅇ黃向(황향)－고주(古注) 《몽구》에는 황향 아래에 자중문(字仲文 : 자는 중문이다)이라는 세 자가 있음.

420. 진식유도(陳寔遺盜)

－진식(陳寔)이 도둑을 보내다

후한(後漢) 진식(陳寔)의 자는 중궁(仲弓)이니 영천(穎川) 허현(許縣) 사람이다. 젊었을 때 현리(縣吏)를 지내다가 낙양(洛陽) 도정(都亭)의 자좌(刺佐)가 되었는데 뜻이 있어 학문을 좋아했다. 그는 앉으나 서나 글을 읽고 외웠다. 이에 현령(縣令)이 이를 기이하게 여겨 태학(太學)의 학업(學業)을 받도록 허락해 주었다.

뒤에 태구장(太丘長)에 제수되었는데 그 고을을 다스림에 있어

덕을 닦고, 맑고 고요하여 백성들이 이로써 편안했다. 관리가 송사를 금하라고 아뢰자 편안히 말하기를, "송사는 곧은 것을 구하는 것인데 이것을 금한다면 장차 자신의 올바른 주장을 어떻게 말하겠는가?"라며 백성들을 충분히 이해하고 다스렸기 때문에 마침내 소송하는 자가 없어졌다. 그가 고향에 돌아가서는 언제나 마음을 공평무사하게 지니고 사람들을 선도했는데 만일 송사로 다투는 자가 있으면 문득 바르게 판결하는 것을 구하여 굽고 곧은 것을 깨우쳐 가르쳤으므로 모두 납득하고 물러가도 원망하는 자가 없었다. 그들은 탄식하기를, "차리리 형벌을 더 받더라도 진식 어른에게 단점(短點) 잡히는 일은 하지 않겠다."라고 했다.

이때 흉년이 들어 밤에 도둑이 그의 방에 들어갔고 심지어 대들보 위에까지 올라갔는데 이것을 진식은 모르는 체하면서 자손(子孫)들을 불러놓고 안색을 바로잡으며 훈계하기를, "대체로 사람은 스스로 힘쓰지 않을 수가 없는 것이니 착하지 않은 사람도 반드시 본래부터 악한 것이 아니고, 습관으로 성질을 이루어 드디어 여기에 이르는 것이니 대들보 위의 군자(君子)가 바로 그 사람이다."라고 했다. 이에 도둑은 크게 놀라며 스스로 땅에 내려와서 머리를 조아리며 죄를 빌었다. 이에 진식이 말하기를, "그대의 모양을 보니 악한 사람이 아니고 마땅히 빈곤(貧困)으로 연유한 것일 게다."하고 사람을 시켜 비단 두 필을 주니 이로부터 한 고을에 도둑이 없었다.

그 뒤에 조정에서 여러 번 불렀으나 나가지 않고 집에서 졸(卒)하니 온 나라 안에서 조상하러 온 자가 3만여명이나 되었고 베옷의 상복(喪服)을 입은 자가 백 명이나 되었으며 함께 돌을 깎아서 비석을 세웠다. 시호는 문범선생(文範先生)이다.

原文 後漢陳寔字仲弓, 潁川許人. 少作縣吏, 爲都亭剌佐. 有志好學, 坐立誦讀. 縣令奇之, 聽受業太學. 後除太丘長.

修德清靜, 百姓以安. 吏白欲禁訟者. 寔曰, 訟以求直. 禁之理將何申. 卒無訟者. 去官吏人追思之. 在鄉閭平心率物, 有爭訟輒求判正, 曉譬曲直, 退無怨者. 至乃歎曰寧爲刑罰所加, 不爲陳君所短. 時歲荒. 有盜夜入其室, 止於梁上. 寔陰見之, 呼子孫, 正色訓之曰, 夫人不可不自勉. 不善之人, 未必本惡. 習以性成, 遂至於此. 梁上君子是矣. 盜大驚, 自投於地, 稽顙歸罪. 寔曰, 視君狀貌, 不似惡人. 當由貧困. 令遺絹二匹. 自是一縣無盜. 後累命不起. 卒于家. 海內赴者三萬餘人, 制衰麻者以百數. 共刊石立碑, 諡文範先生.

註解 ㅇ後漢(후한)-《후한서》〈열전〉52에 있는 이야기임.

421. 방검착정(龐儉鑿井)

—방검(龐儉)이 우물을 파다

《풍속통(風俗通)》에 보면, 방검(龐儉)이 그 아버지가 행방불명이 되어 어머니를 따라서 떠돌다가 뒤에 노리(盧里)에 살았는데 우물을 파다가 동전(銅錢)을 얻어서 드디어 부자가 되었다. 이에 종을 구하다가 늙은 창두(蒼頭)를 얻었다. 창두는 집에 수일동안 있다가 스스로 말하기를, "방석 위의 어머니가 바로 내 아내이다."라고 했다. 어머니가 그 말을 듣고 그에게 물었더니 종은 말하기를, "내 아내는 애씨(艾氏)의 딸로서 자는 아굉(阿宏)이니 왼쪽 발바닥에 검은 점이 있고 오른쪽 어깨 아래에 붉은 사마귀가 있는데 머리빗의 반쪽 정도의 크기요."라고 했다. 이에 어머니는 "이 사람은 틀림없는 내 남편이다."하고 드디어 부부가 되어 이전과 같이 되었다. 이에 당시 사람들이 이르기를, "노리(盧里)의 방공(龐公)이 우물을 파다가 구리를 얻어 종도 사고 아비도 얻었다."라고 했다.

原文 **風俗通, 龐儉亡其父, 隨母流落. 後居盧里, 鑿井得銅, 遂富. 因求奴得老蒼頭. 於家數日, 蒼頭自言, 堂上母是我婦. 母聞乃問之. 奴曰, 婦艾氏女, 字阿宏. 左足下有黑子. 右腋下有赤誌, 如半櫛大. 母曰, 我翁也. 遂爲夫婦如初. 時人謂曰, 盧里龐公, 鑿井得銅, 買奴得翁.**

註解 ㅇ風俗通(풍속통)-동한(東漢) 응소(應劭)가 지은 책. 일체의 풍속(風俗)에 관해서 말하고 있다. ㅇ蒼頭(창두)-종. 푸른 수건을 쓴 병졸.

422. 음방사조(陰方祀竈)

-음자방(陰子方)이 부엌에 제사를 지냈다

후한(後漢) 음식(陰識)의 자는 차백(次伯)이니 남양(南陽) 신야(新野) 사람이다. 광열황후(光烈皇后)의 오빠로서 원록후(原鹿侯)에 봉해졌다. 현종(顯宗) 때 집금오(執金吾)에 임명되었고 지위가 특진(特進)되었다. 그 조상은 관중(管仲)에게서 나왔다고 하며 대대로 제사를 받들었는데 관중이 제(齊)나라 재상(宰相)이었다 하여 상군(相君)이라고 했다.

선제(宣帝) 때 음자방(陰子方)이란 자가 지극히 효성스럽고 어진 은혜가 있었다. 어느 해 납일(臘日)에 음자방이 아침밥을 짓고 있는데 조신(竈神)의 모양이 나타났다. 음자방은 두 번 절하고 축복을 받았다. 집에 황양(黃羊)이 있었는데 이것을 잡아서 제사에 썼더니 이로부터 갑자기 큰 부자가 되어 밭이 700여경(頃)이나 되고 여마

(輿馬)와 복예(僕隸)도 있어 그 수가 제후(諸侯)에 비교될 정도였다. 음자방이 항상 말하기를, "내 자손은 반드시 장차 강하고 커질 것이다."라고 했는데 음자방으로부터 3대에 이르러 번창했다(陰識은 特進하고 그의 여동생은 황후가 되었다). 그런 까닭에 그후로 항상 납일(臘日)이면 부엌에 제사를 드리는데 황양(黃羊)을 바쳤다.

原文 後漢陰識字次伯, 南陽新野人. 光烈皇后兄, 封原鹿侯. 顯宗時, 拜執金吾, 位特進. 其先出自管仲. 世奉其祀, 謂爲相君. 宣帝時, 陰子方者至孝有仁恩. 臘日晨炊, 而竈神形見. 子方再拜受慶. 家有黃羊. 因以祀之. 自是暴至巨富. 田有七百餘頃. 輿馬僕隸比於邦君. 子方常言, 我子孫必將强大. 至識三世而遂繁昌. 故後常以臘日祀竈, 薦黃羊焉.

註解 ㅇ後漢(후한)—《후한서》〈열전〉 22에 있는 이야기임. ㅇ臘日(납일)—동지(冬至) 후 제3의 술일(戌日). ㅇ黃羊(황양)—누런 양. 인도(印度)에서 난다고 함.

423. 한수절향(韓壽竊香)

—한수(韓壽)가 향을 훔치다

《진서(晉書)》에 보면, 한수(韓壽)의 자는 덕진(德眞)이니 남양(南陽) 도양(堵陽) 사람이다. 얼굴이 아름답고 행동을 잘하여 가충(賈充)이 불러서 사공연(司空掾)을 삼았다.

가충이 언제나 손님과 동료들에게 잔치를 하면 그 딸이 안문 안에서 엿보다가 한수를 보고 좋아했다. 그녀는 크게 감동하고 생각하여 자나깨나 그의 말만 하였다. 그녀의 종이 후에 한수의 집에 가서 그녀의 뜻을 모두 말하고 또한 그녀의 빛나고 곱고 단정하고 아름다운 면이 뛰어나다고 말하자 한수도 그 말을 듣고 마음이 움직여 종으로 하여금 은근히 소식을 통하게 했다. 종이 이 뜻으로써 아가씨에게 아뢰자 아가씨는 드디어 비밀히 소식을 통하고 후하게 서로 물건을 주어 사이를 맺고 한수를 불러 밤에 들어오게 하자 한수는 담을 넘어갔으나 집안에서는 전혀 알지 못했다.

이때 서역(西域)에서 공물(貢物)로 오는 기이한 향(香)이 있는데 한번 사람에게 뿌리면 한 달이 지나도록 향내가 없어지지 않았다. 황제가 이것을 몹시 귀하게 여겼는데 오직 가충과 대사마(大司馬) 진건(陳騫)에게만 하사했더니 그 딸이 비밀히 도둑질하여 한수에게 주었다. 이에 속관(屬官)들이 그 향내를 맡고 가충에게 말하자 가충은 그 딸이 한수와 통하는 것을 알고 곧 아내로 삼게 했다. 벼슬이 산기상시(散騎常侍) 하남윤(河南尹)에 이르렀다.

原文 **晉書, 韓壽字德眞, 南陽堵陽人. 美姿貌, 善容止. 賈充辟爲司空掾. 充每讌賓寮, 其女輒於青瑣中窺之, 見壽悅焉. 女大感想, 發於寤寐. 婢後往壽家, 具說女意, 幷言其女光麗艷逸, 端美絶倫. 壽聞而心動, 令爲通殷勤. 婢以白女. 女遂潛修音好, 厚相贈結, 呼壽夜入. 壽踰垣而至, 家中莫知. 時西域有貢奇香. 一著人則經月不歇. 帝甚貴之, 唯賜充及大司馬陳騫. 其女密盜以遺壽. 寮屬聞其芬馥, 稱之於充. 充意知女與壽通, 卽以妻焉. 官至散騎常侍·河南尹.**

註解 ㅇ晉書(진서)－《진서》〈열전〉 10에 있는 이야기임. ㅇ賈充(가충)－진(晉)나라 양양(襄陽) 사람. 위(魏)나라에 벼슬하여 벼슬이 정위(廷尉)에 올랐더니 무제(武帝)가 수선(受禪)할 때 좌명(佐命)의 공이 있어서 사공(司空) 시중상서령(侍中尙書令)에 올랐음. ㅇ西域(서역)－

중앙아시아 및 인도 지방을 일컬음. ㅇ陳騫(진건)－진(晉)나라 사람. 침후(沈厚)하고 지모(智謀)가 있었다. 무제(武帝)가 수선(受禪)할 때 공이 있어 좌명훈(佐命勳)으로서 고평군공(高平郡公)에 봉했다가 시중(侍中)으로 옮기고 나가서 도독양주제군사(都督楊州諸軍事)가 되었다.

424. 왕몽시모(王濛市帽)

－왕몽(王濛)이 저자에서 모자를 사다

《진서(晉書)》에 보면, 왕몽(王濛)의 자는 중조(仲祖)이니 태원(太原) 진양(晉陽) 사람이며 애정황후(哀靖皇后)의 아버지이다. 젊었을 때 멋대로 놀고 얽매이지 않아서 고향 사람들의 반열에 끼지 못했다. 늦으막에 비로소 깨닫고 힘써 행해서 풍류(風流)의 아름다운 칭찬이 있었다. 예서(隷書)를 잘 쓰고 모양과 얼굴이 아름다웠다. 일찍이 거울에 자기 얼굴을 스스로 비쳐보고 그 아버지의 자(字)를 불러 말하기를, "왕문개(王文開)가 이같은 아이를 낳았는가?"라고 했다. 가난하게 살아서 모자가 헐었으므로 스스로 저자에 들어가서 사려고 했는데 동네 할미가 그 모양을 예쁘게 여겨 새 모자를 사주니 당시 사람들이 싹싹한 성품이라고 했다. 사도장사(司徒長史)로 마쳤다.

原文 晉書, 王濛字仲祖, 太原晉陽人, 哀靖皇后父也. 少放縱不羈, 不爲鄕曲所齒. 晩節始克己勵行, 有風流美譽. 善隷書. 美姿容. 嘗覽鏡自照, 稱其父字曰, 王文開生如此兒邪. 居貧帽破. 自入市買之. 嫗悅其貌, 遺以新帽. 時人以爲達. 終司徒長史.

註解 ㅇ晉書(진서)－《진서》〈외척전(外戚傳)〉에 있는 이야기임. ㅇ哀

靖皇后(애정황후)－애제(哀帝)의 왕황후(王皇后).

425. 구천투료(勾踐投醪)

－구천(勾踐)이 막걸리를 던지다

《고열녀전(古列女傳)》에 보면, 초(楚)나라 자발(子發)이 진(秦)나라를 치는데 군대에 양식이 떨어져서 사졸(士卒)들이 콩가루를 나누어 먹었다. 그런데 자발은 아침 저녁으로 소·양·개·돼지에 서속(黍粟) 등 미식(美食)을 먹고 있었으며 진(秦)나라 장수를 크게 깨고 돌아왔다. 그러나 그 어머니는 문을 닫고 들이지 않으면서 사람을 시켜 죄를 묻기를, "너는 월왕(越王) 구천(勾踐)이 오(吳)나라를 칠 때의 일을 듣지 못했느냐? 손님 중 진국술 한 그릇을 바치는 자가 있자 왕은 강의 상류(上流)에 부어 사졸(士卒)로 하여금 하류(下流)에서 마시게 했더니 맛이 더 좋지는 않았어도 사졸들이 싸우는 데는 한 사람이 다섯을 당했다. 또 어느 날 한 주머니의 건반(乾飯)을 바치는 자가 있자, 왕은 이것을 군사들에게 내렸는데 군사들은 이것을 나누어 먹었거니와 족히 목구멍에 넘어가지 않았어도 그 싸움에 있어서 하나가 열 명을 당했다. 이제 너는 대장이 되어 사졸들에게는 콩가루를 먹이면서 너 혼자만 고기에 서속(黍粟) 등 미식을 먹었더란 말이냐! 너는 내 자식이 아니니 집 문에 들어올 것이 없다."라고 하자 자발은 그 어머니에게 사죄한 뒤에야 문에 들어설 수가 있었다.

原文 **古列女傳, 楚子發攻秦, 軍絶粮. 士卒幷分菽粒而食之. 子發朝夕芻豢黍粱, 大破秦將而歸. 其母閉門而不內. 使人數之曰, 子不聞越王勾踐之伐吳乎. 客有獻醇酒一器者. 王使人注江之上流, 使士卒飮其下流. 味不及加美, 而士卒戰自**

五也. 異日有獻一囊糗糒者. 王又以賜軍. 軍士分而食之. 其不足踰嗌, 而戰自十也. 今子爲將, 士卒幷分菽粒, 子獨芻豢黍粱何乎. 子非吾子. 無入吾門. 子發謝其母, 然後內之.

註解 ㅇ古列女傳(고열녀전)－전한(前漢) 유향(劉向) 찬(撰). 열녀(列女)의 전기임. 이 이야기는 권1 〈모의전(母儀傳)〉에 초자발모(楚子發母)라는 제목으로 실려 있다. ㅇ勾踐(구천)－춘추시대 월(越)나라의 제2대 왕. 와신상담(臥薪嘗膽) 끝에 오왕(吳王) 부차(夫差)에게 당한 치욕을 씻었음.

426. 육항상약(陸抗嘗藥)

－육항(陸抗)이 의심치 않고 약을 마셨다

《오지(吳志)》에 보면, 육항(陸抗)의 자는 유절(幼節)이니 승상(丞相) 육손(陸遜)의 차자(次子)이다. 오(吳)나라 장수가 되었을 때 진(晉)나라 평남장군(平南將軍) 양호(羊祜)가 남하(南夏 : 荊州)를 지키고 있어 석성(石城) 이서(以西)는 모두 진(晉)나라 소유이고 항복하는 자가 끊어지지 않는다. 양호는 더욱 덕과 믿음을 닦아 마음에 두어서 처음 항복한 오나라 사람들도 모두 기뻐하고 즐거워하여 양공(羊公)이라며 이름을 부르지 않았다. 이 양호와 대진(對陣)하고 있던 오나라 장수가 육항이거니와 그들은 서로 마주 보고 사자(使者)를 보내어 서로 왕래하며 예를 갖추었다. 육항은 양호의 덕을 칭송하며 일컫기를, "덕량(德量)은 비록 악의(樂毅)와 제갈공명(諸葛孔明)이라도 능히 따르지 못한다."고 했다.

육항이 일찍이 병이 있었는데 양호가 약을 보내자 육항은 이것을 먹고 의심이 없었다. 이에 사람들이 육항에게 간하니 육항은 말하기를, "양호가 어찌 사람에게 독약을 먹일 사람이냐?"라고 하니 당시 사람들이 이 두 사람을 평하여 "화원(華元)과 자반(子反)이 다시 현대에 나타났다."고 말했다. 육항은 언제나 국경 수비대원들에게 고하기를, "저 사람은 오로지 덕으로 하는데 나는 오로지 사납게 군다면 이는 싸우지 않고 스스로 항복하는 것이다. 각각 경계를 나누어 보존할 뿐이요 조그만 이익을 구할 것이 아니다."라고 했다. 손호(孫皓)가 듣고 육항을 책망했는데 육항은 말하기를, "한 시골과 한 고을에도 신의(信義)가 없을 수 없는데 하물며 큰 나라이겠습니까? 신(臣)이 이같이 하지 않고 폭력을 내세운다면 양호의 덕(德)만 점점 올려주게 되어 양호 쪽은 아무런 손상도 받지 않게 될 것입니다."라고 했다.

原文 吳志, 陸抗字幼節, 丞相遜次子. 爲吳將. 時晉平南將軍羊祜鎭南夏. 石城以西盡爲晉有, 降者不絶. 祜增修德信, 以懷初附. 吳人悅服, 稱羊公不名. 祜與抗相對, 使命交通. 抗稱祜德量, 雖樂毅·諸葛孔明不能過也. 抗嘗病. 祜遺之藥. 抗服之無疑心. 人多諫抗. 抗曰, 羊祜豈酖人者. 時以爲華元·子反復見於今. 抗每告其戍曰, 被專爲德, 我專爲暴, 是不戰而自服也. 各保分界而已. 無求細利. 孫皓聞以詰抗. 抗曰, 一鄕一邑不可無信義. 况大國乎. 臣不如此, 正是彰其德, 於祜無傷也. 抗終大司馬·荊州牧.

註解 ㅇ吳志(오지)－《오지》 권13에 있는 이야기임. ㅇ樂毅(악의)－전국시대 연(燕)나라 혜왕(惠王)의 장수. 소왕(昭王)이 그를 중용(重用)하지 않자 조(趙)나라로 가서 중용됨. ㅇ諸葛孔明(제갈공명)－삼국시대 촉(蜀)나라의 정승. 유비(劉備)를 도와 촉(蜀)나라를 건국하게 하고 후주(後主)를 보필했는데 오장원(五丈原)에서 사마의(司馬懿)와 대진하다가 진중에서 죽음. ㅇ華元(화원)·子反(자반)－《사기(史記)》〈송세가(宋

世家)〉 등에 있는 이야기임. 춘추시대 문공(文公) 17년에 초(楚)나라 장왕(莊王)이 송나라 성을 포위했는데 성안에는 7일분의 식량밖에 남지 아니했다. 그래서 장왕은 사마(司馬)인 자반(子反)을 시켜 성 안의 동정을 살피게 했다. 성 안에서는 장군 화원(華元)으로 하여금 응수토록 했다. 자반 : "성 안의 상황은 어떠하오?" 화원 : "심히 어렵소. 사람의 뼈를 때서 취사를 하고 어린아이를 식량 대신 잡아먹는 형편이오." 자반 : "포위당한 나라에서는 허기져 울어대는 말[馬]을 숨기기 위해 말의 입을 막고, 일부러 살찐 사람으로 하여금 빈객 접대를 시킨다고 들었는데 지금 귀관이 실정을 그대로 고하는 이유는 무엇이오?" 화원 : "나도 이런 말을 들은 바 있소이다. 군자(君子)는 괴로워하는 사람을 보면 동정을 한다구요. 나는 귀관을 볼 때 아무래도 군자 같기에 실정을 있는 그대로 토로한 것이오." 자반 : "그래요. 힘을 내시오. 나도 우리 군대에게 7일분의 식량만 주겠소이다." 자반은 이렇게 말한 다음 돌아가서 장왕에게 보고했다. 장왕은 자반이 사실 그대로를 적군에게 고했다면서 크게 노했다. 자반이 장왕에게 아뢰었다. "보잘것없는 송나라에도 거짓말을 하지 않는 신하가 있습니다. 하물며 대국인 초나라의 경우이겠습니까? 그러기에 신(臣)도 사실을 그대로 말했던 것입니다." 그러자 장왕도 그 말이 옳다며 군대를 철수시켰다. 여기서는 육항이 적장 양호가 보낸 약을 먹은 것은 상호간의 신의가 그 옛날 화원과 자반 사이의 이야기와 같기에 그 두 사람을 보고 있는 것 같다며 칭찬한 것이다.

427. 공유방귀(孔愉放龜)

—공유(孔愉)가 거북을 놓아주다

《진서(晉書)》에 보면, 공유(孔愉)의 자는 경강(敬康)이니 회계(會稽) 산음(山陰) 사람이다. 같은 고을의 장무(張茂 : 字는 偉康)와 정담(丁潭 : 字는 世康)과 더불어 이름이 가지런하니 당시 사람들이 '회계삼강(會稽三康)'이라고 했다.

건흥(建興) 초년에 승상연(丞相掾)으로 나갔다가 화질(華軼)을 친

공으로 여불정후(餘不亭侯)에 봉해졌다. 공유가 일찍이 길을 가다가 여불정(餘不亭)을 지나게 되었는데 대그릇에 거북을 넣어 둔 것을 보고 사서 강물 속에 놓아주었다. 거북은 중류(中流)에서 좌편으로 돌아보기를 서너 번이나 했다. 그는 여불정후였으므로 후인(侯印)을 주조(鑄造)하게 되었는데 완성되어 그것에 새긴 것을 찍어 보니 거북은 좌편을 돌아보고 있었다. 세 번 찍어도 처음과 같으므로 인공(印工)이 이 사실을 고하자 공유는 비로소 깨닫고 드디어 그것을 찼다.

原文 晉書, 孔愉字敬康, 會稽山陰人. 與同郡張茂偉康·丁潭世康齊名. 時人號曰會稽三康. 建興初出爲丞相掾. 後以討華軼功, 封餘不亭侯. 愉嘗行經餘不亭, 見籠龜於路者. 愉買而放之溪中. 龜中流左顧者數四. 及是鑄侯印. 而印龜左顧. 三鑄如初. 印工以告. 愉乃悟, 遂佩焉.

註解 ㅇ晉書(진서)－《진서》〈열전〉 48에 있는 이야기임. ㅇ印龜(인귀)－도장의 손잡이가 거북 모양인 것.

428. 장호타작(張顥墮鵲)

－장호(張顥)가 까치를 떨어뜨리다

《박물지(博物志)》에 보면, 장호(張顥)가 양(梁)나라 정승이 되었는데 비가 내린 후에 산까치 비슷한 새가 날아서 땅에 가까이 오자 저자 사람들이 돌을 던져서 땅에 떨어뜨렸다. 백성들이 다투어 가져가려고 하는데 곧 한 개의 둥그런 돌로 변했다. 이에 장호는 사람을 시켜 망치로 쳐서 깨뜨리게 하니 하나의 금인(金印)이 나왔는데 글에 쓰기를, '충효후인(忠孝侯印)'이라고 했다. 장호의 자는 지백(智

伯)이니 상산(常山) 사람으로서 한(漢)나라 영제(靈帝) 때 태위(太尉)가 되었다.

原文 **博物志, 張顥爲梁相. 新雨後, 有鳥如山鵲, 飛翔近地. 市人擲之墮地. 民爭取之, 卽爲一圓石. 顥令搥破之, 得一金印. 文曰忠孝侯印. 顥字智伯, 常山人. 漢靈帝時爲太尉.**

註解 ㅇ博物志(박물지)－진(晉)나라 장화(張華)가 지은 책. 전설과 기이한 이야기를 모아 실었다.

429. 전예검소(田豫儉素)

－전예(田豫)가 검소하게 지내다

《위지(魏志)》에 보면, 전예(田豫)의 자는 국양(國讓)이니 어양(漁陽) 옹노(雍奴) 사람이다. 제왕(齊王) 때 병주자사(并州刺史)가 되었더니 외호(外胡)들이 그의 위엄있는 이름을 듣고 서로 이끌고 와서 공물(貢物)을 바치므로 고을 경제가 편안하고 백성들이 그를 따랐다. 조정에서 불러 위위(衛尉)를 삼았는데 여러 번 벼슬 내놓기를 청했으나 사마선왕(司馬宣王)은 '나이가 들었어도 아직 일할 수 있고 정신적으로도 원기가 있다'는 글을 내리어 허락하지 않았다. 그도 글을 올려 대답하기를, '나이 70이 지나서 벼슬자리에 있으니 비유컨대 종소리가 울어 시간이 다했는데 밤길을 걸어 쉬지 않는 것과 같사오며 이는 죄인입니다'하고 드디어 굳이 병을 핑계대고 사직할 것을 청했다. 그래서 한직(閑職)인 태중대부(太中大夫)에 임명되어 경(卿)의 녹(祿)을 먹다가 이윽고 죽었다.

전예는 맑고 절약하고 검소하여 상으로 하사받은 것도 모두 장사

(將士)들에게 나누어 주었으며 항상 호적(胡狄)들이 사사로이 보낸 것도 모두 장부에 기록하여 관청에 간수하고 집에는 들여가지 않았다. 그래서 집은 항상 가난하고 아무것도 없었다. 중국에서는 물론이고 이적(夷狄)들도 모두 전예의 절개를 높이 여겼다.

原文 **魏志, 田豫字國讓漁陽雍奴人. 齊王時, 領幷州刺史. 外胡聞其威名, 相率來獻. 州界寧肅, 百姓懷之. 徵爲衛尉, 屢乞遜位. 司馬宣王以爲豫克壯. 書喩未聽. 豫書答曰, 年過七十而居位, 譬猶鐘鳴漏盡, 而夜行不休. 是罪人也. 遂固稱疾. 拜太中大夫, 食卿祿薨. 豫淸約儉素, 賞賜散之將士, 每胡狄私遺, 悉簿藏官, 不入家. 家常貧匱. 雖殊類咸高豫節.**

註解 ㅇ魏志(위지)－《위지》 권 26에 있는 이야기임. ㅇ齊王(제왕)－위나라 제2대 명제(明帝)의 양자(養子). 제위(帝位)에 올랐으나 폐위되어 제왕(齊王)이라 불렀다. ㅇ豫克壯(예극장)－나이가 비록 늙었어도 오히려 책임을 이긴다는 뜻과 심지(心志)가 강장(强壯)하다는 뜻. ㅇ胡狄(호적)－오랑캐들.

430. 이순청약(李恂淸約)

－이순(李恂)은 맑고 검소했다

후한(後漢) 이순(李恂)의 자는 숙영(叔英)이니 안정(安定) 임경(臨涇) 사람이다. 시어사(侍御史)에 임명되어 부절(符節)을 가지고 유주(幽州)에 사신으로 가서 은택(恩澤)을 선포(宣布)하고 북적(北狄)을 위무(慰撫)했는데 지나는 곳마다 산천(山川)과 둔전(屯田)과 취락(聚落)을 그림으로 그려서 모두 봉해 가지고 위에 바쳤다. 숙종(肅宗)이 가상히 여겨 연주자사(兗州刺史)에 임명했는데 맑고 검약

(儉約)한 것으로 아랫사람을 거느리고 항상 양(羊)의 가죽을 깔고 무명 옷을 입었다.

뒤에 무위태수(武威太守)로 옮겼다가 고향으로 돌아가 산택(山澤)에 숨어 살면서 풀을 묶어 집을 만들고 제생(諸生)과 함께 자리를 짜서 스스로 보급했다. 흉년이 들자 사공(司空) 장민(張敏)과 사도(司徒) 노공(魯恭)이 양식을 보냈는데 모두 받지 아니했다. 그리고 집을 신안(新安) 함곡관(函谷關) 옆으로 옮기고 상수리 열매를 주워서 이로써 스스로 생활했다. 나이 96세에 졸(卒)했다.

《구몽구(舊蒙求)》에 순(恂)이 순(詢)으로 되어 있는 것은 잘못이다.

原文 後漢李恂字叔英, 安定臨涇人. 拜侍御史, 持節使幽州, 宣布恩澤, 慰撫北狄. 所過皆圖寫山川·屯田·聚落, 悉封奏上. 肅宗嘉之, 拜兗州刺史. 以清約率下, 常席羊皮, 服布被. 後遷武威太守. 歸鄕潛居山澤, 結草爲廬, 與諸生織席自給. 歲荒. 司空張敏·司徒魯恭饋粮, 悉無所受. 徙居新安關下, 拾橡實以自資. 年九十六卒. 舊本, 恂作詢誤也.

註解 ○後漢(후한)－《후한서》〈열전〉 41에 있는 이야기임. ○北狄(북적)－북쪽 오랑캐. ○屯田(둔전)－군대가 머물러 있으면서 농사짓는 밭. ○聚落(취락)－마을.

431. 의종공표(義縱攻剽)

－의종(義縱)이 쳐서 물건을 약탈함

전한(前漢) 의종(義縱)은 하동(河東) 사람이다. 젊었을 때 일찍이 장차공(張次公)으로 더불어 함께 물건을 빼앗아 떼도둑이 되었다.

의종은 누나가 있는데 의원(醫員)으로서 당시 무제(武帝)의 어머니인 왕태후(王太后)의 사랑을 받았다. 의종은 그런 인연으로 무제가 불러 중랑(中郞)으로 삼았다. 다시 장안령(長安令)으로 옮겼는데 곧은 법으로 정치를 행하여 귀척(貴戚)을 피하지 않아서 하내도위(河內都尉)로 옮겼더니 부임하자마자 그 지방의 호족(豪族)인 양씨(穰氏) 일족을 모두 베어 없앴다. 그의 엄정한 시정(施政)으로 길에 떨어진 물건을 줍는 자가 없었다. 남양태수(南陽太守)가 되어서는 영성(甯成)의 집을 쳐부수고 정양태수(定襄太守)로 옮겨 부임하자 그 옥중(獄中)의 중한 죄인을 다시 국문하여 4백여 명을 죽이니 고을 안이 춥지 않은데도 소름이 끼쳤다.

이 무렵 조우(趙禹)·장탕(張湯)이 구경(九卿)이 되었으나 그 정치는 오히려 너그러워서 법에 맞도록 정치를 했었다. 그런데 의종은 법의 시행이 얼마나 엄격하던지 마치 매가 깃을 펄럭이며 참새를 잡는 것과 같았다. 뒤에 황제의 명령에 따르지 않고 격식을 폐하여 일을 막았다 해서 처형되었고 시체는 저자에 버려졌다.

原文 **前漢義縱河東人. 少時嘗與張次公俱攻剽爲群盜. 縱有姊. 以醫幸王太后. 上拜縱爲中郞. 遷長安令. 直法行治, 不避貴戚. 遷河內都尉. 至則誅滅其豪穰氏之屬. 道不拾遺. 爲南陽太守, 破碎甯成家. 徙定襄太守, 至則掩其獄中重罪, 一切捕鞠, 殺四百餘人. 郡中不寒而栗. 時趙禹·張湯爲九卿. 然其治尙寬, 輔法而行. 縱以鷹擊毛摯爲治. 後以廢格沮事弃市.**

註解 ㅇ前漢(전한)－《전한서》〈열전〉 60 혹리전(酷吏傳)에 있는 이야기임. 《사기(史記)》〈열전〉 62에도 있음. ㅇ九卿(구경)－한(漢)나라에서는 태상(大常)·광록훈(光祿勳)·대홍려(大鴻臚)·대사농(大司農)·위위(衛尉)·태복(太僕)·정위(廷尉)·종정(宗正)·소부(少府).

432. 주양포학(周陽暴虐)

―주양(周陽)이 포악하고 사나웠다

전한(前漢) 주양유(周陽由)는 경제(景帝) 때 군수(郡守)가 되었는데 무제(武帝)가 즉위했을 때 주양유는 태수(太守) 중에서 가장 사납고 혹독하고 교만하고 방자했다. 그는 자기가 사랑하는 자는 법을 어지럽혀도 그를 살리고 미워하는 자는 법에 정성을 다한 자도 그를 없앴다. 그가 부임하는 고을에서는 반드시 그 지방의 위세있는 자를 멸망시키고 태수(太守)가 되어서는 도위(都尉) 보기를 수령과 같이하고 도위(都尉)가 되어서는 태수(太守)를 업신여겨 자리를 빼앗아 다스렸는데 뒤에 하동도위(河東都尉)가 되자 태수와 함께 권력을 다투다가 득죄하고 처형되어 시체는 저자에 버려졌다.

原文 **前漢周陽由, 景帝時爲郡守. 武帝立, 由居二千石中, 最爲暴酷驕恣. 所愛者撓法活之, 所憎者曲法滅之. 所居郡. 必夷其豪. 爲守視都尉如令, 爲都尉, 陵太守奪之治. 後爲河東都尉, 與守爭權弃市.**

註解 ㅇ前漢(전한)―《전한서》〈열전〉60 혹리전(酷吏傳)에 있는 이야기임.

433. 맹양척와(孟陽擲瓦)

―맹양(孟陽)에게 기와를 던지다

《진서(晉書)》에 보면, 장재(張載)의 자는 맹양(孟陽)이니 안평(安

平) 사람이다. 성품이 한가하고 맑으며 널리 배우고 문장이 있었다. 아버지 장수(張收)가 촉군태수(蜀郡太守)가 되었다. 태강(太康) 초년에 촉(蜀) 땅으로 아버지를 뵈러 가는데 험하기로 소문난 검각산(劍閣山)을 지나게 되었다. 장재는 촉 땅 사람이 이처럼 지세가 험한 것을 믿고 난(亂)을 일으키기 좋아한다 하여 이에 명(銘)을 지어 경계했다.

익주자사(益州刺史) 장민(張敏)은 이를 기이히 여겨 표문(表文)에 그 글을 올렸더니 무제(武帝)가 사자(使者)를 보내어 검각산에 그 글을 새기게 했다. 벼슬이 중서시랑(中書侍郞)에 이르렀는데 장재는 모양이 몹시 추해서 항상 길을 가면 어린아이들이 기와라든가 돌을 던졌고 그는 상처를 입어 힘없이 돌아오곤 했었다.

原文 **晉書, 張載字孟陽, 安平人. 性閑雅, 博學有文章. 父收爲蜀郡太守. 太康初, 至蜀省父. 道經劒閣. 載以蜀人恃險好亂. 因著銘, 以作誡. 益州刺史張敏奇之, 表上其文. 武帝遣使, 鐫之劒閣山焉. 仕至中書侍郞. 載甚醜. 每行, 小兒以瓦石擲之, 委頓而反.**

註解 ㅇ晉書(진서)—《진서》 권52에 있는 이야기임. ㅇ劍閣(검각)—장안(長安)에서 촉(蜀)으로 가는 길에 있는 대검(大劍)·소검(小劍)의 두 산의 요해(要害). 그 산속을 지나가는 것은 마치 각도(閣道)를 지나는 것 같다 하여 이런 이름으로 불렸다.

434. 가씨여고(賈氏如皐)

—가대부(賈大夫)가 언덕에 가다

《좌씨전(左氏傳)》에 말하기를, 숙향(叔向)이 사신이 되어 정(鄭)

나라로 가는데 정나라에는 종멸(鬷蔑)이란 현인(賢人)이 있었다. 이 종멸은 생김새가 몹시 추했다. 그 종명이 숙향을 보고자 하여 사신 중 예기(禮器)를 다루는 자를 따라가서 당(堂) 아래에 서있다가 기회를 보아 한마디 했는데 그 말이 실로 이치에 맞는 말이었다. 숙향이 장차 술을 마시려는데 이 말을 듣고 말하기를, "반드시 종멸일 것이오."하고 내려가서 그 손을 잡고 올라왔다. 그리고 말하기를, "옛날 가(賈)나라 대부(大夫) 중 추한 사람이 있었소. 그가 아내를 얻었는데 남편이 추하게 생긴 것을 보고는 3년동안 말하지도 않고 웃지도 않더란 거요. 어느 때 대부는 아내와 함께 수레를 타고 산 언덕에 가서 활을 쏘아 꿩을 잡았다오. 그때서야 아내는 남편의 솜씨를 보고 처음으로 입을 열어 웃었답니다. 남편은 말하기를 '세상을 살아가려면 재능이 있어야 함을 알았소. 만약 내가 활을 쏠 줄 몰랐다면 그대는 평생 웃지도 않고 말하지도 않았을 것이오'라고 했다는 구려. 그대 역시 한마디 말을 안했더라면 나는 그대를 만나지 못했을 것이외다."라고 했다.

原文 **左氏傳曰, 叔向適鄭. 鬷蔑惡. 欲觀叔向, 從使之收器者而往, 立於堂下. 一言而善. 叔向將飮酒, 聞之曰, 必鬷明也. 下執其手而上曰, 昔賈大夫惡. 娶妻而美. 三年不言不笑. 御以如臯, 射雉獲之. 其妻始笑而言. 賈大夫曰, 才之不可以已, 我不能射, 汝遂不言不笑.**

註解 ㅇ左氏傳(좌씨전)-《춘추좌씨전(春秋左氏傳)》 소공(昭公) 28년조에 있는 이야기임.

435. 안회단표(顏回簞瓢)

―안회(顏回)의 대그릇과 표주박

《논어(論語)》에 말하기를, "한 대그릇의 밥과 한 표주박의 마실 것으로, 누추하고 좁은 거리에서 살면 사람들은 그 근심을 견디지 못하는데 안회(顏回)는 그렇게 살면서도 도(道)의 즐거움을 고치지 않았으니 어질도다, 안회여!"라고 했다.

原文 **論語曰, 一簞食, 一瓢飮, 在陋巷. 人不堪其憂. 回也不改其樂. 賢哉回也.**

註解 ○論語(논어)―사서(四書)의 하나. 공자(孔子)와 그의 제자, 또는 당시의 사람들과 문답한 말 및 제자들끼리 주고받은 말들을 공자 사후(死後)에 그의 제자들이 편수한 책.

436. 중위봉호(仲蔚蓬蒿)

―중위(仲蔚)의 집에 난 쑥

《고사전(高士傳)》에 보면, 장중위(張仲蔚)는 부풍(扶風) 평릉(平陵) 사람이다. 천문학(天文學)에 밝고 사물의 이치를 널리 아는데 시부(詩賦)를 좋아했다. 항상 궁한 곳에 살아 거처하는 곳에는 쑥대가 사람을 가렸거니와 문을 닫고 성품을 기르고 명예와 이익은 다스리지 않으니 밝고 높은 것을 당시 사람들이 알지 못하는데 오직 유공(劉龔)만이 알았다. 몸이 마치도록 벼슬하지 않았으나 삼보(三輔)의 사람들은 소중히 여겼다.

原文 高士傳, 張仲蔚扶風平陵人. 明天官, 博物善文, 好詩賦. 常居窮素, 所處蓬蒿沒人. 閉門養性, 不治名利. 淸高時人莫知. 惟劉龔知之. 終身不仕. 三輔重焉.

註解 ㅇ高士傳(고사전)－진(晉)나라 황보밀(皇甫謐)이 지은 은사(隱士)의 전기(傳記). ㅇ劉龔(유공)－오대남한주(五代南漢主). 형 유은(劉隱) 대신으로 청해절도사(淸海節度使)가 되었다.

437. 미축수자(麋竺收資)
－미축(麋竺)이 재물을 거두다

《촉지(蜀志)》에 보면 미축(麋竺)의 자는 자중(子仲)이니 동해(東海) 구현(呴縣) 사람이다. 선주(先主 : 劉備)에게 벼슬하여 안한장군(安漢將軍)에 임명되었다.

《수신기(搜神記)》에 말하기를, 미축이 일찍이 낙양(洛陽)에서 돌아오는데 집에 도착하기 전 수십 리(里) 되는 곳의 길에서 한 부인이 미축에게 짐을 실어 달라고 청했다. 수 리쯤 가다가 부인은 사례하고 가면서 미축에게 이르기를, "나는 천사(天使)인데 마땅히 가서 미축의 집을 불태울 것이나 그대의 짐 실어준 것에 감동하여 미리 말해주는 것이오."라고 했다. 이에 미축이 불태우지 말아달라고 청했으나 부인은 말하기를, "천제(天帝)의 명령이므로 타지 않게 할 수는 없으니 그대는 급히 달려가시오. 나는 천천히 갈 것이오. 점심때는 불이 꼭 날 것이외다."라고 했다.

이에 미축이 집으로 돌아가서 황급히 가재도구를 내놓는데 점심때에 불이 크게 났다.

原文 蜀志, 麋竺字子仲, 東海呴縣人. 仕先主, 累拜安漢將軍. 搜神記曰, 竺嘗從洛歸. 未達家數十里, 路見婦人. 從竺求寄載. 行可數里, 婦謝去, 謂竺曰, 我天使也. 當往燒東海麋竺家. 感君見載. 故以相語. 竺因私請之. 婦曰, 不可得不燒. 君可馳去. 我當緩行. 日中火當發. 竺乃還家遽出貨物. 日中而火大發.

註解 ㅇ蜀志(촉지)-《촉지》 권8에 있는 이야기임. ㅇ搜神記(수신기)-진(晉)나라의 간보(干寶)가 신괴(神怪)한 설화(說話)를 모은 책. 본래 30권이었는데 지금 통용되는 20권 본은 후대 사람이 유서(類書) 등에서 모은 것. 이 이야기는 〈본전(本傳)〉 주(注)에 실려 있다. ㅇ天使(천사)-하느님의 사명(使命)을 받들고 인계(人界)에 내려온 신(神).

438. 환경등고(桓景登高)

-환경(桓景)이 높은 곳에 오르다

《속제해기(續齊諧記)》에 보면, 여남(汝南) 환경(桓景)이 비장방(費長房)을 따라 선술(仙術)을 배운 지 여러 해가 되었다. 장방이 그에게 이르기를, "9월 9일에 그대의 집에 마땅히 재앙의 액(厄)이 있을 것이니 급히 가는 게 좋겠소. 집사람들에게는 각각 빨간 주머니를 만들게 하여 수유(茱萸)를 넣어 어깨에 매게 하고 높은 산에 올라 국화주(菊花酒)를 마시면 이 화를 가히 면할 것이오."라고 했다. 환경이 그 말대로 온 집안 식구들을 데리고 높은 산에 올라갔다가 저녁에 돌아와 보니 닭과 개, 소와 양이 일시에 갑자기 죽었다. 장방은 이 말을 듣고 말하기를, "인간을 대신해서 죽은 것이오."라고 했다. 지금 세상 사람들이 항상 9월 9일이 되면 산에 올라 국화주를 마시고 수유(茱萸) 주머니를 가지고 가는 것은 이 환경의 이야기에서 유래된 것이다.

原文 續齊諧記, 汝南桓景隨費長房遊學累年. 長房謂之曰, 九月九日, 汝家當有災厄. 急宜去. 令家人各作絳囊, 盛茱萸, 以繫臂, 登高山飲菊酒, 此禍可消. 景如言, 擧家登高. 夕還, 見雞犬牛羊, 一時暴死. 長房聞之曰, 代之矣. 今世人每至九日, 登山飲菊酒, 帶茱萸囊是也.

註解 ㅇ續齊諧記(속제해기)－양(梁)나라 오균(吳均)이 지은 괴담(怪談)을 모은 책. ㅇ費長房(비장방)－후한(後漢) 때의 여남(汝南) 사람. 호공(壺公)을 따라 산에 들어가서 선술(仙術)을 배웠다. ㅇ茱萸(수유)－9월 9일에 높은 산에 올라가 이 열매를 머리에 꽂으면 사기(邪氣)를 물리친다고 함.

439. 뇌환송검(雷煥送劍)

－뇌환(雷煥)이 칼을 보내다

《진서(晉書)》에 보면, 처음 오(吳)나라가 망하기 전에 남두성(南斗星)과 견우성(牽牛星) 사이에 항상 자색(紫色) 기운이 있자 도술(道術)하는 사람들이 모두 말하기를, 오(吳)나라가 바야흐로 강성해질 것이니 도모할 수가 없다고 했으나 오직 장화(張華)는 그렇지 않다고 하더니 오(吳)나라가 평정되자 붉은 기운이 더욱 밝아졌다. 장화(張華)가 예장(豫章)에게 들으니 뇌환(雷煥)이 묘하게 천문(天文)에 통달한다 하므로 이에 환(煥)을 불러서 동숙(同宿)하되 사람을 물리친 다음 함께 천문(天文)을 보고자 누(樓)에 돌아가 우러러 보다가 뇌환이 말하기를, "오직 두우(斗牛) 사이에 다른 기운이 있는데 보검(寶劍)의 정기(精氣)가 뒤로 하늘에 통하는 까닭이오."라고 한다. 장화가 묻기를, "어느 고을에 있는가?"하니 대답하기를, "예장(豫章) 풍성(豊城)에 있소."라고 한다.

이에 장화는 뇌환을 풍성령(豊城令)을 삼았더니 뇌환이 고을에 도착하자 옥(獄)이 있던 터를 파서 석함(石函) 하나를 얻었는데 그 속에 쌍검(雙劍)이 있었다. 이것은 모두 글을 새겼는데 하나는 용천(龍泉)이라 하고 하나는 태아(太阿)라고 새겨져 있었다. 그런데 그날 저녁부터는 자색운이 다시는 보이지 않았다.

이에 뇌환이 사자(使者)를 시켜 칼 하나는 장화에게 주고 하나는 자신이 스스로 찼다. 어떤 사람이 말하기를, "두 개의 칼을 얻었는데 하나만 보냈으니 장공(張公)을 속일 수가 있겠는가?"라고 하자 뇌환은 말하기를, "본조(本朝)가 장차 어지러울 터이니 장공은 마땅히 그 화를 받을 것이다. 두 개를 다 보내면 두 개가 다 없어지고 말 것이야. 나는 장공이 죽은 다음, 마치 계찰(季札)이 서군(徐君)의 무덤 옆에 있는 나무에 걸어놓았던 것처럼, 장공의 무덤 옆에 칼을 걸어놓고 싶은 것이야. 그러나 이 두 개의 칼은 신령기이(神靈奇異)란 물건들인즉 인간이 오래도록 차고 다니지는 못할 것이다. 결국에는 인간에게서 떠나고 말 것임이야."라고 했다.

장화가 칼을 얻자 뇌환에게 글로 알리기를, '칼에 쓴 글을 자세히 보니 이것은 곧 간장(干將)이다. 그런데 막야(莫邪)를 어찌해서 보내지 않았는가? 그러나 하늘이 신물(神物)을 만들었으니 끝내는 마땅히 합쳐질 것이다'라고 했다. 장화가 죽음을 당하자 칼의 있는 곳을 잃었고 뇌환도 죽고 난 다음 아들 뇌화(雷華)가 고을의 종사(從事)가 되어 칼을 가지고 가다가 연평진(延平津)을 지나는데 갑자기 허리에서 칼이 뛰어나와 물에 떨어졌다. 이에 사람을 시켜 물에 들어가 가져오게 했더니 칼은 보이지 않고 다만 두 마리의 용이 솟구

쳐 나오는 것이었다. 그 길이가 두어 길이나 되는데 감고 엉키어 글의 무늬가 있으므로 물에 들어갔던 자가 두려워서 그대로 돌아왔는데 조금 있자니 광채가 물에 비치면서 물결이 끓더니 이에 칼을 잃었다.

原文 晉書, 初吳之未滅, 斗牛閒常有紫氣. 道術者皆以, 吳方强盛, 未可圖. 惟張華以爲不然. 及吳平. 紫氣愈明. 華聞豫章雷煥妙達緯象, 乃要煥宿, 屛人共尋天文, 登樓仰觀. 煥曰, 惟斗牛閒有異氣. 寶劒之精, 上徹於天耳. 華問在何郡. 曰, 在豫章豐城. 華卽署煥爲豐城令. 煥到縣, 掘獄基得石函. 中有雙劒. 並刻題, 一曰龍泉, 一曰太阿. 其夕氣不復見. 煥遣使, 送一與華, 留一自佩. 或曰, 得兩送一. 張公可欺乎. 煥曰, 本朝將亂. 張公當受其禍. 此劒當繫徐君墓樹耳. 靈異之物, 終當化去. 華得劒, 報煥書曰, 詳觀劒文, 乃干將也. 莫邪何不至. 雖然天性神物. 終當合耳. 華誅, 失劒所在. 煥卒, 子華爲州從事, 持劒行經延平津, 忽於腰閒躍出墮水. 使人沒水取之, 不見劒. 但見兩龍. 各長數丈, 蟠縈有文章. 沒者懼而反. 須臾光彩照水, 波浪驚沸. 於是失劒.

註解 ㅇ晉書(진서)－《진서》〈열전〉 6 장화전(張華傳)에 있는 이야기임. ㅇ道術(도술)－도가(道家)의 방술(方術). ㅇ斗牛(두우)－남두성과 견우성. ㅇ精氣(정기)－음양 정령. ㅇ龍泉(용천)－고대(古代) 명검(名劍)의 이름. ㅇ太阿(태아)－고대 명검의 이름. ㅇ干將(간장)－막야(莫邪)와 함께 고대(古代)의 두 자루의 명검(名劍). 간장(干將)은 오(吳)나라의 도장(刀匠)이요 막야(莫邪)는 그 사람의 아내로서 오왕(吳王) 합려(闔閭)를 위하여 음(陰)인 막야(莫邪)와 양(陽)인 간장(干將)의 두 자루의 칼을 만들었다고 함. 그후 널리 명검(名劍)의 뜻으로 쓰임. ㅇ神物(신

물)－영묘(靈妙)한 물건.

440. 여건패도(呂虔佩刀)

－여건(呂虔)이 차던 칼

《위지(魏志)》에 보면, 여건(呂虔)의 자는 자격(子格)이니 임성(任城) 사람이다. 서주자사(徐州刺史)로 옮겼는데 왕상(王祥)에게 청하여 별가(別駕)가 되었다. 왕상은 백성의 일을 모두 그에게 맡기니 세상에서 많은 사람들이 그가 능히 맡길 사람에게 일을 맡겼다고 했다.

처음에 여건에게는 허리에 차는 칼이 있었는데 도공(刀工)이 보고 말하기를 "반드시 삼공(三公)에 오를 사람이 차야 하는 칼인즉 보통사람이 차서는 안되겠습니다."라고 했다. 여건은 왕상(王祥)에게 말하기를, "가령 삼공에 오를 자가 아닌 사람이 이 칼을 차고 다니면 그 칼이 도리어 화(禍)가 된다고 합니다. 경(卿)은 삼공에 오르시어 천자를 보필할 기량을 가지고 계십니다. 이 칼을 받으십시오." 라고 했다. 왕상은 삼공에 올랐는데 죽기에 임하여 그 칼을 동생 왕람(王覽)에게 주면서 말하기를 "너는 뒤에 반드시 일어날 것이니 족히 이 칼이 너에게 맞을 것이다."라고 했다. 왕람의 자손들은 대대로 어진 인재(人才)가 많아서 동진(東晉)에 가문을 떨쳤다.

原文 **魏志, 呂虔字子格, 任城人. 遷徐州刺史, 請王祥爲別駕, 民事一以委之. 世多其能任賢. 初虔有佩刀. 工相之, 以爲必登三公可服此刀. 虔謂祥曰, 苟非其人, 刀或爲害. 卿有公輔之量. 故以相與. 祥爲三公, 臨薨以刀授覽曰, 汝後必興. 足稱此刀. 覽後奕世多賢才, 興於江左.**

註解 ㅇ魏志(위지)－《위지》 권18에 있는 이야기임. ㅇ王祥(왕상)－진

(晉)나라 임기(臨沂) 사람. 계모(繼母)를 지극한 효성으로 섬겨 이 일로 세상의 칭찬을 받았다. 위(魏)나라를 섬겨 벼슬이 대사농(大司農)에 이르고 무제(武帝) 때 태보(太保)에 임명되었다. ㅇ別駕(별가)－자사(刺史)가 고을을 순행할 때 수행하는 벼슬. ㅇ公輔(공보)－삼공(三公)과 보상(輔相). ㅇ王覽(왕람)－진(晉)나라 사람. 왕상(王祥)의 이복제(異腹弟). 우애(友愛)가 좋기로 유명함. 벼슬은 태중대부(太中大夫)에 이름. ㅇ江左(강좌)－양자강(揚子江)의 동쪽. 즉 동진(東晉)을 말함. 동진은 강동의 건업(建業)에 도읍을 했으므로 이렇게 부른다.

441. 노래반의(老萊斑衣)

－노래자(老萊子)가 색동옷을 입다

《고사전(高士傳)》에 보면, 노래자(老萊子)는 초(楚)나라 사람이니 젊었을 때 효성스런 행동으로 어버이를 보양하는데 가급적 부드럽고 연한 것으로 했다. 나이 70의 고령이 되었건만 부모가 아직 건강하게 있어서 노래자는 무늬있는 색동옷을 입고 부모에게 어린아이의 노는 모습을 보여주며 말하는데 자기가 늙었단 말을 하지 않았다.

부모를 위하여 식사를 가지고 당(堂)에 오르다가 넘어지면 어린애의 울음소리를 내는데 속에서 정성이 우러나오는 소리였다. 초나라 안이 바야흐로 어지럽자 이에 몽산(蒙山) 남쪽으로 가 숨어서 농사지으며 책을 저술하고 이름을 노래자(老萊子)라고 했는데 어디에서 죽었는지 알지 못한다.

구주(舊注)에 말하기를, '오색의 아롱진 옷을 입었다고 한 것은《열녀전(列女傳)》에서 나왔다'라고 했는데 지금의 글에는 실려 있지 않다.

原文 **高士傳, 老萊子楚人. 少以孝行養親, 極甘脆. 年七十,**

父母猶存. 萊子服荊蘭之衣, 爲嬰兒戱於親前, 言不稱老. 爲親取食上堂, 足跌而偃. 因爲嬰兒啼. 誠至發中. 楚室方亂. 乃隱耕於蒙山之陽, 著書號老萊子. 莫知所終. 舊注云, 著五色斑斕之衣. 出列女傳. 今文無載.

註解 ㅇ老萊子(노래자)－초(楚)나라의 현인(賢人). 중국의 24효자 중 한 사람. 70세에 어린이 옷을 입고 어린이 같은 놀이를 해서 부모를 즐겁게 해드렸음. 황로(黃老)의 학문을 배워서 벼슬하지 않고 《노래자(老萊子)》 15편을 지었음.

442. 황향선침(黃香扇枕)

－황향(黃香)이 베개에 부채질을 하다

후한(後漢) 황향(黃香)의 자는 문강(文强)이니 강하(江夏) 안륙(安陸) 사람이다. 넓게 경전(經典)을 배우고 도술(道術)을 연구하여 정밀하고 문장에 능했다. 도읍에서 이름하여, '천하에 둘도 없는 강하(江夏)의 황동(黃童)'이라고 했다. 벼슬이 상서령(尙書令)과 위군태수(魏郡太守)에 이르렀다. 도연명(陶淵明)은 말하기를, "황향이 9세 때에 어머니를 잃고 사모하는 마음이 뼈에 사무쳐서 몹시 여위었다. 아버지를 섬기는 데 힘을 다하여 겨울에 바지를 입지 못하면서도 맛있는 음식을 구하여 아버지를 봉양했다. 더우면 침상과 베개에 부채질을 하고 추우면 몸으로 자리를 따뜻하게 했다. 화제(和帝)가 이를 아름답게 여겨 특별히 남다르게 하사하는 것을 더했다."라고 했다.

原文 後漢黃香字文强, 江夏安陸人. 博學經典, 究精道術, 能文章. 京師號曰, 天下無雙, 江夏黃童. 官至尙書令·魏郡

太守, 陶淵明曰, 香九歲失母, 思慕骨立. 事父竭力致養. 冬無被袴, 而盡滋味, 暑則扇床枕, 寒則以身溫席. 和帝嘉之, 特加異賜.

註解 ㅇ後漢(후한)－《후한서》〈열전〉 70 문원전(文苑傳)에 있는 이야기임. ㅇ黃童(황동)－이때에 아직 장가들지 않았으므로 황동(黃童)이라고 한 것임.

443. 왕상수내(王祥守柰)

－왕상(王祥)이 능금나무를 지키다

《진서(晉書)》에 보면 왕상(王祥)의 자는 휴징(休徵)이니 낭야(琅邪) 임기(臨沂) 사람이다. 성질이 지극히 효성스러웠는데 계모(繼母) 주씨(朱氏)가 아들을 사랑하지 않았으나 왕상은 더욱 공손하고 삼갔다. 부모가 병으로 아프면 밤에도 옷의 띠를 풀지 않고 탕약(湯藥)은 반드시 친히 맛보았다. 어머니가 일찍이 산 물고기를 먹고 싶어했는데 때가 추워서 얼음이 얼었다. 이에 왕상은 옷을 벗고 장차 얼음을 깨려고 하자 얼음이 갑자기 저절로 깨지면서 잉어 한 쌍이 뛰어나왔다.

계모가 또 참새를 구워 먹고 싶어하자 이번에는 참새 수십 마리가 그 휘장으로 날아 들어오니 마을 사람들이 놀라고 탄식하여 효성에 감동한 까닭이라고 말했다. 붉은 능금이 열매를 맺자 어머니가 명하여 나무를 지키라고 했다. 그는 비바람이 치면 문득 나무를 껴안고 울었으니 독실한 효성이 순수하고 지극하기가 이와 같았다.

한(漢)나라 말년에 난리를 만나 어머니를 부축하고 아우를 이끌며 여산(廬山)으로 피해가서 30년동안 숨어 살면서 고을의 명령에 응하지 않다가 나이가 60이 되자 이에 부름에 응해서 수재(秀才)로 천거되고 여러번 옮겨 태위(太尉)가 되고 무제(武帝) 때에는 태보(太保)에 임명되었다.

原文 晉書, 王祥字休徵, 瑯邪臨沂人. 性至孝. 繼母朱氏不慈, 而祥愈恭謹. 父母疾, 衣不解帶. 湯藥必親嘗. 母嘗欲生魚. 時天寒水凍. 祥解衣, 將剖氷求之. 氷忽自解, 雙鯉躍出. 母又思黃雀炙. 復有黃雀數十, 飛入其幕. 鄕里驚歎, 以爲孝感所致. 有丹柰結實. 母命守之. 每風雨, 輒抱樹而泣. 篤孝純志如此. 漢末遭亂, 扶母携弟, 避地廬山, 隱居三十年. 不應州郡之命. 年垂耳順, 乃應召. 擧秀才, 累遷太尉. 武帝時拜太保.

註解 ㅇ晉書(진서)－《진서》〈열전〉 권3에 있는 이야기임. ㅇ耳順(이순)－60세.

444. 채순분심(蔡順分椹)
－채순(蔡順)이 오디를 나누다

후한(後漢) 채순(蔡順)의 자는 군중(君仲)이니 여남(汝南) 사람이다. 젊어서 아버지를 여의고 홀어머니를 봉양했다. 그런데 어머니가 죽고 아직 장사지내기 전에 이웃집에 불이 났고 장차 그 집에 불길이 닥쳐오는데 채순은 관(棺)에 엎드려 울면서 하늘에 부르짖었다. 그러자 불이 드디어 그 집을 넘어서 딴 집으로 타들어갔다.

이에 태수(太守) 한숭(韓崇)이 불러서 동합좨주(東閤祭酒)를 시켰는데 어머니는 평생에 천둥을 두려워했었다. 그런 까닭에 어머니가 죽은 뒤로 언제나 천둥이 치면 채순은 문득 무덤을 돌았고 울면서 말하기를, "순(順)이 여기 있습니다."라고 했다. 한숭이 이 말을 듣고 문득 수레와 말을 내어 묘소(墓所)에 가게 했다. 뒤에 효렴(孝廉)으로 천거했으나 나가지 않았다.

구주(舊注)에 말하기를, 왕망(王莽)의 말년에 천하에 큰 흉년이 들었는데 채순이 뽕나무 열매를 주워서 붉고 검은 것을 각각 두 그릇에 담아놓았다. 이때 적미(赤眉)의 도둑이 이것을 보고 묻자 채순은 말하기를, "검은 것은 어머니께 드리고 붉은 것은 내가 먹으려는 것이다."라고 했다. 도둑은 그의 효성을 알고 이에 쌀 2두(斗)와 소의 다리 한 짝을 보냈다.

原文 後漢蔡順字君仲, 汝南人. 少孤養母. 母終未葬. 里中災. 火將逼其舍. 順伏棺, 號哭叫天. 火遂越燒它室. 太守韓崇召爲東閤祭酒. 母平生畏雷. 自亡後, 每有雷震, 順輒圜冢泣曰, 順在此. 崇聞輒差車馬到墓所. 後擧孝廉不就. 舊注云, 王莽末, 天下大荒. 順拾椹, 赤黑異器盛之. 赤眉賊見而問之. 順曰, 黑者奉母, 赤者自食. 賊知其孝, 乃遺米二斗 · 牛蹄一隻.

註解 ㅇ後漢(후한)-《후한서》〈열전〉 29에 있는 이야기임. ㅇ赤眉(적미)-후한(後漢) 초기(初期)에 산동(山東) 지방에서 일어난 비도(匪徒). 모두 눈썹을 빨갛게 물들였으므로 이렇게 부름.

445. 회남식시(淮南食時)

-회남왕(淮南王)은 아침에 칙서를 받으면 점심때 글을 올렸다

전한(前漢) 회남왕(淮南王) 유안(劉安)은 고조(高祖)의 손자이다.

글을 좋아하고 거문고를 치기 좋아했다. 한편 사냥을 한다든가 개라든가 말을 끌고 산야(山野)를 달리는 일을 좋아하지 않았다. 음덕(陰德)을 행하여 백성들을 어루만져 명예를 후세에 전하고자 했다. 또한 빈객(賓客)과 방술(方術)의 선비 수천 명을 불러모아 〈내외편(內外篇)〉 외 《회남자(淮南子)》를 지었으며 또 〈중편(中篇)〉이 있어 신선의 황백(黃白)의 술(術)을 말했다.

이때 무제(武帝)는 예문(藝文)을 좋아하여 유안으로써 제부(諸父)에 부쳐서 널리 변론하고 문사(文辭)를 잘하므로 몹시 존경하고 소중히 여겼다. 이에 보고하는 글이나 아래에 내리는 글은 항상 사마상여(司馬相如) 등을 불러 초문(草文)을 본 다음에 보냈다. 처음에 유안이 조정에 들어갈 때 그로 하여금 〈이소전(離騷傳)〉의 해설을 하게 했는데 아침에 조서를 받으면 점심때는 글을 써서 올렸다. 황제가 편안할 때는 알현할 때마다 정치의 득실(得失)에서 의술(醫術)·부송(賦頌)의 기교(技巧)까지 이야기하다가 어둡고 저물어서야 파하기도 했다. 뒤에 모반(謀反)하여 자살(自殺)했다.

原文 **前漢淮南王安, 高祖之孫. 好書鼓琴, 不喜弋獵狗馬馳騁. 亦欲以行陰德, 拊循百姓流名譽, 招致賓客方術之士數千人, 作爲內外書. 又有中篇. 言神仙黃白之術. 時武帝好藝文. 以安屬爲諸父, 辯博善爲文辭, 甚尊重之. 每爲報書及賜, 常召司馬相如等, 視草乃遣. 初安入朝. 使爲離騷傳. 旦受詔, 日食時上. 每宴見, 談說得失及方技賦頌, 昏暮然後罷. 後謀反自殺.**

註解 ㅇ前漢(전한)-《전한서》〈열전〉 14에 있는 이야기임. ㅇ內外篇(내외편)-지금의 《회남자(淮南子)》가 이것임. ㅇ黃白(황백)-금은(金銀)을 말하는 것이니 곧 신선술(神仙術)을 말함. ㅇ離騷傳(이소전)-굴원(屈原)의 글을 말함.

446. 좌사십임(左思十稔)

—좌사(左思)가 10년이 걸려 글을 이루다

《진서(晉書)》에 보면 좌사(左思)의 자는 태충(太冲)이니 제(齊)나라 임치(臨淄) 사람이다. 풍채가 보잘것없고 말을 더듬었으나 문장은 웅장하고 고와서 〈제도부(齊都賦)〉를 짓는 데 1년이 걸려서 이루어냈다. 다시 〈삼도부(三都賦)〉를 지으려고 하여 이에 저작랑(著作郞) 장재(張載)를 찾아가 민공(岷邛)의 일을 물었다. 드디어 생각을 얻은 지 10년 동안에 문과 뜰과 울타리에 모두 붓과 종이를 놓아두고 우연히 한 구절을 얻으면 문득 써놓아 잊지 않도록 했다. 스스로 보는 바가 넓지 못하고 스스로 평가한 그는 대성(大成)할 수 없다며 청하여 비서랑(秘書郞)이 되었으니 부(賦)가 이루어졌는데도 이를 소중히 여기지 않았다.

그러나 그는 스스로 자기가 지은 것이 반고(班固)와 장형(張衡)만 못하지 않다고 하여 이것을 황보밀(皇甫謐)에게 보였더니 황보밀은 좋다고 칭찬하고 그 부(賦)를 위하여 서문(序文)을 써주고 장재는 위도(魏都)의 부(賦)에 주(注)를 쓰고 유규(劉逵)는 오도(吳都)·촉도(蜀都) 양부(兩賦)의 주(注)와 서문(序文)을 썼는데 장화가 보고 말하기를, "반장(班張)의 유(流)이다."라며 칭찬했다.

이에 다투어 서로 전하고 옮겨 써서 낙양(洛陽)의 종잇값이 올라갔다. 처음에 육기(陸機)가 이 부(賦)를 지으려고 했는데 좌사가 부를 지었다는 말을 듣고 손바닥을 어루만지면서 웃고 그 아우 육운(陸雲)에게 주는 글에서 말하기를, '이곳에 창부(傖父)가 있어서 〈삼도부(三都賦)〉를 지으려 한다니 그것이 이루어지기를 기다려 마땅히 그것으로 술독이나 덮으리라'고 했다. 그러나 좌사의 부가 나오자 육기는 탄복하여 말하기를, "한 글자도 능히 더할 것이 없다."하고 드디어 붓을 거두었다.

原文 晉書, 左思字太冲, 齊國臨淄人. 貌寢口訥, 而辭藻壯麗. 造齊都賦, 一年乃成. 復欲賦三都, 乃詣著作郞張載, 訪岷邛之事. 遂構思十稔. 門庭藩溷, 皆著筆紙, 遇得一句, 卽便疏之. 自以所見不博. 求爲祕書郞. 乃賦成, 時人未之重. 自以其作不謝班張. 以示皇甫謐. 謐稱善, 爲其賦序. 張載爲注魏都, 劉逵注吳蜀而序之. 張華見曰, 班張之流也. 於是競相傳寫. 洛陽爲之紙貴. 初陸機欲爲此賦. 聞思作, 撫掌而笑. 與弟雲書曰, 此閒有傖父. 欲作三都賦. 須其成, 當以覆酒甕耳. 及思賦出, 機歎伏以爲不能加. 遂輟筆焉.

註解 ㅇ晉書(진서)-《진서》〈열전〉63 문원전(文苑傳)에 있는 이야기임. ㅇ張載(장재)-진(晉)나라 안평(安平) 사람. 성질이 한가하고 맑은데 널리 배워서 문장이 있었다. 벼슬이 중서시랑(中書侍郞)에 이르렀다. ㅇ岷邛(민공)-민산(岷山)과 공수(邛水). ㅇ黃甫謐(황보밀)-진(晉)나라의 학자. 현안선생(玄晏先生)이라고 불렀음. 몸소 농사를 지으면서 학문에 힘써 전적(典籍)과 백가의 글에 능통하여 많은 저서를 남겼음. ㅇ班張(반장)-반고(班固)의 〈양도부(兩都賦)〉와 장형(張衡)의 〈이경부(二京賦)〉를 말함. ㅇ傖父(창부)-오(吳)나라 사람이 중주(中州) 사람을 비루하게 여겨 창부(傖父)라고 불렀다. 창부는 천한 사람, 또는 촌뜨기를 말함.

447. 유담경양(劉惔傾釀)

-유담(劉惔)은 술항아리를 기울이어 다 마시도록 하고 싶어했다

《진서(晉書)》에 보면, 하충(何充)의 자는 차도(次道)이니 여강(廬

江) 첨현(灊縣) 사람이다. 강제(康帝) 때 중서감록상서사(中書監錄尙書事)가 되었다. 하충은 술을 잘 마셨으므로, 본래 유담(劉惔)은 그가 술마시는 태도를 언제나 존경했었다. 유담은 이렇게 말했다. "하차도가 술 마시는 것을 보면 누구든 자기 집에서 빚은 술을 모두 마시게 하고 싶을 정도이다." 이는 그가 술을 아무리 많이 마셔도 온화하며 문란해지지 않는다는 것을 말한다.

《몽구》 구본(舊本)에 염(惔)을 회(恢)로 적고 있는 것은 잘못이다.

原文 **晉書, 何充字次道, 廬江灊人. 康帝時, 爲中書監·錄尙書事. 充能飮酒, 雅爲劉惔所貴. 惔常每云, 見次道飮, 令人欲傾家釀. 言其能溫克也. 舊本, 惔作恢誤.**

註解 ㅇ晉書(진서)－《진서》 〈열전〉 47에 있는 이야기임.

448. 효백통음(孝伯痛飮)

－효백(孝伯)이 마음껏 마시다

《세설신어(世說新語)》에 보면, 왕효백(王孝伯)이 말하기를, "명사(名士)란 반드시 기이한 재주를 기다릴 것이 아니다. 다만 항상 일이 없이 실컷 술을 마시고 익히 〈이소(離騷)〉를 읽으면 문득 가히 명사라 할 것이다."라고 했다.

原文 **世說, 王孝伯曰, 名士不必須奇才. 但使常無事, 痛飮酒, 熟讀離騷, 便可稱名士.**

註解 ㅇ世說(세설)－《세설신어》 〈임탄편(任誕篇)〉에 있는 이야기임.

ㅇ王孝伯(왕효백)－진(晉)나라 사람 왕공(王恭)의 자가 효백(孝伯)임. 벼슬이 연주(兗州)·청주(青州) 등 2주(州)의 자사(刺史)를 지냄. ㅇ離騷(이소)－《초사(楚辭)》의 편명(篇名). 초(楚)나라 굴원(屈原)이 지음.

449. 여와보천(女媧補天)

－여와(女媧)가 하늘을 돕다

《회남자(淮南子)》에 말하기를, 옛날에는 동서남북 사극(四極)이 다스려지지 않고 구주(九州)가 찢어져 있었다. 하늘은 그 한쪽이 땅을 덮어주지 않고 땅도 두루 실어주지 않았다. 불은 재앙이 이어져서 꺼지지 않고 물은 넘쳐서 쉬지 않았다. 그 위에 사나운 짐승이 착한 백성을 잡아먹고 힘센 새들이 늙고 약한 자들을 움켜간다.

이에 여와(女媧)가 파괴된 천지를 보완코자 하여 오색(五色)의 돌로 하늘이 떨어져나간 곳을 깁고, 큰 거북의 다리를 잘라 사극의 무너진 곳을 채웠으며, 난폭한 흑룡(黑龍)을 죽이어 기주(冀州) 땅을 구하고 갈대의 재를 쌓아서 이로써 홍수(洪水)를 막았다. 그 결과 푸른 하늘은 보완되어 사극(四極)이 바로잡히고 홍수가 막아져서 천하가 평탄해지고 교활한 금수(禽獸)가 죽음으로써 착한 백성들이 살았다.

原文 **淮南子曰, 往古之時, 四極廢, 九州裂. 天下兼覆, 地不周載. 火爁炎而不滅, 水浩洋而不息. 猛獸食顓民, 鷙鳥攫老弱. 於是女媧鍊五色石, 以補蒼天, 斷鼇足, 以立四極, 殺黑龍, 以濟冀州, 積蘆灰, 以止淫水. 蒼天補, 四極正, 淫水涸, 冀州平, 狡蟲死, 顓民生.**

註解 ㅇ淮南子(회남자)－《회남자》〈남명편(覽冥篇)〉에 있는 이야기

임. 회남왕(淮南王) 유안(劉安)이 지은 책. 주로 노장(老莊)의 도(道)로써 고금(古今)의 치란(治亂)·천문(天文)·이학(理學) 등에 대하여 설명했음. ㅇ四極(사극)-사방의 지극히 먼 변방. ㅇ女媧(여와)-여와씨(女媧氏). 상고(上古)시대 제왕(帝王)의 이름. 복희씨(伏羲氏)의 누이동생. 처음으로 생황(笙簧)을 만들었고 가취(嫁娶)의 예(禮)를 제정하여 동족의 결혼을 금했다고 함.

450. 장방축지(長房縮地)

-장방(長房)이 축지(縮地)를 하다

후한(後漢)의 비장방(費長房)이 이미 신선 노인[壺公]을 만나서 도(道)를 구하고자 했으나 집사람을 생각하니 걱정이 되었다. 이에 신선 노인은 하나의 푸른 대나무를 잘라서 비장방의 키와 똑같게 하여 그의 집 뒤에 걸어두었다. 이것을 집사람이 보니 비장방의 모양이다. 이에 목매어 죽은 것이라 해서 드디어 장사지냈다.

비장방이 노인을 따라 깊은 산속에 들어가되 벗의 무리 속에 머무르며 홀로 거처하게 했더니 비장방은 두려워하지 않았다. 또 빈 방에 누워있게 하고 썩은 새끼에 만 근이나 되는 돌을 달아서 가슴 위에 닿게 해놓았다. 그리고 여러 마리의 뱀떼가 와서 새끼를 물어서 끊게 했다. 그래도 비장방은 역시 자리를 옮기지 않았다. 이에 노인은 말하기를, "이 사람은 가르칠 만하다."라고 했다. 한 가지 실험을 더하기로 했다. 이번에는 똥을 먹게 했는데 똥 가운데에 벌레가 있어 비장방은 싫어하는 눈치였다. 노인은 말하기를, "그대가 거의 도(道)를 얻게 되었는데 여기에서 이루지 못하니 한스러운 일이다."라고 했다.

이에 비장방은 작별하고 돌아가는데 노인은 대지팡이 하나를 주면서 "이것을 타고 이것이 가는대로 맡겨두면 스스로 갈 곳으로 갈 것이니 도착하거던 이 지팡이를 갈피(葛陂)의 못[池] 속에 던지라." 하고 또 하나의 부적을 만들고 말하기를, "이것이 땅 위의 귀신을 주장할 것이다."라고 했다.

비장방이 지팡이를 타자 금시에 집에 돌아왔다. 스스로 생각하기에 집 떠난 지가 열흘쯤 지난 것 같았는데 실제로는 10여년이 지났다는 것이었다. 즉시 지팡이를 못에 던졌는데 돌아다보니 곧 용(龍)이었다. 드디어 모든 병을 고치고 백 가지 귀신을 매질했는데 뒤에 그 부적을 잃어서 귀신의 무리에게 죽음을 당했다.

原文 **後漢費長房, 旣遇仙翁, 欲求道, 而顧家人爲憂. 翁乃斷一青竹, 度與長房身齊, 使懸之舍後, 家人見卽其形也. 以爲縊死, 遂葬之. 長房隨入深山. 群虎中留使獨處, 長房不恐. 又臥於空室, 以朽索懸萬斤石於心上. 衆蛇來齧索且斷, 長房亦不移. 翁曰, 子可敎也. 復使食糞. 糞中有蟲, 臭甚. 長房意惡之. 翁曰, 子幾得道. 恨於此不成. 長房辭歸. 翁與一竹杖曰, 騎此任所之, 則自至矣. 旣至, 可以杖投葛陂中. 又爲作一符曰, 以此主地上鬼神. 長房乘杖, 須臾來歸. 自謂去家適經旬日. 已十餘年矣. 卽以杖投陂, 顧視則龍也. 遂能醫療衆疾, 鞭笞百鬼. 後失其符, 爲衆鬼所殺.**

註解 ㅇ後漢(후한)－《후한서》〈열전〉 72 방술전(方術傳)에 있는 이야기임. ㅇ費長房(비장방)－후한(後漢) 때의 여남(汝南) 사람. 호공(壺公)을 따라 산에 들어가서 선술(仙術)을 배웠음. ㅇ葛陂(갈피)－지명(地名). ※이 이야기는 '325. 호공적천(壺公謫天)' 뒤에 이어지는 이야기임.

451. 계규사수(季珪士首)

-계규(季珪)는 선비들의 우두머리다

《위지(魏志)》에 보면, 최염(崔琰)의 자는 계규(季珪)이니 하동(河東) 무성(武城) 사람이다. 중위(中尉)로 옮겼는데 위엄과 무게가 있어서 조정의 선비들이 우러러보고 태조(太祖)도 역시 공경하고 어려워했다.

명제(明帝) 때에 최림(崔林)이 일찍이 진군(陳羣)과 함께 기주(冀州)의 인사(人士)에 대하여 의논하는데 최염을 우두머리로 삼고 최림은 최염의 종제(從弟)이지만 조금도 명망(名望)이 없어서 비록 인족(姻族)이라도 오히려 가볍게 여겼다. 최염은 항상 말하기를, "큰 그릇은 늦게 이루어지는 것이니 끝내는 반드시 높게 이루어질 것이다."라며 희망을 가지고 있었다.

손례(孫禮)와 노육(盧毓)이 비로소 군부(軍府)에 들어가자 최염은 말하기를, "손(孫)은 재리(才理)에 밝고 맑으며 굳세고 열렬하고 강하고 간결하여 능히 결단력이 있고, 노(盧)는 맑고 신중하며 이치에 밝아서 백번 단련해도 사라지지 않으니 이들은 모두 삼공(三公)의 재목이다."라고 했다. 뒤에 이들은 모두 삼공(三公)에 이르렀다.

原文 **魏志, 崔琰字季珪, 河東武城人. 遷中尉. 甚有威重, 朝士瞻望, 太祖亦敬憚焉. 明帝時, 崔林嘗與陳群論冀州人士, 稱琰爲首. 林琰從弟. 少無名望. 雖姻族猶輕之. 琰常曰, 大器晩成. 終必遠至. 孫禮·盧毓始入軍府. 琰曰, 孫疏亮亢烈, 剛簡能斷. 盧淸警明理, 百鍊不消. 皆公才也. 後咸至鼎輔.**

註解 ㅇ魏志(위지)-《위지》 권12에 있는 이야기임. ㅇ崔林(최림)-삼

국시대 위(魏)나라 사람. 최염(崔琰)의 종제(從弟). 명제(明帝) 때 벼슬이 사예교위(司隷校尉)에 이름.

452. 안국국기(安國國器)

–안국(安國)은 나라를 다스릴 인재이다

전한(前漢) 한안국(韓安國)의 자는 장유(長孺)이니 양(梁)나라 성안(成安) 사람이다. 수양(睢陽)으로 옮기어 양(梁)나라 효왕(孝王)을 섬겨 중대부(中大夫)가 되었다가 뒤에 법에 연좌되어 죄를 받아 옥리(獄吏) 전갑(田甲)이 한안국을 욕보이게 되었다. 이에 한안국은 말하기를, "불타서 재가 되었다 해도 다시 불붙는 일이 없을 것인가?(죄를 면하여 다시 출세하는 수도 있다는 의미)"라고 하자, 전갑은 "불기가 살아난다면 소변을 볼 것이다(권력으로 억누르다란 의미)."라고 했다.

얼마 안되어 한(漢)나라에서 사자(使者)를 시켜 내사(內史)에 임명했다. 죄수에서 일약 녹 2천 석의 대관이 된 것이다. 그러자 전갑은 두려워서 도망하고자 했다. 한안국은 말하기를 "전갑이 벼슬에 나가지 않는다면 오히려 그 일족을 멸할 것이다."라고 하자 전갑은 웃옷을 벗고 사죄했다. 한안국은 말하기를, "너희는 내가 상대나 할 것으로 생각하느냐?"하고 마침내 잘 대우했다.

한안국은 사람됨이 지략에 뛰어났는데 그 지략은 당시에 있어 취사선택을 빠르게 행함에 있어 충분했거니와 그것은 오로지 우국충정에서 나오는 것이었다. 또 재물과 이익을 탐하고 좋아했으나 그가 추천하는 자는 모두 청렴한 선비로서 자기보다 어진 사람이었다. 그러므로 사람들은 인재만은 바로 볼 줄 아는 사람이라고 칭찬했다. 오직 천자(天子)는 그를 국가에 쓰일 그릇이라고 했다. 벼슬이 어사대부(御史大夫)에까지 오르고 실제로는 승상의 일을 맡아보았다.

原文 **前漢韓安國字長孺, 梁成安人. 徙睢陽, 事梁孝王, 爲中大夫. 後坐法抵罪. 蒙獄吏田甲辱安國. 安國曰, 死灰獨不復然乎. 甲曰, 然卽溺之. 無何, 漢使使者拜內史. 起徒中爲二千石. 田甲亡. 安國曰, 甲不就官, 我滅而宗. 甲肉袒謝. 安國曰, 公等足與治乎. 卒善遇之. 爲人多大略. 知足以當世取舍, 而出於忠厚. 貪嗜財利, 然所推擧, 皆廉士, 賢於己者. 士亦以此稱之. 唯天子以爲國器. 官至御史大夫, 行丞相事.**

註解 ㅇ前漢(전한)—《전한서》〈열전〉 22에 있는 이야기임. 《사기(史記)》〈열전〉 48 한장유전(韓長孺傳)에도 있음. ㅇ田甲(전갑)—한(漢)나라 사람. 몽현(蒙縣)의 옥리(獄吏).

453. 육완무인(陸玩無人)

—육완(陸玩) 이외에는 사람이 없다

《진서(晉書)》에 보면, 육완(陸玩)의 자는 사요(士瑤)이니 오군(吳郡) 사람이다. 재간과 도량이 크게 여유가 있어 여러 번 벼슬이 옮겨서 상서(尙書) 산기상시(散騎常侍)가 되었다. 이윽고 왕도(王導)·치감(郗鑒)·유량(庾亮)이 서로 계속하여 죽자 조야(朝野)에서 이르기를, "세 사람의 어진이가 이미 죽었고 육완이 덕망(德望)이 있다."하여 사공(司空)으로 옮기게 되었다. 이에 그는 탄식하고 빈객(賓客)들에게 이르기를, "나를 삼공(三公)으로 삼으니 이는 천하에 사람이 없다는 것이로다."라고 했다. 상대방들이 말하기를, "일리가 있는 말이다."라고 했다.

육완은 원제(元帝) 때부터 대대로 천자를 보좌했는데 항상 넓고 무거운 태도로 섬겼으므로 천자의 귀하고 가상히 여기는 바가 되었다. 그는 성질이 사리에 통달하고 맑아서 자신이 명예나 지위가 있다 하여 남을 거절하는 일이 없었으며 후진(後進)들을 인도하여 받아들이고 벼슬하지 못한 사람에게 겸손하고 예를 베풀었다. 이로 인하여 조정의 고관들로서 그의 덕을 입지 않은 자가 없었다.

原文 晉書, 陸玩字士瑤, 吳人. 器量淹雅. 累轉尚書 · 散騎常侍. 尋而王導 · 郗鑒 · 庾亮相繼薨. 朝野以爲三良旣沒. 以玩有德望, 乃遷司空. 旣而歎息謂賓客曰, 以我爲三公. 是天下爲無人. 談者以爲知言. 玩翼亮累世, 常以弘重爲人主所貴嘉. 性通雅, 不以名位格物. 誘納後進, 謙禮布衣. 由是縉紳之徒, 莫不蔭其德宇.

註解 ㅇ晉書(진서)－《진서》〈열전〉 47에 있는 이야기임. ㅇ陸玩(육완)－진(晉)나라 사람으로 흥평백(興平伯)에 다시 시중(侍中)이 됨. ㅇ王導(왕도)－진(晉)나라 임기(臨沂) 사람. 원제(元帝)가 낭야왕(琅邪王)이 되자 원제(元帝)를 도운 공으로 승상(丞相)이 되었다. ㅇ郗鑒(치감)－진(晉)나라 사람. 명제(明帝) 때 안서장군(安西將軍)이 되었다가 뒤에 남창현공(南昌縣公)에 봉해짐. ㅇ庾亮(유량)－진(晉)나라 사람. 명목황후(明穆皇后)의 오빠, 뒤에 영창현공(永昌縣公)에 봉해짐.

454. 가후비차(賈詡非次)

－가후(賈詡)는 차례가 아님

《위지(魏志)》에 보면, 가후(賈詡)의 자는 문화(文和)이니 무위(武威) 고장(姑臧) 사람이다. 어렸을 때 사람들이 알지 못했는데 오직 염충(閻忠)이 그를 이상히 여겨 이르기를, "가후는 양평(良平)의 기이한 점이 있다."고 했다.

뒤에 상서(尙書)에 임명되어 사람 뽑는 일을 맡았는데 악(惡)을 바르게 하여 선(善)으로 이끈 것이 많았다. 문제(文帝) 때 태위(太尉)가 되었다. 《순욱별전(荀勗別傳)》에 말하기를, 진(晉)나라에서 사도(司徒)의 자리가 비자 무제(武帝)가 순욱에게 물으니 대답하기를, "삼공(三公)은 최고의 자리이며 백성들이 모두 우러르는 자리입니다. 사도는 삼공의 하나인즉 적임자를 임용하지 않으면 안됩니다. 옛날에 위(魏)나라 문제(文帝)가 가후(賈詡)를 삼공의 자리에 앉히자 손권(孫權)이 웃었습니다."라고 했다고 적고 있다.

原文 **魏志, 賈詡字文和, 武威姑臧人. 少時人莫知. 唯閻忠異之, 謂詡自良·平之奇. 後拜尚書, 曲選擧, 多所匡濟. 文帝時, 爲太尉. 荀勗別傳曰, 晉司徒闕. 武帝問勗. 答曰, 三公具瞻所貴. 不可用非其次. 昔魏文帝用賈詡, 孫權笑之.**

註解 ㅇ魏志(위지)－《위지》 권10에 있는 이야기임. ㅇ良平(양평)－장량(張良)과 진평(陳平)을 가리킴. 장량은 전한(前漢)의 공신(功臣). 하비(下邳)의 이상(圯上)에서 황석공(黃石公)으로부터 태공(太公)의 병서(兵書)를 받고 한고조(漢高祖)의 모신(謀臣)이 되어 한업(漢業)을 세웠음. 진평도 전한(前漢)의 공신(功臣). 지모(智謀)가 뛰어나 고조(高祖)를 도와 천하를 평정했음.

455. 하안신복(何晏神伏)

－하안(何晏)에게 귀신이 엎드리다

《위지(魏志)》에 보면, 왕필(王弼)은 산양(山陽) 사람이니 유학(儒

學)과 노자(老子)와 장자(莊子)의 도(道)를 말하기를 좋아하고 문장의 재주와 구변이 좋았다. 《주역(周易)》 및 《노자(老子)》의 주(注)를 달았는데 20여세에 졸(卒)했다.

하소(何劭)가 그의 전기(傳記)를 지었는데 거기에 말하기를, 왕필의 자는 보사(輔嗣)이다. 상서랑(尙書郞)이 되었는데 이때 배휘(裵徽)가 이부랑(吏部郞)이 되었다. 왕필은 아직 장가도 들기 전의 나이였는데 배휘를 찾아갔다. 이에 배휘가 한번 보고 이상히 여겨 묻기를, "대저 노장(老莊)에서 말하는 무(無)는 만물의 근원으로써 만물이 그것에서 시작된다고 하는데 성인(聖人)들은 즐겨 이것을 말하지 않았어. 그렇건만 노자(老子)가 거듭 말하며 고치지 않는 것은 무슨 까닭인가?"하자 왕필이 말하기를, "성인은 무(無)를 체득(體得)하고 있습니다. 그리고 이 무(無)란 것은 범속적(凡俗的)으로 가르칠 수 있는 것이 아니기에 굳이 설명하지 않은 것입니다. 노자는 원래 유(有)에 집착한 사람이지요. 그런 까닭에 항상 천지(天地)는 유(有)뿐만 아니라 그것과 반대되는 무(無)도 있다고 하였으며 이 무(無)가 귀한 것임을 인정하고 무(無)의 모자란 부분을 설명한 것입니다."라고 했다.

하안(何晏)이 이부상서(吏部尙書)가 되었는데 왕필을 기이히 여겨 탄식하기를, "중니(仲尼)가 말하기를, 후생(後生)이 가히 두렵다고 했는데 이와 같은 사람은 가히 하늘과 사람의 사이를 함께 말할 수 있도다."라고 했다. 《몽구》 구주(舊注)에는 신복(神伏)이란 말이 《세설신어(世說新語)》에 실려 있다고 했으나 오늘날의 《세설신어》에는 기록되어 있지 않다.

原文 **魏志, 王弼山陽人. 好論儒道. 辭才逸辯. 注易及老子, 年二十餘卒. 何劭爲其傳曰, 弼字輔嗣. 爲尙書郞. 時裵徽爲吏部郞. 弼未冠. 往造焉. 徽一見異之. 問曰, 夫無者誠**

萬物之所資. 然聖人莫肯致言. 而老子申之無已者何. 弼曰, 聖人體無. 無又不可以訓. 故不說也. 老子是有者也. 故常言無所不足. 何晏爲吏部尙書. 甚奇弼歎曰, 仲尼稱後生可畏. 若斯人者, 可與言天人之際乎. 舊云, 神伏出世說. 無載.

註解 ㅇ魏志(위지)－《위지》 권28에 있는 이야기임. ㅇ何劭(하소)－진(晉)나라 사람. 무제(武帝)와 동갑(同甲)이어서 젊었을 때 남다른 사귐을 가졌다. 무제가 즉위하자 벼슬이 시중상서(侍中尙書)에 이르고 혜제(惠帝) 때에는 좌복야(左僕射)에 올랐다. ㅇ仲尼(중니)－공자(孔子)의 자.

456. 곽혁심취(郭奕心醉)

－곽혁(郭奕)이 마음으로 취하다

진(晉)나라 곽혁(郭奕)의 자는 대업(大業)이니 태원(太原) 양곡(陽曲) 사람이다. 기상이 높고 맑으며 지식의 양이 있어서 젊었을 때 남을 우러르는 일이 없었다. 그러나 완함(阮咸)을 보고 마음으로 취하여 자기도 모르는 사이에 감탄했다. 산도(山濤)는 곽혁의 고결(高潔)하고 맑은 도량이 있는 것을 칭찬했다. 태강(太康) 연중에 상서(尙書)가 되었는데 무거운 명성이 있어서 조정 신하들이 모두 그 아래에 있었다.

原文 晉郭奕字大業, 太原陽曲人. 高爽有識量. 少所推先. 見阮咸心醉, 不覺歎焉. 山濤稱其高簡有雅量. 太康中爲尙書, 有重名. 朝臣皆出其下.

註解 ㅇ晉(진)－《진서》〈열전〉 15에 있는 이야기임. ㅇ阮咸(완함)－

죽림칠현(竹林七賢)의 한 사람. ㅇ山濤(산도)-죽림칠현의 한 사람.

457. 상림대경(常林帶經)

-상림(常林)은 경서(經書)를 가지고 다녔다

《위지(魏志)》에 보면, 상림(常林)의 자는 백괴(伯槐)이니 하내(河內) 온현(溫縣) 사람이다. 병란(兵亂)에 시달리다가 상당(上黨)으로 피해갔고 산구석에서 씨를 뿌리고 있었다. 당시에 가물고 황충(蝗蟲)이 심했으나 상림만이 홀로 풍성하게 거둘 수 있었고 이웃을 모두 불러서 곡식을 나누어 주었다. 벼슬이 광록대부(光祿大夫)에 이르렀다.

《위략(魏略)》에 말하기를, 상림은 젊었을 때 고단하고 가난했으나 내 힘으로 얻은 것이 아니면 남에게 얻지 않았다. 성질이 학문을 좋아하여 후한말(後漢末)에 학생이 되었는데 경서(經書)를 가지고 밭 갈고 밭을 매되 쉬는 시간이면 그것을 읽었다. 그 아내는 밥을 날랐는데 비록 밭이나 들에 있어서도 서로 공경하기를 손님과 같이 했다.

原文 **魏志, 常林字伯槐, 河内溫人. 避地上黨, 耕種山阿. 當時旱蝗, 林獨豊收. 盡呼比隣, 升斗分之. 仕至光祿大夫. 魏略曰, 林少單貧. 自非手力, 不取之於人. 性好學. 漢末爲諸生, 帶經耕鋤. 其妻餉之. 雖在田野, 相敬如賓.**

註解 ㅇ魏志(위지)-《위지》 권23에 있는 이야기임. ㅇ魏略曰(위략왈)-《위지》의 주(注)에서 인용한 것임.

458. 고봉표맥(高鳳漂麥)

－고봉(高鳳)이 보리를 떠내려 보내다

후한(後漢) 고봉(高鳳)의 자는 문통(文通)이니 남양(南陽) 섭현(葉縣) 사람이다. 집이 농사로 생업(生業)을 삼았는데 고봉은 오로지 글을 외우고 읽는 일에 정밀하여 밤낮으로 쉬지 않았다.

아내가 일찍이 밭에 가려고 마당에 보리를 말리면서 고봉으로 하여금 닭을 지키게 했다. 그런데 이때 갑자기 비가 내렸다. 그러나 고봉은 낚싯대를 쥐고 있으면서 경서(經書)를 외우려고 물에 보리가 떠내려간 것도 모르고 있었다. 아내가 돌아와서 괴이히 여겨 묻는 소리에 비로소 깨달았다.

뒤에 이름있는 선비가 되었는데 나이가 늙었는데도 뜻을 잡고 게을리하지 않았다. 이에 태수(太守)들이 그를 연하여 청하자 면할 수 없을 것을 두려워하여 이에 혼자 사는 형수와 밭으로 인한 송사를 함으로써 평판이 나빠지게 했다. 뒤에 직언(直言)으로 천거되어 공거(公車)가 왔으나 병을 칭탁하며 몸을 숨기고 낚시질로 생을 마쳤다.

原文 後漢高鳳字文通, 南陽葉人. 家以農爲業. 鳳專精誦讀, 晝夜不息. 妻嘗之田, 曝麥於庭, 令鳳護雞. 時天暴雨. 而鳳持竿誦經, 不覺潦水流麥. 妻還怪問方悟. 後爲名儒. 年老執志不倦. 太守連召請. 恐不得免, 乃詐與寡嫂訟田. 後擧直言, 到公車, 託病隱身漁釣.

註解 ㅇ後漢(후한)－《후한서》〈열전〉 73 일민전(逸民傳)에 있는 이야기임. ㅇ公車(공거)－관청의 수레.

459. 맹가낙모(孟嘉落帽)

—맹가(孟嘉)가 모자를 떨어뜨리다

《진서(晉書)》에 보면, 맹가(孟嘉)의 자는 만년(萬年)이니 강하(江夏) 사람이며 어렸을 때부터 이름이 알려졌었다. 젊어서 정서장군(征西將軍) 환온(桓溫)의 참군(參軍)이 되었는데 환온이 소중히 여겼다. 9월 9일에 환온이 용산(龍山)에서 잔치를 열어 속관(屬官)들이 모두 모였는데 이때 속관들은 모두 군복(軍服)을 입고 있었다. 그런데 바람이 불어서 맹가의 모자가 그 바람에 날아갔다. 그러나 맹가는 이것을 알지 못하고 있었는데 환온은 좌우 사람들로 하여금 말하지 말고 그의 행동을 보자고 했다.

맹가는 조금 있다가 변소에 가는데 환온은 그 사이에 모자를 되돌려줄 생각으로 손성(孫盛)에게 명하여 맹가를 조롱하는 글을 지어 맹가의 자리에 모자와 함께 놓아두었다. 맹가는 돌아오자 그 즉시 이 글에 회답했는데 그 글이 몹시 아름다웠다.

맹가는 술을 좋아하여 많이 마셨는데 아무리 많이 마셔도 어지럽지 않았다. 환온이 묻기를, "술이 무엇이 좋다고 그대는 이것을 그다지도 좋아하는가?"라고 하자 맹가는 말하기를, "공(公)께서는 술 속의 취미를 모르십니다."라고 했다. 또 묻기를, "기생의 음악을 들을 때 거문고와 같은 현악기는 퉁소와 같은 취악기(吹樂器)만 못하고, 취악기는 또 육성(肉聲)만 못하다고 하는데 그것은 무슨 까닭인고?"라고 하자 "그것은 점차 몸에 가까워지므로 듣는 이의 마음에 합쳐지기 때문입니다."라고 했다.

原文 **晉書, 孟嘉字萬年, 江夏人. 少知名, 爲征西桓溫參軍. 溫甚重之. 九月九日, 溫燕龍山, 寮佐畢集. 時佐吏並著戎服.**

有風至, 吹嘉帽墮落. 嘉不之覺. 溫使左右勿言, 欲觀其擧止. 嘉良久如厠. 溫令取還之, 命孫盛作文嘲嘉, 著嘉坐. 嘉還見, 卽答之. 其文甚美. 嘉好酣飮, 愈多不亂. 溫問, 酒有何好而卿嗜之. 嘉曰, 公未得酒中趣耳. 又問, 聽妓絲不如竹, 竹不如肉何也. 答曰, 漸近使之然.

註解 ㅇ晉書(진서)-《진서》〈열전〉 68에 있는 이야기임. ㅇ桓溫(환온)-진(晉)나라 용항(龍亢) 사람. 남강장공주(南康長公主)에게 장가들어 부마도위(駙馬都尉)가 되었다. 벼슬이 남군공(南郡公)에 오르고 구석(九錫)을 더했으나 뒤에 찬탈(簒奪)을 꾀하다가 이루지 못하고 졸(卒)했다.

460. 유애타책(庾敳墮幘)

—유애(庾敳)가 머리싸개를 떨어뜨리다

《진서(晉書)》에 보면, 유애(庾敳)의 자는 자숭(子崇)이니 영천(潁川) 언릉(鄢陵) 사람이다. 키가 7척이 되지 못하지만 허리띠는 열 아름이 되는데 맑고 원대한 운치가 있었다. 동해왕(東海王) 사마월(司馬越)의 군사(軍事)에 참여했다가 군자좨주(軍諮祭酒)로 옮겼다.

이때 유여(劉輿)가 사마월에게 쓰임을 받아 권력을 휘두르자 많은 사람들이 무실한 죄로 고생하였다. 오직 유애만은 마음을 세속(世俗) 밖에 두어 행동에 빈틈이 없었으므로 화를 면할 수 있었다. 유여는 사마월을 설득하여 그로부터 돈 천만 냥을 빌도록 하되 만약 이를 거역하면 그것을 구실로 하여 해치자고 했다.

이에 사마월은 여러 사람들이 있는 자리에서 유애에게 묻자 유애는 몸을 가누지 못할 만큼 이미 취해서 머리싸개가 책상 위에 떨어져 있었다. 그는 손으로 집으려 하지 않고 머리로 그것을 찾아서 쓰면서 서서히 대답하여 말하기를, "하관(下官)의 집에 예로부터 2천만 냥이 있었는데 이것을 공(公)의 뜻에 따라서 쓰겠습니다."라고 하니 유여는 이에 비로소 탄복했다. 사마월도 몹시 기뻐하여 이에 말하기를, "소인(小人)의 생각으로써 군자(君子)의 마음을 헤아릴 수는 없다."라고 했다. 뒤에 석륵(石勒)의 난리에 해를 입었다.

原文 晉書, 庾敳字子嵩, 潁川鄢陵人. 長不滿七尺, 而腰帶十圍. 雅有遠暗. 參東海王越軍事, 轉軍諮祭酒. 時劉輿見任於越, 人士多爲所構. 惟敳縱心事外, 無迹可閒. 後以其性儉家富, 説越, 令就換錢千萬, 冀其有吝因此可乘. 越於衆坐中問敳. 敳頽然已醉, 幘墮机上. 以頭就穿取, 徐答云, 下官家故有兩千萬. 隨公所取矣. 輿於是乃服. 越甚悅. 因曰, 不可以小人之慮度君子之心. 後石勒亂被害.

註解 ㅇ晉書(진서)－《진서》〈열전〉 21에 있는 이야기임. 《세설신어(世說新語)》〈아량편(雅量篇)〉에도 있음. ㅇ石勒(석륵)－후조(後趙)를 창립(創立)한 임금으로 갈인(羯人)이다. 본래 장사도 하고 도둑질도 하다가 유연(劉淵)의 부하로 들어간 것이 인연이 되어 뒤에 후조를 세우고 제(帝)라고 참칭(僭稱)했음. 오호십륙국(五胡十六國) 중에서 가장 강성했다고 함.

461. 용봉판출(龍逢板出)

－용봉(龍逢)의 집에서 금판자가 나오다

구주(舊注)에 《논어음희참(論語陰嬉讖)》을 인용해서 말하기를, 경자일(庚子日) 아침에 금(金)으로 된 판자에 글씨를 쓴 것이 마당 가운데에서 나왔다. 거기에 쓰기를, '신(臣)의 일족(一族)인 학왕(虐王)이 생포될 것이다'라고 했다. 송균(宋均)이 이것에 주석을 달기를 '이는 하(夏)나라 관용봉(關龍逢)이 걸왕(桀王)에게 죽음을 당한 후 경자일 아침 그집 마당 땅속에서 이처럼 기이한 황금 판자가 나왔음을 가리키는 것이다. 관용봉은 하(夏)나라와 동성(同姓)인 사성(姒姓)이었으므로 일족의 학왕(虐王)이라고 칭한 것이다. 판자의 의미는 왕이 죄없는 자기를 죽였으므로 그 응보로 하나라가 멸망하고 걸왕은 은(殷)나라 탕왕(湯王)에게 생포될 것임을 예언한 것이다'라고 했다.

原文 **舊注, 引論語陰嬉讖曰. 庚子之旦, 金板尅書, 出地庭中, 曰, 臣族虐王禽. 宋均曰, 謂殺關龍逢之後, 庚子之旦, 庭中地有此板異也. 龍同姓, 稱族虐王. 王殺我, 必見禽也.**

註解 ㅇ論語陰嬉讖(논어음희참)－위서(緯書)의 이름. 위서란 경서(經書)를 가탁하여 미래의 일을 써놓은 책. ㅇ關龍逢(관용봉)－비간(比干)과 함께 걸왕(桀王)의 충신(忠臣)으로서 걸왕을 간하다가 죽었음. ㅇ同姓(동성)－여기에서는 용봉(龍逢)과 걸왕(桀王)이 같은 성임을 말함.

462. 장화태탁(張華台坼)

－장화(張華)가 삼공(三公)이 되었을 때 중태성(中台星)이 갈라지다

《진서(晉書)》에 보면, 장화(張華)의 자는 무선(茂先)이니 범양(范陽) 방성(方城) 사람이다. 학업(學業)이 뛰어나고도 넓었으며 문장이 부드러우면서도 화려하며 도량과 지식이 넓고도 밝았다. 처음에

는 이름이 알려지지 않았더니 〈초료부(鷦鷯賦)〉를 짓자 완적(阮籍)이 이것을 보고 말하기를, "왕보좌(王補佐)의 인재로다."라고 했다. 이로 인해서 좋은 평판이 비로소 나타났다. 진(晉)나라가 위(魏)나라로부터 임금의 자리를 물려받자 황문시랑(黃門侍郎)에 임명되었는데 장화는 기억을 잘하고 말은 하지 않았지만 마음속으로는 알고 있었다. 이리하여 온 천하의 일을 모두 쉽게 알 수가 있었다.

무제(武帝)가 일찍이 한(漢)나라 궁실(宮室)의 제도(制度)에 대하여 묻자 대답이 물흐르는 것과 같아서 듣는 자가 싫증을 잊었다. 두어 해 있다가 중서령(中書令)에 임명했는데 오(吳)나라를 칠 계획을 도와서 광무현후(廣武縣侯)에 봉해지자 이름이 온 세상에 떨쳤으므로 무리들이 추앙하여 복종하는 바가 되었다. 이에 명예가 더욱 떨쳐서 재상의 명망(名望)이 있었다.

혜제(惠帝) 때 중서감(中書監)에 임명되었는데 충성을 다했다. 그는 도와서 찢어진 곳을 깁고 부족한 곳을 도와서 비록 어두운 임금이기에 사나운 왕후(王后)의 조종을 당했어도 천하가 편안했던 것은 모두 장화의 공이었다. 사공(司空)으로 올라갔는데 그의 집과 관청에 자주 요괴(妖怪)가 나타났다. 막내아들이 삼공(三公)을 상징하는 중태성(中台星)이 갈라진 것을 꺼려하여 자리를 내놓을 것을 권했으나 장화는 이 말을 듣지 않고 말하기를, "하늘의 도(道)는 깊고 머니 오직 덕을 닦고 응(應)할 뿐이니라. 조용히 기다리되 이로써 하늘의 명령을 받아 죽을 때까지 충성되고 바르게 사는 것 이외에는 길이 없다."라고 했다. 조(趙)나라 왕륜(王倫)과 손수(孫秀) 등이 거짓된 조서로써 그를 해치자 조야(朝野)가 모두 슬퍼하고 아프게 여겼다.

장화는 성질이 인물(人物)을 좋아해서 선비가 한 가지의 착한 일만 있어도 그 명예를 드날려 주었다. 또 평소에 서적을 사랑했는데 일찍이 집을 옮길 때에는 책을 실은 수레가 30채나 되었다. 천하의 기이하고 보기 어려운 책이나 세상에 드문 책도 모두 장화에게는 있었다. 또 그는 박식하여 모든 사물에 대해서 알고 있었는데 당시의 세상에서 그에 비할 자가 없었다.

原文 晉書, 張華字茂先, 范陽方城人. 學業優博, 辭藻溫麗, 器識弘曠. 初未知名. 著鷦鷯賦. 阮籍見之曰, 王佐才也. 由是聲名始著. 晉受禪, 拜黃門侍郞. 華强記默識, 四海之內, 若指諸掌. 武帝嘗問漢宮室制度. 應對如流, 聽者忘倦. 數歲拜中書令. 贊成伐吳之計, 封廣武縣侯. 名重一世, 衆所推服, 聲譽益甚, 有台輔之望. 惠帝時, 拜中書監, 盡忠匡輔, 彌縫補闕. 雖當闇主虐后之朝, 而海內晏然華之功也. 進司空, 第舍及監省, 數有妖怪. 少子韙以中台星坼, 勸華遜位. 華不從曰, 天道玄遠. 惟修德以應耳. 不如靜以待之, 以候天命, 卒之以忠正. 爲趙王倫·孫秀等, 矯詔害之. 朝野悲痛. 華性好人物, 士有一介之善, 爲之延譽. 雅愛書籍. 嘗徙居, 載書三十乘. 天下奇祕, 世所稀有者, 悉在華處. 博物洽聞, 世無與比.

註解 ㅇ晉書(진서)－《진서》〈열전〉 6에 있는 이야기임. ㅇ鷦鷯(초료)－뱁새. 교부조(巧婦鳥)라고도 함. 〈초료부(鷦鷯賦)〉는 《문선(文選)》 권13에 실려 있음. ㅇ王佐(왕좌)－제왕을 도울 만한 인재. ㅇ中台星(중태성)－서쪽 문창(文昌)에 가까운 별을 상태(上台), 그 다음 별을 중태(中台)라고 한다. 중태는 재상에 해당함. ㅇ朝野(조야)－조정과 민간(民間).

463. 동봉활섭(董奉活爕)

－동봉(董奉)이 두섭(杜爕)을 살리다

《신선전(神仙傳)》에 보면, 동봉(董奉)의 자는 군이(君異)이니 후관(候官) 사람이다. 두섭(杜燮)이 교주자사(交州刺史)가 되었다가 독한 병을 얻어 죽은 지 3일이 되었다. 동봉은 이때 남쪽 지방에 있었는데 곧바로 찾아가서 환약 세 개를 그 입속에 넣고 사람을 시켜 그 머리를 들고 흔들며 비비게 했더니 잠시 후 두섭은 눈을 뜨고 수족을 움직이면서 얼굴빛이 되살아났고 반일(半日)이 되자 능히 일어나 앉으며 드디어 살아났다.

동봉은 여산(廬山) 밑에 가서 살며 사람을 위하여 병을 고치는데 돈이나 물건은 받지 않고 병이 나은 자로 하여금 한 그루의 살구나무를 심게 했더니 수 년만에 10만여 그루가 되어 울창하게 숲을 이루고 열매가 커다랗게 익었다. 이에 동봉은 숲속에 창고를 짓고 알리기를, "살구를 사려 하는 자는 맘대로 가져가되 한 그릇의 곡식이 있어야 한 그릇의 살구를 가져갈 수가 있다."고 했다. 그런데 적은 곡식을 가지고 와서 살구를 많이 가져가는 자가 있으면 기르고 있는 호랑이가 쫓아갔다. 또 살구를 훔치는 자가 있으면 호랑이가 쫓아가서 물어죽이는 것이었다. 그러나 훔친 자의 가족이 그것을 알고 살구를 보내오면 죽은 자가 즉시 살아나는 것이다.

이로부터 살구를 사가는 자는 스스로 분량을 맞추고 감히 속이지 못했다. 이에 동봉은 그 얻은 곡식으로 가난하고 궁한 자를 구제하고 나그네에게 나누어 주었다. 인간계(人間界)에서 산 지 겨우 백년에 하늘로 올라갔는데 얼굴빛이 항상 30대 나이와 같았다.

原文 **神仙傳, 董奉字君異, 候官人. 杜燮爲交州刺史. 得毒病死三日. 奉時在南方. 乃往以三丸藥内其口中, 令人擧其頭搖捎之. 食頃燮開目動手足, 顔色復, 半日能起坐, 遂活. 奉還廬山下居. 爲人治病, 不取錢物. 使病愈者爲種一株杏, 數年有十萬餘株. 鬱然成林, 杏子大熟. 奉於林中作倉, 宣語欲買杏者, 但自取之. 一器穀得一器杏, 每穀少而取杏多者, 有**

虎逐之. 有偸杏, 虎逐齧死. 家人知送杏還, 死者卽活. 自是買杏者, 自平量之, 不敢欺. 奉以所得粮穀賑救貧窮, 供給行旅. 民閒僅百年, 乃昇天, 顔色常如年三十時也.

註解 ㅇ董奉(동봉)—삼국시대 오후(吳侯)의 관인(官人). 도행(道行)이 있어 비를 빌고 요물(妖物)을 없애어 자못 신이(神異)한 일이 많았다. 여산(廬山)에서 있었던 일은 본문대로이다.

464. 편작기괵(扁鵲起虢)

—편작(扁鵲)이 괵(虢)나라 태자를 소생시켰다

《사기(史記)》에 보면, 편작(扁鵲)은 발해(勃海) 정현(鄭縣) 땅 사람이니 성(姓)은 진(秦)이요 이름은 월인(越人)이다. 그가 젊었을 때 장상군(長桑君)이라고 하는 방술가(方術家)는 편작이 비상한 사람이라는 것을 알고 품속에 있던 약을 꺼내서 먹였다. 그리고 가지고 있던 의방서(醫方書)를 모두 꺼내주더니 갑자기 보이지 않는 것이었다.

편작은 받은 의방서를 참고하여 사람들의 병을 살펴보는데 오장(五臟)의 적병(積病)의 응어리를 다 볼 수가 있었다. 특히 진맥(診脈)하는 것으로 이름이 있었다. 뒤에 괵국(虢國)을 지나는데 그 나라 태자(太子)가 죽었다고 한다. 편작이 말하기를, "신(臣)이 능히 살리겠습니다."하고 이에 제자 자양(子陽)을 시켜 침(鍼)을 숫돌에 갈게 해가지고 이로써 밖의 삼양(三陽)과 오회(五會)에 침을 꽂았다. 그러자 잠시 후 태자(太子)가 깨어났다. 이에 제자 자표(子豹)로 하여금 오분(五分)의 위(熨)와 팔감(八減)의 약제를 타서 끓여가지고 이것으로 두 겨드랑이 밑을 덥게 하자 태자는 일어나서 앉게 되었으며 그 움직임은 음양(陰陽)의 기(氣)에 맞았다. 그후로는 탕약만 달여서 먹였더니 20일이 되자 다시 옛날과 같았다. 그런 까닭에 천하에서 모두 편작은 죽은 사람을 살리는 명의(名醫)라고 했다.

한단(邯鄲)을 지나다가 들으니 그 지방에서는 여성을 존귀하게 여기는 풍습이 있다는 것이었다. 그래서 부인과(婦人科) 의사가 되었다. 또 낙양(雒陽)을 지나가다 들으니 그곳 주인(周人)들은 노인을 경모하고 사랑하는 풍습이 있다는 것이었다. 그래서 조속히 귀와 눈과 마비증세를 고치는 의사가 되었다. 함양(咸陽)에 들어가니 진(秦)나라 지방의 사람들은 어린아이를 귀여워한다는 것이었다. 그래서 조속히 소아과 의사가 되었다. 이처럼 그는 어디서나 그곳의 풍속에 따라 적응하는 의사로 변했다. 진(秦)나라 태의령(太醫令) 이유(李醯)는 스스로 재주가 편작(扁鵲)만 못하다는 것을 알고 사람을 시켜서 찔러 죽이게 했다. 그러나 지금에 이르기까지 의사로서 맥(脈)을 보고 이러쿵저러쿵하는 자는 모두 편작을 근거로 하는 것이다. 《사기》〈편작전(扁鵲傳)〉 색은(索隱)에 말하기를, 여기서 말한 오분(五分)의 위(熨)라고 한 것은 덥게 하되 따뜻한 기운이 오분(五分)쯤 몸속으로 들어가게 하는 것을 말함이요, 팔감(八減)의 약제는 약제의 조합(調合)이 8종류가 있다는 것을 가리킴이다. 월인(越人)에게는 당시에 이 방법이 있었던 것이다.

原文 **史記, 扁鵲勃海鄭人. 姓秦, 名越人. 少時長桑君知扁鵲非常人, 出其懷中藥, 予之飮, 乃悉取其禁方書予之, 忽然不見. 扁鵲以此視病, 盡見五臟癥結. 特以診脈爲名耳. 後過虢. 虢太子死. 扁鵲曰, 臣能生之. 乃使弟子子陽厲鍼砥石, 以取外三陽五會. 有閒太子蘇. 乃使子豹爲五分之熨, 以八減之齊和煮之, 以更熨脇下. 太子起坐, 更適陰陽. 但服湯, 二旬而復故. 故天下盡以扁鵲爲能生死人. 過邯鄲. 聞貴婦人,**

卽爲帶下醫. 過雒陽. 聞周人愛老人, 卽爲耳目痺醫. 入咸陽. 聞秦人愛小兒, 卽爲小兒醫. 隨俗爲變. 秦太醫令李醯自知伎不如扁鵲也, 使人刺殺之. 至今言脈者, 由扁鵲. 史扁鵲傳索隱云, 案言五分之熨者, 謂熨之令溫暖之氣入五分也. 八減之齊者, 謂藥之齊和所減有八. 越人當時有此方也.

註解 ㅇ史記(사기)－《사기》〈열전〉 45에 있는 이야기임. ㅇ長桑君(장상군)－신인(神人)의 이름. ㅇ禁方書(금방서)－비전(秘傳)의 약방문(藥方文). ㅇ診脈(진맥)－맥(脈)으로 병을 진단함. ㅇ虢(괵)－주대(周代)의 나라 이름. ㅇ三陽(삼양)－소양(少陽)·태양(太陽)·양명(陽明). ㅇ五會(오회)－백회(百會)·흉회(胸會)·청회(聽會)·기회(氣會)·유회(臑會). ㅇ熨(위)－따뜻하게 다리미질함. ㅇ子豹(자표)－편작(扁鵲)의 제자. ㅇ邯鄲(한단)－전국시대 조(趙)나라의 도읍. ㅇ帶下(대하)－여자의 병. 부인과.

465. 구순차일(寇恂借一)

－구순(寇恂)에게 1년을 더 있기를 청하다

후한(後漢) 구순(寇恂)의 자는 자익(子翼)이니 상곡(上谷) 창평(昌平) 사람이다. 광무제(光武帝)가 구순을 하내태수(河內太守) 대장군(大將軍)에 임명하고 이르기를, "옛날에 고조(高祖)께서 소하(蕭何)를 머물도록 하여 관중(關中)을 진정시키게 했는데 지금 짐(朕)은 하내(河內)를 공(公)에게 맡기노니 굳게 지키고 화물을 운송하여 군량(軍糧)을 충분히 보급하고 군사와 말을 거느리고 적군을 막아서 북으로 나가지 못하게 하오."라고 했다.

뒤에 영천태수(潁川太守)가 되었는데 조정 안에 들어와서는 집금오(執金吾)가 되었다. 이듬해에 영천(潁川)에서 도둑이 일어났다.

이에 황제가 이르기를, "영천은 경사(京師)와 몹시 가까우니 마땅히 때에 맞추어 평정해야 할 것이오. 그래서 진언에 따라 생각하건대 유독 경(卿)만이 능히 이를 평정할 수 있을 것이오."라고 했다. 이에 구경(九卿)을 거쳐 다시 나왔으니 이는 나라를 근심한 것임을 알 수가 있다.

즉일로 임금의 수레가 남쪽을 향했고 영천에 이르자 도둑이 모두 항복했다. 그러나 구순은 그곳 태수로 임명받은 채, 다시 황제의 수레를 따라 도읍으로 가고자 했다. 이에 백성들이 길을 막고 말하기를, "원컨대 폐하께서는 다시 구군(寇君)을 1년만 빌려주시옵소서."라고 하자 이에 구순을 장사(長社)에 머물러두어 관리와 사람들을 진무(鎭撫)케 하고 나머지 항복하는 사람들을 받아들이게 했다.

구순은 경서에 밝고 행실을 닦아서 이름이 조정에서 무거웠는데 조정에서 받은 봉록은 벗과 친구와 부하 관리들에게 후히 베풀었다. 그는 항상 말하기를, "나는 사대부(士大夫)들로 인해서 여기에 이르렀는데 어찌 홀로 누리겠는가?"라고 하니 당시 사람들은 그의 뛰어난 덕(德)에 감복하고 재상의 기량(器量)이 있다고 했다.

原文 後漢寇恂字子翼, 上谷昌平人. 光武拜恂河內太守, 行大將軍事. 謂曰, 昔高祖留蕭何鎭關中. 今吾委公以河內. 堅守轉運, 給足軍粮, 率厲士馬, 防遏它兵, 勿令北度而已. 後拜潁川太守, 入爲執金吾. 明年潁川盜賊起. 帝謂曰, 潁川迫近京師. 當以時定. 惟念獨卿能平之耳. 從九卿復出. 以憂國可知也. 卽日車駕南征. 從至潁川, 盜賊悉降. 而竟不拜郡. 百姓遮道曰, 願從陛下復借寇君一年. 乃留恂長社, 鎭撫吏人, 受納餘降. 恂經明行修, 名重朝廷. 所得秩奉, 厚施朋友故人及從吏士. 常曰, 吾因士大夫以致此. 可獨享乎. 時人歸其長者, 以爲有宰相器.

註解 ㅇ後漢(후한)－《후한서》〈열전〉 6에 있는 이야기임.

466. 하무거사(何武去思)
－하무(何武)가 간 뒤에도 생각하다

전한(前漢) 하무(何武)의 자는 군공(君公)이니 촉군(蜀郡) 비현(郫縣) 사람이다. 현량과(賢良科)에 천거되고 대책(對策)으로 급제되어 간대부(諫大夫)에 임명되었다가 성제(成帝) 때 여러번 승진하여 대사공(大司空)에 이르렀다. 사람됨이 어질고 후하여 선비가 승진하는 것을 좋아하고 남의 착한 것을 권하고 칭찬했다. 초(楚)나라 내사(內史)가 되어 양공(兩龔)에게 후한 정으로 접했고 패군(沛郡)에 있을 때는 양당(兩唐)에게 후하게 했다. 공경(公卿)이 되자 그들을 조정에 천거하니 세상에서 이로써 갸륵하게 여겼다.

그러나 붕당(朋黨)을 미워했다. 그러기에 문관(文官)에게 물을 때는 반드시 선비에게도 물었고 선비에게 물을 때에는 문관(文官)에게도 물어 서로 대조하고 검사함으로써 치우치지 않게 했다. 또 관원을 채용할 때는 과목(科目)을 설정하되 그것에 상응하는 자가 아니면 비록 권세가의 청탁이 있더라도 이를 거절했다. 그 때문에 그가 있는 곳에는 혁혁(赫赫)한 이름은 없었어도 떠나간 뒤에는 항상 그가 근무했던 곳의 사람들이 그를 추모했다.

뒤에 어사대부(御史大夫)가 되어 벼슬을 사직했다. 왕망(王莽)이 재형(宰衡)이 되어 비밀히 자기에게 붙지 않는 사람을 죽일 때, 그도 역시 사죄에 걸려들어 자살(自殺)했다. 양공(兩龔)은 공승(龔勝)·공사(龔舍)요 양당(兩唐)은 당림(唐林)·당준(唐遵)이다.

原文 前漢何武字君公, 蜀郡郫人. 擧賢良對策, 拜諫大夫.

成帝時, 累進大司空. 爲人仁厚, 好進士, 獎稱人善. 爲楚內史, 厚兩龔. 在沛郡厚兩唐. 及爲公卿, 薦之朝廷. 世以此多焉. 然疾朋黨. 問文吏, 必於儒者, 問儒者必於文吏, 以相參撿. 欲除吏, 先爲科例, 以防請託. 其所居, 亦無赫赫名, 去後常見思. 後爲御史大夫, 免官. 王莽爲宰衡, 陰誅不附己者. 見誣自殺. 兩龔謂勝·舍, 兩唐謂林·遵也.

註解 ㅇ前漢(전한)－《전한서》〈열전〉 56에 있는 이야기임. ㅇ宰衡(재형)－재상을 높여서 부르는 말.

467. 한자고분(韓子孤憤)

－한자(韓子)가 고분(孤憤)을 짓다

《사기(史記)》에 보면, 한비(韓非)는 한(韓)나라의 서공자(庶公子) 중 한 사람이다. 형명(刑名)과 법술(法術)의 학(學)을 좋아했으나 그 돌아가는 곳은 황로(黃老)에 근본을 두고 있었다. 사람됨이 태어날 때부터 말을 더듬어 능히 말로 설명하지 못하고 저술을 잘했다. 이사(李斯)와 함께 순경(荀卿)을 섬겼는데 한비는 한(韓)나라가 강구에게 차츰 그 영토가 삭탈(削奪)당하고 쇠약해지는 것을 보고 자주 한왕(韓王)을 간했으나 왕은 그의 간언을 쓰지 않았다.

이에 한비는 지난날의 득실(得失)의 변이(變異)를 관찰하여 〈고분(孤憤)〉 〈오두(五蠹)〉와 〈내외저(內外儲)〉 〈설림(說林)〉 〈설난(說難)〉 등 10여만언(十餘萬言)을 지었다. 어떤 사람이 그 책을 전하려고 진(秦)나라에 이르렀다. 진나라 왕은 이것을 읽고 말했다. "과인은 이 책의 저자와 만나서 그 사람과 함께 교분을 나눌 수 있다면 죽어도 한이 없겠다." 그후 한비는 한나라의 위급함을 구원해 달라는 왕명(王命)을 받고 진나라에 사신으로 갔다. 진나라 왕은 그토록 만나고 싶었던 사람을 만난 것이 기뻤다. 그러나 아직 믿고 쓰기 전에 이사가 이를 훼방하자 왕의 낮은 관리로 하여금 한비를 다스리게 했는데 이사가 사람을 시켜 약을 보내서 자살(自殺)하게 했다.

原文 **史記, 韓非韓之諸公子也. 喜刑名法術之學. 而其歸本於黃老. 爲人口吃不能道說. 而善著書. 與李斯俱事荀卿. 非見韓之削弱, 數以書諫韓王, 王不能用. 於是觀往者得失之變, 作孤憤·五蠹·內外儲·說林·說難十餘萬言. 人或傳其書至秦. 秦王見之曰, 寡人得見此人與之游, 死不恨矣. 後使秦. 秦王悅之, 未信用. 李斯毁之. 王下吏治非. 斯使人遺藥, 使自殺.**

註解 ㅇ史記(사기)－《사기》〈열전〉 권3에 있는 이야기임. ㅇ黃老(황로)－황제(黃帝)와 노자(老子). ㅇ李斯(이사)－초(楚)나라 상채(上蔡) 사람. 진(秦)나라의 객경(客卿)이 되어 시황제(始皇帝)를 도와 천하를 통일하고 군현제(郡縣制)를 창립함. 2세황제 때에 참소를 당하여 피살되었음. ㅇ卿(경)－순경(荀卿). 순황(荀況). 전국시대 조(趙)나라의 유학자(儒學者). 특히 예학(禮學)을 역설했으며 맹자(孟子)의 성선설(性善說)을 부정하고 성악설(性惡說)을 주장했음. ㅇ孤憤(고분)·五蠹(오두)－이하는 모두 《한비자(韓非子)》의 편명(篇名).

468. 양홍오희(梁鴻五噫)

－양홍(梁鴻)의 다섯 가지 슬픔

후한(後漢)의 양홍(梁鴻)이 대학(大學)에서 공부하는데 집이 가난한데도 절개를 숭상하고 널리 보면서도 장구(章句)는 일삼지 않았다. 고향으로 돌아가니 세력있는 집에서 그의 높은 절개를 사모하여 많은 사람들이 그에게 딸을 주려고 했는데 양홍은 이를 모두 거절하다가 뒤에 맹씨(孟氏)를 맞아 패릉(覇陵)의 산속에 숨어, 밭 갈고 길쌈하는 것으로 업(業)을 삼고 시서(詩書)를 읊고 거문고를 타면서 스스로 즐겼다.

그후에 동쪽으로 관문(關門)을 나서서 경사(京師)를 지나다가 오희(五噫)의 노래를 지었다. 그 글에 말하기를, '저 북망(北芒)에 오르니 아아! 슬프도다. 황제의 계신 도읍을 돌아다보니 아아! 슬프도다. 궁실(宮室)이 높고 크니 아아! 슬프도다. 사람들이 일하여 피로함이여. 아아! 슬프도다. 넓고 멀어 아직 다하지 않음이여! 아아! 슬프다'라고 했다.

숙종(肅宗)이 이를 듣고 조정을 비방한 자라 죄를 주려고 하여 양홍을 찾았으나 찾지 못했다. 양홍은 이에 성명(姓名)을 고치고 제(齊)·노(魯)의 사이에 있다가 오(吳)나라에 이르러 호가(豪家) 고백통(皐伯通)에게 의지하여 곁채에 살았고 방아품을 팔아가며 살아갔다. 언제나 집에 돌아가면 아내가 식사를 차려서 감히 양의 앞에 놓지 못하고 상을 눈썹과 가지런히하여 올리니 고백통은 이상히 여겨 말하기를, "저 품팔이하는 자가 능히 그 아내로 하여금 공경하기를 이같이 하니 비범(非凡)한 사람이다."하고 이에 자기 집에 있게 했다. 양홍은 숨어서 문을 닫고 책을 10여편(篇) 저술하다가 오나라에서 졸(卒)했다.

原文 後漢梁鴻受業大學. 家貧尙節介, 博覽不爲章句. 歸鄕里. 埶家慕其高節, 多欲女之, 鴻並不娶. 後娶孟氏, 隱覇陵山中, 以耕織爲業, 詠詩書, 彈琴, 以自娛. 因東出關過京師, 作五噫之歌曰, 陟彼北芒兮噫, 顧覽帝京兮噫, 宮室崔嵬兮噫, 人之劬勞兮噫, 遼遼未央兮噫. 肅宗聞而非之, 求鴻不得. 乃易姓名, 居齊魯之閒, 遂至吳, 依大家皐伯通居廡下, 爲人賃舂. 每歸妻爲具食, 不敢於鴻前仰. 擧案齊眉. 伯通異之曰, 彼傭能使其妻敬之如此. 非凡人也. 乃舍之於家. 鴻潛閉著書十餘篇. 卒於吳.

註解 ㅇ後漢(후한)-《후한서》〈열전〉 73 일민편(逸民篇)에 있는 이야기임. ㅇ北芒(북망)-지금의 하남성(河南省) 낙양현(洛陽縣) 북쪽에 있는 망산(邙山). 한(漢)나라 이후로 유명한 묘지(墓地)이기 때문에 일반적으로 묘지의 뜻으로 쓰임. ㅇ皐伯通(고백통)-오(吳)나라 사람. 어진 행실이 있어서 군(郡)의 호가(豪家)가 되었다. 양홍(梁鴻)이 그 아내와 함께 그의 집에서 살면서 삯방아를 찧어 주었다.

469. 채염변금(蔡琰辯琴)

-채염(蔡琰)이 거문고에 대하여 변론하다

후한(後漢) 채염(蔡琰)의 자는 문희(文姬)이니 중랑장(中郎將) 채옹(蔡邕)의 딸이다. 널리 배우고 재주와 구변이 있고 더욱이 음률(音律)에 뛰어났다.

《몽구》의 구주(舊注)에 말하기를, 채염의 나이 9세 때 채옹이 밤에 거문고를 타다가 줄 하나가 끊어졌는데 채염이 말하기를, "두 번째 줄입니다."라고 했다. 채옹이 일부러 줄 하나를 끊고 묻자 채염은 말하기를 "네 번째 줄입니다."라고 하니 채옹은 말하기를, "네가 우연히 맞힌 것이다."라고 했다. 이에 채염은 말하기를 "옛날에 계찰(季札)은 바람을 보고 나라의 존망(存亡)을 알았고 사광(師曠)은 악기(樂器)를 불어 남풍(南風)의 다투지 않는 것을 알았사오니 이것으로 미루어본다면 저라고 해서 어찌 알지 못하겠습니까?"라고 했다.

原文 後漢蔡琰字文姬, 中郎將邕之女. 博學有才辯. 妙於音律. 舊注云, 琰年九歲時, 邕祀鼓琴, 絃絶, 琰曰, 第二絃. 邕故絶一絃以問之. 琰曰, 第四絃. 邕曰, 爾偶中耳. 琰曰, 昔季札觀風知國之存亡, 師曠吹律, 識南風之不競. 以此推之, 何不知也.

註解 ㅇ後漢(후한)－《후한서》〈열전〉 74 열녀전(列女傳)에 있는 이야기임. ㅇ音律(음률)－음악의 가락. ㅇ季札(계찰)－춘추시대 오왕(吳王) 수몽(壽夢)의 작은 아들. 어질다는 이름이 있었다. 왕위(王位)를 물려주려고 하였으나 사양하고 받지 않아서 연릉(延陵)에 봉했기 때문에 연릉계찰(延陵季札)이라고 부른다. ㅇ師曠(사광)－춘추시대 진(晉)나라의 음악가. 음악 소리를 들으면 길흉(吉凶)을 점쳤음. ㅇ南風(남풍)－여기에서는 남방의 가요(歌謠). 남방의 가요는 활기(活氣)가 없어서 세력이 부진(不振)함.

470. 왕찬복기(王粲覆棊)

－왕찬(王粲)이 바둑을 다시 전과 같이 놓다

《위지(魏志)》에 보면, 왕찬(王粲)은 여러 번 시중(侍中)에 임명되었는데, 사물에 밝고 아는 것이 많아서 묻는 말에 대답하지 못하는 것이 없었다. 어떤 사람과 같이 길을 가다가 길가의 비문을 읽었는데 그 사람이 묻기를, "그대가 능히 외우겠는가?"라고 하자 "외우겠습니다."라고 했다. 이에 돌아서서 외게 했더니 외는데 한 글자도 틀리지 않았다.

또 어느 날 사람들이 바둑 두는 것을 보는데 판이 흐트러졌다. 이에 왕찬이 전에 둔대로 다시 놓으니 바둑 두던 자는 이를 믿지 않고 비단조각에 바둑판을 그리고 다시 두게 하여 서로 비교하게 했더니 한 점도 틀리지 않았다. 그가 기억하고 잠잠히 아는 것이 이와 같았다. 성질이 셈을 잘하는데 계산하는 방법을 책으로 만들었고 대략 그 이치를 적었다. 또 글을 잘 지어 붓을 들면 문득 이루는 데 하나도 고칠 것이 없었다. 당시 사람들이 전에 지어둔 것이라고 의심했다. 그러나 다시 뜻을 정밀히 하고 깊이 생각해도 또한 여기에 더할 것이 없는 것이었다.

《전략(典略)》에 말하기를 왕찬은 이에 재주가 높고 변론이 시기에 응했는데 종요(鍾繇)와 왕랑(王朗) 등이 비록 경상(卿相)이 되었지만 조정의 주의(奏議)에 이르러서는 모두 그의 재능에 눌리어 붓을 던지고 능히 손을 대지 못했다.

原文 魏志, 王粲累拜侍中. 博物多識, 問無不對. 與人共行, 讀道邊碑. 人問曰, 卿能闇誦乎. 曰, 能. 因使背而誦之, 不失一字. 觀人圍棊. 局懷. 粲爲覆之. 棊者不信. 以帊蓋局, 使更以他局爲之. 用相比校, 不誤一道. 其强記默識知此. 性善算, 作算術, 略盡其理. 善屬文, 擧筆便成, 無所改定. 時人以爲宿構. 然正復精意覃思, 亦不能加也. 典略曰, 粲旣才高, 辯論應機. 鍾繇 · 王朗等, 雖爲卿相, 至於朝廷奏議, 皆閣筆不能措手.

註解 ㅇ魏志(위지)－《위지》〈열전〉 21에 있는 이야기임. ㅇ鍾繇(종요)－삼국시대 위(魏)나라의 서예가. 조조(曹操)를 좇아 공로가 컸으므로 태위(太尉)를 거쳐 태부(太傅)에 이르렀음. ㅇ王朗(왕랑)－삼국시대 위(魏)나라 사람. 재주가 높고 성질이 엄하며 강개(慷慨)하고 위엄이 있었다. 벼슬은 사공(司空)에 이르고 낙평향후(樂平鄕侯)에 봉해졌다.

471. 서문투무(西門投巫)
-서문표(西門豹)가 무당을 던지다

《사기(史記)》에 보면, 위(魏)나라 문후(文侯) 때 서문표(西門豹)가 업령(鄴令)이 되었는데 서문표가 도착하여 백성들의 괴로워하는 것을 묻자 장로(長老)가 말하기를, "하백(河伯)이 아내를 취한다 하여 해마다 바치는데 거기에다가 제사 비용으로 숱한 세금을 거두는 까닭에 백성들은 가난할 수밖에 없습니다. 세간에서는 만약 하백에게 처녀를 바치지 않으면 홍수가 져서 백성들 모두를 물에 빠져죽도록 한다는 것입니다."라고 했다.

이에 서문표는 말하기를, "그럼 하백에게 처녀 바치는 때가 되거든 나에게 와서 알리도록. 나도 또한 가서 여자를 보낼 것이다."라고 했다. 약속한 때에 서문표가 갔다. 하수(河水) 위에서 모이니 삼로(三老)와 관속(官屬)과 호장자(豪長者)와 마을의 부로(父老)들이 모두 모였는데 무당인 늙은 여자는 제자인 여자 10명을 데리고 왔다. 모두 비단 홑옷을 입고 무당의 뒤에 서있다. 이에 서문표는 하백(河伯)에게 바칠 여자를 불러 놓고 훑어본 다음 말하기를, "이 여자는 예쁘지 않으니 번거롭지만 큰 무당 할미는 하백(河伯)에게 고하여 다시 예쁜 여자를 구하겠다고 하라."하고 이졸(吏卒)을 시켜 큰 무당 할미를 묶어서 물 가운데에 던졌다.

얼마 있다가 다시 말하기를, "어찌해서 오래도록 오지 않는가?" 하고는 모두 세 명의 제자를 던지고 나서 서문표는 말했다. "무당 할미가 여자이기 때문에 능히 이 일을 아뢰지 못하는 것이니 번거롭지만 세 노인께서 들어가서 아뢰시오."하고 세 노인을 물속에 집어 던졌다. 그리고 서문표는 붓을 머리에 장식하고 허리를 굽히어 물을 향해 서서 한참만에 또 말하기를, "세 노인도 돌아오지 못하니 정연(廷掾)과 호장자(豪長者) 한 사람이 들어가야 하겠다."라고 했다. 그들은 이미 사건이 들통난 것을 알고 머리를 땅에 짓찧어 피를 흘렸다.

서문표가 말하기를, "하백이 손님을 오래 머무르게 할 모양이니 너희는 모두 그만두고 가도록 하라."고 하니 관리와 백성들이 크게 놀라고 두려워하여 이로부터는 감히 다시는 하백이 처녀를 데려간다는 말을 하지 못했다.

서문표는 즉시 백성을 풀어 열두 개의 수로(水路)를 파서 강물을 이끌어 백성들의 논밭에 물을 대니 모두가 수리(水利)를 얻어서 백성들이 넉넉하게 부자가 되었다. 이에 서문표의 이름이 천하에 알려져 혜택이 후세(後世)에까지 흘렀다.

原文 史記, 魏文侯時, 西門豹爲鄴令. 豹到問民所疾苦. 長老曰, 苦爲河伯娶婦. 以故貧. 俗語, 不爲娶婦, 水來漂溺人民. 豹曰, 至時幸來告. 吾亦往送女. 至其時, 豹往會河上. 三老·官屬·豪長者·里父老皆會. 其巫老女子. 從弟子女十人. 皆衣繒單衣, 立大巫後. 豹呼河伯婦, 視之曰, 是女不好. 煩大巫嫗. 爲報河伯. 更求好女. 使吏卒拘大巫嫗投之河中. 有頃曰, 何久也. 弟子趣之. 凡投三弟子. 豹曰, 巫嫗女子, 不能白事. 煩三老. 爲入白之. 復投三老河中. 豹簪筆磬折, 嚮河立良久. 又曰, 三老不還. 欲使廷掾與豪長者一人入趣之. 皆叩頭血流. 豹曰, 狀河伯留客之久. 若皆罷去. 吏民大驚恐, 從是不敢復言河伯娶婦. 豹卽發民鑿十二渠, 引河水灌民田. 皆得水利, 民人足富, 豹名聞天下, 澤流後世.

註解 ㅇ史記(사기)-《사기》〈열전〉 66에 있는 이야기임. ㅇ西門豹(서문표)-전국시대 위(魏)나라 문후(文侯)의 신하로서 성질이 몹시 급

했다. 업령(鄴令)이 되었을 때 풍속이 무당을 믿어 해마다 부녀(婦女)를 강에 던지는 것을 개혁하기 위하여 무당을 강에 던짐. ㅇ長老(장로)－나이 많고 덕망(德望)이 있는 사람. ㅇ河伯(하백)－물귀신. 수신(水神). ㅇ三老(삼로)－한 마을 중의 장로(長老). 연로(年老)하여 한 마을의 교화(教化)를 맡은 사람. 직업상의 노인. 곧 농로(農老)와 공로(工老) 같은 것을 말함. ㅇ豪長者(호장자)－호화롭고 어른스러운 사람. ㅇ廷掾(정연)－정위(廷尉)의 연리(掾吏).

472. 하겸분사(何謙焚祠)

－하겸(何謙)이 신사(神祠)를 불태우다

《진서(晉書)》에 보면 하겸(何謙)의 자는 공자(恭子)이니 동해(東海) 사람이다. 사현(謝玄)을 좇아서 정벌(征伐)을 나갔는데 날래고 과단성이 있고 권모와 임기응변의 계략이 많았다. 《몽구》의 구주(舊注)에 말하기를 하겸은 신사(神祠)를 두려워하지 않았는데 길을 가다가 영묘(靈廟)를 보면 모두 이를 불태워 버렸다고 했다.

原文 **晉書, 何謙字恭子, 東海人. 從謝玄征伐. 驍果多權略. 舊注云, 謙不畏神祠. 遇有靈廟, 皆焚之.**

註解 ㅇ晉書(진서)－《진서》〈열전〉 49에 있는 이야기임. ㅇ謝玄(사현)－동진(東晉)의 명장(名將). 사안(謝安)의 조카. 무제(武帝) 때 적은 군사를 거느리고 전진(前秦) 부견(苻堅)의 백만대군을 비수(淝水)에서 무찌름.

473. 맹상환주(孟嘗還珠)

—맹상(孟嘗)의 선정으로 진주잡이가 되돌아오다

후한(後漢) 맹상(孟嘗)의 자는 백주(伯周)이니 회계(會稽) 상우(上虞) 사람이다. 합포태수(合浦太守)로 옮겼는데 그 고을에서는 곡식은 나지 않고 바다에서 진주(眞珠)를 산출했다. 그곳은 교지(交阯)와 국경이 닿고 있어서 항상 통행하고 거래하되 진주와 양식을 무역하고 있었다.

이보다 앞서 수령(守令)들이 모두 탐하고 마음이 더러운 사람이 많았는데 백성을 괴롭히어 진주를 요구하는 것이 그 끝을 알지 못할 지경이었다. 이리하여 진주는 점점 교지의 경계로 옮겨가고 행상객(行商客)도 이르지 않으니 백성들은 재산이 없고 가난한 자들은 길에서 굶어 죽었다. 어떤 때에 맹상이 태수로 부임해 왔다. 그는 먼저 있던 폐단을 개혁해 없애고 백성들의 병통과 이익되는 것을 구했더니 1년이 못되어, 떠나갔던 진주가 다시 돌아오고 백성들이 모두 생업(生業)으로 돌아오고 상품도 유통되기에 이르렀다. 사람들은 이것을 신명(神明)이 불러서 돌아온 것이라 하여 칭송했다. 조정에서 그를 불러들이려 하자 관리와 백성들이 수레를 잡고 더 다스리기를 청했다. 그는 하는 수 없이 밤중에 도망했다. 스스로 농사를 지으니 이웃 고을의 선비와 백성들이 그의 덕을 사모하여 그를 따라와서 사는 자가 백여 집이나 되었다.

原文 後漢孟嘗字伯周, 會稽上虞人. 遷合浦太守. 郡不産穀實. 而海出珠寶. 與交阯比境, 常通商販, 貿糴粮食. 先時宰守, 並多貪穢, 詭人採求, 不知紀極. 珠漸徙於交阯郡界, 行旅不至, 人物無資, 貧者餓死於道. 嘗到官, 革易前弊, 求民病利. 未踰歲, 去珠復還, 百姓皆反業, 商貨流通. 稱爲神明. 徵還, 吏民攀車請之. 乃夜遁去, 隱處自耕. 隣縣士民, 慕德就居止者百餘家.

註解 ㅇ後漢(후한)－《후한서》〈열전〉 66에 있는 이야기임. ㅇ交阯(교지)－지금의 월남(越南) 북부의 통칭. 하노이 지방.

474. 유곤반화(劉昆反火)

－유곤(劉昆)이 불을 돌이키다

후한(後漢) 유곤(劉昆)의 자는 환공(桓公)이니 진류(陳留) 동혼(東昏) 사람이다. 건무(建武) 초년에 강릉령(江陵令)에 제수되었는데 이때 고을에 해마다 화재가 있었다. 이에 유곤은 문득 불을 향하여 머리를 땅에 대고 두드렸더니 능히 비를 내리고 바람도 그쳤다. 얼마 후 홍농태수(弘農太守)로 옮겼다. 이보다 앞서 효면역(崤黽驛) 길에 호랑이의 재앙이 있어서 나그네들이 다니지 못했었다. 그러나 유곤이 정치를 한 지 3년만에 어진 바람이 크게 행해져서 호랑이가 모두 새끼를 업고 물을 건너 가버렸다.

황제는 이것을 이상히 여겨 불러서 광록훈(光祿勳)을 삼고 조서를 내려 유곤이 먼저 강릉(江陵)에 있을 때는 바람을 돌이켜 불을 껐고 뒤에 홍농(弘農)에 가서는 호랑이가 북쪽으로 하수(河水)를 건너갔으니 무슨 덕있는 정치를 했기에 이러한 일이 있었느냐고 묻자 유곤은 대답하기를, "다만 우연한 일입니다."라고 하니 좌우 사람들은 그의 질박하고 말이 더딘 것을 웃었다. 그러나 황제는 말하기를, "이는 곧 장자(長者)의 말이로다." 하고 명하여 여러 가지 책문(策文)을 쓰게 했다.

原文 後漢劉昆字桓公, 陳留東昏人. 建武初除江陵令. 時縣連年火災. 昆輒向火叩頭, 多能降雨止風. 稍遷弘農太守. 先是崤黽驛道多虎災, 行旅不通. 昆爲政三年, 仁風大行, 虎皆負子渡河. 帝異之徵爲光祿勳. 詔問昆, 前在江陵反風滅火. 後守弘農, 虎北渡河. 行何德政而致是事. 昆對曰, 偶然耳. 左右笑其質訥. 帝歎曰, 此乃長者之言也. 命書諸策.

註解 ㅇ後漢(후한)－《후한서》 권69 유림전(儒林傳)에 있는 이야기임. ㅇ長者(장자)－여기에서는 군자(君子)를 말함.

475. 강굉공피(姜肱共被)

－강굉(姜肱)이 형제와 같은 이불을 덮다

후한(後漢) 강굉(姜肱)의 자는 백회(伯淮)이니 팽성(彭城) 광척(廣戚) 사람이다. 아우 중해(仲海)·계강(季江)과 함께 효행(孝行)으로 나타나 알려졌다. 그 형제들의 우애는 자연히 나오는 지극한 것으로서 항상 함께 눕고 일어나고 했다.

강굉은 널리 오경(五經)에 통하고 겸해서 천문학에도 밝아서 선비들 중 찾아와 배우는 자가 3천여명이나 되었다. 두 아우도 이름과 소문이 서로 이어졌다. 이들은 모두 조정의 부름에 응하지 않았다. 강굉이 일찍이 동생 계강과 함께 밤에 도둑을 만났는데 도둑이 죽이려 하자 형제가 서로 죽기를 다투니 드디어 둘을 모두 석방했다.

환제(桓帝)가 불러도 가지 않자 화공(畵工)을 시켜 그 형상을 그리게 했으나 강굉은 누워서 이불로 얼굴을 가리기 때문에 끝내 볼 수가 없었다. 그는 달아나 멀리 바닷가에 숨어 엎드려서 점을 쳐주고 먹을 것을 얻어다가 먹고 살았다. 그후 고향에 돌아와 집에서 졸

(卒)했다. 제자 유조(劉操)가 덕을 칭송하는 글을 지어 돌에 새겼다. 사승(謝承)은 《후한서》에 쓰기를, 강굉은 성질이 효성에 도타워서 계모(繼母)를 섬기는데 계모는 나이가 젊어서 엄하고 사나웠다. 그러나 강굉의 온화한 효성에 감동했다. 형제가 같은 이불을 덮고 자면서 방에 들어가지 않아 어머니의 마음을 위로했다.

原文 後漢姜肱字伯淮, 彭城廣戚人. 與弟仲海·季江俱以孝行著聞. 其友愛天至. 常共臥起. 肱博通五經, 兼明皇緯. 士之就學者三千餘人, 二弟名聲相次. 皆不應徵聘. 肱嘗與季江夜遇盜. 欲殺之. 兄弟更相爭死. 遂兩釋焉. 桓帝徵不至. 使畫工圖其形狀. 肱臥以被韜面, 竟不得見之. 後隱遯, 遠浮海濱竄伏, 賣卜給食. 還卒於家. 弟子劉操頌德. 謝承書曰, 肱性篤孝, 事繼母. 年少嚴厲. 肱感凱風之孝, 兄弟同被而寢, 不入房室. 以慰母心.

註解 ㅇ後漢(후한)-《후한서》〈열전〉 43에 있는 이야기임.

476. 공융양과(孔融讓果)

—공융(孔融)이 과일을 사양하다

후한(後漢) 공융(孔融)의 자는 문거(文擧)이니 노(魯)나라 사람으로서 공자(孔子)의 20세(世) 손자이다. 어려서부터 남다른 재주가 있었다. 10세에 아버지를 따라 경사(京師)에 올라왔다.

이때 하남윤(河南尹) 이응(李膺)이 간결하고 무게가 있어 망령되이 선비를 만나지 않았으므로 스스로 당시 세상의 이름있는 사람이나 친척이 아니면 모두 만날 수가 없었다. 그러나 공융은 그 집에 가서 말하기를, “나는 이군(李君)과는 부조(父祖) 대대로 친분이 있는 집의 자제(子弟)이다.”라고 하니 문지기가 이응에게 전했다. 이에 이응이 공융을 청해다가 묻기를, “그대의 부조(父祖)는 우리 집안과 옛날에 어떤 은혜의 관계가 있었는고?”라고 하자 공융은 “예, 있습니다. 제 조상인 공자(孔子)님은 이담(李聃), 즉 노자(老子)님과 덕을 같이하시고 도(道)를 함께하신 사우(師友) 관계에 있었습니다. 그런즉 저희 집안과 나리의 집안은 대대로 통가(通家)인 셈이지요.”라고 했다. 그 자리에 있던 사람들은 모두 감탄했다.

태중대부(太中大夫) 진위(陳煒)가 뒤늦게 도착해서 말하기를, “대체로 어렸을 때 총명한 자가 커서 반드시 기이하지는 않다.”고 하자 공융이 말하기를, “공께서 하시는 말씀을 듣자하니 누구나 다 하는 말씀을 하시는군요. 그러시다면 공께서는 어렸을 때 지혜롭지 못하셨던가요?”라고 했다. 이응은 크게 웃고 말하기를, “그대는 반드시 뛰어난 그릇이 될 것이다.”라고 했다.

공융의 집에 전하는 말에 의하면 형제 7인에 융이 여섯째이다. 4세 때 여러 형들과 함께 배와 대추를 먹는데 문득 작은 것을 집으므로 어른들이 그 까닭을 물으니 대답하기를, “나는 어린아이이니 법에 마땅히 작은 것을 가져야 하지요.”라고 했다. 이로 인해서 종족(宗族)들이 그를 기이하게 여겼다.

原文 後漢孔融字文擧, 魯國人, 孔子二十世孫. 幼有異才. 十歲隨父詣京師. 時河南尹李膺, 簡重不妄接士. 自非當世名人及與通家, 皆不得白. 融造門曰, 我是李君通家子弟. 門者言之. 膺請融問曰, 高明祖父嘗與僕有舊恩乎. 融曰, 然. 先君孔子與李老君同德比義而相師友. 則融與君累世通家. 衆坐歎息. 大中大夫陳煒後至, 曰, 夫人小而聰了, 大未必奇. 融曰, 觀君所言, 將不早慧乎. 膺大笑曰, 高明必爲偉器. 融家傳曰, 兄弟七人, 融第六. 四歲時, 每與諸兄共食梨棗, 輒引小者. 人問其故. 答曰, 我小兒. 法當取小者. 由是宗族奇之.

註解 ㅇ後漢(후한)－《후한서》〈열전〉 60에 있는 이야기임. ㅇ李膺(이응)－후한(後漢) 양성(襄城) 사람. 환제(桓帝) 때 사예교위(司隸校尉)가 되었다. 뒤에 조정이 날로 어지럽고 강기(綱紀)가 무너졌는데 이응이 홀로 풍재(風裁)를 지켜 성명(聲名)이 스스로 높으니 선비들이 그를 한번 만나면 이를 등용문(登龍門)이라고 했다. ㅇ李老君(이노군)－노자(老子)의 성(姓)이 이씨(李氏)였으므로 이렇게 말함.

477. 단강상대(端康相代)

－단(端)과 강(康)이 서로 대신하다

《삼보결록(三輔決錄)》에 보면, 위강(韋康)의 자는 원장(元將)이니 경조(京兆) 사람이다. 아버지 위단(韋端)이 양주목(涼州牧)으로 있다가 부름을 받고 태복(太僕)이 되니 위강이 대신 양주자사(涼州刺史)가 되었다. 이에 당시 사람들이 이를 영화롭게 여겼다.

공융(孔融)이 일찍이 위단에게 준 글에 말하기를, '전일에 원장(元將)이 왔는데 깊은 재주가 밝고 무성하며 맑은 도량이 크고 굳세어서 세상에 뛰어난 그릇이었소. 어제는 또 그 아우 중장(仲將)이 왔는데 아름다운 성품이 곧고 독실하며 문장이 민첩하고 정성이 독실하니 집안을 보존할 주요인물이었소. 뜻밖에 쌍구슬이 늙은 조개에서 나왔소이다'라고 했다.

중장(仲將)의 성명은 위탄(韋誕)이니 글재주가 있어서 문장을 잘 지었는데 벼슬은 광록대부(光祿大夫)에 이르렀다.

原文 三輔決錄, 韋康字元將, 京兆人. 父端從涼州牧徵爲太僕. 康代爲涼州刺史. 時人榮之. 孔融嘗與端書曰, 前日元將來. 淵才亮茂, 雅度弘毅, 偉世之器也. 昨日仲將又來. 懿性貞實, 文敏篤誠, 保家之主也. 不意雙珠近出老蚌. 仲將名誕, 有文才. 善屬辭章. 官至光祿大夫.

註解 ㅇ出老蚌(출로방)－방(蚌)은 조개. 아버지를 조개에 비유하고 아들들을 진주에 비유하여 아들들의 우수함을 칭찬한 것임.

478. 양척격좌(亮陟隔坐)

－양(亮)과 척(陟)은 자리를 격하고 앉았다

《오록(吳錄)》에 보면, 기척(紀陟)의 자는 자상(子上)이니 단양(丹陽) 사람이다. 오주(吳主) 손휴(孫休) 때 그 아버지 기량(紀亮)은 상서(尙書)가 되고 기척은 중서령(中書令)이 되었는데 언제나 조회 때에는 조칙을 내려 병풍으로 그 자리를 막게 하였다. 《몽구》의 구주(舊注)에는 《선성기(宣城記)》를 인용해서 말하기를, 운모병풍(雲母屛風)으로 막았다고 했다. 또 기척의 자(字)를 즐(騭)로 잘못 적고 있다.

原文 吳錄, 紀陟字子上, 丹陽人. 吳主孫休時, 其父亮爲尙書. 而陟爲中書令. 每朝會, 詔以屛風隔其坐. 舊注引宣城記云, 隔以雲母屛風. 陟誤作騭.

註解 ㅇ雲母(운모)－돌비늘. 장식용으로 쓰임.

479. 조윤유괴(趙倫瘤怪)
−조윤(趙倫)의 혹의 재앙

《진서(晉書)》에 보면, 조왕(趙王) 윤(倫)의 자는 자이(子彝)이니 선제(宣帝)의 아홉째 아들이다. 거기장군(車騎將軍)에 임명되었는데 아첨으로 중궁(中宮) 가후(賈后)를 섬기어 가후의 신임을 받게 되었다. 그런데 임금에게 총애를 받는 손수(孫秀)가 민회태자(愍懷太子)를 무실한 죄에 빠뜨려 살해하더니 마침내는 가후를 폐하여 서인(庶人)으로 만들었다. 이때 조윤이 거짓 조서(詔書)를 작성하여 스스로 사지절 대도독 중외제군사(使持節大都督中外諸軍事)가 되었다. 한편 손수는 대군(大郡)에 봉해졌으며 병권(兵權)을 거머쥐었다. 그래서 백관들은 모두 조윤의 명령을 따랐다.

그런데 조윤은 본래 용렬하고 지혜로운 꾀가 없어서 손수에게 제약을 받으니 손수의 위엄과 권세가 조정에 떨쳐져서 천하가 모두 손수를 섬기고 조윤에게 구하는 것이 없었다. 손수는 낭야외사(琅邪外史)에서 일어나 여러 가지 벼슬을 조(趙)나라에서 거쳤는데 아첨하고 예쁘게 보이는 일로 스스로 통달하여 이미 중요한 권리를 잡자 드디어 그 간사한 꾀를 마음대로 부려 충성되고 어진 사람을 많이 죽였다. 이로써 사사로운 욕심을 만족시키자 조윤은 참람되이 황제의 자리에 올랐고 손수로써 중서감 표기장군(中書監驃騎將軍)을 삼았다. 그리고 나머지 거사(擧事)를 같이한 자들도 계급의 차서를 뛰어넘고 노졸(奴卒)과 종들까지도 또한 벼슬자리를 더해 주었다. 그러므로 언제나 시종(侍從)들의 관(冠)들이 자리에 그득했다. 조회 때면 이에 당시 사람들의 속담에 말하기를, '담비꼬리가 모자라 개꼬리로 이어지네'라고 했다.

이때 조윤이 태묘(太廟)에 제사지내다가 큰 바람을 만나 깃대와 수레의 뚜껑이 부러지고 벗겨졌다. 그리고 꿩이 날아서 대궐 안으로 들어오고 또 대궐 위에서 이상한 새를 얻었는데 물어봐도 모두 이름을 알지 못했다. 또 여러 날동안 저녁때면 궁(宮) 서쪽에 흰옷 입은 어린아이가 있는데 말하기를, "그 새는 복유조(服劉鳥)라는 새요." 라고 했다. 조윤은 복유(服劉)와 복류(伏瘤)의 음(音)이 통하므로 자신의 신상에 이변이 일어날 것을 두려워하여 어린아이와 새를 잡아서 창고에 가두어 두었다. 그리고 이튿날 열고 보니 문의 빗장은 전과 같은데 모두 있는 곳을 잃었다. 조윤의 눈 위에 혹이 생겼는데 당시에 이것은 재앙이라고 했다. 혜제(惠帝)가 황제의 자리를 회복하자 조윤에게 죽음을 내렸다.

原文 晉書, 趙王倫字子彝, 宣帝第九子. 拜車騎將軍, 謟事中宮, 大爲賈后所親信. 嬖人孫秀構害愍懷太子, 遂廢賈后爲庶人. 倫矯詔自爲使持節大都督中外諸軍事, 秀封大郡, 據兵權. 百官總己聽於倫. 倫素庸下, 無智策, 受制於秀. 秀威權振朝廷, 天下皆事秀, 無求於倫. 秀起自琅邪外史, 累官於趙國, 以謟媚自達. 旣執機衡, 遂恣其姦謀, 多殺忠良, 以逞私欲. 倫僭卽帝位, 以秀爲中書監·驃騎將軍. 餘同謀者超越階次, 奴卒厮役亦加爵位. 每朝會, 貂蟬盈坐. 時人諺曰, 貂不足狗尾續. 倫祠太廟. 遇大風, 飄折麾蓋. 時有雉入殿中, 又於殿上得異鳥. 問皆不知名. 累日向夕, 宮西有素衣小兒. 言是服劉鳥. 倫使錄小兒, 幷鳥閉置牢室. 明日開視, 户扃如故, 並失所在. 倫目上有瘤. 時以位妖. 惠帝復位賜死.

註解 ㅇ晉書(진서)-《진서》〈열전〉 29에 있는 이야기임. ㅇ賈后(가후)-진(晉)나라 혜제(惠帝)의 비(妃). ㅇ孫秀(손수)-아첨하며 조왕(趙王)을 섬겼는데 윤(倫)이 참람하게도 제위(帝位)에 오르자 시중(侍中)

으로서, 충성되고 어진 사람을 많이 죽이다가 죽음을 받음.

480. 양효우화(梁孝牛禍)

―양효왕(梁孝王)이 소로 인해 화를 입다

전한(前漢) 양효왕(梁孝王) 무(武)는 문제(文帝)의 아들이다. 경제(景帝) 초년 조정에 들어왔는데 이때 상(上)께서는 아직 태자(太子)를 두지 않았었다. 동생 효왕과 함께 한가로이 술을 마시다가 조용히 말하기를, "천추만세(千秋萬歲) 후에는 효왕에게 전할 것이다." 라고 했는데 왕은 마음속으로 기뻐했다.

그후 다시 조정에 들어갔다. 이번에는, 궁정 안에서는 황제와 수레를 같이 타고 궁정 밖에서도 황제와 수레를 같이 타고 상림원(上林苑) 속에서 사냥을 했다. 율태자(栗太子)가 폐해지자 태후(太后)는 마음속으로 이 효왕으로 대를 이으려 했다. 이때 대신(大臣) 및 원앙(袁盎) 등이 이에 반대하는 말을 황제에게 하자 효왕은 앙(盎)을 원망하여 비밀히 사람을 시켜 찔러 죽였다. 상(上)께서는 이 일로 인해서 왕을 원망하여 더욱 소원해졌다. 뒤에 조정에 들어가서 머물려 했으나 허락하지 않았다. 이에 본국으로 돌아왔으나 마음이 즐겁지 않았다. 그는 북쪽 양산(梁山)에 나가 사냥을 했다. 이때 어떤 사람이 소를 바쳤는데 소의 발이 등 위로 나왔으므로 왕은 이것을 미워하더니 병으로 훙(薨)했다.

효왕이 죽지 않았을 때 재산이 여러 만금(萬金)이 있었는데 죽기에 이르러 창고에 있는 황금(黃金)이 아직도 40여만 근(斤)이나 되고 다른 재물도 이와 같았다. 반고(班固)의 〈효왕전(孝王傳)〉 찬(贊)에 말하기를, '믿는 친척은 죽어서 싫어지더니, 소의 화가 벌을 고하네'라고 했다.

原文 前漢梁孝王武, 文帝子. 景帝初入朝. 是時上未置太子. 與王宴飮, 從容言曰, 千秋萬歲後, 傳於王. 王心内喜. 後復入朝. 入則侍帝同輦, 出則同車, 遊獵上林中. 及栗太子廢, 太后心欲以王爲嗣. 大臣及袁盎等有所關說於帝. 王怨盎, 陰使人刺殺之. 上由此怨望於王, 益疎之. 後入朝, 欲留弗許. 歸國意不樂. 北獵梁山. 有獻牛足上出背上. 王惡之, 病薨. 王不死時, 財巨萬. 及死藏府黃金尙四十餘萬斤, 他財物稱是. 贊曰, 怙親亡厭, 牛禍告罰.

註解 ㅇ前漢(전한)-《전한서》〈열전〉17에 있는 이야기임. ㅇ千秋萬歲(천추만세)-죽음을 높이어 이르는 말. ㅇ上林(상림)-대궐 안의 동산.

481. 환전피마(桓典避馬)
-환전(桓典)의 말을 피하라고 했다

후한(後漢) 환전(桓典)의 자는 공아(公雅)이니 패군(沛郡) 용항(龍亢) 사람이며 태부(太傅) 환영(桓榮)의 현손(玄孫)이다. 시어사(侍御史)에 임명되었는데 이때 환관(宦官)들이 권리를 잡고 있었으나 환전이 정권을 잡자 정도(正道)를 택하기 때문에 꺼리고 피하는 점이 있었다. 항상 흰 바탕에 푸른 점이 있는 말을 타는데 도읍 사람들이 무서워하고 꺼려서 이를 위하여 말하기를, "가는 것도 좋지만 일단 피하라. 말탄 어사(御史)를 피하라."고 했다. 뒤에 환관을 거스른 때문에 7년 동안 정계에 나가지 못했으며 벼슬을 어사로 끝냈다. 헌제(獻帝) 때 광록훈(光祿勳)에 올랐다.

原文 後漢桓典字公雅, 沛郡龍亢人, 太傅榮玄孫. 拜侍御史. 時宦官秉權. 典執政. 無所回避. 常乘驄馬. 京師畏憚, 爲之語曰, 行行且止, 避驄馬御史. 後以牾宦官, 七年不調. 獻帝時, 爲光祿勳.

註解 ㅇ後漢(후한)—《후한서》〈열전〉 27에 있는 이야기임.

482. 왕존질어(王尊叱馭)

—왕존(王尊)이 말 부리는 자를 꾸짖다

전한(前漢) 왕존(王尊)의 자는 자공(子贛)이니 탁군(涿郡) 고양(高陽) 사람이다. 젊었을 때 아버지를 잃고 못[池] 가운데에서 양(羊)을 치며 학문을 어깨 너머로 배우더니 사서(史書)에 능하고 또《서경(書經)》과《논어(論語)》의 대의(大義)에도 통했다. 탁군태수(涿郡太守) 서명(徐明)은 그의 재능을 알아보고 오래도록 민간(民間)에 두는 것이 마땅치 않다며 천거했다. 상(上)께서 왕존을 불러 미령(郿令)을 삼았다가 이어서 익주자사(益州刺史)로 옮겨 주었다.

이보다 앞서 왕양(王陽)이 익주자사가 되어 다스리는 부내(部內)를 순시하다가 공래(邛郲)의 구절판(九折阪)에 이르러 탄식하기를, "부모에게서 물려받은 몸을 이끌고 어찌하여 자주 이 험한 곳에 올랐는가?"라고 했는데 뒤에 병으로 죽었다. 왕존이 자사가 되어 그 언덕에 이르러 아전에게 묻기를, "이곳은 왕양이 두려워하던 길이 아닌가?"라고 하자 그렇다고 대답했다. 이에 왕존은 말 부리는 사람을 꾸짖기를, "말을 빨리 몰아라. 왕양은 효자가 되어 몸을 상하는 것을 두려워했다. 그러나 나는 충신(忠臣)이 되어 임지에 빨리 가지 않으면 안된다."라고 했다. 그는 임지에 있은 지 2년만에 서남(西南)의 변경을 굳게 지켰다. 이에 오랑캐들이 그 위엄과 믿음으로 해서 모두 귀복(歸服)했다.

뒤에 동군태수(東郡太守)가 되었다. 그때 황하의 물이 심하게 넘쳐서 호자(瓠子)의 금제(金隄)를 침범했다. 왕존은 몸소 관리와 백성을 거느리고 백마(白馬)를 던져 가라앉게 하고 몸으로 금제를 메우게 해달라고 청하자 물결이 차츰 물러갔고 강의 흐름은 원상태로 되돌아왔다. 이에 관리와 백성들이 글을 올리자 천자(天子)가 이를 아름답게 여겨 녹봉(祿俸) 중에서 2천 석과 거기에 더해서 황금(黃金) 20근을 하사했다. 그는 관직에 재임중 졸(卒)하니 관리와 백성들이 그를 기념했다.

《몽구》 구본(舊本)에 존(尊)자를 준(遵)으로 적고 있는 것은 잘못이다.

原文 前漢王尊字子贛, 涿郡高陽人. 少孤. 牧羊澤中, 竊學問. 能史書, 略通尚書·論語大義. 涿郡太守徐明薦尊, 不宜久在閭巷. 上召尊爲郿令. 稍遷益州刺史. 先是王陽爲刺史行部, 至邛郲九折阪歎曰, 奉先人遺體奈何數乘此險. 後以病去. 及尊爲刺史, 至其阪, 問吏曰, 此非王陽所畏道邪. 曰, 是. 尊叱其馭曰, 驅之. 王陽爲孝子. 王尊爲忠臣. 居部二歲, 懷來徼外. 蠻夷歸附其威信. 後爲東郡太守, 河水盛溢, 泛浸瓠子金隄. 尊躬率吏民, 投沈白馬, 請以身塡金隄. 而水波稍却廻還. 吏民奏狀. 天子嘉之, 秩中二千石, 加賜黃金二十斤. 卒官. 吏民紀之. 舊本尊誤作遵.

註解 ㅇ前漢(전한)-《전한서》〈열전〉 46에 있는 이야기임.

483. 조착초직(鼂錯峭直)

-조착(鼂錯)은 가파르고 곧다

전한(前漢) 조착(鼂錯)은 영천(潁川) 사람이니 신불해(申不害)와 상앙(商鞅)의 형명학(刑名學)을 장회(張恢)에게서 배우고 문학(文學)으로 태상장고(太常掌故)가 되었다. 조착은 사람됨이 엄하고 곧고 잔인했다. 효문제(孝文帝) 때 현량과(賢良科) 대책(對策)으로 뽑혀 높은 과거에 올라 중대부(中大夫)로 옮겼다. 효경제(孝景帝) 때 어사대부(御史大夫)가 되었는데 죄와 잘못이 있는 제후(諸侯)들은 그 고을을 깎아 줄일 것을 청했고 그를 위해 제령개정(制令改正) 30조(條)를 포고했다. 제후들이 시끄럽게 들고일어났고 오초(吳楚)의 7국이 모두 배반하여 조착을 죽일 것을 명분으로 내세웠다.

이에 황제가 원앙(袁盎)에게 물었는데 원앙은 본래부터 조착을 좋아하지 않는 터라, 대답하기를, "현재의 계책으로는 단지 조착을 베어 7국을 용서하고 그 옛땅을 회복시켜주면 쌍방 군사들이 피를 흘리지 않고 모두 중지시킬 수 있을 것입니다."라고 했다. 황제는 잠잠히 말하기를, "생각건대 진실로 어떠한가? 짐(朕)은 어차피 한 사람을 베고 천하에 사과할 수밖에 없겠도다."라고 했다.

뒤에 승상들이 탄핵하여 아뢰기를, "조착이 폐하와 여러 신하들 사이를 소원히 하고자 하여 대역무도(大逆無道)한 짓을 하오니 마땅히 베시옵소서."라고 했다. 이에 중위(中尉)로 하여금 조착을 불러 속여서 저자를 돌게 했고 조착은 조의(朝衣)를 입은 채 동쪽 저자에서 참형(斬刑)당했다.

原文 前漢鼂錯潁川人. 學申商刑名於張恢. 以文學爲太常掌故. 錯爲人峭直刻深. 孝文時擧賢良, 對策高第. 遷中大夫.

孝景時爲御史大夫. 請諸侯之罪過削其支郡. 所更令三十章, 諸侯讙譁. 吳楚七國俱反, 以誅錯爲名. 上問袁盎. 盎素不好錯. 對曰, 方今計, 獨有斬錯赦七國, 復其故地, 則兵可毋血刃而俱罷. 上默然. 曰, 顧誠何如. 吾不愛一人謝天下. 後丞相等劾奏. 錯欲疏群臣. 大逆無道, 當要斬. 使中尉召錯, 紿載行市. 錯衣朝衣斬東市.

註解 ㅇ前漢(전한)-《전한서》〈열전〉 19에 있는 이야기임. 《사기(史記)》〈열전〉 41에도 있음. ㅇ申商(신상)-신불해(申不害)와 상앙(常鞅). 모두 형명가(刑名家). 형명(刑名)은 형벌의 명칭. ㅇ吳楚七國(오초칠국)-전한(前漢) 효경제(孝景帝) 때 연합하여 반란을 일으킨 일곱 나라. 곧 오(吳)·초(楚)·조(趙)·교서(膠西)·교동(膠東)·치천(菑川)·제남(濟南).

484. 조우염거(趙禹廉倨)

-조우(趙禹)는 청렴하고 거만했다

전한(前漢) 조우(趙禹)는 태현(斄縣) 사람이다. 무제(武帝) 때 도필리(刀筆吏)로서 노력을 쌓아 어사(御史)로 옮겼다가 중대부(中大夫)에 이르렀다. 그는 장탕(張湯)과 법령에 대해서 의논하여 견지(見知)의 법을 행하였다. 이것은 관리들이 서로 감찰하는 것으로서 이 법을 사용한 것은 이때가 시작이었다.

조우는 사람됨이 청렴하고 거만했다. 관리가 된 이후로 그의 숙사(宿舍)에는 식객(食客)이 없었고 공경(公卿)이 서로 찾고 청해도 조우는 끝내 반례(返禮)하러 가는 일이 없었다. 아는 벗과 빈객(賓客)들의 청하는 것도 끊기에 힘써서 외로이 한 뜻을 행할 뿐이었다. 일찍이 중간에 관직을 면직당했었으나 다시 정위(廷尉)가 되어 천수를 누리고 생을 마쳤다.

原文 前漢趙禹斄人. 武帝時以刀筆吏積勞, 遷御史, 至中大夫. 與張湯論定律令, 作見知. 吏傳相監司以法, 盡自此始. 爲人廉裾. 爲吏以來, 舍無食客, 公卿相造請, 禹終不行報謝. 務在絶知友賓客之請. 孤立行一意而已. 嘗中廢, 已爲廷尉, 以壽卒.

註解 ㅇ前漢(전한)—《전한서》 <혹리전(酷吏傳)>에 있는 이야기임. 《사기(史記)》 <열전> 62에도 있음. ㅇ見知(견지)—남의 범죄를 알고도 고발하지 않는 자를 처벌하는 법.

485. 양유건괵(亮遺巾幗)

—제갈량(諸葛亮)이 수건과 머리띠를 보내다

《진서(晉書)》에 보면, 제갈량(諸葛亮)이 군사 10여만을 거느리고 미현(郿縣) 위수(渭水) 남쪽 언덕에 진치고 있었다. 위(魏)나라 명제(明帝)가 호군(護軍) 진랑(秦朗)을 보내서 보기(步騎) 2만으로 군사를 독려하는데 사마의(司馬懿)의 지휘를 받게 했다.

이때 조정에서는 제갈량이 멀리 침입해 왔으니 급히 싸우는 데에 그들의 이로움이 있다고 생각할 것인즉 사마의에게 명하여 신중히 하되 그 변하는 것을 기다리라고 했다. 제갈량이 자주 싸움을 걸어와도 사마의가 나오지 않자 제갈량은 사마의에게 수건과 머리띠 같은 부인의 장식품을 보냈다. 사마의는 노하여 표문(表文)을 올려 싸움을 결단하려고 했으나 천자는 이를 허락하지 않고 이에 위위(衛

尉) 신비(辛毗)를 보내서 부절(符節)로써 제어하게 했다.

제갈량이 다시 싸움을 걸자 사마의가 장차 군사를 내어 응하고자 했으나 신비가 부절을 가지고 군문(軍門)에 서있으므로 사마의는 이에 중지했다. 이리하여 진지를 마주 보고 있은 지 백여일만에 마침내 제갈량이 졸(卒)했다. 이에 제갈량의 사자(使者)가 오자 사마의가 묻기를, "제갈공(諸葛公)은 하루 식사량이 얼마나 되느냐?"라고 하자 대답하기를, 3, 4되라고 했다. 다음으로 정사에 대해서 묻자 대답하기를, "20대의 태형(笞刑)의 벌 이상은 모두 스스로 조사한다." 라고 했다. 이에 사마의는 말하기를, "그 어찌 오래 가겠느냐?" 하더니 마침내 그 말과 같았다.

《한진춘추(漢晉春秋)》에 말하기를, 양의(楊儀) 등이 제갈량의 죽음을 비밀에 붙이고 군사를 정제하여 떠나가자 백성들이 달려가서 사마의에게 고하니 사마의가 따라갔다. 그러나 강유(姜維)가 양의로 하여금 깃발을 돌리고 북을 쳐서 장차 사마의에게로 향할 것처럼 하자 사마의는 이에 물러가고 감히 가까이 오지 않았다. 이에 양의는 진(陣)을 이루고 나와서 골짜기로 들어간 뒤에 발상(發喪)했다. 사마의가 물러가자 백성들의 속담에 말하기를, '죽은 제갈(諸葛)이 산 중달(仲達 : 사마의의 字)을 달아나게 한다'고 했는데 혹자가 이 말을 사마의에게 고하자 사마의는 말하기를, "나는 능히 살아 있는 상대와는 여러 계책으로 싸웠으나 죽은 상대와는 다투지 아니한다."라고 했다.

原文 晉書諸葛亮帥衆十餘萬, 壘于郿之渭水南原. 天子遣護軍秦朗, 督步騎二萬, 受宣帝節度. 朝廷以亮遠寇, 利在急戰, 每命帝持重, 以候其變. 亮水挑戰, 帝不出. 因遺帝巾幗婦人之飾. 帝怒表請決戰, 天子不許. 乃遣衛尉辛毗, 杖節以制之. 亮復挑戰. 帝將出兵以應之, 毗杖節而立軍門. 帝乃止. 對壘百餘日, 會亮卒. 先是亮使至. 帝問諸葛公食可幾米. 對曰, 三四升. 次問政事. 曰, 二十罰已上, 皆自省覽, 帝曰, 其能久乎, 意如其言, 漢晉春秋曰, 楊儀等整軍而出. 百姓奔告宣王. 王追焉. 姜維令儀反旗鳴鼓若將向宣王者. 王乃退, 不敢偪. 於是儀結陣而出, 入谷然後發喪. 宣王之退, 百姓諺曰, 死諸葛走生仲達. 或以告王. 王曰, 吾能料生, 不便料死也.

註解 ○晉書(진서)—《진서》〈선제본기(宣帝本紀)〉에 있는 이야기임. ○天子(천자)—여기에서는 위(魏)나라 명제(明帝)를 말함. ○衛尉(위위)—구경(九卿)의 하나. 대궐 문의 경비와 병영(兵營)을 맡은 관직. ○辛毗(신비)—삼국시대 위(魏)나라 양적(陽翟) 사람. 문제(文帝) 때 시중(侍中)이 되어 직간(直諫)을 좋아하고 명제(明帝) 때 영경후(潁卿侯)에 봉해짐. ○姜維(강유)—삼국시대 촉한(蜀漢) 천수(天水) 사람. 자는 백약(伯約). 벼슬은 정서장군(征西將軍). 제갈량(諸葛亮)이 졸(卒)하자 그는 군사를 이끌고 여러번 위(魏)나라를 쳤으나 공을 세우지 못하고 뒤에 위나라 군사의 난에 죽음을 당함. ○發喪(발상)—초상난 것을 알림. ○仲達(중달)—사마의(司馬懿)의 자. 사마의는 삼국시대 위(魏)나라의 명장(名將). 의심이 많고 계략이 뛰어나 촉한(蜀漢)의 제갈량(諸葛亮)을 잘 막았음. 문제(文帝) 때 승상이 되었고 손자 사마염(司馬炎)이 제위(帝位)를 찬탈할 기초를 닦았음.

486. 비실비저(備失匕箸)

—유비(劉備)가 수저를 놓치다

《촉지(蜀志)》에 보면, 선주(先主) 유비(劉備)의 자는 현덕(玄德)이니 탁군(涿郡) 탁현(涿縣) 사람으로 한(漢)나라 중산정왕(中山靖

王) 승(勝)의 자손이다. 어려서 아버지를 여의고 외롭게 되어 홀어머니와 함께 짚신과 자리를 짜는 것으로 업(業)을 삼았다. 집 동남쪽 모퉁이 울타리 위에 뽕나무가 났는데 높이가 길이 넘어 멀리서 바라보면 무성했다. 그것은 마치 조그만 수레의 지붕과 같아 혹자는 이르기를 마땅히 귀인(貴人)이 날 것이라고 했다. 선주가 어렸을 때 여러 어린이들과 나무 아래에서 놀다가 희롱으로 말하기를, "나는 반드시 이런 깃털 장식이 되어 있는 보개차(葆蓋車)를 탈 것이다."라고 했다.

선주는 손을 내리면 무릎 아래에 닿았고 돌아다보면 스스로 자기의 귀를 보았다. 친구 맺기를 좋아하여 어린 나이의 효행하는 아이들이 다투어 그에게 따랐다.

영제(靈帝) 말년에 황건적(黃巾賊)이 일어나자 주군(州郡)에서 각각 의병(義兵)이 일어났는데 선주는 그 족속(族屬)을 거느리고 적을 쳐서 공이 있었다. 이 공으로 안희위(安喜尉)에 제수되었다가 여러번 옮겨 예주목(豫州牧)이 되어 조공(曹公 : 曹操)을 따라 허도(許都)로 돌아왔다. 이때 조공이 조용히 이르기를, "지금 천하의 영웅(英雄)은 오직 그대와 나뿐이니 본초(本初)의 무리는 족히 수에 셀 것이 없소이다."라고 하니, 선주는 식사를 하다가 일부러 수저〔匕箸〕를 놓쳤다. 본초(本初)는 원소(袁紹)의 자(字)이다.

原文 蜀志, 先主劉備字玄德, 涿郡涿縣人, 漢中山靖王勝之後. 少孤. 與母販履織席爲業. 舍東南角籬上有桑樹生. 高五丈餘, 遙望見童童如小車蓋. 或謂當出貴人. 先主少時與諸小兒於樹下戲言, 吾必當乘此羽葆蓋車. 先主垂手下膝, 顧自見其耳. 好交結, 豪俠年少爭附之. 靈帝末黃巾起, 州郡各擧義兵. 先主率其屬, 討賊有功. 除安喜尉, 累遷豫州牧. 從曹公還許. 曹公從容謂曰, 今天下英雄, 惟使君與操耳. 本初之

徒不足數也. 先主方食失匕箸. 本初袁紹字.

|註解| ㅇ蜀志(촉지)－《촉지》 권2에 있는 이야기임. ㅇ葆蓋車(보개차)－일산(日傘)을 덮은 수레. ㅇ黃巾(황건)－황건적(黃巾賊). 후한말(後漢末)에 일어난 비적(匪賊). 황건(黃巾)을 썼으므로 이렇게 불린다. 수령은 장각(張角). ㅇ曹公(조공)－조조(曹操)를 말함. ㅇ使君(사군)－유비(劉備)가 예주목(豫州牧)이었으므로 그를 높여서 이른 말.

487. 장한적의(張翰適意)

－장한(張翰)이 뜻에 맞추다

《진서(晉書)》에 보면, 장한(張翰)의 자는 계응(季鷹)이니 오(吳)나라 사람이다. 맑은 재능이 있고 글을 잘 지었다. 그러나 방종하여 예의에 구속되지 않으니 당시 사람들이 강동(江東)의 보병(步兵)이라고 불렀다. 이미 낙양(洛陽)에 들어가자 제왕(齊王) 경(冏)이 불러서 대사마 동조연(大司馬東曹掾)이 되었는데, 장한은 가을바람이 일어나는 것을 보고 이에 오(吳)나라의 고채(菰菜)와 순갱(蓴羹)과 노어회(鱸魚膾)를 생각하고 말하기를, "인생은 마음 내키는 대로 즐기는 것을 귀하게 여긴다. 어찌 능히 수천 리 밖에서 벼슬하여 이것으로써 이름과 벼슬을 찾는단 말인가?" 하고 드디어 수레를 불러 돌아갔다.

이윽고 제왕 경(冏)이 패하니 사람들이 모두 그를 일러 기미를 보았다고 했다. 어떤 사람이 말하기를, "그대는 가히 마음대로 때에 맞추었다고 하겠으나 홀로 사후(死後)의 이름은 생각지 않는가?"라고 하자, 대답하기를, "나로 하여금 사후의 이름이 있게 하는 것은 즉석의 한 잔 술만 같지 못하다."라고 하니 당시 사람들이 그의 활달함을 귀하게 여겼다.

原文 晉書, 張翰字季鷹, 吳人. 有淸才, 善屬文. 而縱任不拘. 時人號爲江東步兵. 旣入洛. 齊王冏辟爲大司馬東曹掾. 翰因見秋風起, 乃思吳中菰菜·蓴羹·鱸魚鱠曰, 人生貴得適志. 何能羈宦數千里, 以要名爵乎. 遂命駕而歸. 俄而冏敗. 人皆謂之見機. 或曰, 卿乃可縱適一時, 獨不爲身後名邪. 答曰, 使我有身後名, 不如卽時一盃酒. 時人貴其曠達.

註解 ○晉書(진서)－《진서》〈열전〉 62 문원전(文苑傳)에 있는 어야기임. ○步兵(보병)－완적(阮籍)을 말함. ○菰菜(고채)－줄나물. 줄은 수초(水草). ○蓴羹(순갱)－순채국. 오(吳)나라의 명산(名産). ○鱸魚鱠(노어회)－농어회.

488. 도잠귀거(陶潛歸去)

－도잠(陶潛)이 고향으로 돌아가다

진(晉)나라 도잠(陶潛)의 자는 원량(元亮)이니 심양(潯陽) 사람으로서 대사마(大司馬) 도간(陶侃)의 증손(曾孫)이다. 젊었을 때 고상(高尙)한 뜻을 품고 널리 배웠으며 글을 잘 지었다. 재주가 뛰어나고 남에게 얽매이지 않았으며 천진스럽게 행동하고 가식하는 일 없이 스스로 즐겼으므로 고향 이웃 사람들이 귀중히 여겼다. 일찍이 《오류선생전(五柳先生傳)》을 지어 스스로 비유하니 당시 사람들이 실록(實錄)이라고 했다.

팽택령(彭澤令)이 되어 현(縣)에 있는데 공전(公田)에는 모두 차조를 심게 하고 말하기를, "이것으로 술을 빚어서 내가 항상 술에 취할 수 있으면 만족하겠다."라고 했다. 처자(妻子)들이 굳이 메벼를 심자고 청해서 이에 1경(頃) 50묘(畝)에는 차조를 심고 50묘에는 메벼를 심었다. 그는 본래 간결하고 귀해서 사사로이 상관(上官)을 아첨으로 섬기지 않았는데 고을에서 독우(督郵)를 보내어 팽택현에 이르렀다. 아전이 도잠에게 관례에 따라 예복을 입은 위에 큰 띠를 띠고 독우를 영접해야 한다고 고했다.

이에 도잠은 탄식하기를, “나는 능히 5두(斗)의 봉록으로 해서 허리를 굽히어 정성스럽게 시골 마을의 소인(小人)을 섬길 수가 없다.”하고 즉시 인수(印綬)를 풀어놓고 팽택현을 떠났다. 그리고 〈귀거래사(歸去來辭)〉를 지었다. 뒤에 저작랑(著作郎)으로 불렀으나 나가지 않았고 또 생업(生業)을 경영하지 않았으며 술을 만나면 언제나 즐거이 마셨다.

일찍이 말하기를, “여름날 빈 방에서 높다랗게 나있는 북창(北窓) 아래에 누워 있을 때 맑은 바람이 불어오면 이 몸은 스스로 태고(太古) 때 복희씨(伏羲氏)의 백성으로 생각되도다.”라고 했다. 성질이 음률(音律)을 알지 못하나 소금(素琴) 하나를 마련해 놓고 줄과 타는 제구도 갖추지 않았으나, 늘 벗과 술모임을 갖게 되면 거문고를 어루만지고 화답하면서 말하기를, “다만 거문고 속의 취미만 알면 되지 어찌 줄 위의 소리를 수고롭게 하랴?”고 했다.

原文 **晉陶潛字元亮, 潯陽人, 大司馬侃曾孫. 少懷高尙, 博學善屬文. 頴脫不羈, 任眞自得, 爲鄕隣所貴. 嘗著五柳先生傳以自況. 時人謂之實錄. 爲彭澤令. 在縣公田悉令種秫穀. 曰, 令吾常醉於酒足矣. 妻子固請種秔. 乃使一頃五十畝種秫, 五十畝種秔. 素簡貴不私事上官. 郡遣督郵至縣. 吏白, 應束帶見之. 潛歎曰, 吾不能爲五斗米折腰. 拳拳事鄕里小人邪. 卽解印綬去縣, 乃賦歸去來. 後徵著作郎不就. 又不營生業. 遇酒則飮. 嘗言夏月虛閑, 高臥北窻之下, 淸風颯至, 自謂羲皇上人. 性不解音, 畜素琴一張. 絃徽不具. 每朋酒之會, 則**

撫而和之曰, 但識琴中趣. 何勞絃上聲.

註解 ㅇ晉書(진서)-《진서》〈열전〉 64 은일전(隱逸傳)에 있는 이야기임. ㅇ實錄(실록)-사실을 그대로 적은 기록. ㅇ督郵(독우)-지방 감찰관(監察官). ㅇ羲皇上人(희황상인)-희황(羲皇)은 복희씨(伏羲氏)를 말함. ㅇ素琴(소금)-아무런 장식도 없는 거문고.

489. 위저남관(魏儲南館)

-위(魏)나라 태자(太子)가 남관(南館)에서 놀았다

위(魏)나라 문제(文帝)의 휘(諱)는 비(丕)요 자는 자환(子桓)이다. 태자(太子)가 될 때 일찍이 원성령(元城令) 오질(吳質)에게 준 글의 대략에 말하기를, '언제나 옛날 남피(南皮)의 놀이를 생각하면 진실로 잊을 수가 없소. 이미 육경(六經)을 깊이 생각하고 백가서(百家書)에 서성거렸소. 바둑놀이도 이따금 하고 마침내는 장기를 두었었지. 높은 이야기로 마음을 즐기고 슬픈 풍경으로 귀를 달래고 북쪽 마당에서 달리기도 했고 남관(南館)에서 나그네 노릇도 했었소. 단 오이를 맑은 샘물에 띄우고 붉은 오얏을 찬 물에 담그기도 했었소. 백일(白日)이 이미 떨어지자 계속해서 밝은 달이 떠올랐소. 수레에 같이 타고 먹을 것 마실 것을 함께 싣고 뒷동산에서 놀았소. 나는 지금 뒤돌아보고 말하노니 이런 즐거움은 항상 있을 수가 없는 것이라오.'라고 했다.

오질(吳質)의 자는 계중(季重)이니 제음(濟陰) 사람이다. 글재주는 문제(文帝)의 좋아하는 바가 되었다. 벼슬은 진위장군(振威將軍)에 이르렀다.

原文 **魏文帝諱丕, 字子桓. 爲太子時, 嘗與元城令吳質書.**

其略曰, 每念昔日南皮之遊, 誠不可忘. 旣妙思六經, 逍遙百氏, 彈棊閒設, 終以博奕. 高談娛心, 哀筝順耳. 馳騁北場, 旅食南館, 浮甘瓜於淸泉, 沈朱李於寒水, 皦日旣沒, 繼以朗月. 同乘並載, 以遊後園. 余顧而言, 茲樂難常. 質字季重, 濟陰人. 以文才爲文帝所善. 官至振威將軍.

註解 ㅇ魏文帝(위문제)－《위지(魏志)》〈문제기(文帝紀)〉의 전(傳)이 있음. ㅇ南皮(남피)－현(縣)의 이름. ㅇ六經(육경)－여섯 가지 경서. 곧 《역경(易經)》·《서경(書經)》·《시경(詩經)》·《춘추(春秋)》·《예기(禮記)》·《악기(樂記)》. ㅇ百氏(백씨)－백가서(百家書). 제자백가(諸子百家)의 글.

490. 한상동합(漢相東閤)

－한(漢)나라 정승이 동합(東閤)을 열다

전한(前漢) 공손홍(公孫弘)은 치천(菑川) 설현(薛縣) 사람이다. 젊었을 때 집이 가난하여 바다 위에서 돼지를 기르다가 나이 40이 넘어서 춘추잡설(春秋雜說)을 배웠다. 무제(武帝)가 즉위하자 이때 홍(弘)의 나이 60인데 현량(賢良)으로 불리어 박사(博士)가 되었으나 사직하고 돌아갔다. 뒤에 다시 현량(賢良)과 문학(文學)과 대책(對策)에 응시하여 답안을 써냈는데 천자(天子)가 제일로 발탁하여 불러보니 용모가 몹시 아름다워서 박사에 임명했다. 그는 금마문(金馬門)에서 조서를 기다리고 있었다. 그후 차츰 벼슬이 올라 승상에 이르고 평진후(平津侯)에 봉해졌다. 그후로는 이것이 전례(前例)가 되었는데 승상에 이르러 후(侯)에 봉해지는 것은 홍(弘)으로부터 시작되었던 것이다.

이때 황제가 바야흐로 공업(功業)을 일으켜 여러 차례 현량(賢良)

을 천거받아서 등용했었다. 공손홍은 스스로 천거의 우두머리가 되었던 것이다. 이처럼 그는 도보(徒步)의 비천한 신분에서 수년만에 재상에 이르고 후(侯)에 봉해진 것이다. 이에 객관(客館)을 일으켜 동합(東閤)을 열고 이로써 어진 사람을 맞아 참모(參謀)들과 의논했다. 공손홍은 겨우 껍질을 벗긴 조밥을 먹었는데 친구와 빈객(賓客)들 가운데 의식(衣食)을 필요로 하는 자들에게 녹(祿)으로 받은 것을 모두 주었으므로 집에는 남은 것이 없었다. 그러나 그 성품과 뜻으로는 사람을 꺼리는 기색이 있어서 이전에 마음이 안맞았던 자에게는 비록 겉으로는 좋게 대해 주었으나 뒤에는 그 허물을 보고했으니 주보언(主父偃)을 죽이고 동중서(董仲舒)를 교서(膠西)로 옮긴 것은 모두 홍(弘)의 힘이었다.

原文 前漢公孫弘菑川薛人. 少家貧. 牧豕海上. 年四十餘, 乃學春秋雜説. 武帝立. 時弘年六十. 以賢良徵, 爲博士. 免歸. 後復徵賢良文學對策. 天子擢爲第一. 召見, 容貌甚麗. 拜博士, 待詔金馬門, 稍遷至丞相, 封平津侯. 其後以爲故事. 至丞相封自弘始. 時上方興功業, 婁擧賢良. 弘自見爲擧首. 起徒步, 數年至宰相封侯. 於是起客館, 開東閤, 以延賢人, 與參謀議. 弘身食一肉脱粟飯. 故人賓客仰衣食, 奉祿皆以給之, 家無所餘. 然其性意忌. 諸嘗有隙, 雖陽與善, 後竟報其過. 殺主父偃, 徙董仲舒膠西, 皆弘力地.

註解 ㅇ前漢(전한)－《전한서》〈열전〉 28에 있는 이야기임. 《사기(史記)》〈열전〉 52에도 있음. ㅇ主父偃(주보언)－한(漢)나라 때 학자. 낭중(郎中)에 임명되자 속에 숨겨두었던 사사로운 마음을 맘대로 부려 마침내 제(齊)나라 재상이 되어 제왕(齊王)을 죽게 하고 자기도 일족(一族) 모두와 함께 베임을 당함. ㅇ董仲舒(동중서)－전한(前漢) 무제(武帝) 때

의 학자. 처음엔 강도(江都)의 정승이 되었으나 공손홍(公孫弘)의 미움을 받아 교서왕(膠西王)의 정승으로 옮겨짐. 뒤에는 벼슬을 그만두고 저술에 힘썼음.

491. **초원치례**(楚元置醴)

—초(楚)나라 원왕(元王)이 단술을 주다

전한(前漢) 초원왕(楚元王) 교(交)의 자는 유(游)로서 고조(高祖)의 소제(少弟)이다. 글을 좋아하고 재주가 많아서 일찍이 노(魯) 목생(穆生)·백생(白生)·신공(申公)과 함께 부구백(浮丘伯)에게서 시(詩)를 배웠다. 초왕(楚王)에 봉해지자 목생 등으로 중대부(中大夫)를 삼고 신공 등에게는 공경스럽게 예(禮)를 다했다. 목생은 술을 좋아하지 않았다. 그래서 언제나 주연(酒宴)을 베풀 때에는 그때마다 목생을 위해 단술을 놓아두었다.

원왕이 훙(薨)하고 손자 무(戊)가 즉위했다. 그때까지도 단술을 준비해 주더니 뒤에는 베푸는 것을 잊었다. 이에 목생은 물러가서 말하기를, "단술을 베풀지 않는 것은 왕의 뜻이 게으른 것이니 내가 물러나지 않으면 초나라 사람들은 장차 나에게 저자에서 형구(刑具)를 씌울 것이다. 선왕(先王)께서 우리 세 사람을 예(禮)로 대우한 것은 도(道)가 있기 때문이었는데 지금 이것을 소홀히 하니 이는 도를 잊은 것이다. 도를 잊은 사람과 어찌 가히 오래 있는단 말인가?" 하고 드디어 병을 핑계하고 돌아가니 신공·백공만 머물렀다. 그리고 왕은 차츰 음란하고 사나워져서 두 사람이 간해도 듣지 않다가 두 사람을 죄로 몰아 복역시켰다.

原文 **前漢楚元王交字游, 高祖少弟. 好書多材藝. 嘗與魯穆生·白生·申公俱受詩於浮丘伯. 及封楚王, 以穆生等爲中大**

夫. 敬禮申公等. 穆生不嗜酒. 每置酒, 常爲穆生設醴. 及元王薨, 後至孫戊卽位常設. 後忘設焉. 穆生退曰, 可以逝矣. 醴酒不設, 王之意怠. 不去楚人將鉗我於市, 先王之所以禮吾三人者. 爲道之存. 今而忽之, 是忘道也. 忘道之人, 胡可與久處. 遂謝病去. 申公·白生獨留. 王稍淫暴, 二人諫不聽. 胥靡之.

註解 ㅇ前漢(전한)－《전한서》〈열전〉 6에 있는 이야기임. 《사기(史記)》〈세가(世家)〉 20에도 있음. ㅇ穆生(목생)－백생(白生)·신공(申公)과 함께 모두 노(魯)나라 유생(儒生). ㅇ浮丘生(부구생)－순경(荀卿)의 문인(門人).

492. 진번하탑(陳蕃下榻)

－진번(陳蕃)이 걸상을 내려놓다

후한(後漢) 진번(陳蕃)의 자는 중거(仲擧)이니 여남(汝南) 평여(平輿) 사람이다. 나이 15세 때 일찍이 한 방 안에서만 조용히 거처하고 있었으므로 뜰과 지붕에는 풀만 무성하고 더러웠다. 이에 아버지의 친구 설근(薛勤)이 와서 살펴보고 진번에게 이르기를, "젊은 사람이 어찌 소제하고 손님들을 기다리지 않는가?"라고 하자 진번은 말하기를, "대장부가 세상에 처해서 마땅히 천하를 소제할 것이지 어찌 한 방을 청소한단 말입니까?"라고 하니 설은 그가 세상을 맑게 할 뜻이 있는 것을 알고 몹시 기이하게 여겼다.

뒤에 낙안태수(樂安太守)가 되었는데 이때 이응(李膺)이 청주자사(靑州刺史)가 되어 위엄있는 정치를 한다는 소문이 나돌았다. 그러자 청주에 속한 군현(郡縣)의 관원들은 비정(非政)한 것이 탄로될 것을 두려워하여 모두 물러났다. 그러나 진번은 홀로 맑은 업적을 쌓았으므로 머물러 있었다. 고을 사람 주구(周璆)는 자가 맹옥(孟玉)인데 높고 깨끗한 선비였다. 그는 전에 군수(郡守)가 불러도 가지 않더니 오직 진번만이 능히 그를 부르는 데 응했다. 진번은 그를 부를 때 자만 부르고 이름을 부르지 않았으며 특별히 걸상 하나를 달아매두고 따로 사용하게 했다.

뒤에 예장태수(豫章太守)가 되었다. 이곳에서도 예로써 서치(徐稺)를 대우하여 공조(功曹)를 삼았다. 성질이 바르고 엄격하여 빈객을 만나지 않았으나 오직 서치가 오면 특별히 걸상 하나를 만들어 주어 앉게 하고 그가 가면 달아매두는 것이었다. 영제(靈帝) 초년에 태부 녹상서사(太傅錄尙書事)가 되었는데 대장군(大將軍) 두무(竇武)와 환관(宦官)을 벨 것을 꾀하다가 일이 누설되어 해를 당했다.

原文 後漢陳蕃字仲擧, 汝南平輿人. 年十五, 嘗閒處一室, 而庭宇蕪穢. 父友薛勤來候之, 謂蕃曰, 孺子何不洒埽以待賓客. 蕃曰, 大丈夫處世, 當埽除天下. 安事一室乎. 勤知其有淸世志, 甚奇之. 後爲樂安太守, 時李膺爲靑州刺史, 名有威政. 屬城聞風, 皆自引去. 蕃獨以淸績留. 郡人周璆字孟玉高潔之士. 前後郡守招命不至. 唯蕃能致焉. 字而不名. 特爲置一榻, 去則懸之. 後爲豫章太守, 以禮待徐稺爲功曹. 性方峻, 不接賓客. 惟稺來, 特設一榻, 去則懸之. 靈帝初爲太傅·錄尙書事, 與大將軍竇武謀誅中官. 事泄見害.

註解 ㅇ後漢(후한)－《후한서》〈열전〉 56에 있는 이야기임. ㅇ周璆(주구)－후한(後漢) 임제(臨濟) 사람, 높고 깨끗하기로 소문이 났었다. 여러 번 불러도 나가지 않았다. ㅇ功曹(공조)－군(郡)의 속리(屬吏)인 녹사(錄事). ㅇ徐稺(서치)－후당(後唐) 남창(南昌) 사람. 집이 가난한데도 조정의 부름에 나가지 않고 몸소 농사지어 먹었다. 태수(太守) 진번(陳蕃)이 빈

객을 만나지 않았건만 오직 서치가 가면 걸상을 마련해 주었다. 당시 《고사전(高士傳)》에 올랐다. ㅇ竇武(두무)-동한(東漢) 평릉(平陵) 사람. 딸이 환제(桓帝)의 후(后)가 되어 괴리후(槐里侯)에 봉해짐. 영제(靈帝)가 즉위하자 대장군(大將軍)에 임명되고 문희후(聞喜侯)에 임명됨.

493. 광리천용(廣利泉涌)

-광리(廣利)는 샘물이 솟아나오게 했다

전한(前漢) 이광리(李廣利)는 속국(屬國)의 군사 6천 기(騎)와 고을의 불량소년(不良少年) 수만 명을 이끌고 나가 이사성(貳師城)에 이르러 좋은 말을 빼앗았다. 그 까닭에 이사장군(貳師將軍)이라고 불렸다. 경공(耿恭)이 말하기를, "옛날에 이사(貳師)가 차고 있던 칼을 빼어 산을 찌르니 비천(飛泉)이 솟아나왔다."라고 했다.

原文 **前漢李廣利發屬國六千騎及郡國惡少年數萬人, 以往, 至貳師城, 取善馬. 故號貳師將軍. 耿恭曰, 昔貳師拔佩刀刺山, 飛泉涌出.**

註解 ㅇ前漢(전한)-《전한서》〈열전〉 31에 있는 이야기임. ㅇ貳師城(이사성)-대완국(大宛國)에 있는 성 이름. ㅇ耿恭(경공)-후한(後漢) 무릉(茂陵) 사람. 큰 지략(志略)이 있어서 장수의 재주를 갖추었다.

494. 왕패빙합(王覇氷合)

-왕패(王覇)는 얼음이 얼게 하다

후한(後漢) 왕패(王覇)의 자는 원백(元伯)이니 영천(潁川) 영양

(潁陽) 사람이다. 광무제(光武帝)를 따라서 공조령사(功曹令史)가 되었는데, 광무제가 말하기를, "영천에서 나를 따르던 사람은 모두 죽고 그대만이 홀로 남아 있으니 아무쪼록 노력하여 모진 바람이 불 때 굳센 풀을 아는 것과 같이 하라."고 했다.

왕랑(王郎)이 거병(擧兵)했을 때 광무제는 계(薊) 땅에 있다가 곧 남쪽으로 향하고자 했다. 그런데 왕랑의 군사가 뒤에 있다는 것을 알고 따르는 자들이 모두 두려워했다. 호타하(滹沱河)에 이르러 염탐하던 관리가 돌아와 아뢰기를, 하수물의 얼음이 녹아서 흐르는데 배가 없어 건너갈 수가 없다고 했다. 이에 왕패로 하여금 가서 보라고 하자 왕패는 무리가 놀랄 것이 두렵고 또 어쨌든 군단을 강가에까지 진군시킬 생각으로 돌아와서 곧 무릎을 꿇고 말하기를, "얼음이 굳어서 건널 만합니다."라고 하니 이에 관속(官屬)들은 모두 기뻐했다.

그러나 광무제는 웃고 말하기를, "정탐한 관리는 과연 망령의 말을 했도다."라 하고 드디어 앞으로 나가 하수에 이르니 얼음이 역시 얼어 있었다. 그래서 왕패로 하여금 건너게 하고 군단 모두를 건너게 했는데 두어 기마(騎馬)가 남은 상태에서 얼음이 꺼져 버렸다. 이에 광무제는 말하기를, "우리 무리를 편안히 건너게 해서 화를 면하게 한 것은 그대의 힘이다."하고 또 관속(官屬)에게 이르기를, "왕패가 권도로 일을 성공시킨 것은 자못 하늘의 상서로움이다."라며 그를 군정(軍正)으로 삼았는데 뒤에 상곡태수(上谷太守)가 되었다.

原文 **後漢王霸字元伯, 潁川潁陽人. 從光武爲功曹令史. 光武曰, 潁川從我者皆逝. 而子獨留. 努力. 疾風知勁草. 及王郎起, 光武在薊. 卽南馳. 聞郎兵在後, 從者皆恐. 至滹沱河. 候吏還白, 河水流凘. 無船不可濟. 令霸往視. 霸恐驚衆, 欲且前阻水. 還卽詭曰, 氷堅可渡. 官屬皆喜. 光武笑曰, 候**

吏果妄語. 遂前比至河, 河氷亦合. 乃令霸護渡. 未畢數騎而氷解. 上謂曰, 安吾衆, 得濟免者卿之力也. 又謂官屬曰, 王霸權以濟事, 殆天瑞也. 以爲軍正. 後至上谷太守.

註解 ㅇ後漢(후한)－《후한서》〈열전〉 10에 있는 이야기임. ㅇ王郞(왕랑)－동한(東漢) 한단(邯鄲) 사람. 자림(子林) 등이 그를 세워 천자를 삼았으나 얼마 되지 않아 광무제(光武帝)에게 패하여 베임을 당함. ㅇ滹沱河(호타하)－산서성(山西省)에서 발원(發源)하여 하북성(河北省)에서 백하(白河)로 흘러들어가는 강물.

495. 공융좌만(孔融坐滿)

－공융(孔融)의 집에는 자리에 손님이 가득했다

후한(後漢) 공융(孔融)은 학문을 좋아하여 널리 익히고 많이 보아서 북해상(北海相)이 되었다. 당시 원소(袁紹)와 조조(曹操) 등 두 사람의 세(勢)가 강성했다. 그런데 공융은 이들과 친해질 수가 없었다. 높은 기개를 몸에 지니고 뜻은 천하의 어려운 것을 편안하게 하는 데에 있었으나 재주는 소략하고 뜻만 높아서 성공할 길이 없었다.

한편 유비(劉備)가 처음에 청주자사(靑州刺史)로 있었는데 이 공융을 천거하여 그는 뒤에 소부(少府)가 되고 태중대부(太中大夫)에 임명되었다. 성질이 관용(寬容)하여 꺼리는 것이 적고 선비를 좋아했으며 후진(後進)을 이끌어 유익하게 하는 것을 좋아했다. 벼슬에서 물러가자 한가한 직책에 있었으나 빈객(賓客)이 날마다 문에 가득하니 탄식하기를, "자리 위에 손이 항상 가득하고 항아리 속에 술이 비지 않으면 나는 근심이 없도다."라고 했다. 남의 착한 것을 들으면 그것이 나에게서 나온 것같이 여기고 남이 하는 말 가운데 쓸 것이 있으면 반드시 퍼뜨려서 이루어지도록 하였다. 면전에서 그 단점(短點)을 말하여 경계하고 가르치지만 그 대신 그가 없는 자리에서는 그 장점(長點)을 말했다. 어진 선비를 천거하여 통달하게 하고 장려하여 진보시킨 것이 많았다. 알고도 말하지 않은 것이 있으면 이것을 자기의 잘못으로 여기니 천하의 뛰어나고 준걸한 사람들이 모두 복종했다.

조조(曹操)는 그를 혐의하고 꺼리는 마음이 있었는데 마침내는 치려(郗慮)가 그 죄를 얽어 이루어서 해를 입었다. 위(魏)나라 문제(文帝)는 공융의 글을 좋아하여 늘 탄식하기를, "양웅(揚雄)과 반고(班固)의 짝이다."라고 했다.

原文 **後漢孔融好學, 博涉多該覽. 爲北海相. 時袁·曹方盛. 而融無所協附. 負其高氣, 志在靖難. 而才疎意廣, 迄無成功. 劉備表領青州刺史. 後爲少府, 拜太中大夫. 性寬容少忌. 好士, 煕誘益後進. 及退閑職, 賓客日盈門. 常歎曰, 坐上客恒滿. 樽中酒不空, 吾無憂矣. 聞人之善, 若出諸己. 言有采, 必演而成之. 面告其短, 而退稱所長, 薦達賢士, 多所奬進. 知而未言, 以爲己過. 海內英俊, 皆信服之. 曹操旣積嫌忌而郗慮構成其罪, 遂見害. 魏文帝意好融文辭, 每歎曰, 揚·班儔也.**

註解 ㅇ後漢(후한)－《후한서》〈열전〉 60에 있는 이야기임. ㅇ郗慮(치려)－후한(後漢) 고평(高平) 사람. 정현(鄭玄)에게서 수학(受學)했고 벼슬은 광록훈(光祿勳)에 이르렀다.

496. 정숭문잡(鄭崇門雜)

―정숭(鄭崇)의 집 문이 복잡했다

전한(前漢) 정숭(鄭崇)의 자는 자유(子游)이니 고밀국(高密國)의 호족(豪族)이다. 대대로 한(漢)나라 왕가(王家)와 서로 혼인했다. 그의 증조부 때 우부풍(右扶風)의 평릉(平陵)으로 옮겼는데 애제(哀帝)가 발탁해서 상서복야(尙書僕射)가 되었다. 그는 자주 알현(謁見)을 요구하여 간쟁(諫爭)하니 상(上)께서 처음에는 받아들이고 썼다. 언제나 가죽신을 끄는 것을 알고 있는 상께서는 웃으면서 말하기를, "내가 정상서(鄭尙書)의 신발 소리를 안다."라고 했다.

오랜 뒤에 상께서 조모(祖母) 부태후(傅太后)의 종제(從弟) 부상(傅商)을 여창후(汝昌侯)에 봉하려고 하자 정숭이 또 간하니 태후가 크게 노했다. 또 영신(佞臣) 동현(董賢)에 대한 총애가 도에 지나치다고 간하여 거듭 죄를 얻었다. 상서령(尙書令) 조창(趙昌)이 아첨하여 정숭을 해쳐서 아뢰되 "그는 일족(一族)의 우두머리로 통하고 있은즉 그가 간계(奸計)를 꾸미고 있을 것으로 의심스럽사오니 청컨대 다스리옵소서."라고 했다.

이에 상께서 정숭을 책망하기를, "그대네 문이 저잣거리와 같다 하니 어떻게 주상(主上)을 금하여 끊게 할 수 있겠는가?"라고 하자 대답하기를, "신(臣)의 집 문은 저자와 같사오나 신(臣)의 마음은 물과 같사오니 원컨대 조사하시어 사실을 밝히시옵소서."라고 했으나 상께서는 노하여 정숭을 옥에 가두고 몹시 다스려서 마침내 옥에서 죽었다.

原文 **前漢鄭崇字子游, 高密大族. 世與王家相嫁娶. 徙平陵. 哀帝擢爲尚書僕射. 數求見諫爭. 上初納用之. 每見曳革**

履. 上笑曰, 我識鄭尚書履聲久之. 上欲封祖母傅太后從弟商. 崇諫. 太后大怒. 又諫董賢貴寵過度. 由是重得罪. 尚書令趙昌佞讇害崇, 奏與宗族通. 疑有姦. 請治. 上責曰, 君門如市人. 何以欲禁切主上. 對曰, 臣門如市, 臣心如水. 願得考覆. 上怒, 下崇獄窮治. 竟死獄中.

註解 ㅇ前漢(전한)－《전한서》〈열전〉 47에 있는 이야기임. ㅇ董賢(동현)－한(漢)나라 운양(雲陽) 사람. 아름답고 고와서 애제(哀帝)의 사랑을 받았는데 잠시도 곁을 떠나지 않았다. 고안후(高安侯)에 봉해지고 나이 22세에 벼슬이 대사마 위장군(大司馬衛將軍)에 이르렀다.

497. 장감절원(張堪折轅)

－장감(張堪)의 수레채가 부러진 수레

후한(後漢) 장감(張堪)의 자는 군유(君游)이니 남양(南陽) 완현(宛縣) 사람이다. 나이 16세에 장안(長安)에서 학업(學業)을 닦았는데 뜻이 아름답고 행동은 엄격했으므로 여러 선비들이 성동(聖童)이라고 불렀다.

세조(世祖)가 즉위하자 촉군태수(蜀郡太守)에 임명되었다가 또 어양태수(漁陽太守)가 되었는데 간사하고 교활한 자를 체포하고 쳤으며 상주고 벌하는 것을 반드시 미덥게 하여 관리와 백성들이 모두 즐겁게 쓰임이 되었다. 흉노(匈奴)가 일찍이 군사 1만 기(騎)로써 어양(漁陽)에 침입해 왔는데 장감이 이를 쳐서 무찔러 고을 경계가 조용했었다. 이에 그는 호노현(狐奴縣)에 논 8천여 경(頃)을 개간하고 백성들에게 권하여 농사를 짓게 하여 큰 부자가 되게 했다. 백성들이 노래하기를, '뽕나무는 곁가지가 없고, 보리 이삭은 두 줄기일세. 장공(張公)이 정치를 하니 즐거움을 참기 어렵네'라고 했다. 일을 본 지 8년에 흉노(匈奴)가 감히 변방을 범하지 못했다.

황제가 일찍이 여러 고을의 계리(計吏)를 불러보고 전후 수령(守令)들의 잘하고 못한 것을 묻자, 촉현(蜀縣)의 계연(計掾)이 아뢰기를, "장감이 옛날 촉현(蜀縣)에 있을 때에는 어진 마음으로 아랫사람에게 은혜를 주었고 위엄이 능히 간사한 것을 쳤습니다. 전에 공손술(公孫述)이 벼슬에서 물러날 때에는 진기한 보배가 산처럼 쌓였고 가지고 있는 물건이 족히 10세(世)에 걸쳐 부요롭게 할 수 있었사오나 장감이 벼슬을 내놓는 날에는 부러진 수레채가 달린 수레를 타고 무명 이부자리를 덮었을 뿐이었습니다."라고 하니 황제가 이 말을 듣고 감탄했다.

原文 後漢張堪字君游, 南陽宛人. 年十六, 受業長安. 志美行厲. 諸儒號曰聖童. 世祖卽位, 拜蜀郡太守. 又爲漁陽太守. 捕擊姦猾, 賞罰必信. 吏民皆樂爲用. 匈奴嘗以萬騎入漁陽. 堪擊破之, 郡界以靜. 乃於狐奴開稻田八千餘頃, 勸民耕種, 以致殷富. 百姓歌曰, 桑無附枝, 麥穗兩岐. 張公爲政樂不可支. 視事八年, 匈奴不敢犯塞. 帝嘗召見諸郡計吏, 問前後守令能否. 蜀計掾進曰, 張堪昔在蜀, 仁以惠下, 威能討姦. 前公孫述破時, 珍寶山積, 捲握之物足富十世. 而堪去職之日, 乘折轅車, 布被囊而已. 帝聞歎息.

註解 ㅇ後漢(후한)-《후한서》〈열전〉 21에 있는 이야기임. ㅇ匈奴(흉노)-몽고(蒙古) 지방에서 유목(遊牧)하던 터키족(族)의 일종. ㅇ狐奴(호노)-고을 이름. ㅇ計吏(계리)-회계장부를 조정에 올리는 벼슬아치. ㅇ計掾(계연)-계리(計吏)의 속관(屬官). ㅇ公孫述(공손술)-동한(東漢) 무릉(茂陵) 사람. 애제(哀帝) 때 청수장(淸水長)으로서 겸하여 5현(縣)

의 일을 맡아 다스렸음.

498. 주진누선(周鎭漏船)

—주진(周鎭)의 배에 물이 새다

《몽구》의 구주(舊注)에 《세설신어(世說新語)》를 인용해서 말하기를 주진(周鎭)이 임천(臨川)에서 사직하고 돌아올 때 청계저(淸溪渚)에서 배를 댔는데 이때 승상 왕도(王導)가 가서 보았다. 마침 여름이어서 폭우(暴雨)가 내리는데 배가 좁고 작은데다가 또 크게 새서 거의 앉을 자리가 없었다. 이에 왕도는 말하기를, "호위(胡威)의 맑은 것이 어찌 이보다 더했겠는가?" 하고 즉시 위에 말해서 오흥태수(吳興太守)로 기용했다. 오늘날의 《세설신어》에는 이 이야기가 실려있지 않다.

原文 舊注, 引世說云, 周鎭罷臨川, 泊淸溪渚. 王丞相導往看之. 時夏暴雨. 船狹小, 又大漏, 殆無坐處. 王曰, 胡威之淸, 何以過此. 卽啓用之. 今本無載.

註解 ○世說(세설)—《세설신어》〈덕행편(德行篇)〉에 보인다. ○導(도)—왕도(王導). 진(晉)나라 임기(臨沂) 사람. 원(元)·명(明)·성제(成帝)의 세 조정을 섬기면서 정승 노릇을 하여 공로가 많았다. ○胡威(호위)—진(晉)나라 사람. 호질(胡質)의 아들. 그가 서주자사(徐州刺史)가 되었을 때, 무제(武帝)가 묻기를, "그대의 아비와 그대 중 맑기가 누가 더한가?"라고 하자 호위는 대답하기를, "신(臣)이 아비만 못합니다. 신의 아비는 누가 이것을 알까 두려워하고 신은 남이 알지 못할까 두려워합니다."라고 하니 무제는 그를 칭찬했다.

499. 곽급죽마(郭伋竹馬)

—곽급(郭伋)의 대나무 말

후한(後漢) 곽급(郭伋)의 자는 세후(細侯)이니 어렸을 때부터 뜻과 행실에 볼 만한 것이 있었다. 왕망(王莽) 때에 병주목(幷州牧)이 되었다가 건무(建武) 연중에 다시 병주목이 되었다. 곽급은 먼젓번 병주에 있을 때 은덕(恩德)을 베풀었는데 다시 병주목이 되어 주의 경계에 이르자 늙은이와 어린이가 서로 이끌고 길에서 맞아주었다. 그는 지나는 곳마다 백성들의 괴로움을 물었고, 혹은 유덕(有德)한 노인이라 평소 남보다 뛰어난 사람을 초치하여 궤장(几杖)의 예를 베풀고 아침저녁으로 함께 정사에 참여시켰다.

처음 고을에 도착하여 서하(西河)의 미직(美稷)에 도착하자 어린아이 수백 명이 각각 대나무 말을 타고 길가에서 맞으며 절을 했다. 곽급이 묻기를, "아이들은 어찌하여 먼 곳까지 왔는가?"하니 대답하기를, "사군(使君)께서 도착하셨단 말을 듣고 기뻐서 달려와서 받들어 맞는 것입니다."라고 하므로 이에 곽급은 고맙다고 사례했다. 일이 끝나자 여러 아이들이 다시 배웅하러 성밖에 나왔다. 아이들이 묻기를, "사군(使君)께서는 어느 날 다시 돌아오실 것입니까?"라고 하자 곽급은 날짜를 계산해서 대답해 주었다. 그리고 다시 돌아오게 되었는데 약속한 날보다 하루가 빠르게 되었다. 곽급은 여러 아이들과 약속한 날짜를 어긴다 하여 야정(野亭)에서 하룻밤을 기다려 기일에 비로소 들어갔다.

原文 後漢郭伋字細侯. 少有志行. 王莽時爲幷州牧. 建武中復爲牧. 伋前在幷州, 素結恩德. 及後入界, 老幼相儁, 逢迎道路. 所過問民疾苦, 聘求耆德雄俊, 設几杖之禮, 朝夕與參政事. 始至行部, 到西河美稷. 有童兒數百. 各騎行馬, 於道次迎拜. 伋問兒曹何自遠來. 對曰, 聞使君到喜. 故來奉迎. 伋辭謝之. 及事訖, 諸兒復送至郭外. 問使君何日當還. 伋計日告之. 旣還. 先期一日. 伋爲違信於諸兒, 遂止野亭, 須期乃入.

註解 ㅇ後漢(후한)－《후한서》〈열전〉 21에 있는 이야기임. ㅇ几杖(궤장)－안석과 지팡이. ㅇ美稷(미직)－고을 이름. ㅇ使君(사군)－고을의 장관(長官). 곧 자사(刺史).

500. 유관포편(劉寬蒲鞭)

－유관(劉寬)의 부들 채찍

후한(後漢) 유관(劉寬)의 자는 문요(文饒)이니 홍농(弘農) 화음(華陰) 사람이다. 환제(桓帝) 때 남양태수(南陽太守)로 옮겨 세 고을을 두루 거치는데 따뜻하고 어질고 용서하는 면이 많아서 비록 창졸간의 일이라도 일찍이 빠른 말을 하거나 얼굴빛을 갑자기 변하는 일이 없었다. 아전과 백성에게 과실이 있으면 다만 부들 채찍으로 벌해서 남들에게 욕을 보일 뿐이었다.

영제(靈帝) 때 태위(太尉)가 되었는데 영제가 자못 학예(學藝)를 좋아하여 매양 오게 하여 보고 항상 경서(經書)를 강(講)하게 하는데 유관은 어느 때 자리에서 술을 더 마시고 졸다가 엎드렸다. 영제가 묻기를, "태위는 취했는가?"하자 대답하기를, "신(臣)이 취하겠습니까? 다만 맡은 일이 무겁고 책임이 커서 근심하는 마음이 취한 것 같습니다."라고 하니 황제는 그 말을 소중히 여겼다.

어느 때 그의 부인이 유관을 시험하고자 하여 그를 성나게 하려고 했다. 조회에 들어가기 전 옷차림을 엄하게 차리는 것이 끝나기를 기다렸다가 계집종을 시켜 고깃국을 받들고 가다가 조복(朝服)에 엎질러 더럽혔다. 계집종이 사죄했지만 유관은 안색 한 번 바꾸지 않고 이에 서서히 말하기를, "국이 네 손을 뜨겁게 했구나."라고 했으니 그 성품과 도량이 이와 같았기에 나라 안에서 장자(長者)라고 일컬었다.

原文 後漢劉寬字文饒, 弘農華陰人. 桓帝時遷南陽太守, 典歷三郡. 溫仁多恕. 雖在倉卒, 未嘗疾言遽色. 吏人有過, 但用蒲鞭罰之, 示辱而已. 靈帝時爲太尉. 帝頗好學藝, 每引見常令講經. 寬常於坐被酒睡伏. 帝問太尉醉邪. 對曰, 臣不敢醉. 但任重責大, 憂心如醉. 帝重其言. 夫人欲試寬令恚, 伺當朝會裝嚴已訖, 使婢奉肉羹翻汙朝服. 婢遽收之. 寬神色不異. 乃徐言曰, 羹爛汝手. 其性度如此. 海內稱爲長者.

註解 ㅇ後漢(후한)－《후한서》〈열전〉 15에 있는 이야기임.

501. 허사후성(許史侯盛)

－허씨(許氏)와 사씨(史氏)에게 후(侯)가 많았다

전한(前漢) 선제(宣帝)의 허황후(許皇后)는 원제(元帝)의 어머니인데 곽광(霍光)의 부인(夫人) 현(顯)의 독(毒)으로 붕(崩)했다. 원제가 태자(太子)가 되자 이에 후(后)의 아버지 광한(廣漢)을 봉해서 평은후(平恩侯)를 삼고 그 아우 순(舜)은 박망후(博望侯)를 삼고 연수(延壽)를 낙성후(樂成侯)로 삼으니 허씨(許氏)로서 후(侯)가 된 자는 세 사람에 이르렀다.

광한이 세상을 떠나자 시호(諡號)를 대후(戴侯)라 하고 선제(宣

帝)는 연수로 대사마(大司馬) 거기장군 보정(車騎將軍輔政)을 삼았다. 원제가 즉위하자 다시 연수의 중자(中子) 가(嘉)를 봉하여 평은후(平恩侯)를 삼았다가 뒤에 역시 대사마(大司馬) 거기장군(車騎將軍)을 삼았다.

무제(武帝)의 위태자와 양제(良娣 : 태자비에 버금간다) 사씨(史氏)는 선제의 조모이다. 이 사양제가 아들 진(進)을 낳으니 사황손(史皇孫)인데 무제(武帝) 말년에 무고(巫蠱)의 사건이 일어나서 위태자 및 양제와 사황손(史皇孫)이 모두 해를 당했다.

황손(皇孫)이 아들이 있어 이름을 황증손(皇曾孫)이라 하는데 이미 자리에 올랐으니 이가 선제(宣帝)이다. 양제의 어머니 및 형 공(恭)이 이미 죽었으므로 이에 공(恭)의 아들 고(高)를 봉하여 낙릉후(樂陵侯)를 삼았다. 일찍이 장릉후(將陵侯) 현(玄)이 평대후(平臺侯)가 되었는데 고(高)의 아들 단(丹)이 공덕(功德)으로써 무양후(武陽侯)에 봉해졌으니 후(侯)에 오른 자가 모두 4인이다. 고(高)는 대사마(大司馬) 거기장군(車騎將軍)에 이르고 단(丹)은 좌장군(左將軍)이 되었다.

原文 **前漢宣帝許皇后, 元帝母也. 爲霍光夫人顯所毒崩. 及元帝爲太子, 迺封后父廣漢爲平恩侯, 其弟舜爲博望侯, 延壽爲樂成侯. 許氏侯者三人. 廣漢薨, 謚戴侯. 宣帝以延壽爲大司馬·車騎將軍輔政. 元帝立, 復封延壽中子嘉爲平恩侯, 後亦爲大司馬·車騎將軍. 武帝衛太子史良娣宣帝祖母也. 良娣生男進, 號史皇孫. 武帝末巫蠱事起. 衛太子及良娣·史皇孫皆遭害. 皇孫有男, 號皇曾孫. 旣登位. 是爲宣帝. 而良娣母及兄恭已死. 乃封恭子高爲樂陵侯, 曾爲將陵侯, 玄爲平臺侯, 及高子丹以功德封武陽侯. 侯者凡四人, 高至大司馬·車騎將軍, 丹左將軍.**

註解 ㅇ前漢(전한)-《전한서》〈외척전(外戚傳)〉 67에 있는 이야기임. ㅇ霍光(곽광)-전한(前漢) 사람. 무제(武帝)의 유조(遺詔)를 받들어 대사마대장군(大司馬大將軍)이 되어 소제(昭帝)를 도왔으며 궁중에 출입한 지 20여년에 기린각공신(麒麟閣功臣)의 우두머리가 됨. ㅇ巫蠱(무고)-무술(巫術)로 남을 고혹(蠱惑)함. 고혹은 남의 마음을 미혹(迷惑)시키는 것임.

502. 위평상연(韋平相延)

-위평(韋平)은 연속 정승이 되다

전한(前漢) 위현(韋賢)과 그 아들 현성(玄成)은 모두 승상(丞相)이 되었다. 평당(平當)의 자는 자사(子思)이니 평릉(平陵) 사람이다. 명경(明經)으로 박사(博士)가 되었는데 공경(公卿)들이 평당을 천거하여 논의(論議)가 통하고 밝다고 했다. 이로써 급사중(給事中)이 되었다. 그는 천재지이(天災地異)가 있을 때마다 경술(經述)로 가르쳐 주고 득실(得失)을 말해 주었다. 문장의 풍아(風雅)함은 비록 소망지(蕭望之)나 광형(匡衡)에 미치지 못해도 뜻은 대략 같았다.

애제(哀帝) 때 승상(丞相)이 되었다. 상(上)께서 불러 평당을 열후(列侯)에 봉하려고 했으나 평당은 병이 위독하여 부름에 응하지 못했다. 어떤 사람이 평당에게 이르기를, "억지로라도 일어나서 후(侯)의 인(印)을 받는 것이 자손을 위해 좋지 않겠는가?"라고 하자 평당은 말하기를, "내가 승상의 자리에 있으니 이미 헛되게 녹을 받는 책임을 지고 있는 것이야. 그런데 일어나서 후(侯)의 인(印)을 받고 돌아가 누웠다가 죽는다면 죽어도 남는 죄가 있을 것일세. 그러니 지금 일어나지 않는 것은 자손을 위하기 때문이라네."라고 했다.

드디어 사직을 청하자 상(上)께서는 양우(養牛) 한 마리와 상존주(上尊酒) 10석(石)을 하사했는데 한 달이 넘어 졸(卒)하니 아들 평안(平晏)이 명경과(明經科)로 임관하여 지위가 대사도(大司徒)에 이르렀다. 오직 위현과 평당 부자(父子)만이 재상에 이르렀다.

原文 **前漢韋賢及子玄成皆爲丞相. 平當字子思, 平陵人. 以明經爲博士. 公卿薦當, 論議通明. 給事中. 每有災異, 輒傅經術言得失. 文雅雖不及蕭望之·匡衡, 然指意略同. 哀帝時爲丞相. 上召欲封當. 當病篤不應召. 或謂當不可强起受侯印爲子孫邪. 當曰, 吾居大位, 已負素餐責矣. 起受侯印, 還臥而死, 死有餘罪. 今不起者, 所以爲子孫也. 遂乞骸骨. 上賜養牛一·上尊酒十石. 月餘卒. 子晏以明經歷位大司徒. 漢興惟韋平父子至宰相.**

註解 ㅇ前漢(전한)－위현(韋賢)의 기사는 《전한서》 〈열전〉 43에, 평당(平當)의 기사는 〈열전〉 41에 있는 이야기임. ㅇ蕭望之(소망지)－한(漢)나라 난릉(蘭陵) 사람. 선제(宣帝) 때 벼슬이 태자태부(太子太傅)에 이르렀는데 뒤에 석현(石顯) 등의 참소로 해를 당함. ㅇ匡衡(광형)－전한(前漢) 동해(東海) 사람. 성제(成帝) 때 태자소부(太子少傅)·승상을 역임하고 낙안후(樂安侯)에 봉해짐. 당시 유학자(儒學者)들이 그를 광설시해인이(匡說詩解人頤)라고까지 했음. ㅇ素餐(소찬)－공로가 없이 높은 지위에 있어 그저 녹만 타먹음. ㅇ上尊酒(상존주)－순주(醇酒). 전국술. 고급 술.

503. 옹백종옥(雍伯種玉)

－옹백(雍伯)이 옥을 심다

《수신기(搜神記)》에 보면, 양공(羊公) 옹백(雍伯)은 낙양(洛陽) 사람이니 성질이 독실하게 효성스러워 부모가 죽자 무종산(無終山)

에 장사지내고 드디어 그곳에서 살았다. 산은 높고 물이 없어서 공(公)은 물을 길어다가 고개 자락에 '의장(義漿)'을 만드니 다니는 사람들이 그 물을 마셨다. 3년이 지났을 때 한 사람이 와서 물을 마시더니 주머니 속에서 돌 한 되를 꺼내 주면서 말하기를, "이 돌을 심으면 그 속에서 마땅히 옥이 나올 것이오."라고 했다. 또 좋은 부인도 얻을 것이라고 했는데 그 말이 끝나자 보이지 않았다.

이에 그 돌을 심었다. 그리고 두어 해가 지나도록 이따금 가보았는데 돌에서 조그만 옥 알갱이들이 나온 것을 확인할 수 있었다. 한편 북평(北平)의 서씨(徐氏)에게 딸이 있는데 여러 사람들이 혼인하기를 청했으나 허락하지 않았다. 이에 공(公)이 시험삼아 구했더니 서씨는 희롱으로 말하기를, "흰구슬 한 쌍을 가져오면 마땅히 혼인할 것이다."라고 했다. 공(公)이 옥을 심은 곳에 가서 옥 5쌍을 얻어 이것으로 아내를 맞으려 하자 드디어 딸을 주어 아내로 삼았다.

천자가 이상히 여겨 그를 대부(大夫)에 임명하고 옥 심은 곳에 4각으로 큰 돌기둥을 세우고 중앙 한 두둑의 땅을 이름하여 옥전(玉田)이라 했는데, 지금 북평(北平)의 왕씨(王氏)가 곧 그 자손이다.

原文 **搜神記, 羊公雍伯洛陽人. 性篤孝. 父母亡, 葬無終山, 遂家焉. 山高無水. 公汲作義漿於坂頭, 行者皆飮之. 三年有一人就飮. 出懷中石子一升, 與之云, 種此. 玉當生其中. 又得好婦. 言畢不見. 乃種其石. 數歲時時往視, 見玉子生. 北平徐氏有女. 人多求不許. 公試求焉. 徐氏戲云, 得白璧一雙來, 當爲婚, 公至所種石中, 得玉五雙. 以聘. 遂以女妻之. 天子異之, 拜爲大夫. 於種玉處四角, 作大石柱. 各一丈. 中央一頃地名曰玉田. 今北平王氏卽其後也.**

註解 ㅇ搜神記(수신기)－진(晉)나라의 간보(干寶)가 신괴(神怪)한 설

화(說話)를 모은 책. 모두 30권. ㅇ義漿(의장)-여러 사람과 같이 마셨기 때문에 지은 이름. 의(義)는 중(衆)과 통하고 장(漿)은 음료수와 통한다.

504. 황심비전(黃尋飛錢)

-황심(黃尋)이 날아온 돈으로 부자가 되다

《유명록(幽冥錄)》에 보면, 해릉(海陵)의 황심(黃尋)은 이전에는 가난했었다. 그런데 큰 바람과 비로 인하여 날아온 돈이 그 집에 이르러 울타리와 동산에 부딪쳐 마구 떨어진 것이 수없이 많았다. 그는 다른 곳에서도 돈을 많이 주워 와서 부자가 되어 수천 만의 재산을 이루었는데 이름이 강북쪽에 드날렸다.

原文 **幽冥錄, 海陵黃尋先貧. 因大風雨, 散飛錢, 至其家, 觸籬園, 誤落者無數. 餘處皆拾得, 富至數千萬, 擅名江北.**

505. 왕윤천리(王允千里)

-왕윤(王允)은 천리마의 재주였다

후한(後漢) 왕윤(王允)의 자는 자사(子師)이니 태원(太原) 기현(祁縣) 사람이다. 곽임종(郭林宗)이 보고 기이하게 여겨 말하기를, "왕생(王生)은 하루에 천리를 달리는 준마(駿馬)에 비유되는 준재(俊才)이니 왕좌(王佐)의 재주이다."하고 드디어 사귐을 맺었다. 왕윤은 젊었을 때 큰 절개를 좋아하고 공을 세우는 데 뜻이 있어 항상 경전(經傳)을 외우고 아침저녁으로 말타기와 활쏘기를 시험했다. 삼공(三公)의 관소(官所)에서 모두 동시에 불러 사도(司徒)의 고제(高弟)로서 시어사(侍御史)가 되고 동탁(董卓) 때 사도(司徒)가 되었다. 동탁이 도읍을 관중(關中)으로 옮겼고 조정의 크고 작은 일을 모두 왕윤에게 맡겼다. 이에 왕윤은 심정을 억누르고 뜻을 굽혀 항상 받들어 모시며 동탁의 뜻에 따랐다. 동탁도 역시 마음을 놓고 그를 의심치 않았다. 그런 까닭에 위태롭고 어지러운 속에서도 왕실(王室)을 붙들어 유지할 수가 있었던 것이다. 따라서 신하들이든 주상이든 그가 안팎의 일을 주장해도 모두 의지하고 믿지 않는 자가 없었다.

그러나 왕윤은 동탁의 찬역할 징조가 보이는 것을 알아차리고 비밀히 사예(司隸) 황완(黃琬) 등과 함께 그를 베었다. 왕윤은 성질이 강하고 모나서 악한 것을 미워했다. 처음에는 동탁의 승냥이와 이리 같은 면이 두려워서 뜻을 굽히어 도모했으나 동탁이 이미 없어지자 스스로 이르기를, 다시는 어려운 일이 없으리라 하여 바르고 무겁게 행동할 뿐 시의(時宜)에 적절한 계책을 쓰지 아니했다. 그러자 시세(時勢)에 적절하지 않다 하여 군신(群臣)들이 그전만큼 그에게 따르지 아니했다. 도리어 동탁의 장수 이각(李傕)에게 죽는 바가 되었다.

原文 後漢王允字子師, 太原祁人. 郭林宗見而奇之曰, 王生一日千里, 王佐才也. 遂與定交. 允少好大節, 有志於立功. 常習誦經傳, 朝夕試馳射. 三公並辟, 以司徒高弟爲侍御史. 獻帝時爲司徒. 及董卓遷都關中, 朝政大小, 悉委於允. 允矯情屈意, 每相承附. 卓亦推心不疑. 故得扶持王室於危亂之中. 臣主內外莫不倚恃. 允見卓篡逆已兆, 密與司隸黃琬等謀, 共誅之. 允性剛稜疾惡. 初懼卓豺狼, 故折節圖之. 卓旣殲滅, 自謂無復患難. 仗正持重, 不循權宜之計. 群下不甚附之. 反爲卓將李傕所殺.

註解 ㅇ後漢(후한)-《후한서》〈열전〉 56에 있는 이야기임. ㅇ董卓(동탁)-전한(前漢) 사람. 영제(靈帝) 때 전장군(前將軍)이 되고 헌제(獻帝)를 세워 횡포한 짓을 많이 하다가 여포(呂布)·왕윤(王允)에게 죽음을 당함. ㅇ李傕(이각)-후한(後漢) 북지(北地) 사람. 처음에 동탁의 부장(部長)이 되었다가 동탁이 죽자 거기장군(車騎將軍)이 됨.

506. 황헌만경(黃憲萬頃)

-황헌(黃憲)의 1만 이랑이나 되는 기량(器量)

후한(後漢) 황헌(黃憲)의 자는 숙도(叔度)이니 여남(汝南) 신양(愼陽) 사람이다. 대대로 가난하고 천하게 살아 아버지가 수의사(소를 고치는 의원)를 했지만 황헌은 청렴하게 살았다. 진번(陳蕃)과 주거(周擧)가 항상 서로 이르기를, "수개월동안 황생(黃生)을 보지 못하면 비루하고 인색한 싹이 다시 마음에 생기게 된다."라고 했다. 진번이 삼공(三公)이 되자 탄식하기를, "숙도(叔度)가 만일 있었으면 내가 감히 먼저 인수(印綬)를 차지 못했을 것이다."라고 했다.

곽임종(郭林宗)은 젊었을 때 여남(汝南)에 간 일이 있었는데 먼저 원굉(袁閎)을 찾았으나 그곳에서는 하룻밤도 자지 않고 물러가고, 황헌의 곳에 가서는 여러 날만에 비로소 돌아왔다. 어떤 사람이 그 까닭을 묻자 임종(林宗)을 말하기를, "봉고(奉高)의 기량을 물이 넘치는 것에 비유하면 비록 맑아서 떠내기가 쉽지만 숙도(叔度)는 넓고 넓어 천 경(頃)의 못과 같아서 맑게 하려고 해도 맑아지지 않고 흐리려 해도 더 흐려지지 않아서 헤아릴 수가 없다."라고 했다. 뒤에 천거하고 불렀으나 사관(仕官)하지 않았다. 봉고(奉高)는 원굉(袁閎)의 자이다. 《세설신어(世說新語)》에 천(千)을 만(萬)이라 하고 효(淆)를 요(澆)라고 하는 등 이것과는 조금 다르다.

原文 後漢黃憲字叔度, 汝南愼陽人. 世貧賤. 父爲牛醫. 陳蕃·周擧常相謂曰, 時月之閒, 不見黃生, 則鄙吝之崩復存乎心. 及蕃爲三公歎曰, 叔度若在, 吾不敢先佩印綬. 郭林宗少游汝南, 先過袁閬, 不宿而退, 從憲累日方還. 或問之. 林宗曰, 奉高之器譬諸氿濫. 雖淸而易挹. 叔度汪汪若千頃陂. 澄之不淸, 淆之不濁, 不可量也. 後擧辟無所就. 奉高閬字. 世說, 千作萬, 淆作撓, 與此小異.

註解 ㅇ後漢(후한)－《후한서》〈열전〉 43에 있는 이야기임. ㅇ頃(경)－6척이 1보(步)요, 보(步)의 백 배가 무(畝)의 백 배가 경(頃)임.

507. 우비재망(虞騤才望)

－우비(虞騤)는 재주와 인망(人望)을 겸하다

《진서(晉書)》에 보면 우비(虞騤)의 자는 사행(思行)이니 회계(會稽) 여요(餘姚) 사람이다. 오흥태수(吳興太守)를 거쳤는데 왕도(王導)가 항상 이르기를, “공유(孔愉)는 삼공(三公)의 인망(人望)은 있으나 삼공이 될 덕망을 갖추지 못했고 정담(丁潭)은 삼공(三公)이 될 덕망은 갖추고 있으나 그 재능이 없는데 이것을 겸한 자는 경(卿)이 아니겠는가?”라고 했다. 벼슬에 이르기 전에 죽으니 당시 사람들이 애석히 여겼다. 《몽구》 구본(舊本)에는 재(才)자를 체(體)자로 잘못 적고 있다.

原文 晉書, 虞騤字思行, 會稽餘姚人. 歷吳興太守. 王導常謂曰, 孔愉有公才, 而無公望. 丁潭有公望, 而無公才. 兼之者其在卿乎. 官未達而喪. 時人惜之. 舊本, 才誤作體.

註解 ㅇ晉書(진서)－《진서》〈열전〉 46에 있는 이야기임. 《세설신어(世說新語)》〈품조편(品藻篇)》에도 있음.

508. 대연봉영(戴淵峰穎)

－대연(戴淵)은 몹시 뛰어나다

《세설신어(世說新語)》에 보면, 대연(戴淵)의 자는 약사(若思)이니 젊었을 때부터 호협했고 일찍이 강회(江淮) 사이에서 사람을 치고 약탈했다. 육기(陸機)가 휴가를 갔다가 낙양(洛陽)으로 돌아오는데 짐이 몹시 많았다. 이때 대연은 언덕 위에서 의자에 앉아 좌우를 지휘하는데 그 지휘가 모두 마땅한 것들이었다.

대연은 이미 거룩한 모습이 몹시 뛰어나서 비록 비루한 일에 처해 있어도 정신과 기운이 더욱 남달랐다. 육기가 배 위에서 멀리 보고 말하기를, "그대의 재주가 이와 같은데도 또한 약탈만 하겠는가?"라고 하자 대연은 눈물을 흘리면서 칼을 던지고 육기에게로 돌아갔는데 말의 엄하기가 비상(非常)하므로 육기는 더욱 소중히 여겨 더불어 사귐을 맺었다.

原文 **世說, 戴淵字若思. 少遊俠. 嘗在江淮閒攻掠. 陸機赴假還洛. 輜重甚盛. 淵在岸上, 據胡床, 指揮左右, 皆得其宜. 淵旣神姿峰穎, 雖處鄙事, 神氣尤異. 機於船上遙謂之曰, 卿才如此. 亦復作劫邪. 淵便泣涕, 投劒歸機. 辭厲非常. 機彌重之, 與定交.**

註解 ㅇ世說(세설)－《세설신어》〈자신편(自新篇)〉에 있는 이야기임. ㅇ陸機(육기)－서진(西晉) 시대의 문인(文人). 오(吳)나라 사람. 아우

육운(陸雲)과 함께 시문(詩文)을 잘하여 이륙(二陸)이라 일컬어짐.

509. 사어출빈(史魚黜殯)

–사어(史魚)가 빈소(殯所)를 물리치다

《공자가어(孔子家語)》에 말하기를, '어진 거백옥(蘧伯玉)을 영공(靈公)이 쓰지 않고 불초(不肖)한 미자하(彌子瑕)를 도리어 쓰면서 그에게 정치를 맡겼다'라고 했다. 사어(史魚)는 자주 간(諫)했으나 받아들여지지 않았는데 장차 졸(卒)할 때 그 아들에게 명하기를, "내가 조정에 있을 때는 능히 거백옥을 조정에 나가게 하지 못하고 미자하를 물러나게 하지 못했으니 이는 능히 임금을 바르게 못한 것이다. 살아서 능히 임금을 바르게 하지 못했으며 죽어서는 예를 이루지 못했으니 나는 죽어서도 너희에게 예(禮)를 받을 염치가 없다. 내가 죽거든 시체를 창문 아래에 놓아두어라. 그것이 내 분수에 맞는 짓이다."라고 했는데 그 아들은 이 말을 좇았다.

영공이 가서 조상하고 괴이히 여겨 물었더니 그 아들은 그 아버지의 말로써 영공에게 고했다. 이에 영공은 깜짝 놀라 안색을 바꾸며 말하기를, "이는 과인의 잘못이다. 사어가 살아있을 때 항상 어진이를 나오게 하고 불초(不肖)한 자를 물러가게 하려다가 그 죽음에 이르러서는 또 시체로써 간하니 가히 지극한 충성이라고 이를 만하다."라 하고 명하여 상객(上客)의 자리에 빈소(殯所)를 마련하게 하고 거백옥으로 상경(上卿)을 삼고 미자하를 물리쳐 멀리 보냈다.

공자(孔子)께서 이를 듣고 말하기를 "옛날에 열렬하게 간하던 자도 죽으면 그만이었는데 사어처럼 죽어서도 시체로써 간하여 그 임금을 감동시킨 자는 있지 않았으니 가히 곧다고 말하지 않을 수 있겠는가?"라고 했다.

原文 家語曰, 衛大夫蘧伯玉之賢, 靈公不用. 彌子瑕不肖, 反任之. 史魚驟諫不從. 將卒, 命其子曰, 吾在朝不能進蘧伯玉退彌子瑕. 是不能正君也. 生不能正君, 死無以成禮. 我死. 汝置屍牖下. 於我畢矣. 其子從之. 靈公弔焉. 怪而問之. 其子以其父言告公. 公愕然失容曰, 是寡人之過也. 史魚生時恆欲進賢而退不肖. 及其死, 又以屍諫. 可謂至忠矣. 命之殯於客位, 進蘧伯玉爲上卿, 退彌子瑕遠之. 孔子聞之曰, 古之烈諫者, 死則已矣. 夫有若史魚死而屍諫, 忠感其軍者也. 可不謂直乎.

註解 ㅇ家語(가어)－《공자가어(孔子家語)》〈곤서편(困誓篇)〉에 있는 이야기임. ㅇ蘧伯玉(거백옥)－이름은 원(瑗). 백옥(伯玉)은 자(字). 위(衛)나라 영공(靈公) 때의 현대부(賢大夫). 공자가 위나라에 갔을 때 그의 집에 머무를 만큼 어질었다. ㅇ彌子瑕(미자하)－춘추시대 위령공(衛靈公)의 영신(佞臣). 어머니가 아플 때 임금의 수레를 속여서 타고 가 그 어머니를 간병했고 과원(果園)에서 복숭아를 먹다가 맛이 있다며 반을 쪼개서 임금에게 주었다. 그러나 이것이 죄가 되어 내쫓기게 되었다. ㅇ上卿(상경)－맨 위의 경(卿).

510. 자낭성영(子囊城郢)

－자낭(子囊)이 영(郢)에 성을 쌓다

《좌씨전(左氏傳)》에 보면, 초(楚)나라 자낭(子囊)이 장차 죽을 때 유언(遺言)으로 아들 경(庚)에게 이르기를, 반드시 영(郢)에 성곽을 쌓으라고 했다. 군자(君子)가 이 자낭(子囊)의 충성됨을 일러 말하기를, "자낭은 충신이로다. 임금이 홍(薨)하는데 그 시호를 지어 바치는 것을 잊지 않았고 그 몸이 장차 죽는데 나라 지킬 것을 잊지 않았으니 어찌 충성스럽다고 이르지 않겠느냐?"라고 했다.

처음에 초(楚)나라 공왕(共王)이 병이 있자 대부(大夫)들에게 고하기를, "과인이 부덕하여 나라를 어지럽게 만들었소. 만약 대부의 덕택으로 내 목이 무사한 채로 땅속에 묻힐 수 있게 되거든 바라건대 시호를 영(靈), 또는 여(厲)로 지어 주구려."라고 했다. 졸(卒)하기에 이르자 자낭(子囊)은 말하기를, "임금의 명령이니 공(共)으로 시호를 청합니다."라고 했다. 초나라가 도읍을 영(郢)으로 옮겼으나 성곽(城郭)이 없고 성을 쌓다가 미치지 못했다. 자낭이 이것을 마치려고 했으나 끝내지 못했기 때문에 유언으로 그 뜻을 남겼던 것이다.

原文 左氏傳, 楚子囊將死, 遺言謂子庚, 必城郢. 君子謂子囊忠. 君薨不忘增其名. 將死不忘衛社稷. 可不謂忠乎. 初楚共王疾. 告大夫曰, 不穀不德. 若以大夫之靈獲保首領以沒於地, 請爲靈若厲. 及卒, 子囊曰, 君命以共. 請謚之共. 楚徙都郢, 未有城郭. 築城未訖. 子囊欲訖未暇. 故遺言見意.

註解 ㅇ左氏傳(좌씨전)-《춘추좌씨전(春秋左氏傳)》 양공(襄公) 14년조에 있음. ㅇ謚(시)-시호(謚號). 공덕을 칭송하여 추증(追贈)하는 칭호. 제왕·공경·유현(儒賢) 등에게 쓰임.

511. 대봉적신(戴封積薪)

-대봉(戴封)이 섶을 쌓아놓다

후한(後漢) 대봉(戴封)의 자는 평중(平仲)이니 제북(濟北) 강현(剛縣) 사람이다. 현량(賢良) 방정과(方正科)로 천거되고 대책(對

策)의 성적이 1등으로 발탁되어 의랑(議郞)에 임명되었다가 서화령(西華令)으로 옮겼다. 그때 여남(汝南)과 영천(潁川) 두 군(郡)에 황재(蝗災)가 있었는데 그가 다스리는 서화현 경계에는 재해가 들어가지 못했다. 이때 독우(督郵)가 순찰 중 서화현에 오자 황충이 갑자기 크게 몰려오더니 독우가 가자 황충도 또한 아주 없어졌다. 그 지경 사람들은 이를 기이하게 여겼다.

그 해에는 크게 가물었다. 그는 기우제를 지냈으나 효과가 없었다. 이에 나무를 쌓아놓고 그 위에 앉아서 스스로 불에 타려고 했더니 불이 일어나면서 큰 비가 갑자기 내렸다. 멀고 가까운 곳 사람들이 모두 그의 덕에 탄복했다. 중산상(中山相)에 옮겼더니 여러 고을의 죄수(罪囚)가 4백여명이나 되었으며 마땅히 형벌을 행하게 되었다. 대봉은 이를 슬프게 여겨 모두 보내어 집에 돌아가게 하고 집사람들과 석별의 인사를 나눈 다음 기일(期日)을 정하여 다시 옥(獄)으로 돌아오라고 했다. 죄인들은 모두 그의 덕에 감복하여 기일을 어기는 자가 없었다. 벼슬이 태상(太常)에 이르렀다.

原文 **後漢戴封字平仲, 濟北剛人. 擧賢良方正, 對策第一. 擢拜議郞, 遷西華令. 汝潁有蝗災. 獨不入界, 時督行縣, 蝗忽大至. 及去蝗亦頓除. 一境奇之. 其年大旱. 封禱請無穫. 乃積薪坐其上, 以自焚. 火起而大雨暴至, 遠近歎服. 遷中山相. 諸縣囚四百餘人, 當行刑, 封哀之, 皆遣歸家, 與尅期日. 皆無違者. 官至太常.**

註解 ㅇ後漢(후한)－《후한서》〈열전〉 71 독행전(獨行傳)에 있는 이야기임. ㅇ議郞(의랑)－한(漢)나라에서 특별히 현량(賢良)하고 방정(方正)한 선비에게 맡기던 관직(官職). ㅇ蝗災(황재)－황(蝗)은 메뚜기과에 속하는 곤충으로서 큰 떼를 지어 날아다니면서 곡식에 큰 해를 끼치는

재앙을 말함.

512. 경공배정(耿恭拜井)

—경공(耿恭)이 우물에 절을 하다

후한(後漢) 경공(耿恭)의 자는 백종(伯宗)이니 부풍(扶風) 무릉(茂陵) 사람이다. 젊었을 때부터 강개(慷慨)하고 큰 지략(智略)이 있고 장수의 재능이 있었다. 영평(永平) 말년에 무기교위(戊己校尉)가 되어 금포성(金蒲城)에 주둔했는데 흉노(匈奴)가 성을 공격해 왔다. 이에 경공은 성에 올라가 격전(擊戰)하다가 독약(毒藥)을 화살에 묻혀 흉노에게 말을 전하기를, "이는 한(漢)나라의 신전(神箭)이니 이것에 맞아 상처가 나면 반드시 이상한 일이 있을 것이다."라 하고 인하여 강노(强弩)를 쏘았다. 오랑캐가 화살에 맞은 자를 보니 상처가 모두 끓는 것이었다. 이에 흉노가 서로 이르기를, "한(漢)나라 군사의 신전(神箭)은 가히 두렵다."하고 드디어 군사를 풀고 돌아갔다.

경공은 소륵국(疏勒國)의 성(城) 옆에 시냇물을 점령했다. 그곳은 가히 지킬 만하므로 군사를 이끌어 주둔했더니 흉노가 다시 경공을 침공했다. 이에 경공은 먼저 성에 오를 수천 명을 뽑아서 곧바로 달려나가자 오랑캐 기병(騎兵)은 흩어져 달아났다. 그는 수공(水攻)을 하기 위해 드디어 시냇물의 근원을 끊었다.

또 경공은 성안에서 우물을 15길이나 팠으나 물을 얻을 수가 없었다. 관리와 군사들이 목이 말라서 말똥의 즙(汁)을 짜서 마실 지경이었다. 이에 경공은 우러러 탄식하기를, "들으니 옛날 이사장군(貳師將軍)은 차고 있던 칼을 빼어 산을 찌르자 샘물이 솟아나왔다고 했는데 지금 한(漢)나라는 신명(神明)의 가호(加護)가 있다. 어찌 궁한 일이 있단 말인가?"하고 이에 옷을 정제하고 샘을 향하여 절하고 빌었더니 잠시 후 샘물이 솟아나왔다. 그가 아전과 군사로 하여금 물을 길어 오랑캐들에게 보였더니 오랑캐는 신명(神明)이라 하여 드디어 군대를 이끌고 갔다.

뒤에 다시 경공을 공격했으나 경공이 이를 공격하여 달아나게 했다. 그러나 몇 달이 지나자 먹을 것이 다 되고 곤궁해져서 이에 투구와 쇠뇌를 삶아서 그 심줄의 가죽을 먹었다. 이처럼 경공은 군사로 더불어 죽고 사는 것을 같이했기 때문에 모두 두 마음이 없는 터인데 오랑캐가 포위하고 있어도 함락시키지는 못했던 것이다. 이런 궁핍한 상황을 보고 알자(謁者)인 관총(關寵)이 글을 올려 구원을 요구했다.

이때 숙종(肅宗)이 사도(司徒) 포욱(鮑昱)과 의논하고 군사를 보내어 경공을 맞아 돌아오게 했다. 포욱은 아뢰기를, "경공의 절개는 소무(蘇武)보다 더하온즉 마땅히 벼슬과 상을 주어야 합니다."라고 하여 드디어 기도위(騎都尉)에 임명했다.

原文 後漢耿恭字伯宗, 扶風茂陵人. 少慷慨多大略, 有將帥才. 永平末爲戊己校尉, 屯金蒲城. 匈奴攻城. 恭乘城搏戰, 以毒藥傅矢, 傳語匈奴曰, 漢家箭神. 其中瘡者必有異. 因發强弩射之. 虜中矢者, 視創皆沸. 匈奴相謂曰, 漢兵神. 眞可畏也. 遂解去. 恭以疏勒城傍有澗水可固, 引兵據之. 匈奴復攻恭. 恭募先登數千人, 直馳之. 胡騎散走, 遂擁絶澗水. 恭於城中穿井十五丈, 不得水. 吏士渴乏, 笮馬糞汁而飮之. 恭仰歎曰, 聞昔貳師將軍拔佩刀刺山, 飛泉涌出. 今漢德神明. 豈有窮哉. 乃整衣向井拜禱. 有頃水泉奔出. 乃令吏士揚水以示虜. 虜以爲神明, 遂引去. 後復攻恭. 恭擊走之. 數月食盡窮困. 乃煮鎧弩, 食其筋革. 恭與士推誠同死生. 故皆無二心.

虜圍之不能下. 關寵上書求救. 時肅宗用司徒鮑昱議, 遣軍迎恭歸. 復奏恭節過蘇武. 宜蒙爵賞, 遂拜騎都尉.

註解 ㅇ後漢(후한)-《후한서》〈열전〉 9에 있는 이야기임. ㅇ戊己校尉(무기교위)-한대(漢代)의 관명(官名). 서역(西域)에 주둔하는 무관(武官). 무기(戊己)는 중앙이므로 중앙에서 사방을 진압(鎭壓)한다는 뜻을 취했음. ㅇ箭神(전신)-화살에 있는 신(神). ㅇ貳師將軍(이사장군)-이광리(李廣利)를 가리킴. ㅇ蘇武(소무)-한(漢)나라 사람. 자는 자경(子卿). 무제(武帝) 때 중랑장(中郎將)으로서 흉노(匈奴)에게 사신으로 갔다가 억류되어 19년만에 돌아오니 소제(昭帝)는 그가 절개를 지킨 공을 기리어 전속국(典屬國)이란 벼슬을 내렸음.

513. 급암개창(汲黯開倉)
-급암(汲黯)이 창고를 열다

전한(前漢) 급암(汲黯)의 자는 장유(長孺)이니 복양(濮陽) 사람이다. 그 조상들이 옛날 위(衛)나라 임금에게서 사랑을 받았기 때문에 급암에 이르기까지 10세(世)동안에 대대(代代)로 대부(大夫)가 되었다가 효경왕(孝景王) 때에 태자세마(太子洗馬)가 되었는데 엄했기 때문에 남들이 꺼렸다.

무제(武帝)가 즉위하자 급암은 알자(謁者)가 되었는데 하내(河內)가 실화(失火)로 인하여 천여 호가 불에 탔으므로 상(上)께서 가보라고 했는데 돌아와서 보고하기를, "보통 가정 사람이 실화(失火)하여 가까운 이웃에 번져서 탄 것이오니 족히 근심할 것이 없습니다. 하오나 하내(河內)의 가난한 사람들이 홍수와 가뭄에 손상을 입어 만여 호가 혹 아비와 자식이 서로 잡아먹기에 이르고 있습니다. 신(臣)이 삼가 부절(符節)을 가지고 갔기에 삼가 하내의 창고를 열고 곡식을 내어 가난한 백성들을 구휼하고 돌아왔습니다. 이제 부절을 반납하면서 폐하의 명령 없이 창고를 열었던 죄를 청하는 바입니다."라고 하자 상(上)께서는 어질게 여겨 용서했다.

뒤에 주작도위(主爵都尉)가 되어 구경(九卿)의 반열에 섰다. 사무를 다스리는 데에 있어서는 무위(無爲)로 임하여 대체(大體)만 보고 문법(文法)에 구애받지 않았다. 성질이 거만하고 예의가 적었으며 면전(面前)에서 꺾고 능히 남의 허술한 점을 용납하지 않아 자주 곧게 간하는 것으로 해서 오래 지위에 있지 못하니 무제(武帝)가 말하기를, "옛날에는 사직(社稷)의 신하라는 것이 있었는데 급암과 같은 사람이 여기에 가깝도다."라고 했다. 대장군(大將軍) 위청(衛青)이 시중(侍中)이었을 때 상(上)께서 침상(寢床)에 걸터앉은 채 그를 인견했었고 또 승상 공손홍(公孫弘)는 천자가 잔치를 벌이고 있을 때 배알했는데 천자는 관(冠)을 쓰지 않았으나, 급암에 이르러서는 관을 쓰지 않은 채로 인견하는 일은 없었던 것이다.

原文 前漢汲黯字長孺, 濮陽人. 其先有寵於古之衛君. 至黯十世, 世爲卿大夫. 孝景時爲太子洗馬. 以嚴見憚. 武帝卽位, 黯爲謁者. 河内失火, 燒千餘家. 上使往視之. 還報曰, 家人失火, 屋比延燒, 不足憂. 河内貧人傷水旱萬餘家. 或父子相食. 臣謹以便宜持節, 發河内倉粟, 以賑貧民. 請歸節伏矯制罪. 上賢而釋之. 後爲主爵都尉, 列於九卿. 治務無爲, 引大體不拘文法. 性倨少禮, 面折不能容人之過. 以數直諫, 不得久居位. 武帝曰, 古有社稷臣. 如黯近之矣. 大將軍青侍中, 上踞厠視之. 丞相弘宴見, 上或時不冠. 至黯不冠不見也.

註解 ㅇ前漢(전한)-《전한서》〈열전〉 20에 있는 이야기임. 《사기(史記)》〈열전〉 60에도 있음. ㅇ謁者(알자)-응접(應接)을 맡은 벼슬. 또는

사방에 사신으로 가는 벼슬.

514. 풍난절권(馮煖折券)

–풍난(馮煖)이 문서를 꺾어 없애다

《전국책(戰國策)》에 말하기를, 제(齊)나라 사람에 풍난(馮煖)이란 자가 있었는데 가난하여 아무것도 없어서 능히 스스로 살 수가 없었다. 그는 사람을 시켜 맹상군(孟嘗君)에게 부탁하기를, "원컨대 문하(門下)에서 식객(食客) 노릇하기를 원합니다."라고 하자 맹상군은 그를 받아들였다. 그러나 맹상군 좌우 사람들은 그의 신분을 알지 못했으므로 채소와 밥만 대접했다. 그러자 얼마 후 풍난은 기둥에 기대어 칼을 두드리면서 노래하기를, "긴 칼아! 돌아가리로다. 밥상에 생선이 없구나!"라고 했다. 맹상군이 듣고 문하(門下)의 식객 중 생선을 먹을 수 있는 식객으로 승격시켰다. 풍란은 또 얼마 후 다시 칼을 두드리면서 노래하기를, "긴 칼아! 돌아오리로다. 나가는 데 수레가 없구나!"라고 했다. 맹상군은 문하의 식객 중 수레를 탈 수 있는 식객으로 대우해 주었다. 뒤에 다시 긴 칼을 두드리면서 노래하기를, "긴 칼아! 돌아가리로다. 가족과 함께 살 곳이 없구나."라고 하자 맹상군은 좌우에 묻고, 풍난에게 노모(老母)가 있다는 것을 알고는 사람을 시켜 그 먹을 것과 쓰는 용품을 보내주어 일용품이 떨어지는 일이 없게 했다.

뒤에 맹상군이 나가서 문서를 꺼내놓고 문하의 식객들에게 묻기를, "누가 나를 위해 설(薛) 땅에 가서 빚을 받아오겠는가?"라고 하자 풍난이 나서서 말하기를, 내가 하겠다고 했다. 풍난은 행장을 차리고 문서를 실은 다음 인사하고 말하기를, "채무를 모두 회수하면 무엇을 사올까요?"라고 하자 맹상군은 말하기를, "우리집에 있는 물건 중 모자라는 것을 사오시오."라고 했다.

풍난이 설(薛) 땅에 가서 여러 백성들 중 빚을 쓴 자들을 불렀더니 모두 와서 문서를 맞춰본다. 이에 풍난은 채권 문서를 백성들에게 주고 그 문서를 모두 불태워 버렸다. 백성들은 맹상군을 위하여 만세를 불렀다. 풍난은 제(齊)나라로 돌아와 맹상군을 보고 말하기를, "신(臣)이 보건대 군(君)의 궁중에 쌓여있는 귀한 보배와 마구간에 가득한 개와 말, 그리고 미인(美人)들이 아래에 벌여있사온데 오직 적은 것은 의리입니다. 이에 깊이 생각한 끝에 군(君)을 위하여 군명(君命)에 따라 채권 문서를 백성들에게 주고 그 문서를 불태워 버렸습니다. 이는 신(臣)이 군(君)을 위해 의리를 산 것입니다."라고 했다.

뒤에 맹상군이 재상의 자리에서 별직되어 설(薛) 땅으로 돌아오게 되자 백성들이 늙은이를 부축하고 어린이를 이끌고 길 가운데에서 맞았다. 이에 맹상군이 풍난을 돌아보고 이르기를, "선생이 나를 위해서 사왔다는 의리라는 것을 비로소 지금에야 보았소."라고 했다.

原文 **戰國策曰, 齊人有馮煖者. 貧乏不能自存. 使人屬孟嘗君曰, 願寄食門下. 君受之. 左右食以草具. 居有頃, 倚柱彈其劒, 歌曰, 長鋏歸來乎, 食無魚. 君聞食之比門下客. 有頃, 復彈鋏歌曰, 長鋏歸來乎, 出無車. 君爲之駕, 比門下之車客. 後復彈鋏歌曰, 長鋏歸來乎, 無以爲家. 君問, 煖有老母. 使人給其食, 用無使乏. 後君出記, 問門下客, 誰能爲文收責於薛者. 煖署曰, 能. 煖治裝, 載券契而行. 辭曰, 責畢收, 以何市而反. 君曰, 視吾家所寡有者. 煖之薛, 召諸民當債者. 悉來合券, 以責賜民. 因燒其券. 民稱萬歲. 反齊見君曰, 臣竊計, 君宮中積珍寶, 狗馬實外廐, 美人充河陳. 所寡有者義耳. 竊爲君市義, 矯命以責賜諸民, 因燒其券. 乃臣所以爲君市義**

也. 後君就國於薛. 民扶老攜幼迎道中. 君顧謂煖曰, 先生所以爲文市義, 乃今見之.

註解 ㅇ戰國策(전국책)-《전국책》 권4에 있는 이야기임. 《사기(史記)》 〈열전〉 45에도 있음. ㅇ馮煖(풍난)-《사기》에는 풍환(馮驩)으로 적고 있음. ㅇ孟嘗君(맹상군)-전국시대 제(齊)나라 전영(田嬰)의 아들. 이름은 문(文). 설(薛) 땅을 봉토(封土)로 받아 맹상군(孟嘗君)이 되었음. 제(齊)나라 정승이 되었을 때 식객(食客)이 3천에 이르렀는데 진(秦)나라에 들어가 피살(被殺)될 뻔한 것을 식객 중에 계명구도(鷄鳴狗盜)를 잘하는 사람이 있어 난(難)을 면할 수 있었음. ㅇ食客(식객)-문하(門下)에서 기식(寄食)하는 선비.

515. 제경사천(齊景駟千)

-제경공(齊景公)은 사마(駟馬)가 1천이었다

《논어(論語)》에 말했다. 제(齊)나라 경공(景公)은 말이 천사(千駟)가 있었어도 죽는 날에 백성들이 칭송하는 사람이 없었다.

原文 **論語曰, 齊景公有馬千駟. 死之日, 民無得而稱.**

註解 ㅇ論語(논어)-《논어》 〈계씨편(季氏篇)〉에 있는 이야기임. ㅇ齊景公(제경공)-춘추시대 제(齊)나라 임금. 영공(靈公)의 아들. 장공(莊公)의 아우. 이름은 저구(杵臼). 궁실(宮室) 치장하는 것을 좋아하고 개와 말을 모았으며 세금을 무겁게 하고 형벌을 중하게 했다. ㅇ千駟(천사)-사(駟)는 말 네 필.

516. 하증식만(何曾食萬)

—하증(何曾)이 만전(萬錢)을 먹다

《진서(晉書)》에 보면, 하증(何曾)의 자는 영고(潁考)이니 진류(陳留) 양하(陽夏) 사람이다. 어렸을 때부터 학문을 좋아하고 널리 배워서 위(魏)나라에 벼슬하여 사도(司徒)가 되었는데 무제(武帝)가 자리에 오르자 태위(太尉)에 임명되었다. 하증은 성질이 지극히 효성스럽고 집안이 정제되고 엄숙했다. 젊어서부터 성장하기까지 음악과 여자를 사랑하는 취미가 있었다. 나이 늙어서 아내와 서로 보는 데도 언제나 의관을 바르게 하고 서로 대우하기를 손님과 같이했다.

그러나 성질이 사치하고 호협했으며 화려하고 호화로운 것에 힘써서 휘장이나 수레와 옷까지도 화려하게 하기를 다했다. 주방 음식의 맛있는 것도 왕자(王者)보다 더했으며 언제나 천자가 베푸는 잔치에서도 궁중 주방장이 만든 것은 먹지 않았다.

황제가 특별히 명하여 그가 먹는 것을 따로 가져오게 했다. 찐 떡은 위쪽에는 갈라지게 하지 않았고 십자(十字)의 모양을 만든 것이 아니면 먹지 않았는데 먹는 것이 하루에 만전(萬錢)이 들었는데도 그는 오히려 수저를 댈 데가 없었다고 했다. 유의(劉毅) 등이 자주 탄핵해서 아뢰었으나 하증은 그대로 사치하고 낭비하여 법도가 없었다. 그러나 황제는 그가 중신(重臣)이라 해서 한 번도 나무라는 일이 없었다.

原文 晉書, 何曾字穎考, 陳留陽夏人. 少好學博聞. 仕魏爲司徒. 武帝踐祚, 拜太尉. 曾性至孝, 閨門整肅. 自少及長, 無聲樂嬖幸之好. 年老與妻相見, 皆正衣冠, 相待如賓. 然性奢豪, 務在華侈. 帷帳車服, 窮極綺麗, 厨膳滋味, 過於王者. 每燕見不食太官所設. 帝輒命取其食. 蒸餠上不坼作十字不食. 食日萬錢. 猶曰, 無下箸處. 劉毅等數劾奏, 曾侈忲無度. 帝以其重臣, 一無所問.

註解 ㅇ晉書(진서)－《진서》〈열전〉 3에 있는 이야기임. ㅇ劉毅(유의)－후한(後漢) 사람. 목(睦)의 아들. 벼슬이 의랑(議郎)에 이르고 문변(文辨)으로 일컬어짐.

517. 고영석자(顧榮錫炙)

－고영(顧榮)이 구운 고기를 주다

《진서(晉書)》에 보면 고영(顧榮)의 자는 언선(彦先)이니 오(吳)나라 사람이다. 약관(弱冠)에 황문시랑(黃門侍郎)이 되었더니 오(吳)나라가 평정되자 육기(陸機)·육운(陸雲)과 함께 낙양(洛陽)으로 들어가자 이들을 삼준(三俊)이라고 했다. 정위정(廷尉正)을 거쳤는데 조왕(趙王) 윤(倫)이 혜제(惠帝)의 왕위(王位)를 찬탈(簒奪)하자 윤(倫)의 아들 건(虔)이 대장군(大將軍)이 되고 고영으로 장사(長史)를 삼았다.

처음에 고영이 동료들과 잔치를 하여 술을 마시는데 구이를 굽는 자를 보니 용모가 범상치 않았을 뿐 아니라 고기를 먹고 싶어하는 안색이었다. 고영은 자기 고기를 베어서 주었다. 좌중(坐中) 사람들이 그 까닭을 묻자 고영은 말하기를, "어찌 하루종일 고기를 구우면서 그 맛을 알지 못할 수가 있겠는가?"라고 했다. 윤(倫)이 패하기에 이르러 고영이 잡혀서 장차 베임을 당하게 되었는데 고기 굽던 자가 독솔(督率)이 되어 그를 구원해 줌으로써 죽음을 면할 수가 있었다. 원제(元帝) 때 산기상시(散騎常侍)로 벼슬을 마쳤다.

原文 晉書, 顧榮字彦先, 吳人. 弱冠爲黃門侍郞. 吳平, 與二陸同入洛, 號三俊. 歷廷尉正. 及趙王倫簒位, 倫子虔爲大將軍, 以榮爲長史. 初榮與同寮宴飮, 見執炙者. 容貌不凡. 有欲炙之色. 榮割炙啗之. 而不知其味. 及倫敗, 榮被執將誅. 而執炙者爲督率. 救之得免. 元帝時終散騎常侍.

註解 ○晉書(진서)―《진서》〈열전〉 36에 있는 이야기임. ○督率(독솔)―반란(叛亂)한 자들을 베이는 것을 감독하는 임시로 명한 사람.

518. 전문비반(田文比飯)

―전문(田文)이 밥을 비교하다

《사기(史記)》에 보면 맹상군(孟嘗君) 전문(田文)은 제(齊)나라 위왕(威王)의 손자인데 아버지 전영(田嬰)이 제나라 재상으로서 졸(卒)하자 전문이 대신 서서 설(薛) 땅 만호(萬戶)의 봉지(封地)를 받았다. 그는 빈객(賓客) 및 도망다니는 죄있는 사람을 불러모았으므로 모두가 그에게로 돌아갔다. 그 까닭에 천하의 선비들이 모여들어 식객(食客)이 수천 명이 되었는데 이들은 귀하고 천한 것에 관계없이 한결같이 전문과 식사를 같이했다.

일찍이 손님들을 대접하려고 밤에 식사를 하는데 어떤 사람이 불빛을 가리자 식객(食客) 한 사람이 먹는 밥이 같지 않다며 먹던 것을 그치고 떠나가려 했다. 이에 전문은 일어나서 스스로 자기의 밥을 가지고 비교해 보였는데 하나도 다를 것이 없었다. 이에 그 식객은 부끄러워서 스스로 목숨을 끊으니 이로써 식객들이 더 많이 귀복(歸服)했다.

전문은 제나라 민왕(湣王)의 정승을 지냈는데 민왕이 버리려고 하자 이에 위(魏)나라로 갔다. 위나라 소왕(昭王)이 그를 정승으로 삼았는데 제나라 양왕(襄王)이 즉위하자 맹상군(孟嘗君)은 중립(中立)의 입장을 취하며 제후(諸侯)들에게 소속된 곳이 없었는데 양왕은 그를 두려워하여 화친을 청했다. 졸하자 시호를 맹상군이라고 했다.

原文 史記, 孟嘗君田文, 齊威王孫. 父嬰爲齊相卒. 文代立, 封萬户於薛. 招致賓客, 及亡人有罪者皆歸之. 以故傾天下之士. 食客數千人, 無貴賤, 一與文等. 曾待客夜食. 有一人蔽火光. 客怒以飯不等. 輟食辭去. 文起自持其飯比之不異. 客慙自剄. 士以此多歸之. 文相齊湣王. 湣王欲去之. 乃如魏. 魏昭王以爲相. 齊襄王立. 而孟嘗君中立爲諸侯, 無所屬. 襄王與連和. 卒謚孟嘗君.

註解 ㅇ史記(사기)-《사기》〈열전〉 15에 있는 이야기임. ㅇ連和(연화)-둘 이상의 독립한 것이 연합함.

519. 치규와명(稚珪蛙鳴)

-치규(稚珪)의 집에서 개구리가 울다

《남사(南史)》에 보면, 공규(孔珪)의 자는 덕장(德璋)이니 회계(會稽) 산음(山陰) 사람이다. 제(齊)나라 명제(明帝) 때 남군태수(南郡太守)가 되었는데 공규는 풍도와 운치가 맑고 소탈하며 글 외우기를 좋아하고 술 7, 8두(斗)를 마셨으며 세상 속의 일을 즐거워하지 않았다. 집에 있으면서 산수(山水)의 취미를 좋아하여 책상에 의지하고 산수를 바라보며 혼자 술을 마시고 신변의 잡된 일의 취미를 좋아하여 그의 집문과 뜰안에는 풀과 쑥이 자라나도 깎지를 않았으므로 그 속에서 개구리가 울었다. 어떤 사람이 묻기를, "진번(陳蕃)이 되려 하는가?"하면 공규는 말하기를, "내가 이렇게 하는 것은 마땅히 개구리가 살게 함으로써 음악소(音樂所)의 좌부(坐部)·입부(立部)의 악기로 삼으려는 것일세. 어찌 반드시 진번을 본받겠는가?"라고 했다.

왕안(王晏)이 일찍이 고취(鼓吹)의 악기를 울리며 그를 기다리다가 뭇개구리의 우는 소리를 듣고 말하기를, "이는 사람의 귀를 시끄럽게 하는 것이 지나치는 것 같구려."라고 하자 공규는 말하기를, "내가 고취(鼓吹)를 들어보니 자못 이에 미치지 못하는 것 같소이다."라고 하니 왕안은 부끄러운 빛이 있었다. 벼슬이 산기상시(散騎常侍)에 이르렀다.

《몽구》 구본(舊本)에는 공규(孔珪)를 공치규(孔稚圭)로 적고 있다.

原文 **南史, 孔珪字德璋, 會稽山陰人. 齊明帝時爲南郡太守. 珪風韻淸疎, 好文詠, 飮酒七八斗, 不樂世務. 居宅盛營山水, 憑几獨酌, 傍無雜事. 門庭之內, 草萊不翦. 中有蛙鳴. 或問之曰, 欲爲陳蕃乎. 珪曰, 我以此當兩部鼓吹. 何必效蕃. 王晏嘗鳴鼓吹候之, 聞群蛙鳴曰, 此殊聒人耳. 珪曰, 我聽鼓吹, 殆不及此. 晏有慙色. 仕至散騎常侍. 舊本作稚圭.**

註解 ㅇ南史(남사)-24사(史)의 하나. 당(唐)나라 이연수(李延壽)가 지음. 남조(南朝)의 송(宋)·제(齊)·양(梁)·진(陳)의 4조(朝) 170년간의 역사책. 이 이야기는 〈열전〉 39에 있음. ㅇ陳蕃(진번)-뜰에 풀이 무성하므로 어떤 사람이 까닭을 묻자 대답하기를, "대장부가 마땅히 천하를 소제할 것이지 어찌 한 집안을 소제한단 말이냐?"고 대답했다. ㅇ兩部鼓吹(양부고취)-음악의 입부(立部)와 좌부(坐部)의 음악을 일제히 움직이는 것. 개구리 울음소리에 비유함.

520. 언륜학원(彦倫鶴怨)

−언륜(彦倫)의 학이 원망함

《남사(南史)》에 보면, 주옹(周顒)의 자는 언륜(彦倫)이니 송(宋)나라 원휘(元徽) 연중에 염령(剡令)이 되었다. 그는 음성과 언변이 뛰어났고 그 위에 불교의 교리에 통했다. 《삼종론(三宗論)》을 저술하여 공(空)·가(假)의 의리에 대해서 말했다. 제(齊)나라에 들어가서 국자박사(國子博士) 겸 저작랑(著作郎)으로 마쳤는데 대학(大學)의 제생(諸生)들이 그 풍도를 사모하여 다투어 아름다운 변론을 일삼았다. 처음으로 《사성절운(四聲切韻)》을 저술하였고 그것이 세상에 쓰여졌다.

처음에 종산(鐘山)에 숨었다가 나가서 현령(縣令)이 되었는데 공치규(孔稚珪)가 그가 살던 종산의 초당(草堂)을 지나다가 〈북산이문(北山移文)〉을 지었다. 그것에 이르기를, '향초 장막이 비었으니 밤의 학이 원망하고, 산사람이 가니 새벽 원숭이가 놀라네'라고 했다.

原文 **南史, 周顒字彦倫. 宋元徽中爲剡令. 音辭辯麗, 長於佛理, 著三宗論, 言空假義. 入齊, 終國子博士兼著作. 大學諸生慕其風, 爭事華辯. 始著四聲切韻, 行於時. 初隱鐘山. 及出爲縣令, 孔稚珪過鍾山草堂, 作北山移文. 其詞有曰, 蕙帳空兮夜鶴怨, 山人去兮曉猿驚.**

註解 ㅇ南史(남사)−《남사》〈여전〉 24에 있는 이야기임. ㅇ三宗論(삼종론)−삼종(三宗)은 불교(佛敎)의 종파(宗派)로서 곧 화엄종(華嚴宗)·삼론종(三論宗)·법상종(法相宗) 또는 천태종(天台宗)·진언종(眞言宗)·법상종(法相宗)을 말함. ㅇ四聲切韻(사성절운)−사성(四聲)은 한

자(漢字)의 네 가지 음(音). 곧 평성(平聲)·상성(上聲)·거성(去聲)·입성(入聲). 절운(切韻)은 반절(反切)에 의해서 한자(漢字)의 운(韻)을 아는 일. ㅇ北山移文(북산이문)－남제(南齊)의 공덕장(孔德璋)이 지은 명문(名文).

521. 염파부형(廉頗負荊)

－염파(廉頗)가 가시나무를 지다

《사기(史記)》에 보면, 염파(廉頗)가 조(趙)나라 장수가 되자 인상여(藺相如)는 상경(上卿)에 임명되었는데 그 지위가 염파의 위였다. 이에 염파는 말하기를, "나는 장수가 되어 성을 공격하고 들에서 싸운 큰 공이 있지만 인상여는 한갓 입과 혀로써 공로를 삼았는데도 지위가 내 위에 있다. 또 본래 천하던 사람인데 내가 그 아래에 있는 것이 부끄럽다."라 하고 두루 말하기를 "내가 만나면 반드시 그를 욕보일 것이다."라고 하니 인상여가 듣고 즐겨 그와 만나려 하지 않아 언제나 조회 때에는 병을 칭하고 염파와 같이 자리를 다투려 하지 않았고 나가서 염파를 만나면 수레를 이끌어 피해서 숨었다.

이에 사인(舍人)이 간하기를, "염군(廉君)이 나쁜 말을 퍼뜨리는데 군(君)께서는 무서워하여 숨고 두려워하시니 이것은 용렬한 사람도 오히려 부끄러워하는 일이온데 하물며 장상(將相)이겠습니까?"라고 했다. 이에 인상여는 말하기를, "그대가 염파를 보기에 진왕(秦王)과 비교하여 누가 더 두렵던가?"라고 하자 그는 대답하기를, "진왕만 못합니다."라고 했다. 이에 인상여가 말하기를, "대체로 진왕의 위엄 앞에서도 나는 그 조정에서 꾸짖고 그 신하의 무리를 욕했는데 내가 비록 미련하지만 어찌 염장군(廉將軍)을 두려워하겠는가? 다만 돌이켜 생각하면 강한 진(秦)나라가 감히 조(趙)나라에 군사를 내어 공격하지 못하는 것은 한갓 우리 두 사람이 있기 때문인데 이

제 두 범이 싸우다보면 형세가 모두 살 수가 없을 것이니 내가 이렇게 하는 것은 국가의 급한 것을 먼저 하고 사사로운 원수를 뒤에 하는 것이다."라고 했다. 염파는 이 말을 듣자 웃통을 벗고 가시나무를 지고 문에 이르러 사죄하기를, "비루하고 천한 사람이 장군의 너그러우심이 이에 이른 것을 알지 못했습니다."라 하고 마침내 서로 즐거워하여 문경지교(刎頸至交)를 맺었다.

原文 史記, 廉頗爲趙將, 藺相如拜上卿, 位在頗右. 頗曰, 我爲將, 有攻城野戰之大功. 而相如徒以口舌爲勞, 位居我上. 且素賤人. 吾羞爲之下. 宣言曰, 我見必辱之. 相如聞不肯與會. 每朝時, 常稱病, 不欲與頗爭列. 已而出, 望見頗, 引車避匿. 舍人諫曰, 廉君宣惡言, 而君畏匿恐懼. 庸人尚羞之. 況於將相乎. 相如曰, 公之視頗, 孰與秦王. 曰, 不若也. 相如曰, 夫以秦王之威, 而相如廷叱之, 辱其群臣. 吾雖駑, 獨畏廉將軍哉. 顧念强秦不敢加兵於趙者, 徒以吾兩人在也. 今兩虎共鬪, 勢不俱生. 吾所以爲此者, 先國家之急, 而後私讎也. 頗聞之, 肉袒負荊, 至門謝罪曰, 鄙賤之人, 不知將軍寬之至此. 卒相與驩, 爲刎頸之交.

註解 ㅇ史記(사기)－《사기》〈열전〉21에 있는 이야기임. ㅇ廉頗(염파)－전국시대 조(趙)나라의 양장(良將). 혜문왕의 상경(上卿) 인상여(藺相如)와 문경지교(刎頸之交)를 맺음. ㅇ藺相如(인상여)－전국시대 조(趙)나라의 명신(名臣). 상경이 되어 용장(勇將)인 염파와 문경지교를 맺어 함께 조나라를 융성하게 했음. ㅇ舍人(사인)－집일을 돌보는 사람. ㅇ刎頸之交(문경지교)－목이 달아나더라도 마음이 변치 않겠다는 굳은 약속의 사귐.

522. 수가탁발(須賈擢髮)

–수가(須賈)가 머리털을 뽑다

《사기(史記)》에 보면, 범수(范雎)의 자는 숙(叔)이니 위(魏)나라 사람이다. 제후(諸侯)들에게 유세(遊說)했는데 처음에는 집이 가난해서 스스로 살아나갈 수가 없었기에 먼저 위(魏)나라 중대부(中大夫) 수가(須賈)를 섬겼다. 수가가 사신으로 제(齊)나라에 갈 때 범수도 따라갔다. 제(齊)나라의 양왕(襄王)은 범수가 구변이 있다는 말을 듣고 이에 사람을 시켜 돈과 쇠고기와 술을 주었다. 그러나 수가는 노하여 말하기를, 범수가 위(魏)나라의 비밀한 일을 제(齊)나라에 고한 까닭이라고 생각했다. 이윽고 귀국하여 수가는 범수의 사건을 위나라 재상인 위제(魏齊)에게 고하자 위제는 노하여 사인(舍人)을 시켜 범수를 매질하게 했다.

범수는 거짓으로 죽은 체했다. 그러자 곧 거적에 말아서 변소에 놓아두었다. 이때 빈객(賓客)들이 취해서 여기에 오줌을 누었다.

마침 사람들이 모두 취했으므로 범수는 지키는 자에게 고하고 나갈 수가 있었다. 그는 엎드려 도망하여 성명(姓名)을 고쳐서 장록(張祿)이라 하고 밤에 진(秦)나라 알자(謁者) 왕계(王稽)에게 보이자 왕계는 범수의 어진 것을 알기 때문에 수레에 싣고 진(秦)나라로 들어가 소왕(昭王)에게 고했다. 소왕은 그를 객경(客卿)에 임명했는데 드디어 정승이 되고 응후(應侯)에 봉했다.

한편 수가가 뒤에 진(秦)나라에 사신으로 갔는데 범수가 미행(微行)하다가 밤에 해진 옷으로 찾아가서 수가를 만나니 수가는 놀라서 말하기를, "범숙(范叔)은 무고했는가?"라고 했다. 그리고 함께 음식을 먹다가 명주로 만든 도포를 주었다. 범수는 수가의 말이 병들었고 수레의 축이 부러졌다는 말을 듣고는 주인에게서 빌렸다며 큰 수레에 사마(駟馬)를 타고 가서 수가를 위해 말고삐를 잡으며 재상의 관소로 데려갔다.

범수가 먼저 들어가고 수가가 기다린 지 한참만에 문지기에게 묻기를, "범숙(范叔)이 나오지 않는 것은 무슨 까닭인가?"라고 하자 문지기는 말하기를, "범숙은 없고, 아까 그분은 곧 우리 정승 장군(張君)이오."라고 했다. 이에 수가는 크게 놀라 웃통을 벗고 무릎으로 기어가서 사죄하기를, "수가가 뜻하지 않게도 그대는 능히 스스로 청운(青雲) 위에 올랐으니 수가는 앞으로 글을 읽지 않을 것이며 천하의 일에 간여하지 못할 것이오. 수가는 가마솥에 끓여 죽일 죄가 있사오니 청컨대 스스로 오랑캐 땅으로 몰아내 주십시오. 바라건대 군(君)께서는 죽이거나 살리거나 뜻대로 하십시오. 수가의 머리털을 뽑아서 그것으로 죄를 속(贖)한대도 오히려 부족할 것입니다."라고 했다. 이에 범수는 말하기를, "너의 죄가 세 가지 있다. 그러나 그것을 면하여 죽음이 없게 한 것은 명주 도포로써 잊지 못하는 친구의 정이 있었기 때문임이야. 공(公)을 용서하여 석방할 것이다."라고 했다.

原文 史記, 范睢字叔, 魏人. 遊說諸侯, 欲事魏王. 家貧無以自資. 乃先事魏中大夫須賈. 賈使齊, 睢從. 齊襄王聞睢辯口, 乃使人賜金及牛酒. 賈怒以爲睢持魏國陰事告齊. 旣歸以告魏齊. 齊怒使舍人笞擊睢. 睢佯死. 卽卷以簀, 置厠中. 賓客醉更溺之. 會齊醉. 睢告守者, 得出亡伏匿. 更名姓曰張祿. 夜見秦謁者王稽. 稽知睢賢, 載入秦, 言於昭王. 王拜爲客卿. 遂爲相, 封應侯. 賈後使秦. 睢微行, 夜敝衣步見賈. 賈驚曰, 范叔無恙乎. 留與坐飮食, 取綈袍賜之. 睢取大車駟馬爲賈御入相府, 乃先入. 賈待良久. 問門下曰, 范叔不出何也. 門下曰, 無范叔. 乃吾相張君也. 賈大驚, 乃肉袒膝行, 謝罪曰, 賈不意, 君能自致於青雲之上. 賈不敢復讀天下之書, 與天下之事. 賈有湯鑊之罰. 請自屏於胡貉之地. 唯君死生之. 擢賈之髮以贖罪, 尚未足. 雎曰, 汝罪有三耳. 然所以得無死者, 以綈袍戀戀有故人之意. 故釋公.

註解 ㅇ史記(사기)－《사기》〈열전〉 19에 있는 이야기임. ㅇ遊說(유세)－각처로 돌아다니면서 자기의 의견을 두루 퍼뜨림. ㅇ魏齊(위제)－위(魏)나라 정승. ㅇ王稽(왕계)－전국시대 진(秦)나라 사람. 알자(謁者)로서 소왕(昭王)을 섬겼는데 사신으로 위(魏)나라에 갔다가 범수(范雎)의 어진 것을 알고 진(秦)나라로 데려왔다. ㅇ客卿(객경)－타국으로부터 와서 경상(卿相)의 지위에 있는 사람. ㅇ罪有三(죄유삼)－위제(魏齊)에게 나쁘게 말한 것이 1이요, 변소에서 나를 욕보인 것이 2요, 취해서 오줌을 눈 죄가 3임.

523. 공익절서(孔翊絶書)

－공익(孔翊)이 글을 끊다

《진선현전(晉先賢傳)》에 보면, 공익(孔翊)의 자는 원성(元性)이니 낙양령(洛陽令)이 되었다. 뜰에 물을 놓아두고 청탁하는 편지가 오면 모두 그 물속에 던지고 하나도 펴보는 것이 없었다.

原文 晉先賢傳, 孔翊字元性. 爲洛陽令. 置水於庭, 得求囑書, 皆投水中, 一無所發.

524. 신가사알(申嘉私謁)

－신도가(申屠嘉)의 사사로운 만남

전한(前漢) 신도가(申屠嘉)는 양(梁)나라 사람이다. 재간(才幹)의 역량이 있는 무관(武官)으로서 쇠뇌[弩]를 발로 폈다. 고제(高帝)를 좇아 초(楚)나라를 쳤고 효무제(孝文帝) 때에 벼슬이 차츰 옮겨져서 승상에 이르렀다.

사람됨이 청렴하고 곧았으므로 문에서 비밀한 면회를 받지 않았다. 이때 등통(鄧通)이 바야흐로 임금의 사랑을 받아 예를 지키지 않고 군신(群臣)들에게 군림하는 기색이 있자 신도가가 아뢰기를, "폐하께서 여러 신하를 사랑하시면 부하들을 부(富)하고 귀하게는 하실 것이오나 조정의 예에 있어서는 가히 엄숙하지 않을 수가 없습니다."라고 했다. 조회가 파하자 승상부에 앉아서 격서(檄書)를 내어 등통을 불렀다. 만약 등통이 오지 않으면 그를 벨 생각이었다.

이에 등통은 두려워서 상(上)께 들어가 말하자 상은 말하기를, "그대는 그래도 가오. 과인이 곧 지금 사람을 시켜 그대를 부를 것이외다."라고 했다. 이에 등통이 가서 관(冠)을 벗고 맨발로 머리를 조아리며 신도가에게 사죄하자 신도가는 책망하기를, "대체로 조정은 고황제(高皇帝)의 조정이오. 그런데 그대는 작은 신하로서 대궐 위에서 희롱한 것은 크게 공경스럽지 못한 일이니 마땅히 벨 것이다."라고 하니 등통은 머리를 두드려 피가 났지만 풀어주지 않았다. 이때 상(上)께서는 승상이 이미 등통을 괴롭힐 것이라 하여 사자(使者)를 시켜 부절(符節)을 가지고 가서 등통을 부르고 승상에게 사례하여, "이는 나의 사랑하는 신하이니 너그럽게 용서해주오."라며 사과토록 하여 이에 석방했다.

原文 **前漢申屠嘉梁人. 以材官蹶張, 從高帝擊楚. 孝文時稍遷至丞相. 爲人廉直, 門不受私謁. 時鄧通方愛幸, 居上旁, 有怠慢之禮. 嘉奏曰, 陛下幸愛群臣, 則富貴之. 至於朝廷之禮, 不可以不肅. 罷朝坐府中, 爲檄召通, 詣丞相府, 不來且斬通. 通恐入言上. 上曰, 汝第往. 吾今使人召若. 通至, 免冠**

徒跣, 頓首謝嘉. 嘉責曰, 夫朝廷者高皇帝之朝廷也. 通小臣戲殿上大不敬. 當斬. 通頓首出血不解. 上度丞相已困通, 使使持節召通而謝丞相, 是吾弄臣也. 乃釋之.

註解 ㅇ前漢(전한)－《전한서》〈열전〉 12에 있는 이야기임. ㅇ鄧通(등통)－한(漢)나라 남안(南安) 사람. 문제(文帝)의 총애를 받아 상대부(上大夫)가 됨.

525. 연명파국(淵明把菊)

－연명(淵明)이 국화를 잡다

《남사(南史)》에 보면, 도잠(陶潛)의 자는 연명(淵明)인데 혹은 자가 심명(深明)이라고도 했으며 이름은 원량(元亮)이다. 강주자사(江州刺史) 왕홍(王弘)이 그와 사귀고자 했으나 능히 이룰 수가 없었다. 도잠이 일찍이 여산(廬山)에 갔는데 왕홍이 도잠의 친구 방통지(龐通之)를 시켜 안주와 술제구를 가지고 도중에서 기다리게 했다. 도잠은 그때 각기병이 있어 걸을 수가 없었으므로 한 문생(門生)과 두 아이로 하여금 남여(籃轝)를 들고 가게 하여 그곳에 가서 기꺼이 함께 마셨다.

이보다 앞서 안연지(顔延之)가 심양(潯陽)에 있어 도잠과 몹시 가까웠는데 뒤에 시안군수(始安郡守)가 되어 지나다가 도잠을 찾았는데 떠날 때 돈 2만 냥을 도잠에게 주고 갔다. 그러나 도잠은 그것을 모두 술집에 보내놓고 이따금 나가서 술을 마셨다.

일찍이 9월 9일에 술이 없었다. 이에 그는 집 옆의 국화떨기 속에 앉았는데 오랜 뒤에 왕홍이 술을 보내와서 기꺼이 즉시로 이것을 마시다가 취해서 돌아갔다.

고을에서 군수가 그를 찾아 술을 내놓았다. 그는 그 술이 익자 머리 위에 쓰고 있던 갈건(葛巾)으로 술을 거르고 거르기가 끝나자 도로 머리에 썼다. 그는 정절선생(靖節先生)이라고 불렸다. 그 아내 적씨(翟氏)도 뜻과 취미가 역시 그와 같아서 능히 괴로운 절개에 편안했는데 남편이 앞에서 밭을 갈면 아내는 뒤에서 호미질을 했다.

또는 말하기를, 9월 9일에 술이 없자 울타리 가의 풀숲 가운데에 앉아서 국화를 꺾어 손에 가득히 쥐고 있었는데 오래 있다가 바라보니 흰옷 입은 사람이 오는데 태수(太守) 왕홍(王弘)이 술을 보낸 것이었다. 그는 크게 기뻐하며 이것을 마시고 취해서 돌아갔다.

原文 南史, 陶潛字淵明. 或云, 字深明名元亮. 江州刺史王弘欲識之不能致. 潛嘗往廬山. 弘令潛故人龐通之齎酒具, 於半道要之. 潛有脚疾. 使一門生二兒擧籃轝. 及至, 欣然共飮. 先是顔延之在潯陽. 與潛情欵. 後爲始安郡. 經過潛, 臨去留二萬錢與潛. 潛悉送酒家, 稍就取酒. 嘗九月九日無酒. 出宅邊菊叢中坐. 久之逢弘送酒至. 卽便就酌, 醉而後歸. 郡將候潛. 逢其酒熟, 取頭上葛巾, 漉酒, 畢還復著之. 卒號靖節先生. 其妻翟氏, 志趣亦同, 能安苦節. 夫耕於前, 妻鉏於後. 一云, 九月九日無酒, 坐籬邊叢中. 摘菊盈把而坐. 久之望見白衣人至. 太守王弘送酒也. 飮醉而歸.

註解 ㅇ南史(남사)－《남사》〈열전〉64 은일전(隱逸傳)에 있는 이야기임. ㅇ籃轝(남여)－대나무를 엮어서 만든 수레. ㅇ顔延之(안연지)－남조(南朝) 송(宋)나라 임기(臨沂) 사람. 젊어서 외롭고 가난했으나 글읽기를 좋아하여 문장의 아름다움이 당시에 으뜸이었다. 당시에 사영운(謝靈運)과 이름이 가지런했다. 술을 좋아하고 세밀한 행동을 돌보지 않았다. ㅇ葛巾(갈건)－갈포(葛布)로 만든 두건. 갈포는 칡으로 짠 베.

526. 진장망월(眞長望月)

–진장(眞長)이 달을 바라보다

《진서(晉書)》에 보면, 유담(劉惔)의 자는 진장(眞長)이니 패국(沛國) 상현(相縣) 사람이다. 어렸을 때부터 맑고 원대하고 뛰어나고 기이했다. 어머니와 함께 경구(京口) 어귀에서 임시로 살고 있었다. 집이 가난하여 짚신을 삼아 살아가고 있는데 비록 대로 엮은 비루한 집에 있어도 태연했다.

왕도(王導)가 몹시 훌륭한 인재로 여겼는데 차츰 이름이 알려졌다. 유담은 이치를 맑게 말하기를 잘하더니 당시 간문제(簡文帝)가 회계왕(會稽王)이었는데 그의 정승이 되자 유담은 왕몽(王濛)과 함께 담객(談客)이 되어 모두 상빈(上賓)의 예우를 받았다. 그후 여러 번 벼슬이 올라서 단양윤(丹陽尹)이 되었는데 정치가 맑고 정돈되어 문에는 잡스러운 손님이 없었다.

환온(桓溫)이 일찍이 묻기를, "회계왕(會稽王)의 담론(談論)은 그 후 다시 진보했는가?"라고 하자 유담은 말하기를, "많이 진보되었습니다. 그러나 그것은 제이류(第二流)입니다."라고 했다. 환온이 말하기를, "그러면 첫째는 누구인가?"라고 하자 대답하기를, "그것은 우리들입니다."라고 했으니 그 높은 곳에 스스로 목표를 두는 것이 이와 같았다.

《몽구》의 구주(舊注)에는 말하기를, 유담이 밤에 간문제의 옆에 있다가 슬프게 탄식하기를, "맑은 바람 밝은 달에 한스럽게도 현도(玄度)가 없습니다."라고 했다. 현도는 고사(高士) 허순(許詢)이다.

原文 晉書, 劉惔字眞長, 沛國相人. 少淸遠有標奇. 與母寓居京口. 家貧織芒屩以爲養. 雖蓽門陋巷晏如也. 王導深器之. 後稍知名. 惔雅善言理. 簡文作相, 惔與王濛並爲談客, 俱蒙上賓禮. 累遷丹陽尹. 爲政淸整, 門無雜賓. 桓溫嘗問, 會稽王談更進邪. 惔曰, 極進. 然故第二流耳. 溫曰, 第一復誰. 曰, 故在我輩. 其高自標置如此. 舊注云, 惔夜在簡文座. 秋然歎曰, 淸風朗月, 恨無玄度. 玄度高士許詢也.

註解 ㅇ晉書(진서)-《진서》〈열전〉 45에 있는 이야기임. ㅇ桓溫(환온)-동진(東晉)의 정치가. 간문제(簡文帝)를 옹립(擁立)하고 찬탈의 음모를 꾸미다가 병사했음. ㅇ會稽王(회계왕)-간문제(簡文帝)가 처음에 회계왕이 되었었으므로 여기에서는 간문제를 가리킴. ㅇ第二流(제이류)-둘째 등급. ㅇ許詢(허순)-진(晉)나라 사람. 산수(山水)에 놀기를 좋아하여 몸소 오르고 건넜다.

527. 자방취리(子房取履)

-자방(子房)이 신을 갖다바치다

전한(前漢) 장량(張良)의 자는 자방(子房)이니 그 조상은 한(韓)나라 사람이다. 일찍이 하비(下邳) 이교(圯橋) 위에 서있는데 한 늙은이가 거친 베옷 차림으로 장량이 있는 곳으로 오더니 일부러 신었던 신을 다리 아래에 떨어뜨리고 이르기를, "젊은이는 내려가서 저 신 좀 주워오게나."라고 했다. 이에 장량은 깜짝 놀라서 때리려 하다가 늙은이임을 생각하여 억지로 참고 내려가서 신을 갖다가 무릎을 꿇고 노인에게 올리니 노인은 발로 받고 웃으면서 가다가 다시 돌아와서 말하기를, "젊었지만 가르칠 만하겠다. 앞으로 5일 후, 해가 뜰 무렵에 나와 여기에서 만나자."라고 하므로 장량은 무릎을 꿇고 말하기를, "그렇게 하겠습니다."라고 했다.

약속한 날에 가보았더니 노인은 이미 먼저 와있다가 노해서 말하기를, "노인과 약속하고 뒤늦게 오는 것은 무슨 일이냐? 갔다가 5일 후에 일찍 만나자."라고 했다. 5일 되는 날에 닭이 울자 갔더니 노인은 또 먼저 와있다가 다시 노해서 말하기를, "갔다가 5일 후에 일찍 오너라."라고 했다. 5일 후에 장량이 밤중에 갔더니 조금 있다가 노인은 다가오면서 기뻐하고 말하기를, "마땅히 이와 같아야 한다."라고 하면서 한 편(編)의 책을 내주었다. 그리고 말하기를, "이것을 읽으면 임금의 스승이 될 것이다. 젊은이는 앞으로 10년 후에는 출세할 것이야. 그리고 13년 후에는 젊은이가 나를 제북(濟北) 곡성산(穀城山) 아래에서 만날 것이니 거기 서있는 황석(黃石)이 곧 나이니라."하고 드디어 돌아섰는데 보이지 않는 것이었다.

이튿날 아침에 그 글을 보니 곧 태공병법서(太公兵法書)였다. 장량은 이상하여 그 책을 항상 익히고 외우더니 뒤에 고제(高帝)를 좇아 제북(濟北)을 지나다가 과연 황석을 얻었다. 그는 그것을 가져다가 보배롭게 여기고 제사지냈는데 장량이 죽자 그 돌도 함께 장사지냈다.

처음에 장량이 자주 병법(兵法)으로 고조(高祖)에게 아뢰면 고조는 항상 그 법을 썼었다. 그러나 다른 사람을 위하여 말하면 모두 살피지 못했다. 장량은 이것을 하늘이 준 것이라 하여 드디어 그 말을 좇고 버리지 않았다. 장량은 병이 많아서 일찍이 군사를 거느리지 못했으나 항상 계획을 세웠다. 공신(功臣)을 봉(封)하는데 장량에게는 전투한 공로는 없었으나 황제는 말하기를, "장막 안에서 전략을 세워 천리 밖에서 이김을 결정지은 것은 것은 자방(子房)의 공이다."라고 하고 이에 유후(留侯)에 봉했다.

原文 **前漢張良字子房, 其先韓人. 嘗遊下邳圯上. 有一老父. 衣褐. 至良所, 直墮其履圯下, 謂曰, 孺子下取履. 良愕然欲歐之, 爲其老, 迺彊忍, 下取履, 因跪進. 父以足受之, 笑去. 復還曰, 孺子可敎矣. 後五日平明, 與我期此. 良跪曰,**

諾. 及往父已先在. 怒曰, 與老人期, 後何也. 去. 後五日蚤會. 五日鷄明往. 父又先在. 復怒曰, 去. 後五日蚤來. 五日良夜半往. 有頃父亦來, 喜曰, 當如是. 出一編書曰, 讀是則爲王者師. 後十年興. 十三年孺子見我濟北穀城山下. 黃石卽我已. 遂去下見. 旦日視其書, 迺太公兵法. 良異之, 常習誦. 後從高帝過濟北. 果得黃石. 取而寶祠之, 良死幷葬焉. 初良數以兵法說高祖, 常用其策. 爲他人言, 皆不省. 良以爲天授. 遂從不去. 良多病, 未嘗特將兵. 常爲畫策臣. 及封功臣, 良未嘗有戰鬪功. 帝曰, 運籌帷幄中, 決勝千里外, 子房功也. 迺封爲留侯.

註解 ㅇ前漢(전한)－《전한서》〈열전〉 10에 있는 이야기임. 《사기(史記)》〈유후세가(留侯世家)〉에도 있음. ㅇ一老父(일노부)－장량(張良)에게 병서(兵書)를 준 노인. 이 노인이 곧 황석공(黃石公)임.

528. 석지결말(釋之結韈)

－석지(釋之)가 버선을 매다

전한(前漢) 장석지(張釋之)의 자는 계(季)이니 남양(南陽) 도양(堵陽) 사람이다. 재물로써 기랑(騎郞)이 되어 문제(文帝)를 섬겼는데 10년이 되도록 일이 잘 되지 않아 이름을 아는 자가 없었다. 뒤에 정위(廷尉)에 임명되자 의논하는 것이 공평하여 천하가 그를 칭송했다.

왕생(王生)이란 자는 황로(黃老)의 말을 잘하는데 일찍이 불러서 조정 안에 있게 하자 공경(公卿)들이 모두 모여서 서있었다. 그 중에서 나이가 제일 많은 왕생노인(王生老人)이 말하기를, "내 버선이 풀어졌다."라고 했다. 그리고 장석지를 돌아다보고 이르기를, "나를 위해서 버선을 묶어 주오."라고 하자 장석지는 무릎을 꿇고 버선을 묶어 주었다.

이에 어떤 사람이 왕생을 나무라기를, "어찌하여 조정에서 장정위(張廷尉)를 욕보이십니까?"라고 하니 왕생은 말하기를, "나는 늙고 천하여, 스스로 헤아리건대 끝내 장정위(張廷尉)에게 유익하게 해줄 것이 없는지라 그렇게 했던 것이오. 장정위는 천하의 명신(名臣)이므로 내가 그로 하여금 버선을 매게 하여 이로써 그를 소중히 여기고자 한 것입니다."라고 했다. 이에 여러 공(公)들이 이 말을 듣고 왕생을 어질게 여기고 장석지를 소중히 여기게 되었다.

原文 **前漢張釋之字季, 南陽堵陽人. 以貲爲騎郞, 事文帝. 十年不得調, 亡所知名. 後拜廷尉. 持議平, 天下稱之. 王生者善爲黃老言. 嘗召居廷中, 公卿盡會立. 王生老人. 曰, 吾韤解. 顧謂釋之. 爲我結韤. 釋之跪而結之. 或讓王生, 獨奈何廷辱廷尉. 王生曰, 吾老且賤. 自度終亡益於張廷尉. 廷尉天下名臣. 吾聊使結韤, 欲以重之. 諸公聞之. 賢王生而重釋之.**

註解 ㅇ前漢(전한)－《전한서》〈열전〉 20에 있는 이야기임. 《사기(史記)》〈열전〉 42에도 있음. ㅇ黃老(황로)－황제(黃帝)와 노자(老子)를 가리킴.

529. 곽단약관(郭丹約關)

－곽단(郭丹)이 사신이 되어 관(關)을 나갈 것을 약속하다

후한(後漢) 곽단(郭丹)의 자는 소경(少卿)이니 남양(南陽) 양현

(穰縣) 사람이다. 어려서 아버지를 여의고 효도하고 유순(柔順)했는데 계모(繼母)는 그를 불쌍히 여겨 자기 옷을 팔아서 살림살이를 장만하여 그를 길렀다. 뒤에 스승을 좇아 장안(長安)에 가서 스승을 만나 공부를 하기 위해 함곡관(函谷關)에 들어갈 때 개연(慨然)히 탄식하기를, "나는 사신의 수레를 타지 않고서는 끝내 관(關)을 나가지 않을 것이오."라고 했다.

이미 경사(京師)에 도착하자 항상 도강(都講)이 되었는데 여러 선비들이 모두 공경하고 소중히 여겼다. 그후 경시장군(更始將軍) 유현(劉玄)이 즉위하자 부름을 받고 간의대부(諫議大夫)가 되어 부절(符節)을 가진 사신이 되어 남양으로 돌아가 난리에 고생하던 백성들을 안전히 모이도록 하는 한편 지난날 왕망(王莽)을 따르던 자들에게 항복을 받으니 과연 그는 유학하러 갈 때 함곡관에서 맹세했던 뜻대로 되었던 것이다.

건무(建武) 연중에 불러서 높은 과거에 천거되었다. 벼슬이 여러 번 옮겨 사도(司徒)가 되었는데 조정에 있어서는 청렴하고 곧고 공정(公正)하여 후패(侯霸)·두림(杜林)·장담(張湛)·곽급(郭伋)과 이름이 가지런했고 서로 좋게 지냈다.

原文 **後漢郭丹字少卿, 南陽穰人. 幼孤, 孝順. 後母哀憐之, 爲鬻衣裝買産業. 後從師長安, 買符入函谷關. 乃慨然歎曰, 丹不乘使者車, 終不出關. 旣至京師, 常爲都講. 諸儒咸敬重之. 後更始徵爲諫議大夫. 持節, 使歸南陽, 安集受降. 果如其志. 建武中辟擧高第, 累轉司徒. 在朝廉直公正, 與侯霸·杜林·張湛·郭伋齊名相善.**

註解 ○後漢(후한)-《후한서》〈열전〉 17에 있는 이야기임. ○函谷關(함곡관)-함곡(函谷)에 있는 관문(關門). 하남성(河南省) 영보현(靈寶

縣)의 황하(黃河) 유역에 있는, 험준하기로 유명한 골짜기. 상자 속처럼 깊고 험한 애로(隘路)라는 데서 이렇게 불림. ㅇ都講(도강)－문생(門生)의 장(長). 숙두(塾頭). ㅇ杜林(두림)－후한(後漢) 사람. 두업(杜鄴)의 아들. 《소학(小學)》에 정통했고 광무제(光武帝) 때 시어사(侍御史)가 되었다가 뒤에 대사공(大司空)에 이름.

530. 조적서강(祖逖誓江)

－조적(祖逖)이 강을 두고 맹세하다

《진서(晉書)》에 보면 조적(祖逖)의 자는 사치(士稚)이니 범양(范陽) 준현(遒縣) 사람이다. 널리 서적을 보고 두루 고금(古今)의 책을 섭렵했는데 경사(京師)의 난리에 피하여 회사(淮泗)로 갔다. 이에 원제(元帝)는 그를 군자좨주(軍諮祭酒)를 삼았다. 조는 사직(社稷)이 기울고 쓰러진다고 하여 항상 이를 구하여 회복할 뜻을 가지고 있었다. 분위장군(奮威將軍) 예주자사(豫州刺史)로 옮겼다. 그곳에서 본래 피난하여 떠돌던 백여 가(家)를 거느리고 강을 건너는데 강 가운데에서 노로 뱃전을 두드리면서 맹세하기를, "조적(祖逖)이 능히 중원(中原)을 맑게 하지 못하고 다시 돌아오면 저 대강(大江)과 같을 것이다."라고 했다. 그 말과 얼굴빛이 장렬(壯烈)하니 무리들이 모두 개연(慨然)히 탄식하는 것이었다.

이에 회음(淮陰)에 주둔하면서 대장간을 일으키고 병기(兵器)를 주조(鑄造)하여 2천여명을 얻은 뒤에 앞으로 나갔다. 조적은 사람을 사랑하고 병사에게 몸을 낮추어 비록 소원한 친구나 천한 종이라 할지라도 모두 은혜로운 예의로 대우했다. 이런 까닭에 황하(黃河) 이남은 모두 진(晉)나라 땅이 되었다.

그러나 얼마 안되어 병으로 졸(卒)하니 예주(豫州)의 남녀들이 부모의 초상을 당한 것같이 여기고 초량(譙梁) 백성들은 그를 위하여 사당을 세웠다. 또 천자(天子)는 책서(冊書)를 내려 거기장군(車騎將軍)에 증직했다. 왕돈(王敦)은 오랫동안 역란(逆亂)의 마음을 품었으나 조적이 두려워서 감히 손을 쓰지 못하다가 이에 이르러 비로소 뜻대로 할 수가 있었다.

原文 晉書, 祖逖字士稚, 范陽遒人. 博覽書記, 該涉古今. 京師亂, 避地淮泗. 元帝以爲軍諮祭酒. 逖以社稷傾覆, 常懷振復之志. 遷奮威將軍·豫州刺史. 仍將本流徙部曲百餘家渡江. 中流擊楫而誓曰, 祖逖不能清中原而復濟者, 有如大江. 辭色壯烈, 衆皆慨歎. 屯淮陰起冶鑄兵器, 得二千餘人而後進. 逖愛人下士. 雖疎交賤隸, 皆恩禮遇之. 由是黃河以南盡爲晉土. 未幾病卒. 豫州士女若喪考妣. 譙梁百姓爲之立祠. 冊贈車騎將軍. 王敦久懷逆亂, 畏逖不敢發. 至是始得肆意焉.

註解 ㅇ晉書(진서)－《진서》〈열전〉 32에 있는 이야기임. ㅇ淮泗(회사)－회수(淮水)·사수(泗水)의 유역(流域). ㅇ元帝(원제)－동진(東晉)의 제1세 군주.

531. 가규문사(賈逵問事)

－가규(賈逵)에게 일을 묻다

후한(後漢) 가규(賈逵)의 자는 경백(景伯)이니 부풍(扶風) 평릉(平陵) 사람이다. 약관(弱冠)에 능히《좌씨전(左氏傳)》및 오경(五經)의 본문(本文)을 암송했다. 대하후(大夏侯)가 주석(註釋)한《상서(尙書)》를 학생에게 가르치는 상서교수(尙書敎授)로서 겸하여 오가(五家)《춘추곡량전(春秋穀梁傳)》의 학설에도 통했다. 스스로 아동(兒童)의 때부터 성장하기까지 항상 대학(大學)에 있어서 인간의 일에는 통달하지 못했다. 그는 키가 8척 2촌이나 되는데 여러 선비들이 그를 가리켜 말하기를, "일에 대해 묻는 것을 쉬지 않는 가장두(賈長頭)로다."라고 했다. 성질이 화락하고 단아하며 지혜와 생각이 많았고 뜻이 크고 재주가 뛰어나면서도 큰 절개가 있었다. 그 위에 더욱이 《좌씨전(左氏傳)》과 《국어(國語)》에 밝아서 이것을 해설(解說)하여 영평(永平) 연중에 위에 바치고 낭(郎)에 임명되어 반고(班固)와 함께 비서(秘書)가 되어 좌우를 응대(應對)하다가 뒤에 시중(侍中)이 되었고 기도위(騎都尉)도 겸했다. 그가 저술한 책으로는 경전의 주석이라든가 논란(論難)의 책이 백여만언(百餘萬言)인데 배우는 자들은 경서의 본가(本家)라며 떠받들었고 후세(後世) 사람들은 그의 학문이 고증에 걸친 통유(通儒)라고 일컬었다.

原文 **後漢賈逵字景伯, 扶風平陵人. 弱冠能誦左氏傳及五經本文. 以大夏侯尚書教授, 兼通五家穀梁之說. 自爲兒童, 常在大學, 不通人閒事. 身長八尺二寸. 諸儒爲之語曰, 問事不休賈長頭. 性愷悌, 多智思, 俶儻有大節. 尤明左氏傳·國語, 爲之解詁, 永平中獻之. 拜爲郎, 與班固並校祕書, 應對左右. 拜爲侍中, 領騎都尉. 所著經傳義詁, 及論難百餘萬言, 學者宗之. 後世稱爲通儒.**

註解 ㅇ後漢(후한)－《후한서》〈열전〉 26에 있는 이야기임. ㅇ賈長頭(가장두)－가규(賈逵)가 대학(大學)의 장두(長頭)가 되었다. ㅇ左氏傳(좌씨전)－《춘추(春秋)》의 해석서(解釋書). 노(魯)나라 사관(史官) 좌구명(左丘明)이 지었다 하여 좌씨전(左氏傳)이라고 함. ㅇ國語(국어)－좌구명이 지었다고 하는데 여기에서는 진초(晉楚)를 비롯하여 제후의 나라 여덟 나라의 역사를 기록했음. 《춘추외전(春秋外傳)》이라고도 함.

ㅇ通儒(통유)－박학(博學)하고 실천력이 있는 학자.

532. 허신무쌍(許愼無雙)
－허신(許愼)은 둘이 없다

후한(後漢) 허신(許愼)의 자는 숙중(叔重)이니 여남(汝南) 소릉(召陵) 사람이다. 성질이 순박하고 독실하며 널리 경적(經籍)을 배워 마융(馬融)이 그를 공경했고 당시 사람들은 말하기를, '오경(五經)에 둘도 없는 허숙중(許叔重)'이라고 했다.

군(郡)의 공조(功曹)가 되었다가 효렴(孝廉)으로 천거되었고 다시 예주(豫州) 패국(沛國) 교현(洨縣)의 장(長)에 옮겼다가 집에서 졸(卒)했다.

처음에 허신은 오경(五經)의 전주(傳注) 해설이 같지 않다고 하여 《오경이의(五經異義)》를 지었고 또 《설문해자(說文解字)》를 지었는데 모두 세상에 전하고 있다.

原文 **後漢許愼字叔重, 汝南召陵人. 性淳篤, 博學經籍. 馬融敬之. 時人爲之語曰, 五經無雙許叔重. 爲郡功曹, 擧孝廉. 再遷除洨長, 卒于家. 初愼以五經傳說臧否不同, 撰爲五經異義, 又作說文解字. 皆傳於世.**

註解 ㅇ後漢(후한)－《후한서》〈열전〉 69 유림전(儒林傳)에 있는 이야기임. ㅇ功曹(공조)－군(郡)의 속리(屬吏)인 녹사(錄事). ㅇ洨長(교장)－교(洨)는 현(縣)의 이름. ㅇ臧否(장부)－잘되고 잘못됨.

533. 누경화친(婁敬和親)

－누경(婁敬)이 선우(單于)와 화친을 맺다

전한(前漢)의 고조(高祖)가 낙양(洛陽)에 있을 때 그곳을 도읍으로 정했다. 누경(婁敬)이 아뢰었다. "폐하께서 낙양(洛陽)에 도읍하시는 것은 주(周)나라와 융성함을 비교하시려는 것입니까? 그러나 천하를 얻은 것이 주(周)나라와 다르오니 신(臣)은 생각하건대 주나라와 한(漢)나라는 같지가 않습니다. 또 진(秦)나라 땅은 산에 덮이고 물로 둘러져 있어서 사방으로 막히어 견고하므로 갑자기 급한 일이 있어도 백만의 무리를 갖출 수가 있습니다. 진(秦)나라에서 넘겨받은 자산은 몹시 아름답고 기름지고 살진 땅이오니 이것은 이른바 천부(天府)인 것입니다. 폐하께서 관(關)에 들어가시어 여기에 도읍을 하신다면 산동(山東)이 비록 어지러워도 진(秦)나라의 옛땅은 가히 온전히 보존할 수가 있을 것이오니 이는 또한 천하의 목을 누르고 그 등을 쓰다듬는 것이옵니다."라고 했다.

이에 고조(高祖)는 즉시 서쪽으로 가서 관중(關中)에 도읍하고 누경에게 성(姓)을 유씨(劉氏)로 하사하고 낭중(郎中)에 임명하여 봉춘군(奉春君)이라 하고 건신후(建信侯)에 봉했다.

이때 묵특(冒頓) 선우(單于)의 군사가 강하여 활 잘 쏘는 군사 40만 기(騎)로 북쪽 변방을 자주 괴롭혔다. 상(上)이 이것을 근심하여 누경에게 물었더니 누경은 말하기를, "폐하께서 진실로 능히 큰 공주(公主)를 선우(單于)의 아내로 삼아 후하게 받들어 보내신다면 저들은 반드시 이를 후비(后妃)로 삼고 아들을 낳으면 반드시 태자(太子)를 삼을 것이니 이때 변사(辯士)로 하여금 예절(禮節)로써 달래십시오. 묵특(冒頓)이 살아있는 동안 진실로 사위의 나라이며 사위가 죽는다면 외손(外孫)이 선우(單于)가 될 것이오니 어찌 감히 조부(祖父)와 예(禮)를 어기겠습니까?"라고 했다.

이에 상(上)께서 큰 공주(公主)를 보내려 하자 여후(呂后)가 울면서 말하기를, "제가 오직 딸 하나인 것을 어떻게 흉노에 버린단 말입니까?"라고 했다. 그러자 황제는 유씨 가문 중 한 여인을 왕녀로 세워 흉노왕에게 시집보내고 화친(和親)의 약속을 맺게 했다.

原文 前漢高祖在洛陽. 婁敬説曰, 陛下都洛陽, 豈欲與周比隆哉. 然取天下與周異. 臣竊以爲不侔矣. 且秦地被山帶河, 四塞以爲固. 卒然有急, 百萬之衆可具. 因秦之故資, 甚美膏腴之地, 此所謂天府. 陛下入關而都之, 山東雖亂, 秦故地可全而有. 此亦扼天下之亢而拊其背也. 卽日駕西都關中, 賜敬姓劉氏, 拜郎中, 號奉春君, 封建信侯. 是時冒頓單于兵强, 控弦四十萬騎, 數苦北邊. 上患之, 問敬. 敬曰, 陛下誠能以適長公主妻單于, 厚奉遺之, 彼必以爲閼氏, 生子必爲太子. 使辨士風諭以禮節. 冒頓在, 固爲子壻. 死外孫爲單于. 豈聞外孫敢與大父抗禮哉. 上欲遣長公主. 呂后泣曰, 妾唯一女. 奈何棄之匈奴. 乃取家人子爲公主, 妻單于, 使敬往結和親約.

註解 ㅇ前漢(전한)—《전한서》〈열전〉 13에 있는 이야기임. 《사기(史記)》〈열전〉 39에도 있음. ㅇ郎中(낭중)—상서(尙書)를 보좌하여 정무(政務)에 간섭하는 벼슬. ㅇ冒頓單于(묵특선우)—선우(單于)는 묵특(冒頓) 왕의 칭호.

534. 백기갱항(白起坑降)

—백기(白起)가 항복한 군사를 땅에 묻다

《사기(史記)》에 보면 백기(白起)는 미현(郿縣) 사람이다. 군사 쓰기를 잘하고 진(秦)나라 소양왕(昭襄王)을 섬겼는데 무안군(武安君)이라 불렀다.

진나라가 조(趙)나라의 진(陣)을 공격하여 자주 싸움을 걸었으나 조나라 장수 염파(廉頗)가 성벽을 굳게 지키고 나오지 않는다. 이에 진나라에서는 사람을 시켜 반간책(反間策)을 써서 말하기를, "진나라는 오직 마복군(馬服君)의 아들 조괄장군(趙括將軍)을 두려워한다."고 하니 염파는 쉽게 이 말을 믿었다.

조왕(趙王)이 이미 염파가 노쇠하여 자주 패하고 또 이간(離間)하는 말을 듣고 인하여 조괄로 염파를 대신하게 하고 진나라에서는 백기로 하여금 상장군(上將軍)을 삼았다. 이에 조괄이 이르러 진나라 군사를 치자 진나라 군사는 거짓 패한 척하고 달아나다가 두 기병(奇兵)을 펴서 공격하자 조군(趙軍)은 나뉘어져 둘이 되니 군량을 수송하는 길이 끊어지게 되었다. 이에 진나라에서는 하내(河內)의 백성 중 나이 15세 이상을 모두 징발하고 장평(長平)으로 나가서 조나라의 구원병 및 양도(糧道)를 끊게 하니 조나라 군사가 먹지 못한 지 46일이 되었다. 그들은 모두 서로 잡아서 먹다가 견디다 못해 진나라 진을 쳤으나 능히 나갈 수가 없으므로 조괄이 정예(精銳)의 군사를 내어 스스로 치면서 싸우니 진나라 군사가 조괄을 쏘아 죽였고 조괄의 군사가 패하여 마침내 40만 명이 백기에게 항복했다.

이에 백기가 계교를 내어 말하기를, "조나라 군사들은 배신을 잘한다. 모두 죽이지 않으면 필경 반란을 일으킬 것이다."라며 거짓으로 속이어 이들을 모두 생매장했다. 전후에 머리를 베고 사로잡은 것이 모두 45만 명이었는데 이에 조나라 사람들이 크게 떨었다.

原文 **史記, 白起郿人. 善用兵. 事秦昭王, 號武安君. 秦攻趙壘, 數挑戰. 趙將廉頗堅壁不出. 秦使人爲反間曰, 秦獨畏馬服子趙括將耳. 廉頗易與. 趙王旣怒頗數敗, 又聞反間之言.**

因使括代頗. 秦使起爲上將軍. 括至擊秦軍. 秦軍佯敗走, 張二奇兵以劫之. 趙軍分而爲二, 糧道絶. 秦發河內民年十五以上, 悉詣長平, 遮絶趙救及糧食, 趙卒不得食四十六日. 皆內陰相殺食, 來攻秦壘, 不能出. 括出銳卒自搏戰. 秦軍射殺括. 括軍敗, 卒四十萬人降起. 起計曰, 趙卒反覆. 非盡殺之, 恐爲亂. 乃挾詐, 盡坑殺之. 前後斬首虜四十五萬人. 趙人大震.

註解 ㅇ史記(사기)－《사기》〈열전〉 13에 있는 이야기임. ㅇ反間(반간)－거짓으로 적국(敵國) 사람이 되어 적정을 탐지하여 본국에 알림. 적국의 간첩을 역이용하여 적이 탐지한 책략(策略)의 반대의 책략을 씀. ㅇ廉頗(염파)－전국시대 조(趙)나라의 양장(良將). ㅇ奇兵(기병)－기습하는 군사.

535. 소사봉대(簫史鳳臺)

－소사(簫史)가 봉대(鳳臺)를 세우다

《열선전(列仙傳)》에 보면, 소사(簫史)는 진(秦)나라 목공(穆公) 때 사람이다. 퉁소를 잘 부는데 능히 공작(孔雀)과 백학(白鶴)을 불러서 같이 산 지 두어 해가 되었다. 퉁소 부는 소리가 봉황의 소리와 같아 봉황이 와서 그 집 지붕에 앉았다. 이에 봉대(鳳臺)를 짓고 부부가 그 위에서 거처한 지 두어 해가 지났다.

또 어떤 책에 말하기를, 아내의 자는 농옥(弄玉)인데 어느 날 모두 봉황을 따라 날아갔으므로 진나라 사람들이 봉녀사(鳳女祠)를 옹궁(雝宮) 속에 지었는데 때때로 퉁소 소리가 났다고 한다.

原文 列仙傳, 簫史者秦穆公時人. 善吹簫, 能致孔雀·白鶴. 居數年, 吹似鳳聲. 鳳凰來止其屋. 爲作鳳臺, 夫婦止其

上, 不下數年. 一日, 妻字弄玉. 一日皆隨鳳凰飛去. 故秦人作鳳女祠雝宮中. 時有簫聲.

註解 ㅇ穆公(목공)－진(秦)나라 제9대 군주. ㅇ弄玉(농옥)－목공의 딸. ㅇ雝宮(옹궁)－진(秦)나라 궁(宮)의 이름.

536. 송종계창(宋宗雞窻)

－송종(宋宗)이 닭장의 창문을 내다

《유명록(幽冥錄)》에 보면, 진(晉)나라 연주자사(兗州刺史)로서 패국(沛國) 출신인 송처종(宋處宗)이 일찍이 장명계(長鳴雞) 한 마리를 사다가 몹시 사랑하면서 기르는데 항상 닭장에 넣어두고 창문을 냈다. 닭이 사람의 말을 해서 송처종과 이야기를 하는데 몹시 깊은 이치가 있어서 종일 그치지 않으니 송처종은 이로 인하여 얻는 바가 있었으므로 정치에 공업(功業)이 크게 진보했다.

原文 **幽冥錄, 晉兗州刺史沛國宋處宗, 嘗買一長鳴雞, 愛養甚至. 常籠著窻閒. 後雞作人語, 與處宗談論, 極有玄致, 終日不輟. 處宗因此, 功業大進.**

註解 ㅇ窻閒(창간)－창(窻)은 창(窗)과 같으며 창(窗)은 창(窓)의 본자(本字)임. 이 고사(故事)에서 서재를 계창(雞窓)이라고 한다.

537. 왕양낭의(王陽囊衣)

－왕자양(王子陽)의 자루 속의 옷

전한(前漢) 왕길(王吉)의 자는 자양(子陽)이니 아들 왕준(王駿)과 손자 왕숭(王崇)이 모두 어사대부(御史大夫)에 이르렀다. 왕숭은 평제(平帝) 때 대사공(大司空)에 이르렀는데 왕길(王吉)로부터 왕숭에 이르기까지 대대로 청렴하다는 이름이 있었다. 재주와 기국(器局)과 이름의 칭호는 다소 그 아버지에 미치지 못했으나 녹봉(祿俸)과 지위는 조금 높았다.

이들 3대는 모두 거마(車馬)와 의복(衣服)을 장식하기 좋아하여 그 스스로 장식하는 것이 몹시 아름다웠으나 금은(金銀)이나 비단 같은 물건의 저축물은 조금도 없었다. 그러기에 전임되어 임지를 떠날 때에는 수레에 실은 것이 한 자루 속의 옷에 지나지 않고 남은 재물은 모아서 쌓아두지 않았다. 벼슬을 떠나 집에 있을 때에는 역시 베옷에 나물밥을 먹으니 천하가 그 청렴한 것을 탄복하고 그 사치하는 것을 괴상히 여겼다. 그런 까닭에 세상에서 전하기를, '왕양(王陽)이 능히 황금(黃金)을 만들 수 있기 때문이다'라고 했다.

原文 **前漢王吉字子陽, 子駿, 孫崇並至御史大夫. 崇平帝時爲大司空. 自吉至崇, 世名淸廉. 然材器名稱稍不能及父. 而祿位彌隆. 皆好車馬衣服, 其自奉養極爲鮮明, 而亡金銀錦繡之物. 及遷徙去處, 所載不過囊衣. 不蓄積餘財. 去位家居, 亦布衣疏食. 天下服其廉而在其奢. 故俗傳王陽能作黃金.**

註解 ○前漢(전한)－《전한서》〈열전〉 42에 있는 이야기임. ○材器(재기)－재(材)는 재(才)와 통함.

538. 마원의이(馬援薏苡)

－마원(馬援)의 율무

후한(後漢) 마원(馬援)이 교지(交阯)에 있을 때 항상 율무의 씨를 먹었는데 능히 몸이 가볍고 욕심을 덜어주어 이로써 장기(瘴氣)를 이겼다. 남쪽 지방의 율무는 씨가 굵은데 이것을 종자로 쓰기 위해 군사가 돌아올 때 한 수레를 싣고 왔다. 당시 사람들이 남쪽 지방의 진귀(珍貴)하고 괴이한 물건이라 하니 권세있고 귀한 사람들이 모두 그것을 원했다. 마원은 그때 천자의 총애가 두터웠으므로 그가 탐욕스럽다며 의심하는 사람도 많았는데 감히 상주(上奏)하는 사람은 없었다. 그래서 그가 졸(卒)한 뒤에 글을 올려 참소하는 자가 있어 말하기를, 전에 싣고 돌아온 것이 모두 명주(明珠)와 무늬있는 물소의 뿔이라고 했다.

오우(吳祐)의 전기(傳記)에 보면, 그의 아버지 오회(吳恢)가 남해태수(南海太守)가 되었을 때 오우는 나이 12세로서 아버지의 임지에 도착했다. 오회가 푸른 대껍질을 구워 경서(經書)를 쓰려고 하자 오우가 간하여 말하기를, "아버님께서는 오령(五嶺)의 산맥을 넘어 남해(南海) 가에 와 계십니다. 이곳의 풍속은 비루한 점이 많습니다. 그러나 옛날에는 보배롭고 괴이한 물건이 많았사온데 위로는 국가에서 의심하는 바가 되고 아래로는 권리있고 위엄있는 자의 바라는 바가 될 것입니다. 이 글이 만일 이루어진다면 두 바퀴 수레에 싣게 될 것입니다. 옛날 마원(馬援)은 의이(薏苡)로 해서 비방을 일으켰고 왕양(王陽)은 자루 속의 옷으로 해서 이름을 얻었사오니 혐의를 받는 것은 선현(先賢)들이 삼가는 바였습니다."라고 하자 오회는 이에 이를 중지하고 그의 머리를 어루만지면서 말하기를, "오씨(吳氏)의 집에는 대마다 계자(季子)와 같이 무욕청직(無欲淸直)한 자가 떨어지지 않는구나."라고 했다.

原文 後漢馬援在交阯, 常餌薏苡實, 能輕身省慾, 以勝瘴氣. 南方薏苡實大. 援欲以爲種, 軍還載之一車. 時人以爲南土珍恠. 權貴皆望之. 援時方有寵. 故莫以聞. 卒後有上書譖之者. 以爲前所載還, 皆明珠文犀. 吳祐傳, 吳恢爲南海太守. 其子祐年十二, 隨到官. 恢欲殺靑簡以寫經書. 祐諫曰, 大人踰越五嶺, 遠在海濱. 其俗誠陋. 然舊多珍怪. 上爲國家所疑, 下爲權戚所望. 此書若成, 則載之兼兩. 昔馬援以薏苡興謗, 王陽以囊衣徼名. 嫌疑之閒先賢所愼. 恢乃止, 撫其首曰, 吳氏世不乏季子矣.

註解 ㅇ後漢(후한)－《후한서》〈열전〉 36에 있는 이야기임. ㅇ薏苡(의이)－율무. ㅇ瘴氣(장기)－열병의 근원이 되는 산천(山川)에서 생기는 나쁜 기운. ㅇ季子(계자)－연릉계자(延陵季子). 춘추시대 오왕(吳王) 수몽(壽夢)의 계자(季子). 수몽이 그를 왕으로 세우려 했으나 받지 않아서 연릉(延陵)에 봉했기 때문에 연릉계자라고 일컬음. 어질고 신의(信義)가 있기로 유명했음.

539. 유정교질(劉整交質)

－유정(劉整)이 볼모를 서로 바꾸다

《남사(南史)》에 보면, 유정(劉整)이 양(梁)나라에 벼슬하여 중군참군(中軍參軍)에 임명되었다. 처음에 유정의 형 유인(劉寅)이 서양내사(西陽內史)가 되었다가 졸(卒)했는데 그 아들이 유정의 집에 가서 12일동안 머물러 있자 이에 유정은 형수 범씨(范氏)에게 가서 쌀을 요구했으나 범씨는 가난한지라 갚지 못했다. 유정은 노하여 이에 스스로 범씨의 수레의 휘장을 가져다가 저당품으로 잡아놓았다.

범씨가 대(臺)에 나가서 호소하자 어사중승(御史中丞) 임방(任昉)이 논(論)해서 말하기를, "옛날에는 친족끼리 화목하는 데 입는 것도 일정한 주인이 없었습니다. 그런데 유정이 조카를 돌보는 것은 친구라도 먹을 것을 모아줄 수 있는 것입니다. 돌보아준 것이 비록 종유(鍾庾)처럼 대량의 것이라 하더라도 포기할 수 있는 것인데 어찌 휘장을 저당잡고 그것으로 쌀을 바꾸려 하니 사람의 무정함이 이에 이른단 말입니까? 실로 의리를 가르치는 데 있어 용납할 수가 없는 것이요, 높은 벼슬아치들이 함께 버리는 바이오니 신(臣)은 청컨대 유정에게 새로 제수한 벼슬을 면하시고 정위(廷尉)에게 부쳐 죄를 다스리시옵소서."라고 했다.

原文 南史, 劉整仕梁除中軍參軍. 初整兄寅爲西陽內史卒. 其子往整墅, 停住十二日. 整就兄妻范求米. 范未還. 整怒仍自取范車帷交質. 范詣臺訴. 御史中丞任昉論曰, 昔人睦親, 衣無常主. 整之撫姪, 食有故人, 何某不能折契鍾庾, 而襜帷交質, 人之無情, 一何至此. 實敎義所不容, 紳冕所共棄. 臣請免整新除官, 付廷尉治罪.

註解 ㅇ南史(남사)－이십사사(二十四史)의 하나. 당(唐)나라 이연수(李延壽)가 지었음. 이 이야기는 〈열전〉 49 임방전(任昉傳)에 있음.

540. 오륜십기(五倫十起)

－오륜(五倫)은 조카가 아플 때 하룻밤에 열 번 일어났다

후한(後漢) 제오륜(第五倫)의 자는 백어(伯魚)이니 경조(京兆) 장릉(長陵) 사람이다. 경조의 독주전연(督鑄錢掾)이 되어 장안의 시장을 단속하고 있었다. 이때 주전(鑄錢)에는 간사하고 재주부리는 일이 많았으나 오륜은 저울질을 공평하게 하고 말로 되는 것을 바르

게 하여 저자에 아첨하고 굽히는 일이 없으니 백성들이 기뻐하고 복종했다. 그는 늘 조서(詔書)를 읽을 때마다 탄식하기를, "금상(今上)께서는 성천자(聖天子)이시다. 한번 알현하고 의견을 아뢰면 그 자리에서 결단을 내려주실 것이야."라고 했다. 이에 동배(同輩)들이 이를 비웃으면서 말하기를, "그대는 주장(州將)을 설득하여 자기 의견에 따르도록 할 수 없으면서 어떻게 능히 천자를 움직이겠는가?"라고 하자 오륜은 말하기를, "아직 지기(知己)를 만나지 못하고 도(道)가 같지 않기 때문이다."라고 했다.

건무(建武)·영평(永平) 연간에 회계(會稽)와 촉군(蜀郡) 태수(太守)가 되었는데 숙종(肅宗)이 즉위하자 사공(司空)으로 발탁되었다. 오륜은 나라를 위하여 진력하고 절개를 다하여 자주 글을 올려 일을 말하는 데 꾸물거리고 망설이는 일이 없었다. 성질이 정성스럽고 가식이 적어서 자리에 있는 동안 곧고 청백하기로 일컬어져서 당시 사람들은 그를 전한(前漢)의 공우(貢禹)라고 했다. 그러나 마음이 온화한 맛이 적고 위엄스런 행동을 닦지 않아서 역시 이로써 가볍게 보였다.

어떤 사람이 묻기를, "그대는 실로 공평한 사람인데 그래도 사심이 있으시오?"라고 하자, 대답하기를, "옛날에 나에게 천리마(千里馬)를 주겠다는 사람이 있었으나 나는 비록 받지는 않았지만 늘 삼공(三公)이 선거(選擧)하는 일이 있으면 마음속으로 능히 잊지 못하고 천거하려는 마음이 생겼었소. 그러나 역시 끝내 쓰지 않았었소. 또 내 형의 아들이 병석에 있을 때 하룻밤에 열 번을 가보았어도 물러와서는 편안히 잤지만 내 자식이 병석에 있으면 비록 가보지 못했어도 밤새 자지 못했으니 이러한 것을 어찌 가히 사사로움이 없다고 하겠소이까?"라고 했다. 그는 병으로 사직을 청했다. 조정에서는 2천 석의 녹봉(祿俸)을 주어 편히 살다가 삶을 마치도록 해주었다.

原文 後漢第五倫字伯魚, 京兆長陵人. 爲京兆督鑄錢掾, 領長安市. 時鑄錢多姦巧. 倫平銓衡, 正斗斛. 市無阿枉, 百姓悅服. 每讀詔書, 常歎息曰, 此聖主也. 一見決矣. 等輩笑之曰, 爾說將尙不下. 安能動萬乘乎. 倫曰, 未遇知己, 道不同故耳. 建武·永平閒, 爲會稽·蜀郡太守. 肅宗初立, 擢司空. 倫奉公盡節, 數上書言事, 無所依違. 性質慤少文采, 在位以貞白稱. 時人方之貢禹. 然少蘊籍, 不修威儀, 亦以此見輕. 或問倫有私乎. 對曰, 昔人有與吾千里馬者. 吾雖不受, 每三公有所選擧, 心不能忘. 而亦終不用. 吾兄子病. 一夜十起往, 退而安寢. 吾子有疾. 雖不省視, 而竟夕不眠. 若是者, 豈可謂無私乎. 病乞罷, 以二千石俸終其身.

註解 ㅇ後漢(후한)－《후한서》〈열전〉 31에 있는 이야기임. ㅇ貢禹(공우)－한(漢)나라 낭야(琅琊) 사람. 명경(明經)과 결행(潔行)으로 박사(博士)가 되고 뒤에 어사대부(御史大夫)가 되었다. 왕길(王吉)과 함께 벼슬에 올랐음.

541. 장창화미(張敞畵眉)

－장창(張敞)이 눈썹을 그리다

전한(前漢) 장창(張敞)의 자는 자고(子高)이니 평양(平陽) 사람이다. 두릉(杜陵)으로 이사했고 경조윤(京兆尹)이 되었는데 장안시(長安市)에 도둑이 더욱 많았다. 이에 장창은 정사를 바로 보고 범죄자를 올바르게 다스렸다. 그 무렵에는 죄인이 있으면 북을 쳐서 죄를 알리는 예가 있었는데 법을 범한 자가 없으므로 북을 치는 일도 드물었고 시중에는 도둑이 없어졌다.

장창은 본래 《춘추(春秋)》를 보아 익히고 경술(經術)로써 스스로 도와서 그 정치가 자못 유아(儒雅)했으며 어진 사람을 표창하고 착한 사람을 나타내어 베고 벌하는 일을 오로지 쓰지 않아 이로써 능히 온전할 수가 있었다. 그러나 위엄있는 행동이 없어서 조회가 파하면 마장대(馬章臺) 거리로 달려가 어자(御者)로 하여금 말을 달리게 하고 자기도 편면(便面)에서 말에게 채찍질을 했다. 또 부인을 위하여 눈썹을 그리기도 하니 장안 사람들은, 그것을 보고는 "장경조(張京兆)는 눈썹을 좋아한다."라고 했다.

유사(有司)가 이것을 아뢰자 선제(宣帝)가 이를 물으니 대답하기를, "신(臣)은 듣자오니 규방(閨房) 안의 부부(夫婦)의 사사로움은 눈썹을 그리는 것보다 더 좋은 것이 없다고 합니다."라고 했다. 상(上)께서는 그 능함을 사랑하여 더 이상 책망하지 않았다. 뒤에 기주자사(冀州刺史)가 되자 도적이 없어졌고 태원(太原)의 군수가 되자 고을이 맑아졌다.

原文 前漢張敞字子高, 平陽人. 徙杜陵. 爲京兆尹. 長安市偸盜尤多. 敞視事, 窮治所犯, 盡行法罰. 枹鼓稀鳴, 市無偸盜. 敞本治春秋, 以經術自輔. 其政頗雜儒雅, 表賢顯善, 不醇用誅罰. 以此能自全. 然無威儀. 罷朝會, 走馬章臺街, 使御吏驅, 自以便面拊馬. 又爲婦畫眉. 長安中傳張京兆眉憮. 有司以奏. 宣帝問之. 對曰, 臣聞閨房之内夫婦之私, 有過於畫眉者. 上愛其能, 弗備責也. 後爲冀州刺史, 盜賊禁止. 守太原, 太原郡清.

註解 ○前漢(전한)－《전한서》〈열전〉 46에 있는 이야기임. ○張京兆(장경조)－장창(張敞)이 경조윤(京兆尹)을 지냈으므로 말함.

542. 사곤절치(謝鯤折齒)

–사곤(謝鯤)은 이를 부러뜨리다

《진서(晉書)》에 보면 사곤(謝鯤)의 자는 유여(幼輿)이니 진국(陳國) 양하(陽夏) 사람이다. 어렸을 때부터 이름이 알려졌는데 도리에 통달하고 언행이 간명하며 높은 식견이 있었으나 위엄을 닦으려고 하지는 않았다.

동해왕(東海王) 월(越)이 불러서 연리(掾吏)가 되었는데 부하의 죄에 연좌되어 벼슬에서 이름이 지워졌다. 그러나 사곤은 맑은 노래를 부르고 거문고를 치며 이것을 개의하지 않았다. 이웃집 고씨(高氏)의 딸이 아름다운 얼굴이 있어서 사곤이 일찍이 그를 꾀었더니 여인은 베짜던 북을 던지어 사곤의 이 두 개를 부러뜨렸다. 당시 사람들이 이를 두고 말하기를, "예의를 지키지 않더니 유여는 이를 부러뜨렸다."라고 했다. 사곤은 이 말을 듣고 자랑스런 얼굴로 긴 휘파람을 불고 말하기를, "그래도 오히려 나의 휘파람과 노래는 그치게 하지 못할 것이다."라고 했다.

뒤에 왕돈(王敦)의 장사(長史)가 되어 일찍이 사신으로 도읍에 이르자 명제(明帝)가 아직 태자로서 동궁(東宮)에 있었는데 그를 보고는 몹시 서로 친하고 소중히 여겨 묻기를, "세상의 논자(論者)들은 그대와 유량(庾亮)을 비교하던데 그대는 스스로 어떻다고 생각하는가?"라고 하니 대답하기를, "예복(禮服)을 입고 조정에 서서 백관(百官)의 모범이 되게 하는 것은 사곤이 유량만 못하오나 한 언덕한 구렁에서 명리(名利)를 피하는 것은 신(臣)이 유량보다 낫다고 생각합니다."라고 했다. 예장태수(豫章太守)로 마쳤다.

原文 晉書, 謝鯤字幼輿, 陳國陽夏人. 少知名. 通簡有高識.

不修威儀. 東海王越辟爲掾. 任達不拘. 坐除名. 鯤清歌鼓琴, 不以屑意. 隣家高氏女有美色. 鯤嘗挑之. 女投梭折其兩齒. 時人爲之語曰, 任達不已, 幼輿折齒. 鯤聞之傲然長嘯曰, 猶不廢我嘯歌. 後爲王敦長史. 嘗使至都. 明帝在東宮見之, 甚相親重. 問曰, 論者以君方庾亮. 自謂何如. 答曰, 端委廟堂, 使百寮準則, 鯤不如亮. 一丘一壑自謂過之. 終豫章太守.

註解 ㅇ晉書(진서)－《진서》〈열전〉 19에 있는 이야기임. ㅇ掾(연)－속관(屬官). ㅇ王敦(왕돈)－진(晉)나라 임기(臨沂) 사람. 무제(武帝)의 딸 양성공주(襄城公主)에게 장가들어 부마도위(駙馬都尉)가 되어 양주자사(楊州刺史)로 나갔다. 두도(杜弢)의 난리를 평정한 공로로 시중(侍中)이 되었다. 그 뒤에 찬역을 도모하다가 명제(明帝)의 토벌을 받았는데 마침 병으로 죽었다. ㅇ長史(장사)－승상(丞相) 또는 삼공(三公)의 속관(屬官). ㅇ庾亮(유량)－미상.

543. 성언감조(盛彦感螬)

－성언(盛彦)이 굼벵이에 감동되다

《진서(晉書)》에 보면, 성언(盛彦)의 자는 옹자(翁子)이니 광릉(廣陵) 사람이다. 어머니가 병으로 인해 장님이 되자 조정의 부름에도 응하지 않고 몸소 모시고 봉양하면서 어머니가 먹는 것은 반드시 스스로 먹었다. 어머니의 병이 오래되자 계집종을 부리는데 자주 매로 때리니 종들은 분하게 생각하고 원망했다.

어느 날 성언이 잠시 나간 것을 기화로 여종은 굼벵이를 갖다가 구워서 주었더니 어머니는 먹어보고 좋다고 한다. 그러나 어머니는 이상한 물건이라고 생각되어 비밀히 감추었다가 성언에게 보였더니 성언은 이것을 보고 어머니를 껴안고 통곡하면서 기절했다가 다시 깨어나니 그통에 어머니의 눈이 시원스럽게 즉시 열렸다. 이에 벼슬하여 오(吳)나라 중서시랑(中書侍郞)이 되었다가 오(吳)나라가 평정되자 진(晉)나라의 소중정(小中正)이 되었다.

原文 晉書, 盛彦字翁子, 廣陵人. 母因疾失明. 彦不應辟召, 躬自侍養, 母食必自哺之. 母疾久, 婢使數見垂撻. 婢忿恨, 伺彦暫行, 取蠐螬炙飴之. 母食以爲美. 然疑是異物, 密藏以示彦. 彦見之, 抱母慟哭, 絶而復蘇, 母目豁然卽開. 仕吳中書侍郞. 吳平爲小中正.

註解 ㅇ晉書(진서)—《진서》〈열전〉 58 효우전(孝友傳)에 있는 이야기임. ㅇ小中正(소중정)—중정(中正)은 지방의 인재를 찾아내어 천거하는 벼슬. 중정에는 대소(大小)의 계급이 있었다.

544. 강시약리(姜詩躍鯉)

—강시(姜詩)에게 잉어가 뛰어나오다

후한(後漢)의 강시(姜詩)는 광한(廣漢) 사람이다. 어머니 섬기기를 지극히 효성스럽게 하고 아내 방씨(龐氏) 또한 효도하고 순종하는 것이 더욱 도타웠다. 어머니가 강물 마시기를 좋아하는데 강물이 집에서 6, 7리 거리가 되었다. 아내는 항상 물을 거슬러 올라가서 길어오는데 어느 날 바람을 만나 불시에 돌아오게 되었다. 그동안 어머니가 목이 말라 애쓰자 강시는 아내를 꾸짖어 쫓아냈다. 이에 아내는 이웃집에 붙어있으면서 길쌈을 하여 저자에 가서 맛있는 음식을 사다가 이웃집 어머니로 하여금 그녀의 뜻이라며 시어미에게 보냈다.

이렇게 한 지가 오래되자 시어미는 괴이해서 이웃집 어미에게 물었고 이웃집 어미는 사실을 간추려 대답했다. 이에 시어미는 감동하여 부끄러워하면서 불러 돌아오게 했더니 은혜로 봉양하기를 더욱 삼갔다. 그 아들은 뒤에 멀리 물길러 갔다가 물에 빠져 죽었는데 아내는 시어미가 슬퍼하여 몸이 상할 것이 두려워서 감히 사실을 말하지 못하고 학문을 배우러 가서 집에 없다고 핑계했다.

시어미가 생선회를 좋아했다. 또 능히 혼자서 식사하는 것을 싫어했다. 그러므로 부부는 항상 힘써 생선회를 만들어 바치는데 이웃집 어미를 불러서 같이 먹게 했다. 어느 날 집 옆에서 갑자기 샘물이 솟아나는데 그 맛이 강물과 같았고 언제나 아침에 나와 보면 잉어가 쌍으로 나와 있어서 항상 이것으로 두 어머니의 반찬으로 올렸다.

이때 적미(赤眉)의 유적(流賊)들이 강시의 마을을 지나다가 군사를 늦추어 지나면서 말하기를, "큰 효자를 놀라게 하면 반드시 귀신을 건드린다."라고 했다. 또 이때 흉년이 들었는데 도적들은 강시에게 쌀과 고기를 보냈다. 강시는 이것을 받아서 땅에 묻었다. 이리하여 가까운 마을들은 그 안전함을 얻을 수 있었다. 영평(永平) 초년에 효렴(孝廉)으로 천거되어 낭중(郎中)에 임명되고 강양령(江陽令)을 제수받았다.

原文 後漢姜詩廣漢人. 事母至孝. 妻龐奉順尤篤. 母好飮江水. 水去舍六七里. 妻常泝流而汲. 後直風不時得還, 母渴. 詩責而遣之. 妻寄止隣舍, 晝夜紡績, 市珍羞, 使隣母以意自遺其姑. 如是者久之. 姑恠問隣母. 隣母具對. 姑感慙呼還. 恩養愈謹. 其子後因遠汲溺死. 妻恐姑哀傷, 不敢言. 而託以行學不在. 姑嗜魚鱠. 又不能獨食. 夫婦常力作供鱠, 呼隣母共之. 舍側忽有湧泉. 味如江水, 每旦輒出雙鯉魚. 常以供二

母之膳. 赤眉散賊經詩里, 弛兵而過. 曰, 驚大孝, 必觸鬼神. 時歲荒. 賊乃遺詩米肉, 受而埋之. 比落蒙其安全. 永平初擧孝廉, 拜郎中, 除江陽令.

註解 ㅇ後漢(후한)-《후한서》〈열전〉 74 열녀전(列女傳)에 있는 이야기임. ㅇ二母(이모)-시어머니와 이웃집 어머니를 말함. ㅇ赤眉(적미)-후한(後漢) 초에 산동(山東) 지방에서 일어난 비도(匪徒)의 이름. 모두 눈섭을 빨갛게 물들였으므로 이렇게 이름.

545. 종자주낙(宗資主諾)

546. 성진좌소(成瑨坐嘯)

-종자(宗資)는 청하는 것을 주장하고 성진(成瑨)은 앉아서 휘파람을 불다

후한(後漢) 환제(桓帝)가 감릉(甘陵)의 주복(周福)에게서 공부를 하다가 황제의 자리에 오르자 주복을 발탁하여 상서(尙書)를 삼았다. 이때 같은 군(郡) 하남(河南)의 방식(房植)이 당시 조정에서 이름이 있자 시골 사람들이 이것을 노래로 만들어 말하기를, '천하의 본보기는 방백무(房伯武)요, 스승으로 인해서 출세한 것은 주중진(周仲進)이다.'라고 했다. 이로부터 두 집의 빈객(賓客)들이 서로 헐뜯고 치더니 각각 무리를 만들어 점점 허물의 틈을 이루었다. 이로 인해서 감릉에 남북부(南北部)가 있게 되니 당인(黨人)들의 의논이 이로부터 시작되었다.

그 뒤에 여남태수(汝南太守) 종자(宗資)는 공조(功曹)인 범방(范滂)에게 맡기고 남양태수(南陽太守) 성진(成瑨)은 역시 공조(功曹)인 잠질(岑晊)에게 일을 맡기니 두 고을에서 또 노래를 만들어 말

하기를, '여남태수는 범맹박(范孟博)이요 남양(南陽)의 종자(宗資)는 문서(文書)를 청하네. 남양태수는 잠공효(岑公孝)요 홍농(弘農)의 성진(成瑨)은 다만 앉아서 휘파람을 부네'라고 했으니 모든 당인의 다툼이 감릉의 주복과 여남(汝南)의 종자(宗資)로부터 시작되어 이응(李膺)·장검(張儉)에게서 최고조에 달했다. 그 싸움으로 해내(海內)의 백성들은 도탄(塗炭) 속의 고난에서 20여년간이나 지내야 했는데 천하의 모든 선사(善士)들은 여러 곳으로 흩어졌던 것이다. 백무(伯武)는 방식(房植)의 자요 중진(仲進)은 주복(周福)의 자이다. 구본(舊本)에는 종자(宗資)의 종(宗)자를 송(宋)자로 잘못 적고 있다.

原文 後漢桓帝受學於甘陵周福. 及卽位, 擢爲尙書. 時同郡河南房植有名當朝. 鄕人爲之謠曰, 天下規矩房伯武, 因師獲印周仲進. 二家賓客互相譏揣, 各樹朋徒, 漸成尤隙. 由是甘陵有南北部. 黨人之議自此始矣. 後汝南太守宗資任功曹范滂, 南陽太守成瑨亦委功曹岑晊. 二郡又爲謠曰, 汝南太守范孟博, 南陽宗資主畫諾, 南陽太守岑公孝, 弘農成瑨但坐嘯. 凡黨事始自甘陵周福·汝南宗資, 成於李膺·張儉, 海內塗炭二十餘年, 諸所蔓衍, 皆天下善士. 伯武·仲進皆字也. 舊本宗誤作宋.

註解 ㅇ范滂(범방)－후한(後漢) 사람. 자는 맹박(孟博). 당사(黨事)로 인하여 환관(宦官)에게 죽음을 당함. ㅇ岑公孝(잠공효)－잠질(岑晊)의 자. 후한(後漢) 극양(棘陽) 사람. 높은 재주가 있어 곽태(郭泰) 등과 사이가 좋아 비록 시골에 있어도 천하를 바로잡을 뜻이 있었다. ㅇ成瑨(성진)－후한(後漢) 홍농(弘農) 사람. 환제(桓帝) 때 효렴(孝廉)으로 천거되어 남양태수(南陽太守)가 되었다.

547. 백성사경(伯成辭耕)

—백성(伯成)은 벼슬을 내놓고 경작을 했다

장자(莊子)가 말하기를, 요(堯)가 천하를 다스리자 백성자고(伯成子高)는 서서 제후(諸侯)가 되었고 요(堯)가 순(舜)에게 제위(帝位)를 주고 순(舜)이 우(禹)에게 주자 백성자고는 제후의 자리를 사양하고 밭을 갈았다.

原文 **莊子曰, 堯治天下, 伯成子高立爲諸侯. 堯授舜, 舜授禹. 伯成子高辭爲諸侯耕.**

註解 ㅇ莊子(장자)—춘추시대 송(宋)나라 사람. 이름은 주(周)이지만 보통 장자(莊子)라고 존칭함. 그의 주장이 노자(老子)의 사상에 기초를 두었으므로 노장(老莊)이라고 병칭하기도 함. ㅇ堯(요)—요임금. 고대의 성군(聖君)으로 일컬어짐. ㅇ伯成子高(백성자고)—요(堯)임금 때 사람. 요임금이 천하를 다스리자 그는 제후(諸侯)가 되었고 요임금이 순(舜)에게 제위(帝位)를 전하고 순(舜)이 우(禹)에게 제위를 전하자 그는 돌아가 밭을 갈았다고 함. ㅇ舜(순)—요(堯)임금의 선양을 받은 고대의 성군(聖君). ㅇ禹(우)—하(夏)나라를 창건한 성왕(聖王).

548. 엄릉거조(嚴陵去釣)

—엄자릉(嚴子陵)이 낚시질하러 가다

후한(後漢) 엄광(嚴光)의 자는 자릉(子陵)이니 회계(會稽) 여요(餘姚) 사람이다. 젊었을 때 광무제(光武帝)와 같이 유학(遊學)했는데 광무(光武)가 제위(帝位)에 오르자 이에 성명(姓名)을 고치고 몸을 숨겨 나타나지 않았다. 광무제는 그 어진 것을 생각하고는 이에 그의 형용을 그리게 하여 두루 찾았다.

뒤에 제(齊)나라에서 말을 올리기를, '한 남자가 양털로 만든 갖옷을 입고 못 속에서 낚시질을 합니다'라고 하니 광무제는 그가 엄광인가 의심하여 이에 안거(安車)에 현훈(玄纁)을 갖추어 맞으려고 하였으나 세 번 사양한 뒤에 겨우 찾아왔다. 북군(北軍)에 숙소를 마련해주는 한편 침상(寢牀)과 이부자리를 주고 태관(太官)은 음식을 대접했다. 황제가 수레를 타고 친히 그 숙소에 거둥했으나 엄광은 누워서 일어나지 않았다. 황제가 엄광이 누워있는 곳으로 가서 그의 배를 어루만지자 한참만에 비로소 눈을 뜨고 익히 보다가 말하기를, "옛날에 요임금께서 덕이 나타나셨는데도 소보(巢父)는 귀를 씻었으니 선비는 짐짓 뜻이 있는 것이며 남의 뜻에 따라 좌우되어서는 안되는데 어찌하여 이렇게도 무리를 하십니까?"라고 하니 황제는 탄식하고 돌아갔다.

그뒤에 다시 불러들여 옛 친구의 도리를 의논하고 서로 대한 지 여러날에 함께 누웠는데 엄광이 발을 황제의 배 위에 얹었다. 이튿날 태사(太史)가 아뢰기를, "객성(客星)이 제(帝)의 자리를 범하기를 몹시 급하게 했습니다."라고 하자 황제는 웃으면서 말하기를, "나의 친구 자릉(子陵)과 같이 누웠던 것이다."라고 했다. 간의대부(諫議大夫)를 제수했으나 받지 않고 이에 부춘산(富春山)에서 농사지었는데 뒷사람이 그의 낚시질하던 곳을 이름하여 엄릉뢰(嚴陵瀨)라고 했다.

原文 後漢嚴光字子陵, 會稽餘姚人. 少與光武同遊學. 光武卽位, 乃變名姓, 隱身不見. 帝思其賢, 乃令以物色訪之. 後齊國上言, 有一男子, 披羊裘釣澤中. 帝疑其光, 乃備安車玄纁聘之, 三反而後至. 舍於北軍, 給牀褥, 太官進膳. 車駕幸其館. 光臥不起, 帝卽臥所, 撫光腹. 良久乃張目, 熟視曰, 昔唐堯著德, 巢父洗耳. 士故有志. 何至相迫乎. 帝歎息而去. 復引入, 論道舊故, 相對累日. 因共偃臥. 光以足加帝腹上. 明日太史奏, 客星犯帝坐甚急. 帝笑曰, 朕故人子陵共臥耳. 除諫議大夫不屈. 乃耕於富春山. 後人名其釣處爲嚴陵瀨焉.

註解 ㅇ後漢(후한)－《후한서》〈열전〉 73 일민편(逸民篇)에 있는 이야기임. ㅇ安車(안거)－편안히 앉아서 타는 수레. ㅇ玄纁(현훈)－폐백. ㅇ巢父(소보)－요임금 때의 고사(高士). 산속에 숨어 세리(世利)를 돌아보지 않고 나무 위에 집을 짓고 살았다고 해서 그 이름이 붙여짐. 요임금이 천하를 양여(讓與)했는데도 받지 않았다. ㅇ客星(객성)－본래의 성좌(星座)를 벗어난 별.

549. 동우삼여(董遇三餘)

－동우(董遇)의 세 가지의 남음

《위략(魏略)》에 보면, 동우(董遇)의 자는 계직(季直)이다. 성질이 박눌(朴訥)하고 학문을 좋아했다. 형 계중(季中)과 함께 물건을 지고 가서 파는데 항상 경서(經書)를 끼고 있다가 한가로운 틈을 타서 익히고 읽었다. 명제(明帝) 때 벼슬이 대사농(大司農)에 이르렀다.

처음에 동우는 《노자(老子)》 훈주(訓注)를 지었고 또 《좌씨전(左氏傳)》 속의 권선징악(勸善懲惡)의 문사(文辭)를 뽑아내어 주(朱)와 묵(墨)으로 구별한 별이(別異)를 지었다. 그를 좇아 배우는 자가 있으면 동우는 즐겨 가르치지 않고 말하기를, "마땅히 먼저 백 번을 읽어야 할 것이니 글을 백 번을 읽으면 뜻이 저절로 보인다."라고 했다. 좇아서 배우는 자가 말하기를, "책을 읽을 시일(時日)이 없습니다."라고 하자 동우는 말하기를, "마땅히 삼여(三餘)가 있는 것이니 겨울은 1년의 나머지요 밤은 하루의 나머지요 흐리고 비내리는 날은 시간의 나머지이니라."고 했다.

原文 魏略, 董遇字季直. 性質訥好學. 與兄季中采枏負販. 常挾持經書, 投閑習讀. 明帝時官至大司農. 初遇作老子訓注, 又善左氏傳, 更爲作朱墨別異. 人有從學者, 遇不肯敎云, 必當先讀百遍. 言讀書百遍而義自見. 從學者云, 苦渴無日. 遇言, 當以三餘. 冬者歲之餘, 夜者日之餘, 陰雨者時之餘.

註解 ㅇ魏略(위략)－《위지(魏志)》〈왕랑전(王郞傳)〉 중 동우전(董遇傳)에 있음.

550. 초주독소(譙周獨笑)

－초주(譙周)가 홀로 웃다

《촉지(蜀志)》에 보면, 초주(譙周)의 자는 윤남(允南)이니 파서(巴西) 서충국(西充國) 사람이다. 옛것에 몰두하고 학문에 독실했다. 집이 가난해도 산업(産業)에 대해서는 묻지 않고 전적(典籍)을 외우고 읽으면서 기쁘게 홀로 웃을 뿐이었다. 이로써 잠자고 먹는 것을 잊고 육경(六經)을 연구하여 정밀했는데 특히 서찰(書札)에 능하고 자못 천문(天文)도 깨달았다.

광록대부(光祿大夫)로 옮겨 지위가 구경(九卿)의 다음에 이르렀는데 위(魏)나라 대장군(大將軍) 등애(鄧艾)가 음평(陰平)으로 들어가자 후주(後主)는 여러 신하들로 하여금 회의(會議)를 하게 했으나 계획이 나올 데가 없었다. 혹은 말하기를 촉(蜀)은 본래 오(吳)나라와 화친했었으니 마땅히 오(吳)나라로 달아나자 하고 혹은 말하기를, 촉나라 남쪽의 칠군(七郡)은 지형이 협조(陜阻)하여 다른 곳과 격절(隔絶)되어 있은즉 지키기 쉬우니 남쪽으로 피해야 한다고 했다. 이에 오직 초주는 말하기를, 옛날로부터 남의 나라에 붙어있다가 천자가 된 자는 없다고 했다. 이에 소(疏)를 올려서 간했으며 드디어 초주의 계책이 채택되었다. 그래서 후주는 위(魏)로 갔다. 유씨(劉氏)가 근심이 없고 한 나라가 근심이 없었던 것은 초주의 지모에 의한 것이었다.

이때 진(晉)나라 문왕(文王)은 아직 위(魏)나라 상국(相國)으로 있었는데 초주로서 나라를 보지(保持)하는 데 공이 있다고 하여 양성정후(陽城亭侯)에 봉하고 진(晉)나라가 왕위에 오르자 산기상시(散騎常侍)에 임명했으나 나가지 않았다.

原文 **蜀志, 譙周字允南, 巴西西充國人. 耽古篤學. 家貧未嘗問産業. 誦讀典籍, 欣然獨笑, 以忘寢食. 硏精六經, 尤善書札, 頗曉天文. 遷光祿大夫, 位亞九列. 及魏大將軍鄧艾入陰平, 後主使群臣會議. 計無所出. 或以爲, 蜀與吳本爲和國. 宜可奔吳. 或以爲, 南中七郡阻險斗絶. 易以自守. 宜可奔南. 唯周以爲, 自古無寄他國爲天子者. 乃上疏諫. 遂從周策. 劉氏無虞, 一邦蒙賴周之謀也. 時晉文王爲魏相國. 以周有全國之功, 封陽城亭侯. 晉室踐祚, 除散騎常侍, 不拜.**

註解 ㅇ蜀志(촉지)－《촉지》〈열전〉 12에 있는 이야기임. ㅇ後主(후주)－촉(蜀)의 두 번째 임금 유선(劉禪)을 말함. ㅇ晉文王(진문왕)－사마소(司馬昭)를 말함.

551. 장려앙천(將閭仰天)
-장려(將閭)가 하늘을 우러르다

《사기(史記)》에 보면, 진(秦)나라 공자(公子) 장려(將閭)는 형제가 3인인데 이세(二世) 호해(胡亥)가 조고(趙高)의 꾀를 믿어 내궁(內宮)에 가두고 그 죄를 의논하여 사자(使者)를 시켜 장려에게 명령하기를, "공자(公子)가 신하 노릇을 하지 않았은즉 그 죄가 마땅히 죽어야 할 것이니 관리는 법을 집행하도록 하라."고 했다. 이에 장려가 말하기를, "대궐과 조정의 예는 내 일찍이 감히 따르지 않을 수 없으나 조정의 지위는 일찍이 감히 절도를 잃은 것이 없고, 명령을 받고 응대(應對)하는 일도 내가 일찍이 감히 잃은 것이 없는데 어찌 신하 노릇을 하지 않았다고 하는 거요? 원컨대 죄를 듣고 죽겠소이다."라고 하니 사자(使者)가 말하기를, "신(臣)은 이 일을 의논할 수는 없고 오직 글을 받들어 일을 행할 뿐입니다."라고 했다.

이에 장려는 하늘을 우러러 큰 소리로 세 번 부르고 말하기를, "하늘이시여! 하늘이시여! 나는 죄가 없습니다."라고 하니 형제 3인이 모두 눈물을 흘리는데 칼을 빼어 자기가 자기 목숨을 끊었다.

原文 史記, 秦公子將閭昆弟三人. 二世胡亥信趙高之謀, 囚於內宮, 議其罪, 使使令將閭曰, 公子不臣, 罪當死. 吏致法焉. 將閭曰, 闕廷之禮, 吾未嘗敢不從賓贊也. 廊廟之位, 吾未嘗敢失節也. 受命應對, 吾未嘗敢失辭也. 何謂不臣. 願聞罪而死. 使者曰, 臣不得與謀. 奉書從事. 將閭仰天大呼者三. 曰, 天乎. 吾無罪. 昆弟三人, 皆流涕, 拔劍自殺.

註解 ㅇ史記(사기)-《사기》 권6 〈시황본기(始皇本記)〉에 있는 이야

기임. ㅇ趙高(조고)－진(秦)나라의 환관(宦官). 옥법(獄法)과 사서(史書)에 능하고 기운이 세었다. 시황(始皇)이 죽자 승상 이사(李斯)와 짜고 조서(詔書)를 고쳐서 장자 부소(扶蘇)를 죽이고 차자 호해(胡亥)를 이세(二世)로 삼는 한편 자기가 승상이 되었으며 다시 이사를 무살(誣殺)했음. ㅇ胡亥(호해)－진(秦)나라 이세(二世). 시황(始皇)의 차자(次子). 시황이 죽자 이사(李斯)와 조고(趙高)가 조서를 고쳐가지고 장자 부소(扶蘇)를 죽이고 호해를 세웠는데 관동(關東)에 도적이 일어나자 이틈에 조고(趙高)가 시해(弑害)함.

552. 왕릉호묘(王凌呼廟)

－왕릉(王凌)이 가규(賈逵)의 사당에서 부르다

《위지(魏志)》에 보면, 왕릉(王凌)의 자는 언운(彦雲)이니 태원(太原) 기현(祁縣) 사람이다. 정동장군(征東將軍) 도독양주제군사(都督揚州諸軍事)로서 여러번 옮겨 태위(太尉)가 되었다. 절월(節鉞)을 받아가지고 권력을 마음대로 휘둘렀다. 당시 위(魏)나라 천자는 제왕(齊王) 방(芳)이었다. 그는 이 제왕을 폐하고 초왕(楚王) 표(彪)를 세우려고 도모했다.

가평(嘉平) 3년에 왕릉이 거짓으로 아뢰었다. "오(吳)나라 사람들이 침입하여 도수(涂水)를 막으니 청컨대 군사를 내어 이를 치도록 해주십시오." 그 와중에 반제왕을 꾀하려는 것이었으나 사마선왕(司馬宣王)은 그것이 계교임을 알아서 듣지 않고 스스로 중군(中軍)을 이끌고 배를 띄워 감성(甘城)에 도착했다. 왕릉은 계교가 없어 이에 무구(武丘)에서 선왕의 군사를 맞고 스스로 자기 손을 묶고 말하기를, "저에게 만일 죄가 있다면 공(公)은 마땅히 편지를 보내시어 부를 것이지 어찌 괴롭게 스스로 오십니까?"라고 하자, 선왕은 말하기를, "그대는 간단한 편지로 부를 손님이 아닌 까닭이다."라며 즉시 왕릉을 경사(京師)로 돌려보냈다.

경사로 가는 길에 가규(賈逵)의 사당을 지나게 되었는데 왕릉이 부르짖기를, "가양도(賈梁道)여! 왕릉은 곧 대위(大魏)의 충신(忠臣)이오. 오직 그대는 신(神)이시니 내 충심을 알 것이오."라고 했는데 여남군(汝南郡) 항(項) 땅에 이르러 짐주(鴆酒)를 마시고 죽었다. 그 해 6월에 선왕(宣王)이 병이 들었는데 꿈에 왕릉과 가규(賈逵)가 빌미가 되어 드디어 홍(薨)했다.

原文 **魏志, 王凌字彦雲, 太原祁人. 爲征東將軍·都督揚州諸軍事. 累遷太尉, 假節鉞, 謀廢齊王立楚王彪. 嘉平三年凌詐言, 吳人塞涂水. 請發兵以討之. 司馬宣王知其計不聽. 自帥中軍, 汎舟到甘城. 凌計無所出. 乃迎于武丘, 面縛水次曰, 凌若有罪, 公當折簡召凌. 何苦自來. 宣王曰, 以君非折簡之客故耳. 卽以凌歸于京師. 道經賈逵廟, 呼曰, 賈梁道王凌是大魏忠臣. 唯爾有神知之. 至項仰鴆而死. 六月宣王疾. 夢凌·逵爲祟, 遂薨.**

註解 ㅇ魏志(위지)-《위지》〈열전〉 28에 있는 이야기임. ㅇ宣王(선왕)-사마중달(司馬仲達). ㅇ賈逵(가규)-후한(後漢) 전기(前期)의 유자(儒者). 가의(賈誼)의 9세손(九世孫). 《좌씨전(左氏傳)》 등 오경(五經)에 정통했음. ㅇ賈梁道(가양도)-양도(梁道)는 가규(賈逵)의 자. ㅇ項(항)-지명(地名). ㅇ鴆(짐)-짐주(鴆酒). 짐독(鴆毒)을 섞은 독한 것으로서 독이 강함. 짐독이란 짐새의 깃을 물에 담근 술.

553. 이소산금(二疏散金)

-두 소씨(疏氏)가 돈을 마구 쓰다

전한(前漢) 소광(疏廣)의 자는 중옹(仲翁)이니 동해(東海) 난릉

(蘭陵) 사람이다. 형의 아들 소수(疏受)의 자는 공자(公子)이다. 선제(宣帝) 때 소광은 태자태부(太子太傅)가 되고 소수는 소부(少傅)가 되었는데 태자가 매일 아침 조정에 나갈 때마다 태자를 따라 들어가서 천자를 알현했다. 태부는 태자 앞에 서고 소부는 뒤에 있었다. 모두 사부(師傅)가 된 것을 조정에서는 영화롭게 여겼다.

뒤에 소광이 소수에게 이르기를, "내가 들으니 족한 것을 알면 욕되지 않고 그칠 줄을 알면 위태하지 않다고 했으니 공(功)이 이루어지면 물러나는 것은 하늘의 도리인즉 고향으로 돌아가서 천수(天壽)를 다 누리는 것보다 나은 것이 무엇이 있겠는가?"하고 숙질이 드디어 사직할 것을 청하니 이를 허락했다.

이에 상(上)께서는 황금 20근을 하사하고 태자는 50근을 주었으며 공경대부(公卿大夫)와 친구와 고을 사람들이 조도(祖道)를 베풀어 동도(東都)의 문밖에 차려놓으니 보내는 사람들의 수레가 수백 채나 되었다. 이미 고향 마을로 돌아오자 날마다 술과 음식을 갖추어 동족(同族)들과 친구들과 손님을 청하여 서로 즐기는데 모두 금을 팔아서 비용에 충당했다. 이에 어떤 사람이 전답과 집을 사라고 권하자 소광은 말하기를, "내가 보기에 스스로 옛날의 전답과 집이 있으니 자손들로 하여금 그 속에서 부지런히 일하게 한다면 족히 의식(衣食)은 이바지할 것이네. 이 금은 성주(聖主)께서 늙은 신하에게 은혜로 베푸신 것이므로 즐겁게 향당(鄕黨)의 종족(宗族)들과 함께 그 주신 것을 먹으면서 이로써 나의 남은 날을 다하려 하는 것일세."라고 하니 족인(族人)들은 기뻐하고 복종했다. 소광·소수 모두 수(壽)를 다했다.

原文 **前漢疏廣字仲翁，東海蘭陵人．兄子受字公子．宣帝時，廣爲太子太傅，受爲少傅．太子每朝，因進見．太傅在前，少傅在後．父子並爲師傅．朝廷以爲榮．後廣謂受曰，吾聞知**

足不辱, 知止不殆. 功遂身退天之道也. 豈如歸老故鄕, 以壽命終. 父子遂乞骸骨. 許之. 上賜黃金二十斤, 太子贈五十斤. 公卿大夫故人邑子設祖道, 供張東都門外. 送者車數百兩. 旣歸鄕里, 日具酒食, 請族人故舊賓客, 相與娛樂. 輒賣金以供具. 或勸買田宅. 廣曰, 吾顧自有舊田盧. 令子孫勤力其中, 足以供衣食. 此金聖主所以惠養老臣也. 故樂與鄕黨宗族共饗其賜, 以盡吾餘日. 族人悅服. 皆以壽終.

註解 ㅇ前漢(전한)-《전한서》〈열전〉 41에 있는 이야기임. ㅇ父子(부자)-숙질(叔姪)이지만 숙질은 유부(猶父) 유자(猶子)이므로 그대로 부자(父子)라고 했다. ㅇ祖道(조도)-원래는 길 떠나는 사람을 위해서 지내는 제사이지만 떠나는 사람을 위한 잔치로도 쓴다.

554. 육가분탁(陸賈分橐)

-육가(陸賈)가 전대 속의 돈을 나누다

전한(前漢) 육가(陸賈)는 초(楚)나라 사람이니 구변이 있었다. 이때 중국이 처음으로 평정되었다. 남쪽에서는 위관(尉官) 위타(尉佗)가 남월(南越)을 평정하고 그대로 왕(王)이 되었다. 한편 고조(高祖)는 육가를 시키어 위타(尉佗)에게 인(印)을 주어 남월왕(南越王)을 삼았다.

육가가 남월에 이르자 위타는 북상투를 하고 두 다리를 뻗고 앉아서 그를 맞았다. 이에 육가는 위타를 한(漢)나라에 복속하도록 이해(利害)로 달래자 그는 벌떡 일어나서 육가에게 사례하고 한나라의 칙명을 받았다. 그리고 머무르게 하고 연회를 베풀었다. 두어 달이 지나자 위타는 육가에게 천금(千金)의 값어치가 있는 주옥(珠玉)을 자루에 담아 주었고 또 다른 물건도 천금의 값어치가 되는 것을 주었다. 이에 육가는 위타로 하여금 칭신(稱臣)하게 하고 한(漢)나라와의 약속을 받들게 한 다음 돌아와서 보고했다. 고제(高帝)는 크게 기뻐하고 태중대부(太中大夫)에 임명했는데 효혜제(孝惠帝) 때 병으로 사직하고 옹주(雍州) 호치(好畤)에 있는 터의 전지(田地)를 장만하여 그곳에서 은거했다.

다섯 아들이 있었다. 이에 자루 속의 금을 팔아 천금(千金)으로 그 아들들에게 나누어 주었는데 아들들은 2백금씩을 받아 생계자금으로 삼았다. 육가는 항상 안거(安車)에 사마(駟馬)로 나가는데 노래하고 거문고를 두드리면서 모시는 자가 수십 명씩 따라다녔다. 그는 천금의 값어치가 있는 보검(寶劍)을 차고 아들들의 집을 차례로 돌아다니는 것이었다. 그가 아들에게 이르기를, "나는 너희들과 약속하겠다. 내가 너희들 집에 오거든 내 종자(從者)들과 말에게 주식(酒食)을 제공하거라. 나는 실컷 놀다가 열흘이 지나면 다른 아들 집으로 가겠다. 내가 너희들 집을 돌아다니다가 죽으면 그 죽는 집의 아들이 보검을 가지거라."라고 하였다. 뒤에 진평(陳平)을 위하여 두어 가지 일을 계획했는데 진평이 그 계교를 써서 성공하자 이에 노비(奴婢) 백 명과 거마(車馬) 50승과 돈 5백만냥을 육가에게 보내어 음식의 비용으로 쓰게 하니 육가는 이것으로써 한(漢)나라 조정과 공경(公卿)들 사이에 놀아서 명성(名聲)이 몹시 자자했다. 여씨(呂氏)를 베고 효문제(孝文帝)를 세우게 되자 육가는 자못 힘이 있었고 수(壽)대로 살다가 마쳤다.

原文 前漢陸賈楚人. 有口辯. 時中國初定. 尉佗平南越, 因王之. 高祖使賈賜佗印爲南越王. 賈至. 尉佗魋結箕踞見賈. 賈因說佗. 佗蹶然起謝賈, 留與飮數月, 賜賈槖中裝直千金. 它送亦千金. 賈令佗稱臣奉漢約, 歸報. 高帝大說, 拜太中大夫. 孝惠時病免. 以好畤地善往家焉. 有五男. 乃出橐中裝賣千金, 分其子. 子二百金, 令爲生産. 賈常乘安車駟馬, 從歌鼓琴侍者十人, 寶劒直千金. 謂其子曰, 與女約. 過女女給人馬酒食. 極欲十日而更. 所死家得寶劒. 後爲陳平晝數事. 平用其計, 乃以奴婢百人, 車馬五十乘, 錢五百萬遺賈, 爲食飮費. 賈以此遊漢廷公卿間, 名聲藉甚. 及誅呂氏立孝文, 賈頗有力. 以壽終.

註解 ㅇ前漢(전한)－《전한서》〈열전〉 13에 있는 이야기임. 《사기(史記)》〈열전〉 37에도 있음. ㅇ稱臣(칭신)－상대방에게 자기를 신(臣)이라고 말함. ㅇ陳平(진평)－전한(前漢)의 공신(功臣). 지모(智謀)가 뛰어나 고조(高祖)를 도와서 천하를 평정했음.

555. 자명팔룡(慈明八龍)

－자명(慈明)의 여덟 용(龍)

후한(後漢) 순상(荀爽)의 자는 자명(慈明)이니 영천(潁川) 영음(潁陰) 사람이다. 아버지 순숙(荀淑)의 자는 계화(季和)이니 현량방정과(賢良方正科) 대책(對策)으로 천거되어 낭릉후상(朗陵侯相)에 임명되었는데 일 처리하는 것이 이치에 밝아서 신인(神人)이라고 일컬어졌다. 아들 8명이 있는데 검(儉)·곤(緄)·정(靖)·도(燾)·왕(汪)·상(爽)·숙(肅)·보(旉)이다. 모두 이름이 있어 일컬어지니 당시 사람들이 팔룡(八龍)이라고 했다.

순상은 어려서부터 학문을 좋아하여 12세에 《춘추(春秋)》와 《논어(論語)》에 통달했는데 태위(太尉) 두교(杜喬)가 보고 칭찬하기를, "가히 사람의 스승이 되겠다."라고 했다. 순상은 경서(經書)를 깊이 생각하여 경사나 조문의 일에 가하지 않고 조정에서 부르는 명령에 도 응하지 않으니 영천에서 그를 위하여 말하기를, "순씨(荀氏)의 팔룡(八龍) 중에서는 자명(慈明)이 최우수하며 세상에 둘이 없다." 라고 했다.

헌제(獻帝)가 즉위하고 동탁(董卓)이 정치를 도우면서 그를 부르자 순상은 도망하려 했으나 되지 않았다. 그리하여 나가서 평원상(平原相)에 임명되어 그곳으로 가다가 완릉(宛陵)에 도착했을 때 천자는 사자(使者)를 보내어 광록훈(光祿勳)으로서 조정으로 불러들였다. 그는 광록훈에 오른 지 불과 3일만에 사공(司空)에 임명되었는데, 명령을 받고 삼공(三公)인 사공에 오르기까지 불과 95일이 걸렸다. 이때 도읍을 장안(長安)으로 옮기게 되었는데 순상은 동탁의 잔인하고 횡포스러운 것을 알고 반드시 사직(社稷)이 위태롭겠다 하여 재략(才略)이 있는 선비들을 불러들여서 장차 함께 동탁을 없애려고 했으나 마침 병이 있어서 죽었다.

原文 **後漢荀爽字慈明, 潁川潁陰人. 父淑字季和, 擧賢良方正對策, 補朗陵侯相. 莅事明理. 稱爲神君. 有子八人. 儉·緄·靖·燾·汪·爽·肅·旉並有名稱, 時人謂八龍. 爽幼好學, 十二通春秋·論語. 太尉杜喬見而稱之曰, 可爲人師. 爽耽思經書, 慶弔不行, 徵命不應. 潁川爲之語曰, 荀氏八龍, 慈明無雙. 獻帝卽位, 董卓輔政徵之. 爽欲遁不得. 就拜平原相. 行至宛陵, 追爲光祿勳. 視事三日拜司空. 自被命, 及登臺司九十五日. 因從遷都長安. 爽見卓忍暴必危社稷, 辟擧才略之士, 將共圖之, 會病薨.**

註解 ㅇ後漢(후한)－《후한서》〈열전〉 52에 있는 이야기임. ㅇ八龍(팔룡)－여덟 명의 뛰어난 아들. ㅇ台司(태사)－삼공(三公)의 위치.

556. 이형일악(禰衡一鶚)

–이형(禰衡)은 한 마리 독수리이다

후한 이형(禰衡)의 자는 정평(正平)이니 평원(平原) 반현(般縣) 사람이다. 어렸을 때부터 재주와 구변이 있고 기(氣)를 숭상하며 굳세고 거만했는데 때로 세상 사람들을 업신여겼다. 영천(潁川)에 놀면서 비밀히 한 장의 명함을 얻어서 간직하고 있었는데 그 사람과 교제하려고 했다. 그러나 마음에 맞는 사람이 찾아주지도 않고 그럭저럭 명함의 글씨가 마멸되고 말았다.

이때 허도(許都)를 새로 세워서 어진 선비들과 대부(大夫)들이 사방에서 모여왔는데 어떤 사람이 이형에게 묻기를, "어찌하여 진장문(陳長文)과 사마백달(司馬伯達)과 같은 명사들을 좇지 않는가?"라고 하자 대답하기를, "내가 어찌 능히 그 천한 사람들을 따르겠는가?"라고 했다. 또 묻기를, "순문약(荀文若)과 조치장(趙稚長)은 어떠한가?"라고 하자 이형은 말하기를, "문약(文若)은 가히 얼굴을 빌어 조상(弔喪)할 것이요, 치장(稚長)은 가히 주방을 보살피고 손님이나 청하게 할 사람이오."라고 했다.

오직 공융(孔融)과 양수(楊脩)는 좋아하여 항상 일컫기를, "대아(大兒)는 공문거(孔文擧)요 소아(小兒)는 양덕조(楊德祖)인데 나머지 사람들은 용렬하여 족히 헤아릴 것이 못된다."라고 했다. 공융은 그 재주를 깊이 사랑했다. 이형은 당시 겨우 관례(冠禮)를 했을 때였고 공융은 40세인데 드디어 사귀는 벗이 되었다. 공융은 글을 올려 천거했는데 말하기를, "수백 마리의 매를 얻는 것보다 한 마리의 큰 독수리를 얻는 것이 낫습니다."라고 했다.

공융이 그를 자주 조조(曹操)에게 칭찬해 말했으나 조조는 이형의 말이 패역(悖逆)하다 해서 유표(劉表)에게 보내주었다. 유표는 능히 용납하지 못하고 드디어 강하태수(江夏太守) 황조(黃祖)에게 보냈으나 황조는 성질이 급해서 이형의 말이 공손치 못하다 하여 그를 죽이니 나이 26세였다.

原文 後漢禰衡字正平, 平原般人. 少有才辯. 尙氣剛傲. 好矯時慢物. 遊潁川, 乃陰懷一刺. 旣無所之, 至於刺字漫滅. 許都新建, 賢士大夫四方來集. 或問衡曰, 盍從陳長文·司馬伯達乎. 對曰, 吾安能從屠沽兒邪, 又問, 荀文若·趙稚長云何. 衡曰, 文若可借面弔喪. 稚長可使監厨請客. 唯善孔融·楊脩. 常稱曰, 大兒孔文擧, 小兒楊德祖. 餘子碌碌莫足數. 融亦深愛其才. 衡始冠, 而融四十, 遂爲交友. 上書薦之. 有云, 鷙鳥累百, 不如一鶚. 融數稱述於曹操. 操以其言悖逆, 送與劉表. 表不能容. 送與江夏太守黃祖. 祖性急, 衡言不遜, 遂殺之. 年二十六.

註解 ㅇ後漢(후한)－《후한서》〈열전〉 52에 있는 이야기임. ㅇ陳長文(진장문)－삼국시대 위(魏)나라 사람. 이름은 군(羣). 공융(孔融)과 친했는데 조조(曹操)가 불러서 사공연(司空掾)이 되었다. ㅇ司馬伯達(사마백달)－후한(後漢) 사람. 이름은 낭(朗). 벼슬은 연주자사(兗州刺史). ㅇ屠沽兒(도고아)－돼지 잡고 술 사오는 사람. 경솔하고 천한 사람의 비유. ㅇ荀文若(순문약)－순욱(荀彧). 후한(後漢) 사람. 조조(曹操) 밑에서 분무사마(奮武司馬)가 됨. ㅇ碌碌(녹록)－용렬함. ㅇ劉表(유표)－동한(東漢) 사람. 자는 경승(景升). 조조(曹操)가 원소(袁紹)와 싸울 때 중립(中立)을 지키고 방관(傍觀)하였음. 이때 그는 형주자사(荊州刺史)로 있었음.

557. 부점운거(不占殞車)
-부점(不占)이 수레에서 죽다

《신서(新序)》에 말하기를, 제(齊)나라 최저(崔杼)가 장공(莊公)을 시해(弑害)했다. 당시 진부점(陳不占)이란 자가 있었는데 임금에게 위태로운 일이 있다는 말을 듣고 구하러 나가고자 했다. 떠나려 할 때다. 밥을 먹는 데는 수저를 떨어뜨리고 수레에 올라서는 수레의 가로나무를 잡으니 그것이 부러졌다. 이에 수레를 부리는 자가 말하기를, "그토록 겁을 내시니 가본들 무슨 유익함이 있겠습니까?"라고 하니 말하기를, "임금을 위하여 죽는 것은 의리요 용맹이 없는 것은 사사로움이니 사사로움으로써 공사(公事)를 해칠 수가 없다."라며 가다가 드디어 싸우는 소리를 듣고는 두려워서 놀라더니 죽었다. 이에 사람들이 말하기를, "부점(不占)은 가히 어진 자의 용맹이로다."라고 했다.

原文 **新序曰, 齊崔杼弑莊公. 有陳不占者. 聞君難, 將赴之. 比去, 餐則失匕, 上車失式. 御者曰, 怯如是. 去有益乎. 曰, 死君義也. 無勇私也. 不以私害公. 遂往. 聞戰鬪之聲, 恐駭而死. 人曰, 不占可謂仁者之勇也.**

558. 자운투각(子雲投閣)
-자운(子雲)이 천록각(天祿閣)에서 몸을 던지다

전한(前漢) 양웅(揚雄)의 자는 자운(子雲)이다. 나이 40이 넘어 촉(蜀) 땅으로부터 경사(京師 : 長安)로 왔다. 당시 대사마(大司馬)

왕음(王音)이 그의 문장과 풍아(風雅)를 기이히 여겨 불러서 문하사(門下史)를 삼으니 왕망(王莽)·유흠(劉歆)과 같이 있었다. 애제(哀帝) 초년에는 또 동현(董賢)과 같은 벼슬자리에 있었다. 성제(成帝)·애제(哀帝)·평제(平帝) 연간을 당하여 왕망과 동현은 모두 삼공(三公)이 되어 권세가 그 임금을 기울일 정도였고 그 두 사람이 천거한 사람은 발탁되었다. 그러나 양웅은 3세(世)의 임금이 바뀌는 동안 벼슬이 옮겨지지 않았다.

왕망이 임금의 자리를 빼앗자 담론(談論)하고 남을 설득하며 명리(名利)를 구하는 선비들은 하늘에서 내린 부명(符命)이라며 왕망의 공덕(功德)을 일컬어서 봉작(封爵)을 얻는 자가 몹시 많았으나 양웅은 이때도 제후로 봉해지지 못했고 늙은이로서 오랜 차서라 해서 대부(大夫)로 옮겼으니 권세와 이익에 마음을 두지 않는 것이 이와 같았다.

왕망이 견풍(甄豐) 부자(父子)를 베고 유흠(劉歆)의 아들 유분(劉棻)을 국경 밖으로 귀양보낼 때 그가 한 말에 동조했던 사람들은 주청(奏請)을 기다리지 않고 모두 처벌했다. 이때 양웅도 그 중 한 사람으로서 천록각(天祿閣) 위에서 책을 교정(校正)하는데 옥(獄) 일을 다스리는 사자(使者)가 양웅을 잡으려 하자 양웅은 스스로 면(免)치 못할 것을 두려워하여 이에 각(閣)에서 뛰어내려 거의 죽게 되었다. 유분이 일찍이 양웅을 좇아 이체(異體)의 문자를 배웠다는 이유 한 가지로 잡고자 했던 것이다. 왕망은 양웅이 본래 유분의 일에 관여하지 않았음을 알고 있었기 때문에 조서(詔書)를 내려 죄를 묻지 말라고 했다. 그러나 경사(京師)에서는 말하기를, "오직 적막하여 스스로 각(閣)에서 몸을 던졌고, 이에 맑고 고요하여 부명(符命)을 지었네."라고 했으니 이는 대개 양웅의 저서(著書)인 《해조(解嘲)》 속의 말을 인용한 것으로서 왕망에게 아첨한 부명(簿命) 때문에 목숨을 구했다고 비난한 것이다.

양웅은 집이 가난했지만 술을 좋아했다. 사람들이 그 문에 오는 사람이 드물었는데 이때 일을 좋아하는 사람이 있어서 술과 안주를 가지고 그를 좇아 배웠다. 후파(侯芭)도 그 중 한 사람인데 항상 양웅을 좇아 살면서 양웅이 고생하며 지은《태현(太玄)》과《법언(法言)》을 배웠다. 이에 유흠은 이르기를, "지금 배우는 자들이 녹봉(祿俸)과 이익에는 관심이 있으면서 성현의 책인《역경(易經)》등은 밝히고자 하지 않소. 하물며 이 책의 또 현리(玄理)에 대해서 어찌할 수 있단 말인가? 나는 뒷사람들이 이 책을 무시하여 장독 덮개로 삼지 않을까 두렵소."라고 하자 양웅은 웃고 대답하지 않았다. 나이 71세에 졸(卒)하니 후파가 그를 위하여 무덤에 봉분을 세웠다.

原文 前漢揚雄字子雲. 年四十餘, 自蜀來遊京師. 大司馬王音奇其文雅, 召爲門下史, 與王莽·劉歆並, 哀帝之初, 又與董賢同官, 當成·哀·平閒, 莽·賢皆爲三公, 權傾人主, 所薦莫不拔擢. 而雄三世不徙官. 莽簒位. 談說之士用符命稱功德, 獲封爵甚衆. 雄復不侯. 以耆老久次轉大夫. 恬於埶利如是. 及莽誅甄豊父子, 投劉歆子棻四裔, 辭所連及, 便收不請. 時雄校書天祿閣上. 治獄使者欲收雄. 雄恐不能自免, 迺從閣自投下, 幾死. 棻嘗從雄學奇字. 莽以雄素不與事, 有詔勿問. 然京師爲之語曰, 惟寂寞自投閣. 爰清靜作符命. 蓋以雄解嘲之言譏之也. 雄家貧嗜酒. 人希至其門. 時有好事者載酒肴, 從遊學. 而侯芭常從雄居, 受太玄·法言焉. 劉歆謂曰, 今學者祿利, 尚不能明易. 又如玄何. 吾恐後人用覆醬瓿也. 雄笑而不應. 年七十一卒. 侯芭爲起墳.

註解 ㅇ前漢(전한)－《전한서》〈열전〉57에 있는 이야기임. ㅇ王莽(왕

망)—한(漢)나라 효원황후(孝元皇后)의 조카. 책모(策謀)로써 평제(平帝)를 죽이고 한조(漢朝)를 빼앗아 즉위하여 신(新)나라를 세웠으나 15년만에 광무제(光武帝)에게 망했음. ㅇ劉歆(유흠)—한(漢)나라 사람. 유향(劉向)의 소자(小子). 처음에 《주역(周易)》을 배우다가 뒤에 《좌전(左傳)》을 배웠다. 중국서적 목록(目錄)의 학문이 그로부터 시작됨. 또 장구(章句)의 의미도 균비(均備)했었다. ㅇ董賢(동현)—한(漢)나라 운양(雲陽) 사람. 아름답고 아첨을 잘하여 애제(哀帝)의 사랑을 받아 잠시도 곁을 떠나지 않았다. 고안후(高安侯)에 봉해지고 나이 22세에 대사마(大司馬) 위장군(衛將軍)에 이르렀으나 애제가 붕(崩)하자 왕망(王莽)의 탄핵을 받아 파면되어 돌아가서 자살했다. ㅇ符命(부명)—천자의 칙명(勅命).

559. 위서당당(魏舒堂堂)

—위서(魏舒)는 당당(堂堂)했다

《진서(晉書)》에 보면, 위서(魏舒)의 자는 양원(陽元)이니 임성(任城) 번현(樊縣) 사람이다. 어렸을 때 아버지를 여의고 외가(外家) 영씨(甯氏) 집에서 자라났다. 상(相)을 보는 자가 말하기를, "마땅히 귀한 생질(甥姪)이 나올 것이오."라고 했다. 외조모(外祖母)는 성씨(盛氏)인데 손자가 어리지만 지혜로워서 마음속으로 이르기를, 그 말이 맞는다고 했다. 이에 위서는 말하기를, "마땅히 외가(外家)를 위하여 상(相) 본 사람의 말이 맞게 하리라."고 다짐했다.

위서는 용모가 뛰어나고 위대했으며 술을 섬으로 마셨다. 성질은 지둔(遲鈍)하고 질박해서 고향 친척들이 소중히 여기는 바가 되지 못했다. 보통 사람의 절도를 지키지 않았으며 결백하고 엄정한 일을 하지 않았다. 언제나 남의 재능을 들어 그 인물을 키워주려고 했으며 남의 단점(短點)을 나타내지 않았다.

나이 40여세에 대책(對策)으로 과거에 올라 상서랑(尙書郎)으로 옮겼는데 이때 조정에서는 낭관(郎官)을 가려 쓰고자 하여 재목이 아닌 자는 파면했다. 이에 위서가 말하기를, "내가 곧 그 사람이오." 하고는 침구(寢具)를 싸가지고 나가서 상국참군(相國參軍)으로 옮겼는데 문제(文帝 : 司馬昭)가 깊이 그의 그릇을 소중히 여겨 항상 조회가 끝나면 눈짓하여 보내면서 말하기를, "위서(魏舒)는 당당(堂堂)하여 사람들의 영수(領袖) 감이다."라고 했다.

사도(司徒) 산도(山濤)가 죽자 그는 승진하여 사도(司徒)가 되었다. 그 무렵 진류군(陳留郡)의 주진(周震)이란 사람은 현명하다 하며 여러번 여러 부(府)에서 부르는 바가 되었으나 부르는 글이 이미 내려가면 부른 사람이 반드시 모두 죽으므로 이름하기를, '주진은 살공경(殺公卿)'이라고 했다. 그러나 위서는 그를 거리낌없이 불렀거니와 아무런 병도 없으니 식자(識者)들이 그는 명(命)에 통달한 사람이라고 일컬었다.

나이 늙어 벼슬을 사양하자 궤장(几杖)과 안거(安車)와 사마(駟馬)를 하사하여 궁궐 문에서도 말을 타게 하니 당시 식자들이 이르기를, "진(晉)나라가 일어난 이후로 삼공(三公)이 능히 영화를 사양하고 잘 마친 자는 그말고는 아직 없었다."라고 했다.

原文 晉書, 魏舒字陽元, 任城樊人. 少孤, 爲外家甯氏所養. 甯氏起宅. 相者云, 當出貴甥. 外祖母以盛氏甥小而慧意謂應之. 舒曰, 當爲外氏成此宅相. 舒姿望秀偉, 飮酒石餘. 遲鈍質朴, 不爲鄕親所重. 不修常人之節, 不爲皎厲之事, 每欲容才長物, 終不顯人之短. 年四十餘, 對策升第, 遷尙書郎. 時欲沙汰郎官, 非才者罷之. 舒曰, 五郎其人也. 襆被而出, 轉相國參軍. 文帝深器重之, 每朝會罷目送之曰, 魏舒堂堂, 人之領袖也. 及山濤薨, 領司徒. 陳留周震累爲諸府所辟. 辟書旣下, 公輒喪亡. 僉號震爲殺公掾. 舒命之, 竟無患. 識者稱其達命. 年老遜位. 賜几杖·安車·駟馬, 門施行馬. 時論以爲晉興以來, 三公能辭榮善終, 未之有.

註解 ㅇ晉書(진서)－《진서》〈열전〉 11에 있는 이야기임. ㅇ堂堂(당당)－씩씩함.

560. 주사악악(周舍鄂鄂)

－주사(周舍)는 바른 말을 거리낌없이 했다

《사기(史記)》에 보면, 진(晉)나라 대부(大夫) 조간자(趙簡子)에게 신하가 있으니 주사(周舍)인데 직간(直諫)하기를 좋아했다. 주사가 죽자 조간자는 조회를 하는데 항상 기뻐하지 않았다. 대부들은 그 모습을 보고 자기네들에게 부족한 점이 있기 때문이 아닌가 하여 죄를 청하자 조간자는 말하기를, "대부들에게는 아무 죄도 없소이다. 내가 들으니 천 마리 양(羊)의 가죽이 한 마리 여우의 겨드랑이 가죽만 못하다고 하더이다. 여러 대부들은 조회 때마다 '예예'하는 소리만 할 뿐 주사와 같은 바른 말을 듣지 못하겠으니 이 까닭에 근심하는 것이오."라고 했다.

《몽구》 구본(舊本)에는 악(鄂)자를 악(諤)자로 적고 있다.

原文 史記, 晉大夫趙簡子有臣. 曰周舍. 好直諫. 周舍死. 簡子每聽朝常不悅. 大夫請辠. 簡子曰, 大夫無辠. 吾聞千羊之皮不如一狐之腋. 諸大夫朝, 徒聞唯唯, 不聞周舍之鄂鄂. 是以憂也. 舊本鄂作諤.

註解 ㅇ史記(사기)－《사기》〈조세가(趙世家)〉에 있는 이야기임. ㅇ趙簡子(조간자)－춘추시대 진(晉)나라 대부(大夫). 이름은 앙(鞅). 간(簡)은 그의 시호. ㅇ鄂鄂(악악)－바른 말을 거리낌없이 하는 모양.

561. 무염여칠(無鹽如漆)

－무염(無鹽)은 피부가 옻과 같았다

《고열녀전(古列女傳)》에 보면, 종이춘(鍾離春)이란 자는 제(齊)나라 무염읍(無鹽邑)의 여자이니 선왕(宣王)의 정후(正后)이다. 사람됨이 몹시 추하기가 세상에 둘도 없었다. 평평한 절구머리에 깊은 눈, 긴 손가락에 큰 마디요 올려다보는 코에 잘록한 목이다. 그 목에는 살이 쪄있고 머리털은 숱이 적으며 굽은 허리에 가슴은 앞으로 나오고 피부의 빛깔은 옻칠처럼 검었다.

나이 40인데도 용납하여 데려가는 사람이 없어서 스스로 중매를 했으나 팔리지 않았다. 이에 짧은 속옷을 깨끗이 털어 입고 스스로 선왕(宣王)에게 나가서 후궁(後宮)의 소제를 맡아 하기를 청했다. 이때 선왕은 바야흐로 점대(漸臺)에서 술을 마시는데 좌우 사람들이 입을 가리고 크게 웃었다.

이에 왕이 불러보자 무염은 왕을 위하여 사태(四殆)를 아뢰었다. 이에 왕은 점대에서 결단을 내려 여악(女樂)을 중지하고 일체의 아첨을 물리치고 새기고 다듬는 것, 즉 사치를 버리고 곧 직언(直言)을 권장하여 태자(太子)를 세우고 무염을 임명하여 후(后)를 삼으니 제(齊)나라가 크게 편안했다.

原文 **古列女傳, 鍾離春者齊無鹽邑之女, 宣王正后也. 爲人極醜無雙. 臼頭深目, 長指大節, 昂鼻結喉, 肥項少髮, 折**

腰出胸, 皮膚若漆. 年四十無所容入, 衒嫁不售. 乃拂拭短褐, 自詣宣王, 願備後宮之掃除. 宣王方置酒於漸臺. 左右聞之, 掩口大笑. 王召見之. 無鹽爲陳四殆. 王於是立折漸臺, 罷女樂, 退諂諛, 去彫琢, 進直言, 延側陋立太子, 拜無鹽爲后. 而齊國大安.

註解 ㅇ古列女傳(고열녀전)－한(漢)나라 유향(劉向)이 지었음. 이 이야기는 권 6 〈변통전(辯通傳)〉에 있음. ㅇ四殆(사태)－네 가지의 위태로움. 첫째 사방의 강국 틈에 끼어 있는 것이요, 둘째 황금·백옥 같은 보석으로 대(臺)를 꾸몄는데 백성들은 괴로워하는 것이요, 셋째는 간사하고 아첨하는 자가 조정에 서고 어진 자는 산림(山林)에 숨어 있는 것이요, 넷째는 음주를 주야로 계속하여 제후의 예는 닦지 않고 국가의 정치에 애쓰지 않는 것.

562. 고사약빙(姑射若氷)

－고사(姑射)의 신인(神人)은 피부가 얼음과 같았다

《장자(莊子)》에 말하기를, 모고사(藐姑射)의 산에 신인(神人)이 살고 있는데 피부는 마치 얼음 또는 눈과 같고 얌전하기는 처녀(處女)와 같다. 오곡(五穀)은 먹지 않고 바람을 호흡하고 이슬을 마시며 구름 기운을 타고 나는 용(龍)을 타고 사해(四海) 밖에까지 주유(周遊)한다고 했다.

原文 莊子曰, 藐姑射之山有神人居焉. 肌膚若氷雪, 綽約若處子. 不食五穀. 吸風飮露, 乘雲氣, 御飛龍而遊乎四海之外.

註解 ㅇ莊子(장자)－《장자》 〈소요유편(逍遙游篇)〉에 있는 이야기임.

563. 주자투화(邾子投火)

—주자(邾子)가 몸을 불에 던지다

《좌씨전(左氏傳)》에 보면, 주자(邾子)가 문 위의 대(臺)에 있으면서 뜰을 바라보는데 문지기가 단지의 물을 뜰에 뿌리고 있었다. 주자가 이를 바라보고 노하니 문지기가 말하기를, "이사고(夷射姑)가 소변을 본 것입니다."라고 말했다. 주자는 명하여 이사고를 잡으려고 했는데 잡히지 않았다. 주자는 더욱 노하여 스스로 붙잡겠다며 침상에서 뛰어내렸는데 그 옆에 있던 화로의 재에 빠져서 데었고 드디어 졸(卒)했다. 장공(莊公)은 성격이 조급했지만 깨끗한 것을 좋아했다. 그 때문에 일이 이에 이르렀던 것이다. 장공(莊公)이란 곧 주자(邾子)의 시호요, 선(旋)은 소변이요 폐(廢)는 떨어진다는 의미이다.

原文 左氏傳, 邾子在門臺臨廷. 閽以缾水沃廷. 邾子望見之怒. 閽曰, 夷射姑旋焉. 命執之弗得. 滋怒, 自投于牀, 廢于鑪炭爛, 遂卒. 莊公卞急而好潔. 故及是. 莊公卽邾子謚, 旋小便, 廢墮也.

註解 ㅇ左氏傳(좌씨전)—《좌씨전》 정공(定公) 3년조에 있는 이야기임.

564. 왕사노승(王思怒蠅)

—왕사(王思)가 파리에게 화를 내다

《위지(魏志)》에 보면, 왕사(王思)는 제음(濟陰) 사람인데 예주자사(豫州刺史)가 되었다. 왕사는 관리의 일에는 능했으나 잔달고 대체(大體)가 없었다. 벼슬이 구경(九卿)에 이르고 열후(列侯)에 봉해졌다.

《위략(魏略)》에 말하기를 왕사는 성질이 급했다. 일찍이 붓을 잡고 글씨를 쓰는데 파리가 붓 끝에 모여들어서 쫓아도 다시 오곤 했다. 이렇게 하기를 두세 번 거듭하자 왕사는 몹시 노해서 스스로 일어나 파리를 쫓아도 되지 않자 돌아가서 붓을 잡아 땅에 던지고 발로 밟아 망가뜨렸다.

原文 **魏志, 王思濟陰人. 領豫州刺史. 思能吏. 然苛碎無大體. 官至九卿, 封列侯. 魏略曰, 思性急. 嘗執筆作書, 蠅集筆端, 驅去復來. 如是再三. 思恚怒, 自起逐蠅不能得. 還取筆擲地, 蹋壞之.**

註解 ㅇ魏志(위지)－노승(怒蠅)의 고사(故事)는 《위지》의 본문에는 없는데 《위지》〈양습전(梁習傳)〉 주(注)에, 《위략》〈가리전(苛吏傳)〉을 인용하여 기록하고 있음. ㅇ列侯(열후)－많은 제후(諸侯)들을 말함.

565. 부랑조백(苻朗皀白)

－부랑(苻朗)이 검고 흰 것을 말한다

《진서(晉書)》에 보면 부랑(苻朗)의 자는 원달(元達)이니 약양(略陽) 임위(臨渭)의 저(氐) 땅 사람으로서 부견(符堅)의 종형(從兄)의 아들이다. 청주자사(靑州刺史)에 임명되었는데 그후 진(晉)나라에 항복하여 원외산기시랑(員外散騎侍郎)을 더했다. 이에 양주(揚州)에 이르자 풍류(風流)가 한 때에 뛰어나 높다랗게 스스로 만족했다. 맛을 잘 알아서 짜고 신 것과 고기를 잘 구별했다.

회계왕(會稽王)이 그를 위해서 풍성한 음식을 차렸는데 양자강 동쪽의 뛰어난 음식은 모두 장만했다. 식사가 끝난 뒤에 묻기를, "그대의 고향인 관중(關中)의 음식과 비교할 때 어떠하오?"라고 하자 대답하기를, "양쪽 것이 모두 좋으나 다만 짠맛이 조금 진한 것 같습니다."라고 하므로 음식 만드는 사람에게 물어보니 모두 그 말과 같았다. 어떤 사람이 닭을 잡아서 먹게 했는데 이미 음식이 나오자 부랑은 말하기를, "이 닭은 재우는 곳이 반은 밖이었었군요."라고 했다. 검사해보니 모두 맞는 말이었다. 또 거위 고기를 먹고 검고 흰 곳의 살을 알아내자 사람들은 믿지 않으므로 기록해 가지고 시험했더니 잘못이 없었다. 당시 사람들은 모두 그가 맛을 잘 안다고 했다.

原文 **晉書, 苻朗字元達, 略陽臨渭氐人, 堅從兄子. 拜青州刺史. 降晉, 加員外散騎侍郎. 旣至揚州. 風流邁於一時, 超然自得. 善識味, 鹹酢及肉, 皆別所由. 會稽王爲設盛饌, 極江左精餚. 食訖問曰, 關中之食孰若此. 答曰, 皆好. 惟鹽味小生耳. 旣問宰夫, 皆如其言. 或人殺雞以食之. 旣進. 朗曰, 此雞棲常半露. 檢之皆驗. 又食鵝肉知黑白之處. 人不信. 記而試之無差. 時人咸以爲知味.**

註解 ㅇ晉書(진서)-《진서》 재기(載記) 13 〈부견전(苻堅傳)〉에 있는 이야기임. ㅇ堅(견)-부견(苻堅). 부진(苻秦)의 군주(君主). 처음엔 왕맹(王猛)을 등용하여 세력을 떨치다가 진(晉)에게 망했음.

566. 역아치승(易牙淄澠)

-역아(易牙)가 치수(淄水)와 승수(澠水)를 알아내다

《열자(列子)》에 공자(孔子)의 말을 인용하여 말하기를 치수(淄水)

와 승수(澠水)의 물이 합치는 곳의 물을 역아(易牙)는 잘 식별했다고 기록하고 있다. 역아는 제(齊)나라 대부(大夫)로서 맛을 잘 알아 치수와 승수의 물맛을 맛만 보고 알아냈던 것이다.

原文 **列子引孔子曰, 淄澠之合, 易牙知之. 易牙齊大夫, 善聞味, 辨淄·澠二水. 但嘗而知之也.**

註解 ㅇ列子(열자)－여기에서는 열자(列子)가 쓴 책을 말함. 이 책은 열어구(列禦寇)가 쓴 책인데 열어구는 전국시대 정(鄭)나라 사람. 그의 학문은 황로(黃老)를 기본으로 하였으며 열자 8편을 지었음. ㅇ淄水(치수)－산동성(山東省) 내부현(萊蕪縣)에서 발원하여 동북으로 흘러 황하(黃河)로 들어가는 강. ㅇ澠水(승수)－승지현(澠池縣)에서 발원하여 남쪽으로 흘러들어간 물. 제환공(齊桓公)의 신하 역아(易牙)가 이 치수와 승수의 맛을 맛만 보고 알아냈다 함. ㅇ易牙(역아)－제환공(齊桓公)의 신하. 치수와 승수를 맛만 보고도 식별했다고 한다.

567. 주발직박(周勃織薄)
－주발(周勃)이 잠박(蠶箔)을 짜다

전한(前漢) 주발(周勃)의 조상은 권현(卷縣) 사람이다. 패(沛) 땅으로 옮겨 잠박(蠶箔)을 짜는 것으로 생업(生業)을 삼고 항상 퉁소를 불며 초상일을 도왔는데 재간과 역량은 강한 활을 당길 만했다.

고조(高祖)가 일어나자 주발은 중연(中涓)으로서 공격하는 싸움에 좇아가서 그 공으로 강후(絳侯)에 봉해졌다. 주발은 사람됨이 질박하고 두터워서 고제(高帝)는 그를 가히 큰 일을 맡길 만하다고 했다. 주발은 학문을 좋아하지 않았다. 항상 제생(諸生)을 불러서 일을 말하도록 할 때에는, 스스로 오만하게도 빈객처럼 동쪽을 향해 앉아서 그들을 책망하고 나를 위해 어서 말하라고 요구했으니 그 질박하고 둔하고 문채가 적은 것이 이와 같았다.《몽구》구본(舊本)에 직박(織薄)의 박(薄)자를 분(畚)자로 적고 있는 것은 잘못이다.

原文 前漢周勃, 其先卷人. 徙沛, 以織薄曲爲生. 常以吹簫給喪事. 材官引强. 高祖起, 勃以中涓從攻戰. 以功封絳侯. 勃爲人木彊敦厚. 高帝以爲可屬大事. 勃不好文學. 每召諸生說事, 東鄕坐責之, 趣爲我語. 其椎魯少文如此. 舊本薄作畚非.

註解 ㅇ前漢(전한)—《전한서》〈열전〉10에 있는 이야기임.《사기(史記)》〈세가(世家)〉27에도 있음. ㅇ中涓(중연)—궁중(宮中)의 청소를 맡은 벼슬.

568. 관영판증(灌嬰販繒)

—관영(灌嬰)이 비단을 팔다

전한(前漢) 관영(灌嬰)은 수양(睢陽)에서 비단을 팔던 자이다. 중연(中涓)으로서 고조(高祖)를 좇다가 항적(項籍)이 해하(垓下)에서 패하자 관영은 어사대부(御史大夫)로서 거기(車騎)를 거느리고 따로 좇아서 동성(東城)에 이르러 깨치니 거느린 군사 5명과 함께 항적의 목을 베었다. 그 공으로 봉작(封爵)을 받았으며 영음후(潁陰侯)에 봉해졌다. 문제(文帝) 때 승상이 되었다.

原文 前漢灌嬰睢陽販繒者也. 以中涓從高祖. 及項籍敗垓下, 嬰以御史大夫將車騎, 別追至東城破之. 所將卒五人共斬籍. 以功賜爵潁陰侯. 文帝時爲丞相.

註解 ㅇ前漢(전한)－《전한서》〈열전〉 11에 있는 이야기임. 《사기(史記)》〈열전〉 35에도 있음. ㅇ項籍(항적)－진말(秦末)의 하상(下相) 사람. 우(羽)는 그의 자. 진말(秦末)에 진승(陳勝)·오광(吳廣)이 군사를 일으키자 숙부(叔父) 항량(項梁)과 오중(吳中)에서 군사를 일으켜 진군(秦軍)을 격파(擊破)하고 스스로 서초(西楚)의 패왕(霸王)이라 일컬음. 한고조(漢高祖)와 천하를 다투다가 해하(垓下)에서 패사(敗死)함. ㅇ垓下(해하)－지명(地名). 지금의 안휘성(安徽省) 영단현(靈壇縣) 동남쪽. 항우가 한고조에게 패하여 전사한 곳.

569. 마량백미(馬良白眉)

－마량(馬良)이 제일 뛰어났다

《촉지(蜀志)》에 보면, 마량(馬良)의 자는 계상(季常)이니 양양(襄陽) 의성(宜城) 사람이다. 형제 5명이 모두 재주가 있었다. 향리(鄕里)에서 그들을 위한 속담에 말하기를 '마씨(馬氏)의 오상(五常) 중에 눈썹이 하얀 자가 제일 뛰어나다'라고 했다. 마량은 눈썹 속에 흰털이 있기 때문에 이렇게 일컫는 것이다.

선주(先主) 유비(劉備)가 황제의 존호(尊號)를 칭하자 마량으로써 시중(侍中)을 삼고 동쪽으로 오(吳)나라를 치는데 마량을 보내어 무릉(武陵)으로 들어가 오계(五溪)의 만이(蠻夷)를 불러서 받아들였다. 만이의 우두머리들은 마량의 말에 따라 모두 인호(印號)를 받았으니 선주의 뜻과 같이 되었다.

原文 **蜀志, 馬良字季常, 襄陽宜城人. 兄弟五人, 並有才名. 鄕里爲之諺曰, 馬氏五常, 白眉最良. 良眉中有白毛. 故以稱之. 先主稱尊號, 以良爲侍中. 及東征吳, 遣良入武陵, 招納五溪蠻夷. 蠻夷渠帥皆受印號, 咸如意指.**

註解 ㅇ蜀志(촉지)－《촉지》 권9에 있는 이야기임. ㅇ五常(오상)－마량(馬良)의 다섯 형제의 자(字)가 모두 상(常)이므로 이렇게 부름. ㅇ白眉(백미)－마량(馬良)의 눈썹에 흰 털이 있었으므로 마량을 가리켜 이렇게 말함.

570. 완적청안(阮籍青眼)

－완적(阮籍)은 푸른 눈동자였다

《진서(晉書)》에 보면 완적(阮籍)의 자는 사종(嗣宗)이니 진류(陳留) 위씨현(尉氏縣) 사람이다. 산기상시(散騎常侍)가 되었다가 종사중랑(從事中郎)으로 옮겼다. 그후 보병교위(步兵校尉)의 군영(軍營) 안에 사병(士兵)으로서 술을 잘 빚어 술 3백 곡(斛)을 간직하고 있는 자가 있다 하므로 이에 청원하여 보병교위(步兵校尉)가 되었다. 완적은 예교(禮敎)에 구애받지 않고 능히 청안(青眼)과 백안(白眼)을 구분해서 사용했다. 즉 예속(禮俗)의 선비에게는 백안으로 대하는데 혜희(嵇喜)가 와서 조상하자 그는 백안을 지으니 기뻐하지 않고 물러갔다. 이에 혜희의 아우 혜강(嵇康)이 이 말을 듣고는 술을 가지고 거문고를 끼고서 찾으니 완적은 크게 기뻐하며 비로소 청안(青眼)을 보였다. 이러했으므로 예법을 지키는 선비는 그를 미워하기를 마치 원수를 대하듯 하였다. 완적은 이따금 마음 내키는 대로 혼자서 수레를 타고 길과는 상관없이 달리다가 도저히 수레가 갈 수 없는 곳까지 갔다가는 울면서 돌아오는 것이었다.

原文 **晉書, 阮籍字嗣宗, 陳留尉氏人. 爲散騎常侍, 轉從事中郎. 聞步兵廚營人善釀, 有貯酒三百斛, 乃求爲步兵校尉. 籍不拘禮敎, 能爲青白眼. 見禮俗之士, 以白眼對之. 及嵇喜**

來弔籍作白眼. 喜不懌而退. 喜弟康聞之, 乃賫酒挾琴造焉. 籍大悅, 乃見青眼. 由是禮法之士疾之若讎. 籍時率意獨駕, 不由徑路. 車迹所窮輒慟哭而反.

註解 ㅇ晉書(진서)－《진서》〈열전〉19에 있는 이야기임. ㅇ斛(곡)－곡(斛)은 옛날의 말. ㅇ嵇喜(혜희)－혜강(嵇康)의 형. 벼슬은 양주자사(揚州刺史). ㅇ青眼(청안)·白眼(백안)－청안(青眼)은 기뻐하는 눈이고 백안(白眼)은 노여워하는 눈.

571. 경포개관(黥布開關)

－경포(黥布)가 관문(關門)을 열다

전한(前漢) 경포(黥布)는 육현(六縣) 사람이다. 성(姓)은 영씨(英氏)이니 젊었을 때 손님이 그의 상(相)을 보고 말하기를 "형벌을 받고 왕(王)이 되겠다."라고 했다. 자라서 죄에 연좌되자 경포는 기뻐하면서 웃고 말하기를, "어떤 사람이 내 상(相)을 보고 형벌을 받아야 왕이 된다고 하더니 형벌을 받는다 함은 이것을 말함이로구나."라고 하니 듣는 자가 웃었다.

경포는 죄의 판결로 여산(驪山)으로 옮겨졌는데 여산의 죄수들 무리가 수십 만이나 되었다. 경포는 그 무리의 우두머리와 호걸(豪傑)들과 서로 통하여 이에 그 무리의 동배들을 거느리고 강속으로 도망하고 도당을 만들어 도둑질을 하니 그 무리가 수천 명이었다. 뒤에 그 군사들을 데리고 초(楚)나라 항량(項梁)에 소속되었는데 이 초나라 군사가 항상 이겼고 그의 전공(戰功)은 제후(諸侯)들의 으뜸이었다. 군사들이 모두 초나라에 항복해온 것은 경포가 소수의 병력으로 적군의 대군을 격파하고 용명(勇名)을 떨쳤기 때문이다. 이때 항적이 군사를 이끌고 서쪽으로 관문(關門)에 이르렀으나 들어가지 못했다. 그래서 항적은 또 경포로 하여금 먼저 사잇길로 해서 관(關)을 깨쳐 군사를 함락시키게 한 다음 드디어 들어가서 함양(咸陽)에 이르렀던 것이다. 그때 경포가 선봉을 섰다. 항우(項羽)는 제장(諸將)들을 봉하고 경포를 세워 구강왕(九江王)을 삼았는데 한(漢)나라에 돌아와서는 회남왕(淮南王)에 봉해졌다.

原文 **前漢黥布六人. 姓英氏. 少時客相之, 當刑而王. 及壯坐法黥. 欣然笑曰, 人相我, 當刑而王. 幾是乎. 聞者笑之. 布以論輸驪山. 驪山之徒數十萬人. 布與其徒長豪傑交通. 乃率其曹耦, 亡之江中, 爲群盜. 重數千人. 後以兵屬項梁. 楚兵常勝, 功冠諸侯. 兵皆歸屬楚者, 以布數以少敗衆也. 項籍引兵西至關, 不得入. 又使布等先從閒道破關下軍, 遂得入至咸陽. 布爲前鋒. 項羽封諸將, 立布爲九江王. 歸漢封淮南王.**

註解 ㅇ前漢(전한)－《전한서》〈열전〉 4에 있는 이야기임. 《사기(史記)》〈열전〉 31에도 있음. ㅇ黥布(경포)－성(姓)이 영(英)인데 형벌로 문신(文身)을 얼굴에 하여 경(黥)으로 고침.

572. 장량소잔(張良燒棧)

－장량(張良)이 잔도(棧道)를 불태우다

전한(前漢) 항우(項羽)는 자립(自立)하여 서초(西楚) 패왕(霸王)이 되어 양초(梁楚)의 땅에 군림했다. 또 관중왕(關中王)이었던 패공(沛公)을 세워 한왕(漢王)을 삼았다. 한왕(漢王)은 영지(領地)로 파촉(巴蜀)과 한중(漢中)을 주었다. 한왕이 고향이기도 한 영지에 가자 장량(張良)은 사퇴하고 한(韓)나라로 돌아갔는데 한왕은 그를 포중(褒中)까지 전송했다. 장량은 그곳에서 한왕을 설득했다. "잔도(棧道)를 불태워 끊어서 제후(諸侯)의 도적에 대비하시고 또한 항우에게 영지는 동쪽으로 넓혀 갈 마음이 없다는 것을 보이시어 그를 안심시키십시오."라고 했다. 이에 장량으로 하여금 돌아가게 하고 잔도를 불살라 끊었다.

原文 **前漢項羽自立爲西楚霸王, 王梁楚地. 更立沛公爲漢王, 王巴蜀漢中. 漢王就國. 張良辭歸韓. 漢王送至褒中. 因說漢王, 燒絶棧道, 以備諸侯盜兵, 亦示羽無東意. 迺使良還行燒絶棧道.**

註解 ㅇ前漢(전한)—《전한서》 권1 〈고제본기(高帝本紀)〉에 있는 이야기임. ㅇ巴蜀(파촉)—사천(四川)의 별칭(別稱). 파(巴)는 지금의 사천성(四川省) 중경지방(重慶地方). 촉(蜀)은 지금의 사천성 지방. ㅇ棧道(잔도)—산골짜기에 높이 건너질러 놓은 다리.

573. 진유반감(陳遺飯感)

—진유(陳遺)가 밥에 감동하다

《남사(南史)》에 보면, 송(宋)나라 초년에 오군(吳郡) 진유(陳遺)가 젊었을 때 군리(郡吏)가 되었다. 그 어머니가 솥바닥의 눌은밥을 좋아해서 진유는 관청에서 근무하다가 항상 주머니를 차고 있다가 밥이 눌은 것을 담아 가지고 어머니에게 갖다드렸다.

그후 손은(孫恩)의 난리에 눌은밥 두어 되를 모아가지고 항상 따랐는데 적군에게 패하고 도망하여 숨게 되자 주려 죽은 자가 많았으나 진유는 이것으로 살 수가 있었다. 한편 어머니는 밤낮으로 아들의 안부를 걱정하며 울다가 눈이 멀고 귀도 들리지 않았는데 진유가 돌아와 문으로 들어가서 먼저 두 번 절하고 흐느껴 울자 어머니는 금시에 눈을 떴고 귀도 들렸다.

原文 南史, 宋初吳郡陳遺, 少爲郡吏. 母好食鐺底焦飯. 遺在役, 常帶囊, 每煮食, 輒錄其焦以貽母. 後孫恩亂, 聚得數升, 常帶自隨. 及敗逃竄, 多有餓死, 遺以此得活. 母晝夜泣涕, 目爲失明, 耳無所聞. 遺還入戶, 再拜號咽, 母豁然朗明.

註解 ㅇ南史(남사)-《남사》〈열전〉63 효의전(孝義傳)에 있음.《세설신어(世說新語)》〈덕행편(德行篇)〉에도 있음.

574. 도간주한(淘侃酒限)

-도간(淘侃)은 술의 한도가 있었다

《진서(晉書)》에 보면, 도간(淘侃)의 자는 사행(士行)이니 파양(鄱陽) 사람이다. 심양(潯陽)으로 옮겼는데 일찍 아버지를 여의고 가난하게 지냈다. 효렴(孝廉)으로 현리(縣吏)가 된 범규(范逵)가 일찍이 도간의 집을 찾게 되었는데 이때 창졸간에 손님 대접할 길이 없었다. 어머니가 머리털을 자르고 다리〔髲〕 두 개를 만들어서 술과 안주를 바꿔다가 범규를 대접하여 즐겁게 마시고 헤어졌다. 비록 종들까지도 역시 바라지 않던 은혜를 입곤 했었다.

도간은 태위(太尉) 도독형강등제군사(都督荊江等諸君事)와 장사군공(長沙郡公)이 되었다. 그는 항상 술을 마시는데 정해진 한도(限度)가 있었다. 도간은 언제나 감흥(感興)이 일어 즐거움이 극에 달하지 않더라도 한계에 이르면 술마시기를 멈추는 것이었다. 좌리(佐吏) 은호(殷浩) 등이 조금만 더 들라고 권하면 도간은 말하기를, “젊었을 때 일찍이 술로 실수한 일이 있어서 돌아가신 어머님과 약속이 있기 때문에 감히 양(量)을 넘을 수가 없소.”라고 했다. 도간이 일찍이 어머니 상(喪)을 당하여 벼슬길에서 물러나 간신히 여막(廬幕)에 있을 때 두 손님이 조상하러 왔다. 그 거동과 의복이 선명하고 이상했다. 이에 사람을 보내서 그를 찾았더니 다만 두 마리 학이 날아서 하늘로 돌아가더란 것이었다.

原文 晉書, 淘侃字士行, 鄱陽人. 徙潯陽. 早孤貧. 爲縣吏. 孝廉范逵嘗過侃. 時倉卒無以待賓客. 其母乃截髮, 得雙髲, 以易酒肴, 樂飮極歡. 雖僕從亦過所望. 侃至太尉·都督荊江等諸軍事·長沙郡公. 侃每飮酒有定限. 常歡有餘而限已竭. 佐吏殷浩等勸更少進. 侃曰, 年少曾有酒失. 亡親見約. 故不敢踰. 侃嘗丁母憂, 艱辛在墓下. 二客來弔. 儀服鮮異. 遣人尋之, 但有雙鶴飛沖天而去.

註解 ○晉書(진서)-《진서》〈열전〉 36에 있는 이야기임. ○幕(막)-여막(廬幕), 즉 상제가 거처하는 무덤 근처의 오두막.

575. 초소평실(楚昭萍實)

-초나라 소왕(昭王)의 개구리밥[萍] 열매

《공자가어(孔子家語)》에 말하기를, 초(楚)나라 소왕(昭王)이 강을 건너는 때였다. 강속에 물건이 있어 크기는 말[斗]과 같고 둥글고 붉은 것이 바로 왕의 배에 부딪치자 배 위의 사람이 이를 가져다가 왕에게 올렸다. 왕은 괴이해서 여러 신하들에게 물었으나 아무도 알지 못했다. 이에 사자(使者)를 시켜 노(魯)나라에 가서 공자(孔子)에게 묻게 했더니 공자는 말하기를, "이것은 개구리밥의 열매〔萍實〕이니 쪼개서 먹으면 길하고 상서로우나 오직 패자(覇者)라야 능히 이것을 얻을 수 있는 것이다."라고 했다.

사자가 초나라로 돌아왔고 왕이 드디어 이것을 먹었더니 맛이 좋았다. 오랜 뒤에 사자가 와서 노(魯)나라 대부(大夫)에게 고하자 대부(大夫)는 자유(子游)를 통해서 묻기를, "부자(夫子)께서는 어떻게 그것을 아셨습니까?"라고 하자, 공자는 말하기를, "내가 지난날 정(鄭)나라에 갔을 때 진(陳)나라 들을 지나다가 동요(童謠)를 들으니 이르기를 초(楚)나라 왕이 강을 건너다가 평실(萍實)을 얻었는데 크기가 말〔斗〕과 같고 붉은 것이 해와 같은데 쪼개서 먹으니 달기가 꿀과 같았다라고 했으니 이는 초왕(楚王)의 이번 일의 조짐이라. 이로써 알았다."라고 했다.

原文 **家語曰, 楚昭王渡江. 江中有物. 大如斗, 圓而赤. 直觸王舟. 舟人取之. 王在問群臣, 莫能識. 使使聘魯, 問孔子. 孔子曰, 此萍實也. 可剖食之. 吉祥也. 惟霸者爲能獲焉. 使者反. 王遂食之, 大美. 久之使來, 以告魯大夫. 大夫因子游問曰, 夫子何以知其然. 曰, 吾昔之鄭, 過陳之野, 聞童謠. 曰, 楚王渡江得萍實. 大如斗, 赤如日, 剖而食之, 甜如蜜. 此楚王之應. 吾是以知之.** 유

註解 ㅇ家語(가어)－《공자가어(孔子家語)》를 말함. ㅇ覇者(패자)－제후(諸侯)의 우두머리. ㅇ使者(사자)－여기에서는 초(楚)나라 사신을 말함. ㅇ子游(자유)－공자(孔子)의 문인(門人)으로서 성은 언(言), 이름은 언(偃). 자유는 그의 자. 문학(文學)에 뛰어남.

576. 속석죽간(束皙竹簡)

—속석(束皙)의 글씨 쓴 댓조각

《진서(晉書)》에 보면 속석(束皙)의 자는 광미(廣微)이니 양평(陽平) 원성(元城) 사람이며 한(漢)나라 소광(疎廣)의 후손이다. 소광의 증손(曾孫)이 난리를 피하여 옮겨와 살았는데 소(疎)자의 변인 족(足)을 떼내고 고쳤다.

속석은 널리 배우고 많이 들어서 젊어서는 국학(國學)에 유학했고 뒤에는 저작랑(著作郎)이 되었다. 처음 태강(太康) 2년 급군(汲郡) 사람이 위(魏)나라 양왕(襄王)의 묘(墓)를 도굴했다. 혹은 안리왕(安釐王)의 무덤이라고도 하는데 어쨌든 그곳에서 죽서(竹書) 수십 수레분을 얻었고 그것을 조정에 바쳤다. 무제(武帝)가 그 글을 비서(秘書)에 명하여 차례를 교정(校正)하여 편집하라 하고 그 뜻을 깊이 연구하되 당시 통용되는 글로 쓰게 했다. 속석은 저작랑(著作郎)으로 있을 때였으므로 그 죽서(竹書)를 조사해 보았다. 마땅하게 나누어 풀었는데 모두 해석의 근거가 있었다.

그 뒤에 상서랑(尙書郎)으로 옮겼는데 이때 어떤 사람이 숭고산(嵩高山) 아래에서 죽간(竹簡) 한 장을 얻었다. 위의 두 줄은 과두문자(科斗文字)였다. 이것을 전해가면서 서로 보였으나 아무도 아는 자가 없었다. 이에 사공(司空) 장화(張華)가 이것을 속석에게 묻자 그는 말하기를, "이는 한(漢)나라 명제(明帝)의 절릉(節陵) 속에 있는 책문(策文)이오."라고 했는데 검사해보자 과연 그러했다. 당시 사람들은 그의 널리 아는 것에 감복했다.

原文 晉書, 束皙字廣微, 陽平元城人. 漢疎廣之後. 廣曾孫避難徙居. 因去疎之足, 遂改姓焉. 皙博學多聞. 少遊國學,後爲佐著作郞. 初太康二年汲郡人盜發魏襄王墓. 或言安釐王冢. 得竹書數十車. 武帝以其書付祕書, 校綴次第, 尋考指歸, 而以今文寫之. 晳在著作得觀竹書, 隨宜分釋. 皆有義證. 遷尙書郞. 時有人於嵩高山下得竹簡一枚. 上兩行科斗書. 傳以相示, 莫有知者. 司空張華以問晳. 晳曰, 此漢明帝顯節陵中策文也. 檢驗果然. 時人伏其博識.

註解 ㅇ晉書(진서)-《진서》〈열전〉 21에 있는 이야기임. ㅇ盜掘(도굴)-남모르게 훔쳐서 파내는 것. ㅇ竹書(죽서)-댓조각에 쓴 글. ㅇ科斗書(과두서)-전문(篆文) 이전에 사용된 최고(最古)의 글자. 글자의 획이 올챙이 모양과 같아서 이렇게 말함.

577. 만청삼동(曼倩三冬)
-만청(曼倩)의 겨울 석달

전한(前漢) 동방삭(東方朔)의 자는 만청(曼倩)이니 평원(平原) 염차(厭次) 사람이다. 무제(武帝)가 방정(方正)·현량(賢良)·문학(文學)·재력(材力)의 선비로 거용(擧用)하여 차서를 뛰어넘는 지위로 대우했다. 이에 사방(四方)의 선비들이 글을 올려 득실(得失)을 말했는데 스스로 자기를 두둔하여 말하는 글을 올림으로써 써주기를 바라는 자가 천(千)을 헤아릴 정도였다.

이에 동방삭은 글을 올려 말하기를, "신(臣)이 어려서 부모를 잃고 오랫동안 형수(兄嫂)에게서 길러지다가 나이 13세 때 삼동(三冬)에 글을 배워 문학과 역사를 족히 쓸 만하게 되었고, 15세에 칼로 치는 것을 배웠으며, 16세에 시서(詩書)를 배워 22만언(萬言)을 외웠습니다. 또 19세에 손오(孫吳)의 병법(兵法)을 배워 전진(戰陣)의 차비와 군대의 진퇴를 신호하는 징치는 법과 북치는 법을 배웠고 역시 병법의 22만언(萬言)을 외웠습니다. 그리고 항상 자로(子路)의 말을 본받았으며 나이 22세에 키가 9척 3촌에 달했는데 눈은 구슬을 단 것과 같고 치아는 조개를 엮은 것과 같으며, 용맹은 맹분(孟賁)과 같고, 민첩하기는 경기(慶忌)와 같으며 청렴하기는 포숙(鮑叔)과 같고 믿음은 미생(尾生)과 같사오니 이와 같으면 천자(天子)의 대신(大臣)이 될 만합니다."라고 했다.

동방삭은 말하는 것이 공손하지 않고 스스로 높이며 칭찬하고 자랑했으나 황제(皇帝)는 이를 기이히 여겨 그로 하여금 공거(公車)를 기다리게 하였다. 뒤에 낭관(郎官)이 되어 매고(枚皐)·곽사인(郭舍人)과 함께 모두 황제의 좌우에 있어 익살을 부리게 했던 것이다.

原文 **前漢東方朔字曼倩, 平原厭次人. 武帝擧方正·賢良·文學·材力之士, 待以不次之位. 四方士上書言得失, 自衒鬻者以千數. 朔上書曰, 臣少失父母, 長養兄嫂. 年十三學書三冬, 文史足用. 十五學擊劒. 十六學詩書, 誦二十二萬言. 十九學孫吳兵法, 戰陣之具鉦鼓之教, 亦誦二十二萬言, 又常服子路之言. 年二十二, 長九尺三寸, 目若懸珠, 齒若編貝, 勇若孟賁, 捷若慶忌, 廉若鮑叔, 信若尾生. 若此可以爲天子大臣矣. 朔文辭不遜, 高自稱譽. 上偉之, 令待詔公車. 後常爲郎, 與枚皐·郭舍人俱在左右詼啁而已.**

註解 ㅇ前漢(전한)-《전한서》〈열전〉 35에 있는 이야기임. ㅇ三冬(삼동)-겨울 석달. ㅇ孫吳(손오)-손무(孫武)와 오기(吳起). 모두 춘추시대의 병법(兵法)의 대가(大家). ㅇ孟賁(맹분)-고대 위(衛)나라의 유명한 용사(勇士). ㅇ慶忌(경기)-주(周)나라 왕자. ㅇ鮑叔(포숙)-포숙아(鮑叔牙). 춘추시대 제(齊)나라의 대부(大夫). ㅇ尾生(미생)-옛적에 미

생(尾生)이란 사람이 한 여자와 다리 밑에서 만나자는 약속이 있었는데 마침 큰 비가 내려 물이 불어나서 다리의 기둥을 껴안고 익사(溺死)했다는 고사(故事)가 있음.

578. 진사칠보(陳思七步)

—진사왕(陳思王)의 칠보시(七步詩)

《세설신어(世說新語)》에 말하기를, 위(魏)나라 문제(文帝)가 일찍이 동아왕(東阿王)으로 하여금 칠보시(七步詩)를 짓게 했는데 이루지 못하면 마땅히 벌을 행할 것이라고 했다. 이에 즉시 그 말에 응하여 시를 짓기를, '콩은 삶아서 콩국을 만드는데, 된장을 저어서 물이 나게 하네. 콩깍지는 솥밑에서 타는데, 콩은 솥 속에서 우네. 본래 한 뿌리에서 났는데, 서로 굽기를 어찌 이리 급히 하는가?'라고 하니 문제는 몹시 부끄러운 빛이 있었다. 동아(東阿)는 진사왕(陳思王) 조식(曹植)의 옛 봉지(封地)이다.

原文 **世說曰, 魏文帝嘗令東阿王七步作詩, 不成當行法. 卽應聲爲詩曰, 煮豆持作羹, 漉豉以爲汁. 萁在釜底然, 豆在釜中泣. 本是同根生, 相煎何太急. 帝深有慙色. 東阿卽陳思王曹植舊封.**

註解 ㅇ世說(세설)—《세설신어(世說新語)》〈문학편(文學篇)〉에 있는 이야기임. ㅇ東阿王(동아왕)—조식(曹植). 자는 자건(子建). 후에 진사왕(陳思王)에 봉해짐. ㅇ豉(시)—메주, 된장. 콩으로 만든다.

579. 유총일전(劉寵一錢)

—유총(劉寵)의 일전(一錢)

후한(後漢) 유총(劉寵)의 자는 조영(祖榮)이니 동래(東萊) 모평(牟平) 사람이다. 회계태수(會稽太守)에 임명되었는데 산백성들이 성실하고 순박하여 혹 머리가 희어져도 시정(市井)에 나오지 않는 자가 많았다. 그 때문에 관리(官吏)들로부터 괴로움을 받는 바가 되었었다. 이에 육총은 번거롭고 까다롭게 살피는 것은 벌이 아니라 하여 이를 없애니 군중(郡中)이 크게 교화되었다.

조정에 불러들이어 장작대장(將作大匠)에 임명했다. 군(郡)을 출발할 때다. 산음현(山陰縣)에 5, 6명의 늙은이가 흰 털이 섞인 눈썹에 흰 머리로 약야산(若邪山) 골짜기에서 나왔는데 각각 백전(百錢)을 지참하고 오더니 유총을 전별하므로 유총은 위로해서 말하기를 "노인께서는 어찌 고생스럽게 여기까지 오셨습니까!"라고 하자 그들은 대답하기를, "산골짜기의 천한 사람들은 일찍이 군(郡)이니 조정을 알지 못했습니다. 다른 태수(太守)님이 있을 때는 단지 관리가 나와 민간에게서 약탈을 하는데 밤에 이르기까지 그치지를 않았었습지요. 그런데 태수께서 부임한 이후로는 도둑이 없어져서 개도 밤에 짖지 않고 백성들이 밤에 관리를 보지 못하게 되었습니다. 나이 늙어서 성명(聖明)을 만나게 되었사온데 이제 우리를 버리고 가신다 하시기에 이에 스스로 받들어 보내는 것입니다."라고 한다. 이에 유총은 하나의 큰 돈만을 골라서 이를 받았다.

뒤에 벼슬이 태위(太衛)에 이르렀는데 유총은 전후의 두 고을의 태수(太守)를 거쳐 여러번 경상(卿相)에 올랐으나 그는 맑고 절약하고 살피고 소박하여 집에 쌓인 재산이 없었다. 일찍이 경사(京師)에 나가다가 정사(亭舍)에서 쉬려고 하자 정리(亭吏)가 막으면서 말하기를, "정돈하고 소제해 놓은 것은 유공을 기다리기 위함이지 그대 같은 자를 들이기 위함이 아니요."라고 해서 쉬지 못하고 유총은 아무 말도 없이 가 버리니, 당시 사람들이 그를 장자(長者)라고 일컬었다.

原文 後漢劉寵字祖榮, 東萊牟平人. 拜會稽太守. 山民愿朴, 乃有白首不入市井者. 頗爲官吏所擾. 寵除煩苛, 禁察非法, 郡中大化. 徵爲將作大匠. 山陰縣有五六老叟. 厖眉皓髮, 自若邪山谷閒出, 人齎百錢以送寵. 寵勞之曰, 父老何自苦. 對曰, 山谷鄙生, 未嘗識郡朝. 它守時, 吏發求民閒, 至夜不絶. 明府下車以來, 狗不夜吠, 民不見吏. 年老遭值聖明. 今聞當見棄去. 故自扶奉送. 寵爲人選一大錢受之. 後官至太尉. 寵前後歷宰二郡, 累登卿相. 而淸約省素, 家無貨積. 嘗出京師, 欲息亭舍. 亭吏止之曰, 整頓洒掃, 以待劉公. 不可得也. 寵無言而去. 時人稱其長者.

註解 ㅇ後漢(후한)—《후한서》〈열전〉 66에 있는 이야기임. ㅇ將作大匠(장작대장)—종묘와 궁실 등을 건축 수리하는 벼슬자리. ㅇ若邪山(약야산)—회계(會稽) 동남쪽에 있음.

580. 염범오고(廉范五袴)

—염범(廉范)의 바지가 다섯이었다

후한(後漢) 염범(廉范)의 자는 숙도(叔度)이니 경조(京兆) 두릉(杜陵) 사람이다. 숙종(肅宗) 때 촉군태수(蜀軍太守)가 되었는데 엄격하면서도 순박하고 두터웠다. 성도(成都)는 백성이 많고 물건이 풍성했으며 건물들이 틈도 없이 즐비했다. 구제령(舊制令)에 의하면 백성들이 밤에 일하는 것을 금하여 이로써 화재를 방지했으나 주민은 몰래 야간작업을 하기 때문에 실화(失火)로 불타는 일이 날로 불어났다.

이에 염범은 야간작업 금지의 법령을 없애고 다만 엄하게 물을 저축시킬 뿐이었다. 그러나 백성들은 이를 편하게 여겨 노래를 불러 말하기를, '염숙도(廉叔度)가 오기를 어찌 늦게 했는가? 불을 금하지 않으니 백성들이 편안히 일하네. 평생에 속옷이 없었는데 지금은 바지가 다섯일세'라고 했다. 촉(蜀) 땅에 있은 지 수년, 사건에 연좌되어 벼슬자리에서 물러났고 고향에 돌아갔다.

原文 **後漢廉范字叔度, 京兆杜陵人也. 肅宗時遷蜀郡太守. 厲以淳厚. 成都民物豊盛, 邑宇逼側. 舊制禁民夜作, 以防火災. 而更相隱蔽, 燒者日屬. 范乃毁削先令, 但嚴使儲水而已. 百姓爲便歌曰, 廉叔度來何暮. 不禁火, 民安作. 平生無襦, 今五袴. 在蜀數年免歸.**

註解 ㅇ後漢(후한)－《후한서》〈열전〉 21에 있는 이야기임. ㅇ邑宇(읍우)－읍(邑)은 촌리(村里), 우(宇)는 민가(民家).

581. 범육자고(氾毓字孤)

－범육(氾毓)은 고아도 자육(字育)했다

《진서(晉書)》에 보면, 범육(氾毓)의 자는 치춘(稚春)이니 제북(濟北) 노현(盧縣) 사람이다. 여러 대에 걸친 유자(儒者)의 집안으로서 구족(九族)이 돈목(敦睦)했었다. 청주(靑州)에 기우(寄寓)하기를 그에 이르기까지 7세(七世) 동안 했다. 당시 사람들이 그 집안의 화목함을 노래하여 이르기를, '아이에게 정해진 아비가 없고, 옷에는 정해진 주인이 없다'라고 했다. 젊었을 때 행동이 지조가 있고, 가난에 편안하고 학업에 높은 뜻을 가지고 있었다. 무제(武帝)가 여러번 불렀으나 나가지 않았다.

原文 **晉書, 氾毓字稚春, 濟北盧人. 奕世儒素, 敦睦九族. 客居青州, 逮毓七世. 時人號其家, 兒無常父, 衣無常主. 少履高操, 安貧有志業. 武帝累召不就.**

註解 ㅇ晉書(진서)－《진서》〈열전〉 61 유림전(儒林傳)에 있는 이야기임. ㅇ九族(구족)－고조(高祖)·증조(曾祖)·조부·부모·자기·아들·손자·증손·현손(玄孫)을 말함.

582. 치감토포(郗鑒吐哺)

－치감(郗鑒)이 밥을 토하다

《진서(晉書)》에 보면 치감(郗鑒)의 자는 도휘(道徽)이니 고평(高平) 금향(金鄉) 사람이다. 어려서 아버지를 여의고 가난했으나 널리 경적(經籍)을 보고 몸소 시골에서 농사지으며 《시경(詩經)》의 시(詩)를 읊고 게으르지 않으니 유교의 바른 의리로 이름이 나타났다. 성제(成帝) 때 태위(太尉)까지 승진했다.

처음에 그는 영가(永嘉)의 난을 만나 향리(鄉里)에서 몹시 궁하고 주리면서 살아갔다. 마을 사람들은 치감이 덕으로 이름이 났다고 해서 순번을 따라 그와 함께 밥을 먹었다. 그때 형의 아들 치매(郗邁)와 외생(外甥) 주익(周翼)이 모두 어렸는데 항상 이들을 이끌고 와서 밥을 먹이니 시골 사람들이 말하기를, "우리도 각각 스스로 주리고 곤한데 그대는 어진 것으로 해서 함께 서로 구제하고자 했던 것인데 두렵건대 그대네 식구들까지 능히 겸해서 살아갈 수는 없겠소."라고 했다.

치감은 이에 홀로 가서 먹고 난 뒤에 밥을 양쪽 볼에 물어가지고 돌아와서 이 밥을 두 아이에게 주어 모두 보존할 수가 있었다. 그들은 모두 원제(元帝) 때 함께 강을 건너가서 치매는 호군(護軍)이 되고 주익은 염현령(剡縣令)이 되었다. 치감이 죽자 주익은 길러준 은혜를 생각하여 벼슬을 내놓고 짚자리를 깔고 3년동안 심상(心喪)했다.

原文 晉書, 郗鑒字道徽, 高平金鄉人. 少孤貧. 博覽經籍, 躬耕隴畝, 吟詩不倦. 以儒雅著名. 成帝時爲太尉. 初値永嘉喪亂, 在鄉里甚窮餒. 鄉人以鑒名德, 傳共飯之. 時兄子邁, 外甥周翼並小. 常儁之就食. 鄉人曰, 各自飢困. 以君賢欲共相濟耳. 恐不能兼有所存. 鑒於是獨往, 食訖, 以飯著丙頰邊, 還吐與二兒. 後並得存, 同過江. 邁至護軍, 翼剡縣令. 鑒薨. 翼追撫育之恩, 解職席苫, 心喪三年.

註解 ㅇ晉書(진서)―《진서》〈열전〉 37에 있는 이야기임. ㅇ心喪(심상)―상복(喪服)은 입지 않아도 상제와 같은 마음으로 거상(居喪)함.

583. 구제전혹(苟第轉酷)

―구희(苟晞)의 아우가 도리어 혹독하다

《진서(晉書)》에 보면 구희(苟晞)의 자는 도장(道將)이니 하내(河

內) 산양(山陽) 사람이다. 연주자사(兗州刺史)가 되었는데 구희는 관청 일에 단련되어서 문부(文簿)가 가득히 쌓였는데도 판단·결정하는 것을 물흐르듯이 하여 사람들이 감히 속이지 못했다. 그의 종모(從母)가 그에게 의지하고 있는데 봉양하기를 몹시 후하게 했다. 그 종모의 아들이 장교(將校)가 되기를 희망했는데 구희는 이것을 거절하고 말하기를, "나는 왕법(王法)으로써 사람을 용서하지 않는데 장차 후회함이 없겠느냐?"라고 했으나 굳이 하고자 하니 구희는 이에 독호(都護)로 명했다. 그 뒤에 그가 법을 범하자 구희는 법에 의하여 목을 베었다. 종모가 머리를 두드리면서 구원해 주기를 청했으나 듣지 않았다. 그러나 이윽고 소복(素服)을 입고 그를 곡(哭)하면서 눈물을 흘리고 말하기를, "그대를 죽인 것은 연주자사(兗州刺史)로서였고 우는 것은 사촌형 구도장(苟道將)으로서이다."라고 했으니 그 법에 의하는 것이 이와 같았다.

뒤에 청주자사(靑州刺史)가 되어 참좌(參佐)를 많이 두고 휘하 군수와 현령들을 교환 배치하며 혹독한 정치로 공을 세우고자 했다. 그 때문에 날로 죄인을 목베어 흐르는 피가 강물이 흐르는 것 같았다. 그래서 세상사람들은 그를 도백(屠伯)이라고 했다. 구희는 군대를 이끌고 무염(無鹽)으로 나가 주둔했는데 그때 그 아우 구순(苟純)을 청주자사(靑州刺史)로 삼았더니 형벌이나 죽이는 것이 구희보다 더 심했다. 백성들은 말하기를, "소구(小苟)가 대구(大苟)보다도 더 혹독하다."라고 했다.

原文 晉書, 苟晞字道將, 河内山陽人. 爲兗州刺史. 晞練於官事. 文簿盈積, 斷決如流, 人不敢欺. 其從母依之. 奉養甚厚. 其子求爲將. 晞距之曰, 吾不以王法貸人. 將無後悔. 固欲之. 晞乃以爲督護. 後犯法. 晞仗節斬之. 從母扣頭請救, 不聽. 旣而素服哭之, 流涕曰, 殺卿者兗州刺史, 哭弟者苟道

將. 其仗法如此. 後領青州刺史, 多置參佐, 轉易守令. 以嚴刻立功, 日加斬戮, 流血成川. 號曰屠伯. 晞出屯無鹽, 以弟純領青州. 刑殺甚於晞. 百姓號, 小苟酷於大苟.

註解 ㅇ晉書(진서)-《진서》〈열전〉31에 있는 이야기임. ㅇ素服(소복)-흰 옷. 상복(喪服). ㅇ參佐(참좌)-속관(屬官). ㅇ屠伯(도백)-짐승 죽이는 우두머리.

584. 엄모소묘(嚴母掃墓)

-엄한 어머니가 묘지(墓地)를 소제하다

전한(前漢) 엄연년(嚴延年)의 자는 차경(次卿)이니 동해(東海) 하비(下邳) 사람이다. 하남태수(河南太守)로 옮기자 교야(郊野)에서 횡행하는 도둑이 없고 그 위엄이 이웃 고을에까지 떨쳤다. 그 정치는 호화롭고 강한 자를 위압하고 가난하고 약한 자를 돕는 데 힘썼다. 그러므로 가난하고 약한 자가 비록 법에 빠지더라도 법을 굽히어 이를 석방하여 구해주고 호강(豪强)한 자들이 조금이라도 백성을 침해하는 일이 있으면 법문을 가혹하게 적용하여 죄를 만들었다. 이에 무리들은 이르기를 마땅히 죽을 자는 하루아침에 내보내고 마땅히 살릴 자는 속여서 죽이는데 관리나 백성들은 그 뜻이 어떠한지를 알지 못했다.

겨울이 되면 휘하 고을의 죄수들을 관소(官所)에 옮기고, 그곳에 군부(軍府)의 관리들을 모아 죄수의 죄상을 의논한 다음 그들을 모두 참형(斬刑)에 처하니 흐르는 피가 수리(數里)에 흘렀다. 하남(河南)에서는 그를 도백(屠伯)이라고 했다. 그 어머니가 동해(東海)로부터 와서 낙양(洛陽)에 도착했는데 그가 죄수를 조정에 보고하고 죽이는 수가 많음을 보고 크게 놀라 도정(都亭)에 머물며 즐겨 부(府)에 들어가지 않자 엄연년이 와서 뵈었으나 어머니는 합문(閤門)을 닫고 만나보지 않았다. 이에 엄연년이 관(冠)을 벗고 합문 아래에 한참 있다가 비로소 보았다. 어머니는 여기에서 여러 가지를 들어 엄연년을 책망하여 말했다. "너는 다행히 임금님의 덕택으로 군수(郡守)의 벼슬을 하고 있다. 그러나 어질고 사랑하는 마음으로 교화(教化)를 해서 어리석은 백성들을 온전히 편안하게 했다는 말을 듣지 못하고, 돌아다보니 형벌로 사람을 많이 죽여 위엄을 세우려고 했다. 천도(天道)는 신명(神明)스러운 것이어서 밝게 내다보느니라. 사람을 마구 죽일 수는 없는 것이다. 사람을 많이 죽이면 그 자신도 죽음을 당하게 되는 법이야. 내가 늙음을 당하여 뜻밖에도 큰 자식이 형벌을 당하는 것을 보게 되겠구나. 나는 동쪽으로 가서 묘지(墓地)나 소제하리라."하고 드디어 가버렸다.

1년이 넘어 엄연년은 죄에 연좌되어 참형되었으며 기시(棄市)를 당했다. 동해(東海)에서는 그 어머니를 어질다 했다. 엄연년의 형제 5명이 모두 대관(大官)에 이르니 동해에서 이르기를 만석(萬石)의 엄한 어머니라고 했다.

原文 前漢嚴延年字次卿, 東海下邳人. 遷河南太守. 野無行盜, 威震旁郡. 其治務摧折豪强, 扶助貧弱. 貧弱雖陷法, 曲文以出之, 豪傑侵小民者以文内之. 衆謂當死者一朝出之, 謂當生者詭殺之, 吏民莫能測其意深淺. 冬月傳屬縣囚會論府上, 流血數里. 河南號屠伯. 其母從東海來, 到洛陽, 見報囚, 大驚止都亭, 不肯入府. 延年來謁. 母閉閤不見. 延年免冠頓首閤下. 良久乃見之. 因數責延年, 幸得備郡守, 不聞仁愛教化, 以全安愚民. 顧多刑殺人, 欲以立威. 天道神明, 人不可獨殺. 我不意, 當老見壯子被刑戮. 行矣. 去女東歸, 掃

除墓地耳. 遂去. 歲餘延年坐棄市. 東海縣其母. 延年兄弟五人至大官. 東海號曰萬石嚴嫗.

註解 ㅇ前漢(전한)－《전한서》〈열전〉60에 있는 이야기임. ㅇ屠伯(도백)－짐승을 죽이는 우두머리를 말함. ㅇ都亭(도정)－군현(郡縣)이 있는 곳에 세운 나그네가 쉬는 곳. ㅇ棄市(기시)－죄인을 죽여 그 시체를 저자에 버림. ㅇ萬石(만석)－일문(一門) 중에 2천석(石)이 다섯이므로 이렇게 이름. 2천석은 태수(太守) 한 사람의 봉록(俸祿)임.

585. 홍교척수(洪喬擲水)

－홍교(洪喬)가 편지를 물에 던지다

《진서(晉書)》에 보면 은선(殷羨)의 자는 홍교(洪喬)이니 진군(陳郡)의 장평(長平) 사람이다. 예장태수(豫章太守)가 되었는데 도하(都下)의 인사(人士)들로서 그에게 글을 보낸 것이 백여 상자나 되었다. 그의 가는 길이 석두(石頭)에 이르자 그 글(편지)을 모두 물에 던지면서 말하기를, "가라앉을 것은 스스로 가라앉고 뜰 것은 스스로 뜨라. 홍교(洪喬)는 편지를 전하는 역말이 아니니라."고 했다. 그 바탕과 성질이 남을 용납하지 않고 홀로 선 것이 이와 같았다.

原文 **晉書, 殷羡字洪喬, 陳郡長平人. 爲豫章太守. 都下人士, 因其致書者百餘函. 行次石頭, 皆投之水中曰, 沈者自沈, 浮者自浮. 殷洪喬不爲致書郵. 其資性介立如此.**

註解 ㅇ晉書(진서)－《진서》〈열전〉47에 있는 이야기임. 《세설신어(世說新語)》〈임탄편(任誕篇)〉에도 있음. ㅇ石頭(석두)－도읍 건업(建

業)의 서교(西郊).

586. 진태괘벽(陳泰挂壁)

—진태(陳泰)는 보화를 벽에 걸었다

《위지(魏志)》에 보면, 진태(陳泰)의 자는 현백(玄伯)이니 사공(司空) 진군(陳群)의 아들이다. 병주자사(幷州刺史)가 되었는데 거기에 진위장군(振威將軍)을 더하여 사지절 호흉노중랑장(使持節護匈奴中郎將)이 되었다. 그는 관리와 백성들을 부드럽게 달래어 몹시 위엄과 은혜가 있으니 경사(京師)의 귀인(貴人)들은 보화(寶貨)를 많이 보내왔다. 이에 진태는 노비(奴婢)들을 시켜 모두 벽에 걸어두게 하고 그 봉한 것을 뜯지 않았다. 그후 부름을 받아 상서(尚書)가 되자 모두 돌려보냈다.

原文 魏志, 陳泰字玄伯, 司空群之子. 爲幷州刺史, 加振威將軍·使持節·護匈奴中郎將. 懷柔吏民, 甚有威惠. 京邑貴人多寄寶貨, 因泰市奴婢. 泰皆挂之於壁, 不發其封. 及徵爲尚書, 悉以還之.

註解 ㅇ魏志(위지)—《위지》 권22 〈진군전(陳群傳)〉에 있음.

587. 왕술분견(王述忿狷)

—왕술(王述)은 성질이 몹시 급했다

《진서(晉書)》에 보면, 왕술(王述)의 자는 회조(懷祖)이니 동해태수(東海太守) 왕승(王承)의 아들이다. 가난하게 살면서도 편안하고 검소한 것을 지켜 이름이 알려졌으며 출세하는 것을 구하지 않았다. 성질이 침착하고 조용했는데 나이 30이 되도록 아직 이름이 알려지지 않으니 사람들이 혹 어리석다고 일렀다. 여러번 벼슬이 옮겨져서 상서령(尙書令)이 되고 여러번 주군(州郡)에 있었으나 맑고 깨끗한 점으로 뛰어나서 녹(祿)으로 받은 것은 모두 친척과 친구들에게 흩어주었다. 그러나 성질이 급한 것이 누(累)가 되었다.

일찍이 달걀을 먹는데 젓가락으로 찔러도 뚫어지지 않아서 먹지 못하고 땅에 던졌다. 그러나 달걀이 빙글빙글 돌기만 했다. 그는 문득 평상에서 내려와 나막신 굽으로 밟았으나 그래도 깨지지 않자 몹시 성이 나서 입에 넣고 깨물어서 깨었다가 모두 토해 버렸다.

그러나 높은 지위에 오르자 항상 부드럽고 자신을 이기도록 마음을 썼다. 한편 사혁(謝奕)이란 사람이 있었는데 그는 성질이 아주 거칠었다. 이 사혁이 일찍이 왕술의 일을 분하게 여겨 심한 말로 욕했으나 왕술은 대답하지 않고 벽을 바라볼 뿐이었다. 반일(半日)이나 있다가 사혁이 돌아가자 비로소 다시 앉으니 사람들이 이로써 칭찬했다. 《몽구》 구본(舊本)에 술(述)자를 술(術)자로 적은 것은 잘못이다.

原文 **晉書, 王述字懷祖, 東海太守承之子. 安貧守約, 不求聞達. 性沈靜. 年三十尙未知名. 人或謂之癡. 累遷尙書令, 屢居州郡. 清潔絶倫, 祿賜皆散之親故. 但性急爲累. 嘗食雞子, 以筯刺之不得. 大怒擲地. 雞子圓轉不止. 便下牀, 以屐齒踏之. 又不得. 瞋甚. 掇内口中, 齧破而吐之. 旣躋重位, 每以柔克爲用. 謝奕成麤. 嘗忿述, 極言罵之. 述無所應, 面壁而已. 居半日, 奕去, 始復坐. 人以此稱之. 舊本述誤作術.**

註解 ㅇ晉書(진서)－《진서》〈열전〉 45에 있는 이야기임. ㅇ謝奕(사

혁)－진(晉)나라 사람. 사안(謝安)의 형의 아들. 안서장군(安西將軍) 예주자사(豫州刺史)를 지냈다.

588. 순찬혹닉(荀粲惑溺)

－순찬(荀粲)이 혹하여 빠지다

〈순찬전(荀粲傳)〉에 말하기를, 순찬의 자는 봉청(奉倩)인데 그는 평소 이런 생각을 했었다. '여성이란 재지(才知) 따위는 논할 가치도 없다. 그런즉 단지 얼굴만 예쁘면 되는 것이야' 표기장군(驃騎將軍) 조홍(曹洪)의 딸이 미색(美色)이 있어서 순찬이 맞았는데 용모는 말할 것도 없고 복장과 침실의 휘장이 몹시 고와서 남편의 사랑을 독차지하기에 이르렀다.

1년이 지난 후에 부인이 병으로 죽자 부고(傅嘏)란 사람이 와서 조상했는데 순찬은 곡(哭)은 하지 않고 마음을 몹시 아파했다. 이에 부고가 묻기를, "부인(婦人)은 재주와 미색 모두 갖추기가 어려운데 그대는 재주는 버리고 미색만 좋아했으니 이는 또 짝을 찾기 쉬울 것인즉 어찌해서 심하게 슬퍼하는가?"라고 하자 순찬은 말하기를, "아니오. 죽은 처는 좋은 사람이었소. 두 번 다시 그런 사람을 얻지 못할 것이외다. 돌이켜보건대 죽은 처는 능히 나라를 기울일 만한 미색을 갖지는 못했지만 그런 사람을 쉽게 만날 수는 없겠기 때문에 몹시 슬퍼하는 것을 능히 그치지 못하는 것이오."라고 했다.

한 해가 지나 그도 역시 죽으니 《세설신어(世說新語)》에 이런 내용이 실려 있다. '그 부인과 사랑이 지극이 도타워서 겨울철에 부인이 열병에 걸리자 이에 뜰에 나가서 스스로 찬 기운을 쏘였다가 들어와 자기 몸으로 문질러주었다. 부인이 죽은 지 얼마 안가서 봉청도 또한 죽으니 이 까닭에 세상의 기롱(譏弄)을 받았다.' 이 글은 《세설신어》 〈혹닉편(惑溺篇)〉에 보인다.

原文 荀粲傳曰, 粲字奉倩, 常以婦人才智不足論. 自宜以色爲主. 驃騎將軍曹洪女有美色. 粲聘焉. 容服帷帳甚麗, 專房燕婉. 歷年後, 婦病亡. 傅嘏往唁. 粲不哭而神傷. 嘏問曰, 婦人才色並茂爲難. 子遺才而好色. 此自易遇. 何哀之甚. 粲曰, 佳人難再得. 顧逝者不能有傾國之色, 未可謂之易遇. 痛悼不能已. 歲餘亦亡. 世說曰, 奉倩與婦至篤. 冬月婦病熱. 乃出中庭, 自取冷還, 以身熨之. 婦亡, 奉倩後少時亦卒. 以是獲譏於世. 見惑溺篇.

註解 ㅇ荀粲傳(순찬전)—《세설신어》 〈혹닉편〉 주(註)에 인용하고 있는 〈순찬별전(荀粲別傳)〉임. ㅇ惑溺(혹닉)—마음을 뺏기어 이성(理性)을 잃음.

589. 송녀유근(宋女愈謹)

—송녀(宋女)가 더욱 삼가다

《고열녀전(古列女傳)》에 보면, 송(宋)나라 포녀종(鮑女宗)이란 자는 포소(鮑蘇)의 아내이다. 시어머니 봉양하기를 극진히 했다. 포소가 나라를 떠나 위(衛)나라에 가서 벼슬하고 있기를 3년, 그곳에서 첩을 얻었다. 포녀는 인편이 있을 때마다 남편의 안부를 물었고 첩에게도 선물을 보내는 등 몹시 후하게 했다. 이에 손윗동서가 말하기를, "가서 재가하게."라고 했으나 포녀종은 말하기를, "부인(婦人)이 한번 초례(醮禮)를 지내면 종신토록 변하지 말아야 하고 남편이 죽어도 시집가지 않는 것이 본분입니다. 형님은 나에게 시댁에 거처하는 예법을 가르치지 않고 도리어 나로 하여금 버림받을 행동을 하라고 하니 어찌 받아들이겠습니까?"라 하고 드디어 듣지 않고 시어머니 섬기기를 더욱 극진히 했다. 이에 송공(宋公)이 듣고 그를 아름답게 여겨 그 집을 표창하고 이름하여 여종(女宗)이라 했다. 군자(君子)들은 여종을 일러 겸손하고 예의를 안다고 했다.

原文 古列女傳, 宋鮑女宗者鮑蘇妻也. 養姑甚謹. 蘇去仕衛, 三年而娶外妻. 女宗因往來者 請問其夫不輟. 賂遺外妻甚厚. 女宗之姒曰 可以去矣. 女宗曰, 婦人固以一醮不改, 夫死不嫁爲分者也, 吾姒不教吾以居室之禮, 而反欲使吾爲見棄之行. 將安用此. 遂不聽. 事姑愈謹. 宋公聞而美之, 表其閭號曰女宗. 君子謂, 女宗謙而知禮.

註解 ㅇ古列女傳(고열녀전)－《고열녀전》 권2 〈현명편(賢明篇)〉에 있는 이야기임. ㅇ醮(초)－초례(醮禮). 관혼(冠婚)의 의식에서 술을 따르는 예식.

590. 경강유적(敬姜猶績)

－경강(敬姜)은 오히려 길쌈을 했다

《고열녀전(古列女傳)》에 보면, 노(魯)나라의 계경강(季敬姜)은 거(莒) 땅 사람이다. 호는 대기(戴己)로서 노(魯)나라 대부(大夫) 공보목백(公父穆伯)의 아내이며 문백(文伯)의 어머니이다. 널리 통달하고 예법을 알았는데 어느 날 문백이 조정에서 퇴출하여 어머니에게 인사하러 갔다. 경강은 베를 짜고 있었다. 이에 문백이 말하기를, "촉(歜)의 집에서 그 주인이 아직도 길쌈을 하니 우리 본가(本家)인

계손(季孫)의 노염을 살까 두렵습니다. 제가 능히 어머니를 섬기지 못한다고 할 것이 아니겠습니까?"라고 했다.

이에 경강은 탄식하기를, "노(魯)나라가 망하겠구나. 네가 벼슬을 하고 있으면서도 듣지 못했느냐? 옛날의 성왕(聖王)께서 백성을 다스리는데 남녀가 길쌈을 본받았고 아니면 죄주는 일이 있었으니 이것이 옛 제도인 것이다."라고 했다.

이 일은 또 《국어(國語)》 〈노어(魯語)〉에도 있는 이야기이다.

原文 古列女傳, 魯季敬姜莒女也. 號戴己. 魯大夫公父穆伯妻, 文伯之母. 博達知禮. 文伯退朝, 朝敬姜. 敬姜方績. 文伯曰, 以歜之家而主猶績. 懼于季孫之怒. 其以歜爲不能事主乎. 敬姜歎曰, 魯其亡乎. 使僮子備官. 而未之聞邪. 昔聖王處民, 男女效績. 否則有辟, 古制也. 又出魯語.

註解 ㅇ古列女傳(고열녀전)－《고열녀전》 권1 〈모의편(母儀篇)〉에 있는 이야기임. ㅇ歜(촉)－문백(文伯)의 이름. ㅇ季孫(계손)－노(魯)나라 삼환(三桓)의 하나. 삼환은 중손(仲孫)·숙손(叔孫)·계손(季孫). 삼공(三公)이 모두 환공(桓公)에게서 나왔다.

591. 포조편한(鮑照篇翰)

－포조(鮑照)가 시문(詩文)에 능하다

《남사(南史)》에 보면, 포조(鮑照)의 자는 명원(明遠)이니 동해(東海) 사람이다. 문사(文辭)가 풍부하고 뛰어났는데 일찍이 송(宋)나라 임천왕(臨川王) 유의경(劉義慶)을 보고자 했으나 아직 이름이 알려져 있지 않았으므로 시(詩)를 올려 뜻을 말하려고 했다. 어떤 사람이 이를 중지시키면서 말하기를, "그대는 지위가 아직 낮으니 경솔히 움직여 대왕(大王)의 노염을 사지 말게."라고 하자 포조는 안색을 변하고 노하기를, "천 년 사이에 뛰어난 재주와 특이한 선비가 있으면서도 알려지지 않은 경우를 어찌 셀 수가 있겠는가? 대장부가 어찌 지혜와 능한 것을 숨겨두고 녹록히 제비와 참새들을 서로 따른단 말인가?"라고 했다.

이리하여 시(詩)를 올리자 유의경은 이를 기이히 여겨 비단 20필을 하사하고 이윽고 발탁해서 국시랑(國侍郞)을 삼았다. 문제(文帝)는 그를 중서사인(中書舍人)에 임명했다. 황제는 문장을 좋아하여 스스로 이르기를 사람들이 자기에게 미치지 못한다고 했다. 포조는 그후 자기 문장에 비속한 말과 중복되는 글구를 많이 넣었다. 그래서 사람들은 이르기를, "포조의 재주가 다했다."라고 했으나 실은 그렇지 않았다. 그는 일찍이 의고시(擬古詩)를 지었는데 거기에 말하기를, '15세에 《시경(詩經)》《서경(書經)》을 풍자(諷刺)하니, 편한(篇翰)에 통하지 않은 것이 없네'라고 했다. 《문선(文選)》에는 포조(鮑照)의 조(照)자가 소(昭)자로 되어 있다.

原文 **南史, 鮑照字明遠, 東海人. 文辭贍逸. 嘗謁宋臨川王義慶. 未見知. 欲貢詩言志. 人止之曰, 卿位尙卑, 不可輕忤大王. 照勃然曰, 千載上有英才異士, 沈沒而不聞者, 安可數哉. 大丈夫豈蘊智能, 碌碌與燕雀相隨乎. 於是奏詩. 義慶奇之, 賜帛二十匹, 尋擢爲國侍郞. 文帝以爲中書舍人. 上好文章, 自謂人莫能及. 照悟其旨, 文章多鄙言累句. 咸謂照才盡. 實不然也. 嘗賦擬古詩云, 十五諷詩書, 篇翰靡不通. 文選照作昭.**

註解 ○南史(남사)-《남사》〈열전〉 3에 있는 이야기임. ○擬古詩(의

고시)－고인(古人)의 시체(詩體)를 모의(模擬)한 시(詩).

592. 진림서격(陳琳書檄)
－진림(陳琳)이 격문(檄文)을 쓰다

《위지(魏志)》에 보면, 광릉군(廣陵郡) 진림(陳琳)의 자는 공장(孔璋)이고 진류군(陳留郡) 완우(阮瑀)의 자는 원유(元瑜)이다. 진림은 기주(冀州)로 난(難)을 피했는데 원소(袁紹)가 그로 하여금 문장(文章)을 맡게 했었다. 원씨(袁氏)가 패하자 태조(太祖)에게 돌아갔다. 이에 태조(太祖)는 그 재주를 사랑하여 진림과 완우를 모두 사공(司空) 군모제주(軍謀祭酒)를 삼아 서기(書記) 일을 주관하게 했다. 이리하여 군국(軍國)의 격문(檄文)은 진림과 완우가 지은 것이 많았다.

전략(典略)에 말하기를, 진림은 여러 글과 및 격문의 초고(草稿)가 이루어지면 태조에게 올리는데 태조는 이전부터 두통(頭痛)으로 괴로워했었다. 이날도 병이 도져 누워서 진림이 지은 글을 보다가 벌떡 일어나서 말하기를, "이것이 내 병을 고쳤다."라며 자주 후한 물건을 내렸다.

태조가 일찍이 완우로 하여금 글을 지어 한수(韓遂)에게 주려고 했는데 이때 완우는 태조를 따라 말 위에서 초고(草稿)를 써가지고 올렸더니 태조는 붓을 잡고 고칠 것이 있는 듯했으나 마침내 능히 더하고 덜하지 못했다. 위(魏)나라 문제(文帝)가 오질(吳質)에게 준 편지에서 말하기를, '공장(孔璋)은 장표(章表)의 문체로서 나타내는 것이 자못 건실하나 문사(文辭)에 있어서는 다소 화려한 면이 있어 싫은 감이 있다. 원유(元瑜)는 서기(書記)의 문체로서 문아(文雅)하여 족히 즐거움을 이룬다'라고 했다.

原文 魏志, 廣陵陳琳字孔璋, 陳留阮瑀字元瑜. 琳避難冀州. 袁紹使典文章. 袁氏敗, 歸太祖. 太祖愛其才. 並以琳·瑀爲司空軍謀祭酒管記室. 軍國書檄多琳·瑀所作. 典略曰, 琳作諸書及檄, 草成呈太祖. 太祖先苦頭風. 是日疾發, 臥讀琳所作, 翕然而起曰, 比愈我病. 數加厚賜. 太祖嘗使瑀作書與韓遂. 時從太祖出. 因於馬上具草, 書成呈之. 太祖攬筆欲有所定, 而竟不能增損. 魏文帝與吳質書曰, 孔璋章表殊健, 微爲繁富. 元瑜書記翩翩致足樂.

註解 ㅇ魏志(위지)-《위지》 권21에 있는 이야기임. ㅇ韓遂(한수)-후한(後漢) 금성(金城) 사람. 자는 문약(文約). 같은 고을의 변장(邊章)과 함께 이름이 있었음. ㅇ吳質(오질)-삼국시대 위(魏)나라 제음(濟陰) 사람. 재주와 문장이 뛰어나 벼슬이 진위장군(振威將軍)에 이르고 공융(孔融)·진림(陳琳)·왕찬(王粲)·서간(徐幹)·완우(阮瑀)·응탕(應湯)·유정(劉楨) 등과 함께 건안칠자(建安七子)로 이름이 나서 진사왕(陳思王)과 문장의 벗이 되었음.

호호만고(浩浩萬古)
불가비견(不可備甄)

-많고 한없는 세월이 흘러도 그 숱한 책들을 가히 갖추어 살필 수가 없네

이한(李瀚)이 말하기를, 《사기(史記)》로부터 진(晉)나라 송(宋)나라까지의 역사(歷史)책은 1천 권에 이른다. 더구나 《수신기(搜神記)》를 위시하여 괴이한 것을 기록한 책 등 숱한 잡서(雜書)는 가히 모두 보아 기록할 수가 없다. 또 옛사람은 하나의 경서(經書)를 구

명(究明)하는데도 흰머리가 나는 노년에 이르기까지 노력을 했었다. 그런즉 이 숱한 책들을 골라서 읽는다는 것은 심히 어려울까 한다.

原文 **李子言, 自史記至晉宋, 子史向千卷. 況搜神列異, 浩浩雜書. 難可時復見錄. 且古人窮一經明, 猶辭皓首哉. 此甄擇恐難全備也.**

註解 ㅇ史記(사기)－역사적(歷史的) 사실(史實)을 기록한 책. 책의 이름으로서 모두 130권. 한(漢)나라 사마천(司馬遷)이 저술한 것으로서 황제(黃帝)로부터 한(漢)나라 무제(武帝)에 이르기까지의 3천여년의 일을 적은 기년체(紀年體)의 사서(史書). 12본기(本紀), 10표(表), 8서(書), 30세가(世家), 70열전(列傳)으로 이루어짐. 대표적 주해서(註解書)로는 송(宋)나라 배일(裵駰)의 집해(集解), 당(唐)나라 사마정(司馬貞)의 색은(索隱), 장수절(張守節)의 정의(正義)가 있음. ㅇ子史(자사)－《장자(莊子)》·《열자(列子)》 등 제자(諸子)의 책과 《사기(史記)》·《한서(漢書)》 등 역사의 책을 말함. ㅇ搜神(수신)－진(晉)나라의 간보(干寶)가 신괴(神怪)한 설화(說話)를 모은 기록. ㅇ列異(열이)－여러 가지 이상한 일을 모은 책. ㅇ雜書(잡서)－잡다(雜多)한 사실을 기록한 책. 잡박(雜駁)해서 분류하기 어려운 책. ㅇ經(경)－성현(聖賢)의 언행(言行)이나 가르침을 적은 책. 사서(四書) 오경(五經)과 같은 유교(儒敎)의 성전(聖典).

삼번척화(芟煩摭華)
이조면전(爾曹勉旃)

－번거로운 것은 빼고 화려한 것만 모았으니, 그대 무리들은 힘써 익힐지어다

이제 인간의 한정이 있는 힘을 가지고 마땅히 끝이 없는 서적을

읽으려고 하며 한갓 많이 기억하고 흡족하게 들으려 한다면 마침내 입술이 썩고 이가 빠져서 몸을 망칠 것이다. 그러기에 나는 번거롭고 쓸데없는 것은 빼버리고 정밀하고 화려한 것만 주워모았으니 바라건대 그대 무리들은 이 《몽구》를 펼쳐놓고 찾는다면 혹 조그만 유익함이라도 얻을 수 있을 것이다.

原文 今以有限之力, 當讀無涯書, 徒欲强記洽聞, 終恐脣腐齒落. 所以芟除繁冗, 採摭精華. 冀爾曹披尋, 儻獲微益也.

註解 ㅇ旃(전)－전(旃)과 같음. 즉 이것이란 뜻임. ㅇ儻(당)－만약, 어쩌면, 혹(或).

解說 이상 4구절은 이른바 발(跋)로서 이한(李瀚)이 《몽구》를 쓰게 된 취지를 말한 것임.

역대 왕실 세계도(世系圖)

주(周)

제곡(帝嚳)
║— 후직기(后稷棄) ········· 문왕(文王) 서백창(西伯昌) —┬ 1 무왕발(武王發)
강원(姜嫄) └ 주공단(周公旦)

— 2 성왕송(成王誦) — 3 강왕천(康王釗) — 4 소왕하(昭王瑕)

— 5 목왕만(穆王滿) —┬ 6 공왕예호(共王繄扈) — 7 의왕희(懿王囏)
└ 8 효왕벽방(孝王辟方)

— 9 이왕섭(夷王燮) — 10 여왕호(厲王胡) — 11 선왕정(宣王靜)

— 12 유왕궁열(幽王宮涅) — 13 평왕선구(平王宜臼) — □

— 14 환왕임(桓王林) — 15 장왕타(莊王佗) — 16 이왕호제(釐王胡齊)

— 17 혜왕낭(惠王閬) — 18 양왕정(襄王鄭) — 19 경왕임신(頃王壬臣)

┬ 20 광왕반(匡王班)
└ 21 정왕유(定王瑜) — 22 간왕이(簡王夷) — 23 영왕설심(靈王泄心)

— 24 경왕귀(景王貴) —┬ 25 도왕맹(悼王猛)
└ 26 경왕개(敬王丐) — 27 원왕인(元王仁)

— 28 정정왕개(貞定王介) —┬ 29 애왕현질(哀王玄疾)
├ 30 사왕숙(思王叔)
└ 31 고왕외(考王嵬) — 32 위열왕오(威烈王午)

── [33] 안왕교(安王驕) ─┬─ [34] 열왕희(烈王喜)
　　　　　　　　　　　└─ [35] 현왕편(顯王扁) ── [36] 신구왕정(愼靚王定) ─┐
┌────────────────────────────────────┘
└── [37] 난왕정(赧王延)

진(秦)

장양왕초(莊襄王楚) ── [1] 시황제정(始皇帝政) ─┬─ 부소(扶蘇)
　　　　　　　　　　　　　　　　　　　　　　├─ □ ─ 진왕자영(秦王子嬰)
　　　　　　　　　　　　　　　　　　　　　　└─ [2] 2세황제호해(二世皇帝胡亥)

전한(前漢)

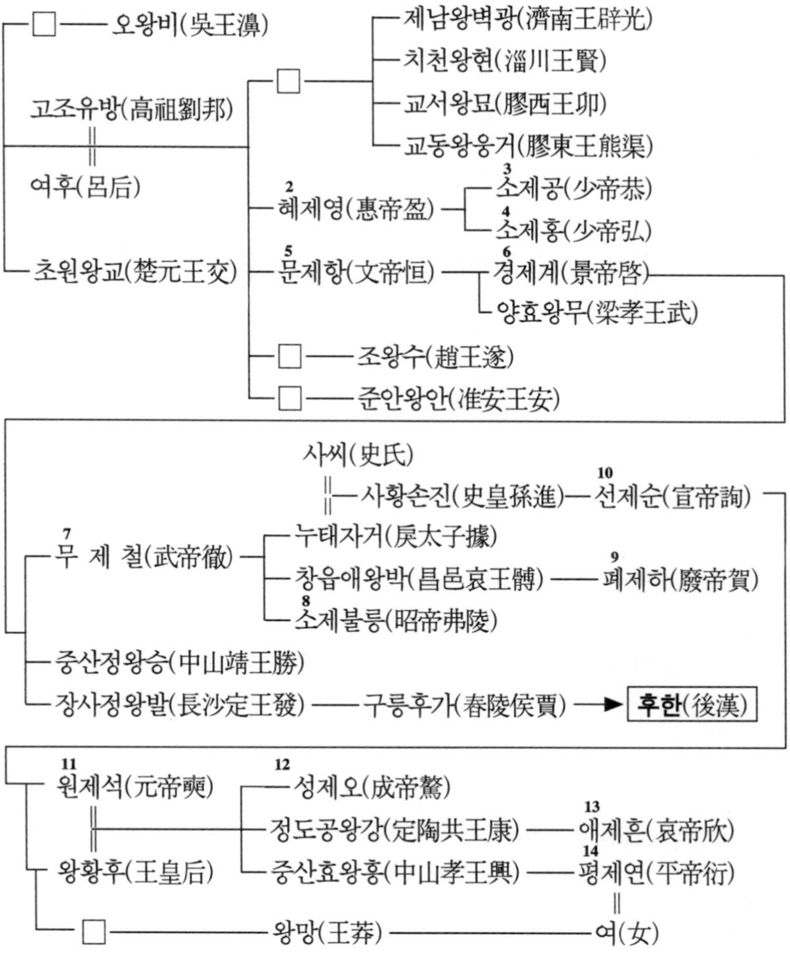
오왕비(吳王濞)
고조유방(高祖劉邦)
여후(呂后)
초원왕교(楚元王交)
제남왕벽광(濟南王辟光)
치천왕현(淄川王賢)
교서왕묘(膠西王卯)
교동왕웅거(膠東王熊渠)
2 혜제영(惠帝盈)
3 소제공(少帝恭)
4 소제홍(少帝弘)
5 문제항(文帝恒)
6 경제계(景帝啓)
양효왕무(梁孝王武)
조왕수(趙王遂)
준안왕안(淮安王安)
사씨(史氏)
사황손진(史皇孫進)
10 선제순(宣帝詢)
7 무 제 철(武帝徹)
누태자거(戾太子據)
창읍애왕박(昌邑哀王髆)
9 폐제하(廢帝賀)
8 소제불릉(昭帝弗陵)
중산정왕승(中山靖王勝)
장사정왕발(長沙定王發)
구릉후가(舂陵侯賈)
후한(後漢)
11 원제석(元帝奭)
왕황후(王皇后)
12 성제오(成帝驁)
정도공왕강(定陶共王康)
13 애제흔(哀帝欣)
중산효왕흥(中山孝王興)
14 평제연(平帝衎)
왕망(王莽)
여(女)

후한(後漢)

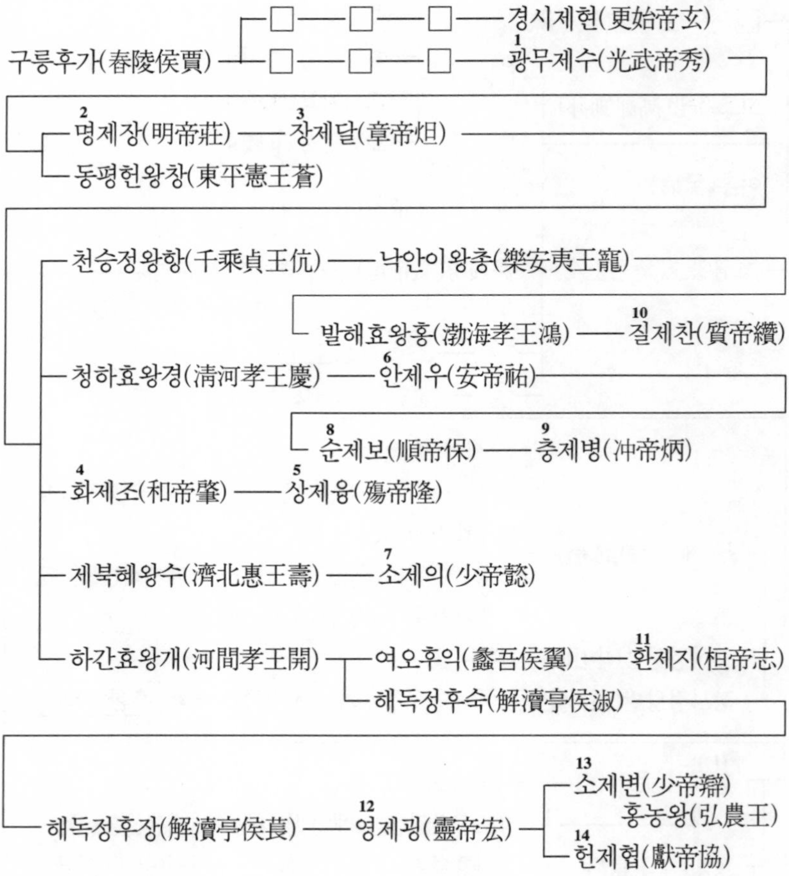
경시제현(更始帝玄)
구릉후가(舂陵侯賈)
1 광무제수(光武帝秀)
2 명제장(明帝莊)
3 장제달(章帝炟)
동평헌왕창(東平憲王蒼)
천승정왕항(千乘貞王伉)
낙안이왕총(樂安夷王寵)
발해효왕홍(渤海孝王鴻)
10 질제찬(質帝纘)
청하효왕경(淸河孝王慶)
6 안제우(安帝祐)
8 순제보(順帝保)
9 충제병(冲帝炳)
4 화제조(和帝肇)
5 상제융(殤帝隆)
제북혜왕수(濟北惠王壽)
7 소제의(少帝懿)
하간효왕개(河間孝王開)
여오후익(蠡吾侯翼)
11 환제지(桓帝志)
해독정후숙(解瀆亭侯淑)
해독정후장(解瀆亭侯萇)
12 영제굉(靈帝宏)
13 소제변(少帝辯)
홍농왕(弘農王)
14 헌제협(獻帝協)

삼 국(三國)

위(魏)

- 태조(太祖 : 武帝) 조조(曹操)
  - 1 문제비(文帝丕)
    - 2 명제예(明帝叡)
      - 3 폐제방(廢帝芳) 제왕(齊王)
    - 동해정왕임(東海定王霖)
      - 4 폐제모(廢帝髦) 고귀향공(高貴鄕公)
  - 진왕식(陳王植)
  - 연왕우(燕王宇)
    - 5 원제환(元帝奐) 진류왕(陳留王)

오(吳)

- 무제(武帝) 손견(孫堅)
  - 책(策)
  - 1 대제권(大帝權)
    - 2 폐제량(廢帝亮) 회계왕(會稽王)
    - 3 경제휴(景帝休)
    - 남양왕화(南陽王和)
      - 4 오정후(烏程侯) 호(皓)

촉(蜀)

한경제(漢景帝) — 중산정왕승(中山靖王勝) ······ 1 선주(先主) 소열제(昭烈帝) 비(備) — 2 후주선(後主禪)

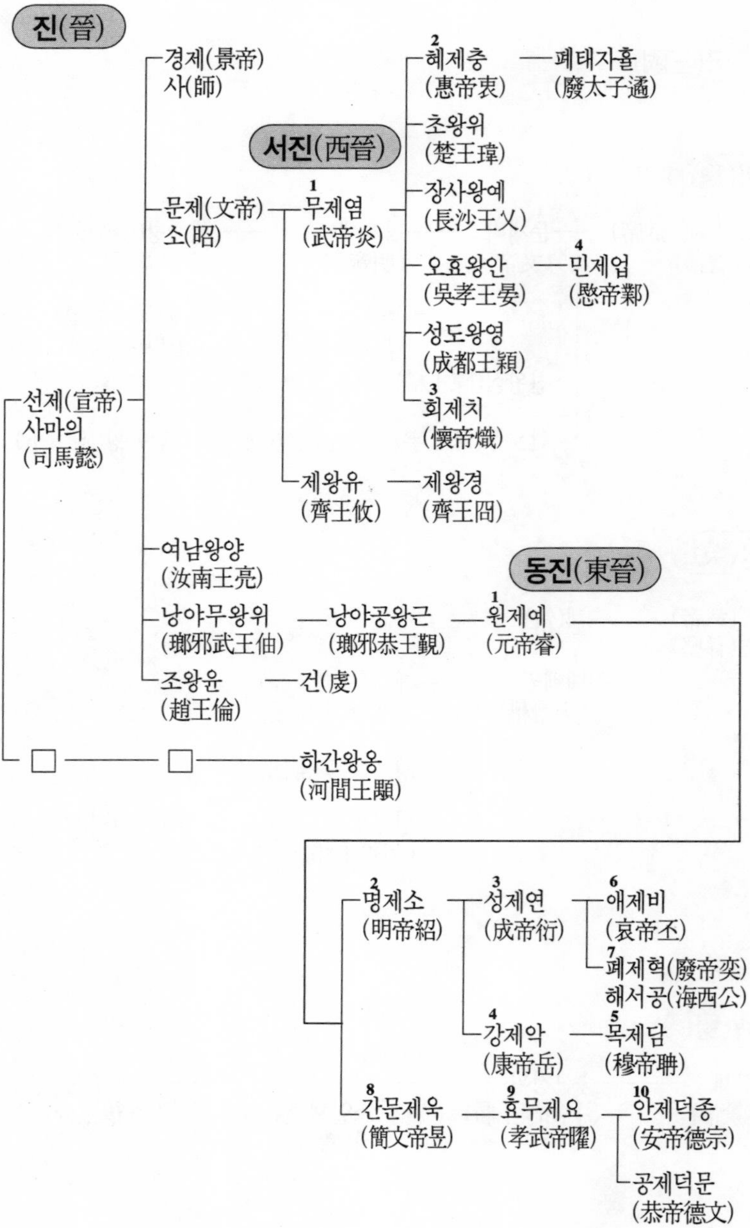
진(晉)
선제(宣帝)
사마의
(司馬懿)
경제(景帝)
사(師)
문제(文帝)
소(昭)
서진(西晉)
1
무제염
(武帝炎)
2
혜제충
(惠帝衷)
폐태자휼
(廢太子遹)
초왕위
(楚王瑋)
장사왕예
(長沙王乂)
오효왕안
(吳孝王晏)
4
민제업
(愍帝鄴)
성도왕영
(成都王穎)
3
회제치
(懷帝熾)
제왕유
(齊王攸)
제왕경
(齊王冏)
여남왕량
(汝南王亮)
동진(東晉)
낭야무왕위
(瑯邪武王伷)
낭야공왕근
(瑯邪恭王覲)
1
원제예
(元帝睿)
조왕윤
(趙王倫)
건(虔)
□
□
하간왕옹
(河間王顒)
2
명제소
(明帝紹)
3
성제연
(成帝衍)
6
애제비
(哀帝丕)
7
폐제혁(廢帝奕)
해서공(海西公)
4
강제악
(康帝岳)
5
목제담
(穆帝聃)
8
간문제욱
(簡文帝昱)
9
효무제요
(孝武帝曜)
10
안제덕종
(安帝德宗)
공제덕문
(恭帝德文)

5호(胡) 16국(國) 남북조(南北朝)

전조(前趙)

- (1) 광문제유연(光文帝劉淵)
  - (2) 화(和)
  - (3) 소무제총(昭武帝聰)
    - (4) 은제찬(隱帝粲)
  - (5) 요(曜)
    - (6) 희(熙)

후조(後趙)

- (1) 고조(高祖) 명제석륵(明帝石勒)
  - (2) 폐제해양왕홍(廢帝海陽王弘)
  - (3) 태조무제호(太祖武帝虎) ……

전진(前秦)

- 부홍(苻洪)
  - (1) 명제건(明帝健)
    - (2) 폐제생(廢帝生)
  - 웅(雄)
    - (3) 선소제견(宣昭帝堅) ……

송(宋)

- (1) 무제유유(武帝劉裕)
  - (2) 소제의부(少帝義符)
  - (3) 문제의륭(文帝義隆)
    - (4) 효무제준(孝武帝駿)
      - (5) 폐제자업(廢帝子業)
    - (6) 명제욱(明帝彧)
      - (7) 폐제욱(廢帝昱)
      - (8) 순제준(順帝準)
- 장사왕경(長沙王景)
  - 임천왕의경(臨川王義慶)

제(齊)

- (1) 고제소도성(高帝蕭道成)
  - (2) 무제이(武帝頤) ……

표제(標題)와 인명(人名) 색인(索引)

[ㄱ]

[ㄴ]

[ㄷ]

[ㅁ]

[ㅂ]

[ㅅ]

[ㅇ]

[ㅈ]

[ㅊ]

新完譯 蒙 求 下

初版 印刷●2002年 11月 20日
初版 發行●2002年 11月 25日

譯 者●李 民 樹
發行者●金 東 求

發行處●明 文 堂
서울특별시 종로구 안국동 17~8
대체 010041-31-001194
전화 (영) 733-3039, 734-4798
(편) 733-4748
FAX 734-9209
Homepage www.myungmundang.net
E-mail mmdbook1@myungmundang.net
등록 1977. 11. 19. 제1~148호

값 15,000원
ISBN 89-7270-705-8 04190
ISBN 89-7270-052-5 (세트)